西藏自治区教育厅和西藏民族大学学术著作出版基金资助

西藏民族大学学者文库·图书馆学类

改革开放以来少数民族地区公共图书馆发展研究(1978—2018)

冯 云 著

·广州·

版权所有　翻印必究

图书在版编目（CIP）数据

改革开放以来少数民族地区公共图书馆发展研究（1978—2018）/冯云著. —广州：中山大学出版社，2018.9
（西藏民族大学学者文库·图书馆学类）
ISBN 978-7-306-06428-8

Ⅰ.①改…　Ⅱ.①冯…　Ⅲ.①少数民族—民族地区—图书馆工作—研究—中国　Ⅳ.①G259.2

中国版本图书馆 CIP 数据核字（2018）第 202335 号

出 版 人：王天琪
策划编辑：嵇春霞
责任编辑：林彩云
封面设计：刘　犇
责任校对：李先萍
责任技编：何雅涛
出版发行：中山大学出版社
电　　话：编辑部 020-84110283，84111996，84111997，84113349
　　　　　发行部 020-84111998，84111981，84111160
地　　址：广州市新港西路135号
邮　　编：510275　传　真：020-84036565
网　　址：http://www.zsup.com.cn　E-mail：zdcbs@mail.sysu.edu.cn
印 刷 者：佛山市浩文彩色印刷有限公司
规　　格：787mm×1092mm　1/16　25.5 印张　420 千字
版次印次：2018 年 9 月第 1 版　2018 年 9 月第 1 次印刷
定　　价：68.00 元

如发现本书因印装质量影响阅读，请与出版社发行部联系调换。

序

  冯云博士的著作《改革开放以来少数民族地区公共图书馆发展研究（1978—2018）》即将出版，今年正好是改革开放40周年，恰逢其时，值得庆贺，更值得称赞。

  新世纪以来，平等、免费、开放、共享的公共图书馆理念由南而北席卷全国，党和国家公共文化服务均等化和保障民众基本文化权益的方针政策有力地推动了公共图书馆的繁荣发展，以《中华人民共和国公共文化服务保障法》和《中华人民共和国公共图书馆法》的颁布与实施为标志，我国公共图书馆的发展已进入前所未有的黄金时期。

  在这个新时代，我国社会主要矛盾已经转化为人民日益增长的美好生活需要和不平衡不充分的发展之间的矛盾，公共图书馆的不平衡不充分发展尤为突出。东部与西部、经济发达地区与经济欠发达地区、城市与农村的公共图书馆发展极为不平衡，即使经济发达城市的四级公共图书馆体系建设亦极其不充分，无论是人均藏书量，年人均藏书增长量，还是人均馆舍面积，都处于较低国际水准，与发达国家有着较大差距。至于少数民族地区的公共图书馆则更是处在这种不平衡不充分发展的极端。因此，研究少数民族地区公共图书馆，不仅具有十分重要的理论价值，而且具有十分重要的现实意义。

  目前，我国有55个少数民族，5个少数民族自治区，30个自治州，120个自治县（旗），1000多个民族乡，少数民族总人口约11379万（第六次全国人口普查数据），29个少数民族有自己的语言文字，民族自治地方占国土面积的64%左右，且多分布在边疆和边远山区，具有民族众多、分布广泛、地广人稀、发展滞后等显著特点。这既是少数民族地区公共图书馆建设与发展的难点，也是相关研究的难点。

冯云博士迎难而上，采用历史研究法、定量分析法、比较分析法、实地调查法、政策分析法等研究方法，从平等、免费、开放、共享的公共图书馆理念出发，以5个少数民族自治区为主线，兼及自治州县，系统地梳理了我国少数民族地区公共图书馆从恢复（1978—1982）、缓慢发展（1983—1991），到快速发展（1992—1999）、全面发展（2000—2018）的40年历程，以大量的数据和实例阐述了40年来少数民族地区公共图书馆的发展成就，并详细地阐述了40年来党和国家有关公共文化、公共图书馆和少数民族的方针政策在少数民族地区公共图书馆建设与发展中的指导与引领作用，充分肯定了少数民族地区公共图书馆人艰辛卓越的奉献，字里行间充满了学术和事业的双重正能量。在此基础上，冯云博士对少数民族地区公共图书馆在整体发展水平、政策保障、经费投入、民族文献资源保障体系、服务效能、数字化进程、队伍建设等方面存在的问题一一进行了详细的客观分析，进而提出了因地制宜分类指导，建立健全法制保障，加大财政支持力度，加强民族文献资源整合，提高自主创新能力，提升服务效能，加快推进数字化，加快图书馆专业人才培养，鼓励社会力量参与等一系列切实可行且行之有效的对策措施。这些对策措施与当前解决少数民族地区公共图书馆的发展不平衡不充分问题具有很强的针对性和适应性，可资借鉴和参考。由此可见，冯云博士的著作《改革开放以来少数民族地区公共图书馆发展研究（1978—2018）》是一部可圈可点的我国少数民族地区公共图书馆改革开放史。

冯云博士是西藏民族大学的第一位图书馆学博士，也是我国民族高校图书馆的第一位图书馆学博士，可能还是我国少数民族地区目前唯一的图书馆学博士，是难得的青年图书馆学人才。我衷心地祝贺《改革开放以来少数民族地区公共图书馆发展研究（1978—2018）》

出版，相信冯云博士将会再接再厉，不断在少数民族地区公共图书馆的研究上做出新的成就和贡献。

是为序。

程焕文

2018 年 9 月 9 日

于中山大学康乐园竹帛斋

[程焕文，中山大学资讯管理学院教授、图书馆馆长、文献与文化遗产管理部主任，国家文化遗产与文化发展研究院院长，中国图书馆学会副理事长，国际图书馆协会联合会（IFLA）管理委员会委员。]

前　言

　　少数民族地区公共图书馆事业是我国公共图书馆事业的重要组成部分，也是少数民族文化事业不可或缺的一部分。党的十一届三中全会召开以来，少数民族地区公共图书馆事业取得了巨大的进步，但是对于这段历史的梳理与总结在当前图书馆学研究中还较为欠缺。本书从我国多民族的基本国情出发，对改革开放40年来少数民族地区公共图书馆的发展历程进行了较为全面的梳理和总结。本研究的意义在于：一方面，在理论上有助于进一步丰富图书馆学的研究内容，拓展少数民族图书馆学的研究领域；另一方面，在实践上有助于制定当前及未来少数民族地区公共图书馆发展战略，促进全国公共图书馆事业的区域协调。本研究对于进一步加快少数民族地区公共图书馆事业发展，继而推动我国公共图书馆事业全面均衡发展，促进少数民族文化传承与保护具有极其重要的现实意义。

　　本书综合运用了历史分析、定量研究、比较分析和实地调研等研究方法。在纵向上，依据国家重大政策、民族工作政策的重要变化，并结合少数民族地区公共图书馆事业发展的标志性事件，将党的十一届三中全会召开以来少数民族地区公共图书馆的发展划分为四个阶段：恢复时期（1978—1982）、缓慢发展时期（1983—1991）、快速发展时期（1992—1999）、全面发展时期（2000—2018）；在横向上，以社会政治、经济、文化为切入点，综合分析不同时期的发展背景，以基础设施建设、文献资源建设、服务、信息化、数字化、馆员培训与交流等为变量因素，通过对相关数据进行统计分析，对少数民族地区与非少数民族地区、少数民族地区之间发展的差异性进行比较，总结少数民族地区公共图书馆事业不同时期的发展特征。为了弥补研究资料的不足，笔者于2016年8月对西藏自治区公共图书馆发展做了实地调研，通过口述访谈和调查问卷收集了研究所需的第一手资料。

本书共分为6章，主要内容如下：第一章为绪论。首先，在厘清研究对象中所涉及"民族""少数民族""少数民族地区""公共图书馆"等基本概念内涵的基础上，对"少数民族地区公共图书馆"的核心概念进行了界定，以确定本研究的逻辑起点；其次，系统梳理了有关少数民族地区公共图书馆的研究现状，通过综合分析，认为现有研究存在研究较为零散、缺乏系统性、理论视角较为单一等不足，从而确定本书的研究目标；再次，着重对本书所涉及的历史分期问题进行了探讨，对历史分期标准和依据进行了必要的阐释和说明。第二章至第五章是本书的核心部分，对不同阶段的少数民族地区公共图书馆发展状况展开了具体论述。第二章对恢复时期（1978—1982）的发展状况进行分析。党的十一届三中全会召开，随着党和国家的工作重心向经济建设的转移，"平等、团结、互助"的社会主义新型民族关系的确立，少数民族地区公共图书馆事业进入恢复时期。面对"文革"对少数民族地区公共图书馆事业的摧残与破坏，在各方共同努力下，图书馆建制得以恢复，办馆条件得到改善，藏书建设得到新的发展，读者服务转向正轨，图书馆学教育得到正常开展。第三章对缓慢发展时期（1983—1991）的发展状况进行了分析。1983年全国少数民族地区图书馆工作座谈会的召开，标志着少数民族地区公共图书馆发展进入历史新纪元。这一时期，在国家的统一领导下，少数民族地区公共图书馆事业发展开始步入正轨，主要体现在基础设施建设进一步完善，文献资源建设不断加强，服务进一步拓展，开始自动化建设探索，学术交流得到加强。但是，由于经济增长过热、书价上涨以及对民族文化事业建设忽视等原因，这一时期事业总体发展较为缓慢。第四章对快速发展时期（1992—1999）的发展状况进行了探讨。随着社会主义市场经济体制改革目标的确立，以"加快发展"为主题的民族工作确立，少数民族地区公共图书馆进入快速发展期，图书馆事业各方面都取得了较快的发展。具体表现在：公共图书馆机构数量快速增长，文献资源总量进一步扩充，信息资源共享意识有所提高；自动化、网络化建设加强，数字图书馆建设开始探索；图书馆学教育和学术交流进一步增强。该阶段的发展特点为：随着现代信息技术在图书馆领域的渗透与运用，传统的公共图书馆向现代化开始转型。第五章对全面发展时期（2000—2018）的发展状况进行了分析。进入新世纪，少数民族地区公共图书馆发展站在了历史新起点上，随着全面建设社会主义小康社会目标以及新世纪新阶段以"加快发展"为主题的民族工作确立，在少数民族事业发展规划、少数民族文化政策、国家重大文化战略工程的宏观指导下，少数民族地区公共图书馆事业在基础设施建设、文献信息资源建设、服务、数字化建设进程、馆员培训与合作交流等方面均获得了更为全面的发展。总体来讲，进入新世纪，少数民族地区公共图书馆从快速发展转向全面发展，从数量的提升转向质量内涵的提升。第六章为结论部分。首先，对改革开放以来少数民族地区公共图书馆发展所取得的成就进行了回顾与总结，分析了少数民族地区公共图书馆总体发展的特点，并对其发展的基本经验进行了总结，得出结论：国家的倾斜与扶持政策是少数民族地区公共图书馆发展的重要保证，少数民族文化传承与保护是其发展的价值追求，理念是引领少数民族地区公共图书馆发展的关键，技术是少数民族地区公共图书馆发展的推动力，外部援助与自力更生相结合是发展的根本途径。在此基础上对少数民族地区公共图书馆事业发展所存在的问题进行了分析，并提出相关的对策与建议。最后分析了本书的创新点和不足，并对未来研究提出了展望。

目　录

第一章　绪论 ……………………………………………………… 1
　　第一节　概念界说 ……………………………………………… 1
　　第二节　研究背景与意义 ……………………………………… 13
　　第三节　文献综述 ……………………………………………… 23
　　第四节　研究范围、研究目标与研究内容 …………………… 51
　　第五节　研究方法 ……………………………………………… 55
　　第六节　历史分期 ……………………………………………… 57

第二章　恢复时期的少数民族地区公共图书馆（1978—1982）
　　………………………………………………………………… 64
　　第一节　中华人民共和国成立后对少数民族地区公共图书馆
　　　　　　事业的创建 ………………………………………… 64
　　第二节　"文化大革命"对少数民族地区公共图书馆事业的
　　　　　　破坏 …………………………………………………… 65
　　第三节　"文革"后对少数民族地区公共图书馆事业的调整
　　　　　　与恢复 ………………………………………………… 67

第三章　缓慢发展时期的少数民族地区公共图书馆（1983—1991）
　　………………………………………………………………… 95
　　第一节　背景分析 ……………………………………………… 95
　　第二节　各族人民共同开创事业发展的新局面 ……………… 101
　　第三节　发展成就 ……………………………………………… 105

第四章　快速发展时期的少数民族地区公共图书馆（1992—1999） 121

第一节　少数民族地区公共图书馆快速发展的背景分析…… 121

第二节　少数民族地区公共图书馆的快速发展……………… 128

第五章　全面发展时期的少数民族地区公共图书馆（2000—2018） 157

第一节　少数民族地区公共图书馆全面发展的背景分析…… 158

第二节　少数民族地区公共图书馆全面发展的主要内容…… 188

第六章　结论 292

第一节　改革开放以来少数民族地区公共图书馆事业所取得的发展成就…………………………………………… 292

第二节　改革开放以来少数民族地区公共图书馆事业发展的特点……………………………………………… 305

第三节　少数民族地区公共图书馆事业发展的基本经验…… 311

第四节　少数民族地区公共图书馆事业发展所存在的问题… 321

第五节　未来发展的对策与建议……………………………… 335

第六节　本研究的创新点及不足……………………………… 358

参考文献 362

后记 393

第一章 绪论

第一节 概念界说

少数民族地区公共图书馆研究主题中包含有多个相关概念，即少数民族、少数民族地区、公共图书馆等。厘清这些基本概念，有助于进一步明确研究的逻辑起点，从而确定研究对象、范围和内容。因此，在开展具体研究之前，有必要对本书所涉及的基本概念进行阐释与界定。

一、民族与少数民族

（一）民族

民族是人类社会中的一种普遍现象，是人类社会发展到一定历史阶段的产物，因此属于一个历史范畴的概念。原始社会末期，随着阶级的产生，国家和民族开始出现。随着社会历史的不断发展，人们开始有了对民族概念的认识并不断深化。

1. 西方语境下的"民族"概念

在西方，对"民族"一词的最早使用可追溯到古希腊罗马时代。据考据，古希腊学者曾用 ethos、genos 和 philon 三个词语来描述"民族"一词。其中，ethos 是现代西方民族学语境中 ethnic，ethnicity， ethnology 等词（以英文为例）的词源，但一般认为 ethos 比 ethnic group 具有更为广泛的含义，使用范围也更加广阔①。在古罗马，人们通常用 natio 表示民族概念。natio 的原义为种族（race）、种（breed）、出身或血缘纽带，古希腊学者主要用来指那些具有相同籍贯的外国人群②。近代以来，资本主义生产方式使欧洲国家经济社会领域发生了重大的变化，引起了学界对民族社会现象的认知和关注。随着民族国家的形成和资本主义国家民族理论的发展，"民族"（nation）一词开始在西方国家得到普遍使用，并逐渐被赋予了新的含义③。总体来讲，对民族概念的定义可分为以下三种：①以约瑟夫·斯大林（Joseph Stalin）为主要代表，突出强调语言、宗教、习惯、领土和制度等客观因素。斯大林对"民族"做了如下定义："民族是人们在历史上形成的一个有共同语言、共同地域、共同经济生活以及表现于共同文化上的共同心理素质的稳定的共同体。"④ ②以本尼迪克特·安德森（Benedict Anderson）为主要代表，突出强调行为、感受和情感等主观因素。安德森认为，民族是"一种想象的政治共同体，并且，它是被想象为本质上有限的（limited），同时也享有主权的共同体"⑤。③以安东尼·D. 史密斯为主要代表，跨越"主观—客观"谱系标准对民族概念进行界定。史密斯认为，民族是"具有名称，在感知到的祖地（homeland）上居住，拥有共同的神话、共享的历史和与众不同的公共文化，所有成员生活拥有共同的法律与习惯的人类共同体"⑥。总之，对于民族的概念，学界尚未给出确切定义，在不同的社会发展语境下"民族"被赋予不同的含义，对于"民族"

---

① 徐晓旭：《古希腊人的"民族"概念》，载《世界民族》2004 年第 2 期，第 35～40 页。
② 潘蛟：《"族群"及其相关概念在西方的流变》，载《广西民族学院学报（哲学社会科学版）》2003 年第 5 期，第 53～61 页。
③ 金炳镐：《民族理论通论》，中央民族大学出版社 1994 年版，第 61 页。
④ 廖盖隆等：《马克思主义百科要览》，人民日报出版社 1993 年版，第 2355 页。
⑤ ［美］安德森：《想象的共同体 民族主义的起源与散布》，吴睿人译，上海人民出版社 2005 年版，第 6 页。
⑥ ［英］史密斯：《民族主义：理论、意识形态、历史》，上海人民出版社 2011 年版，第 13 页。

的理解也应将其置于特定历史条件下进行考量。

2．我国语境下的"民族"概念

在我国古代文献中，"民"和"族"最早是以单独字义的形式出现。在周代文献中，"民"字已经非常常见，其基本含义是指"被统治的人"，后来引申为对一般劳动者的称呼①。"族"字最早出现在甲骨文中。《说文解字》中将其解释为："族，矢锋也。束之族族也"，段玉裁认为，"族乃聚集之义也"②。这里的"族"取"箭头"之意。在我国古代，"民"和"族"作为独立词义，通常分开使用。而将"民"和"族"结合为汉语"民族"一词，当始见于中国南朝宋齐时期道士顾欢所著的《夏夷论》，其中提到："今诸华士女，民族弗革，而露首偏踞，滥用夷礼，云于窮落之徒，全是胡人，国有旧风，法不可变。"③ 这里的"民族"意指华夷之别，主要用于区别蛮、夷、戎、狄、华夏等不同的族群。李筌在其所著兵书《太白阴经》的序言中记载到："……倾宗社，灭民族。"④ 这句话可理解为"灭国亡族"，此处的"民族"一词与"宗社"相对应，主要指"社稷"与"民众"。⑤

"民族"一词正式出现在我国汉语中，始于19世纪末20世纪初，主要得益于近代维新学派学者的引介和大力推动。以梁启超为主要代表的中国近代维新派学者率先引介了西方学者的民族概念学说，并逐渐将其发展成为中国本土化的民族概念。1903年，梁启超将欧洲政治理论家、法学家伯伦奇里（Bluntschli, J. K, 1808—1887）所提出的"民族"概念引介到我国，引起了"民族"一词在我国的广

---

① 金天明、王庆仁：《"民族"一词在我国的出现及其使用问题》，载《社会科学辑刊》1981年第4期，第87页。
② ［东汉］许慎撰，［清］段玉裁注：《说文解字段注》，成都古籍书店1990年版，第330～331页。
③ ［梁］萧子显：《南齐书》，中华书局1972年版，第934页。
④ ［唐］李筌撰：《神机制敌太白阴经》，中华书局1985年版，第3页。
⑤ 茹莹：《汉语"民族"一词在我国的最早出现》，载《世界民族》2001年第6期，第1页。

泛使用①。但此时，国内学者对"民族"的含义尚未厘清，常将其与"种族"或"国民"等概念混淆。直到1922年，梁启超先生在《中国历史上民族之研究》一文中提出："民族与种族异，种族为人种学研究之对象，以骨骼及其他生理上之区别为标识……民族与国民异，国民为法律学研究之对象，以同居一地域有一定国籍之区别为标识。"②梁启超先生对"民族""种族""国民"等概念进行了区分，为民族一词在不同领域的运用提供了理论依据。其后，中国近代民族民主主义革命的开拓者孙中山先生进一步对民族概念进行了剖析。1924年，孙中山先生在《三民主义》中对国家和民族进行阐述时，认为国家来自于武力征服，而民族是由自然力形成的，并提出民族形成的五大自然力，将其按照重要程度依次分为：①血统；②生活；③语言；④宗教；⑤风俗习惯③。中国近代维新派和民族资产阶级对民族概念的认识不断完善和深化，在形成完整的中国民族概念方面做出了积极的贡献，但同时也存在着一定的缺陷，例如，将生理构造、自然力、宗教等作为民族的主要标识，这与客观实际不太相符。

（二）少数民族

在国际上，少数民族通常指多民族国家内人口相对较少的民族，但有时也用以指称外来移民，或是着眼于社会法律上的从属地位，而并非指人数较少④。"少数民族"（national minorities）一词被广泛认可，出自1950年通过的《欧洲人权公约》中的第14条，1960年联合国教科文组织通过的《取缔教育歧视公约》采用了同样的提法。与《公民权利和政治权利国际盟约》第27条所指的"民族、宗教或语言上的少数人"相比，1992年经联合国大会通过的《在民族或族裔、宗教和语言上属于少数群体的人的权利宣言》在"少数人"一

---

① 中国大百科全书总编辑委员会《民族》编辑委员会：《中国大百科全书·民族卷》，中国大百科全书出版社1986年版，第302页。
② 梁启超：《梁任公近著（第1辑）》，商务印书馆1926年版，第43页。
③ 孙文：《三民主义》，商务印书馆1947年版，第5~7页。
④ 陈永龄：《民族词典》，上海辞书出版社1987年版，第136页。

词，如 ethnic，religions，linguistic 之外增加了 national，以区分不同民族或族裔的少数人群体。对于 national minority，目前有不同的理解：一种理解认为，"少数民族"是由生活在一国相当长的时间、并享有该国国籍的公民组成的群体；另一种理解认为，相较于多数人对国家的建设，"少数民族"是指生活在国家之外的民族群体。此外，对于少数民族的确定还应考虑到群体特性、数量规模、群体的社会地位、国籍或公民身份以及生活在一国领土范围内的时间等因素。①

中国法律中的"少数民族"概念相当于国际条约中的"少数人"概念。在我国境内，少数民族是对人口居于少数的诸民族的总称，指除汉族以外的其他民族②。1924 年，中国国民党一大在纲领政策中首次提到"少数民族"一词，用来特指除汉族以外的其他民族。1926 年，中国共产党在《中共中央关于西北军工作给刘伯坚的信》中使用了"民族"一词并进行推广③。经过长期的探索与实践，在对马克思主义民族理论的借鉴下，中国共产党在对民族问题的基本理论和政策进行阐述时提出："少数民族是在一定的历史发展阶段形成的稳定的人们共同体。"④

从中国现代语境来看，少数民族是一个全国性的历史概念。本书中的少数民族是指在中国境内，除汉族以外的 55 个在人口上相对汉族较少的民族。在我国，这 55 个少数民族分别为满族、蒙古族、回族、藏族、维吾尔族、壮族、苗族、彝族、布依族、朝鲜族、侗族、瑶族、白族、土家族、哈尼族、哈萨克族、傣族、黎族、傈僳族、佤族、畲族、高山族、拉祜族、水族、东乡族、纳西族、景颇族、柯尔克孜族、土族、达斡尔族、仫佬族、羌族、布朗族、撒拉族、毛南族、仡佬族、锡伯族、阿昌族、普米族、塔吉克族、德昂族、保安族、裕固族、京族、塔塔尔族、独龙族、鄂伦春族、赫哲族、门巴

---

① 周勇：《少数人权利的法理 民族、宗教和语言上的少数人群体及其成员权利的国际司法保护》，社会科学文献出版社 2002 年版，第 10～12 页。
② 陈永龄：《民族词典》，上海辞书出版社 1987 年版，第 136 页。
③ 徐万邦、王齐国：《民族知识辞典》，济南出版社 1995 年版，第 417 页。
④ 金炳镐：《民族理论通论》，中央民族大学出版社 2007 年版，第 48 页。

族、珞巴族、基诺族、怒族、俄罗斯族、乌孜别克族、鄂温克族①。我国少数民族分布呈现大杂居、小聚居、交错居住的特点。总体来说，汉族主要分布在中国沿海各省市和中部地区，少数民族多分布在中国西部、边疆等地区。除回族、满族通用汉语外，其他53个少数民族使用本民族语言，其中29个少数民族拥有与自己语言相一致的文字，如蒙古族、藏族、维吾尔族、朝鲜族、哈萨克族、锡伯族、傣族、乌孜别克族、塔塔尔族和俄罗斯族等②。据2010年第六次全国人口普查数据显示，我国少数民族总人口为11379.22万人，占内地总人口的比重为8.49%③。2000—2010年，少数民族人口增加了737.26万人，增长了6.92%，年均增长率为0.67%，为全国平均水平的1.18倍④。这表明，中国少数民族人口比重呈上升趋势，少数民族群体在我国图书馆服务群体中的比例逐渐增大。

二、少数民族地区

少数民族地区简称为"民族地区"。《中国少数民族文化大辞典》将民族地区解释为："民族地区一般指民族自治地方，是指一个或多个少数民族在其聚居地方依法实行区域自治的行政区域，包括自治区、自治州、自治县（旗）。"⑤ 目前，学界对民族地区的认定主要有三种说法。第一种说法认为，我国民族地区主要包括内蒙古、新疆、广西、宁夏、西藏5个少数民族自治区和云南、贵州、青海、甘肃、四川、重庆6个多民族省份或直辖市，以及湖南湘西、湖北恩施、吉

---

① 中华人民共和国国务院新闻办公室：《中国的民族政策与各民族共同繁荣发展》，载《人民日报》2009年9月28日。
② 朱宁远：《我国民族问题基本知识》，上海人民出版社1980年版，第15页。
③ 引自中华人民共和国国家统计局《第六次人口普查》，2015年12月22日，http://www.stats.gov.cn/tjsj/pcsj/rkpc/6rp/indexch.htm。
④ 引自中华人民共和国国家统计局《第六次人口普查》，2015年12月22日，http://www.stats.gov.cn/tjsj/pcsj/rkpc/6rp/indexch.htm。
⑤ 铁木尔·达瓦买：《中国少数民族文化大辞典（综合卷）》，民族出版社1999年版，第193页。

林延边3个少数民族自治州①。第二种说法认为民族地区是指少数民族"八省区",即除了我国5个少数民族自治区之外,还包括云南、贵州和青海3个省份,原因在于这三省是我国少数民族人口分布较为集中的地区,民族自治州、县、乡的数量较多,并且享受国家给予的特殊优惠政策,因此也可以属于少数民族地区②。还有一种说法认为,除了5个自治区与云南、贵州、青海3个多民族省份之外,还包括湖南省湘西土家族苗族自治州、湖北省恩施土家族苗族自治州、吉林省延边朝鲜族自治州等以及上述8省区以外的民族自治县。

本书中的民族地区指按照我国行政区域所划分的属于我国行政区域内的民族自治地方,包括民族自治区、自治州、自治县,行政地位分别相当于省、设区的市和县。目前,我国共有5个少数民族自治区,30个自治州,120个自治县(旗)③。1947年内蒙古自治区成立,成为我国第一个省级民族自治地方;中华人民共和国成立之后,根据宪法和法律的规定,我国政府开始在少数民族聚居区全面推行民族区域自治。1955年10月,新疆维吾尔自治区成立;1958年3月,广西壮族自治区成立;1958年10月,宁夏回族自治区成立;1965年9月,西藏自治区成立④。我国民族自治区、自治州具体情况见表1-1。鉴于我国少数民族散居、杂居的特点,在少数民族地区和内陆城市特设了民族乡作为民族自治地方的补充形式。截至2013年,我国已有1120个民族乡,分布在全国各地,包括内陆城市⑤。民族自治地方占国土面积的64%,且绝大部分聚集在我国的西部和边疆地区。

---

① 温军:《民族与发展:新的现代化追赶战略》,清华大学出版社2004年版,第14页。
② 张庆安:《中国民族地区经济发展与差距问题研究》,中国经济出版社2013年版,第11页。
③ 引自中华人民共和国国家民族事务委员会,2015年1月6日,http://www.seac.gov.cn/col/col108/index.html。
④ 中华人民共和国国务院新闻办公室:《中国的民族政策与各民族共同繁荣发展》,载《人民日报》2009年9月28日第7版。
⑤ 国家民族事务委员会经济发展司,国家统计局国民经济综合统计司:《中国民族统计年鉴(2013)》,中国统计出版社2014年版,第600页。

表1-1 中国民族自治地方行政区

序号	民族区域自治地方	所在省（区、市）
	自治区	
1	内蒙古自治区	内蒙古自治区
2	广西壮族自治区	广西壮族自治区
3	西藏自治区	西藏自治区
4	宁夏回族自治区	宁夏回族自治区
5	新疆维吾尔自治区	新疆维吾尔自治区
	自治州	
1	延边朝鲜族自治州	吉林省
2	恩施土家族苗族自治州	湖北省
3	湘西土家族苗族自治州	湖南省
4	甘孜藏族自治州	四川省
5	凉山彝族自治州	四川省
6	阿坝藏族羌族自治州	四川省
7	黔东南苗族侗族自治州	贵州省
8	黔南布依族苗族自治州	贵州省
9	黔西南布依族苗族自治州	贵州省
10	西双版纳傣族自治州	云南省
11	文山壮族苗族自治州	云南省
12	红河哈尼族彝族自治州	云南省
13	德宏傣族景颇族自治州	云南省
14	怒江傈僳族自治州	云南省
15	迪庆藏族自治州	云南省
16	大理白族自治州	云南省
17	楚雄彝族自治州	云南省
18	临夏回族自治州	甘肃省
19	甘南藏族自治州	甘肃省
20	海北藏族自治州	青海省

续表1-1

序号	民族区域自治地方	所在省区市
21	黄南藏族自治州	青海省
22	海南藏族自治州	青海省
23	果洛藏族自治州	青海省
24	玉树藏族自治州	青海省
25	海西蒙古族藏族自治州	青海省
26	昌吉回族自治州	新疆维吾尔自治区
27	博尔塔拉蒙古自治州	新疆维吾尔自治区
28	巴音郭楞蒙古自治州	新疆维吾尔自治区
29	克孜勒苏柯尔克孜自治州	新疆维吾尔自治区
30	伊犁哈萨克自治州	新疆维吾尔自治区

数据统计来源：中华人民共和国国家民族事务委员会［EB/OL］.［2015-01-06］. http://www.seac.gov.cn/col/col108/index.html.

三、公共图书馆

公共图书馆最早出现于西方资本主义发达国家，如美国和英国，之后开始在其他各国得到普及。19世纪末20世纪初，随着"西学东渐"在我国植入了西方的管理与发展思想，公共、公开、共享的西方公共图书馆理念开始传入中国，加速了中国图书馆事业由古代藏书楼向近代图书馆的转变①。

1. 西方语境下公共图书馆的概念

公共图书馆是19世纪中后期资本主义社会发展的重要产物。产业革命使新兴资产阶级对知识和教育需求的日益增多，迫切产生了对建立公开免费图书馆的渴望。在英国，1850年，在爱德华兹和优尔特等人的倡导下，英国议会通过了第一部公共图书馆法，授权地方议

---

① 程焕文：《光荣与梦想：二十世纪中国图书馆事业回顾》，载《图书馆》1994年第3期，第18～24页。

会为免费图书馆征税,该法案被认为是世界上第一部公共图书馆法,成为公共图书馆制度正式建立的标志①。法案通过两年之后,1852年成立了英国曼彻斯特公共图书馆。学界普遍认为,曼彻斯特公共图书馆是世界上第一个具有现代意义的公共图书馆,其问世标志着公共图书馆的诞生②。此后,公共图书馆开始蔓延到世界其他国家,在全球范围内掀起了兴建公共图书馆的浪潮。在美国,1848年,马萨诸塞州议会通过了在波士顿建立公共图书馆的法案,在此法案的推动之下,1854年波士顿图书馆正式成立并对外开放③。波士顿图书馆被认为是世界上第一所依法建立的城市公共图书馆,也是第一所实行理事会协助办馆的图书馆,该图书馆的建立对于美国公共图书馆历史乃至世界公共图书馆历史兼具里程碑的意义。公共图书馆从一开始成立就具备了较为鲜明的特征:一是向社会公众免费开放,不向读者收取任何服务费用,并且无差别地面向社区内的所有居民;二是图书馆运营经费由地方政府给予保障;三是公共图书馆设立和运营从一开始就有相应的法律保障。这说明公共图书馆从成立之初就具有公共、公开、共享的特质。"公共"强调全民共有,"公开"是指对全社会所有人开放,"共享"是指全民共同享用④。国际上对公共图书馆的定义,可以参考国际图联公共图书馆专业委员会所制定的《公共图书馆服务发展指南》。该指南认为,公共图书馆"是由社区,如地方、地区或国家政府,或者一些其他社区组织支持和资助的机构,它通过提供一系列资源和服务来满足人们对知识、信息和形象思维作品的需求,社区所有成员都有享受其服务的权利,而不受种族、国籍、年龄、性

---

① 吴晞:《图书馆阅读推广基础理论》,朝华出版社2015年版,第6页。
② 吴晞:《旧邦新命——公共图书馆诞生160周年感言》,载《公共图书馆》2012第1期,第2页。
③ 杨威理:《西方图书馆史》,商务印书馆1988年版,第193页。
④ 程焕文、周旭毓:《权利与道德——关于公共图书馆精神的阐释》,载《图书馆建设》2005年第4期,第1~4页。

别、宗教信仰、语言、能力、经济和就业状况或教育程度的限制"①。

2. 中国语境下的公共图书馆概念

19世纪,随着西方公共图书馆事业的蓬勃发展,对公共、公开、共享理念的追求,点燃了我国资产阶级维新派变革社会的激情。维新派往往在政治上主张改良,在思想上主张宣传新学,对"图书馆"这一新生事物持有敏感性和高度认同,使中国重新焕发了追求知识和新知的活力。他们将建立新式图书馆视为"开启民智""教育救国"的重要途径,通过建立大量的新式图书馆,从而使传统藏书楼实现了向近代图书馆的转变。在早期维新派的推动下,我国具有近代意义上的公共图书馆于20世纪初开始出现。此后,随着社会的发展,学界对公共图书馆的概念认知也在不断发生嬗变。1989年吴雪珍所编撰的《图书馆学词典》对公共图书馆的界定为:"国家创办的,免费或只收少量费用面向全社会公众开放的图书馆。"② 承认收取费用,表明此时的公共图书馆存在一定的局限性。直到2011年,我国颁布的《公共图书馆服务规范》对公共图书馆的最新阐释为:"由各级人民政府投资兴办或由社会力量捐资兴办的向社会公众开放的图书馆,是具有文献信息资源收集、整理、存储、传播、研究和服务等功能的公益性公共文化与社会教育设施。"③ 该定义更为强调和凸显了公共图书馆的社会职能,特别是对"公益性"的强调,显示了对公共图书馆认识的进步性。2011年1月,文化部、财政部联合颁布了《关于推进全国美术馆、公共图书馆、文化馆(站)免费开放工作的意见》④,以国家立法的形式规定了全国公共图书馆设施向社会免费开

---

① 菲利普·吉尔(Philip Gill)主持的工作小组代表公共图书馆专业委员会;林祖藻译:《公共图书馆服务发展指南》(中文版),上海科学技术文献出版社2002年版,第1页。
② 吴雪珍:《图书馆学词典》,海天出版社1989年版,第4页。
③ 中华人民共和国国家质量监督检验检疫总局、中国国家标准化管理委员会、中华人民共和国国家标准:《公共图书馆服务规范(GB\T28220-2011)》,中国标准出版社2012年版。
④ 引自《关于推进全国美术馆公共图书馆文化馆(站)免费开放工作的意见(文财务发〔2011〕5号)》,2016年1月9日,http://www.gov.cn/zwgk/2011-02/14/content_1803021.htm。

放,使我国的公共图书馆理念与国际图书馆立场进行了接轨。从"免费或只收少量费用"到"公益性"与"完全免费",体现了我国学界对公共图书馆认识的不断深化和完善。以上表明,公共图书馆的概念随着社会发展而不断变化,不同历史时期的社会发展变化引起对公共图书馆价值认识的嬗变,由此导致在不同社会条件和发展时期对公共图书馆定义表述上的差异。

四、少数民族地区公共图书馆

在中国维新派宣扬西方图书馆思想和创办学会、学堂、藏书楼的影响下,少数民族地方的有识之士也逐渐意识到新式图书馆的社会价值和重要作用,倡导创设新式图书馆。1908年(光绪三十四年),在新政的影响下,北京、湖南等地先后建立了图书馆,统辖内蒙古归化城土默特的副都统三多向清政府奏设了内蒙古归化城图书馆。三多所奏《奏设办归化图书馆片》云:"窃思文教之昌明,以图书为津导",而"归化城僻在西陲,暌隔文教。近虽推广小学,蒙智渐开。然年格所拘,向隅不免",遂"将城东文昌庙余屋修葺完整,创办图书馆一所,附设阅报所,拟定章程,派员专管"①。1911年辛亥革命爆发后,归化城图书馆因政局动荡,并随清王朝的瓦解而关闭封存。虽然开办时间仅有三年,但这却是少数民族地区建立的第一所新式图书馆,也是内蒙古图书馆历史上第一所公共图书馆。1909年(清宣统元年),适逢广西桂林举行拔贡考试,时任广西教育总会会长唐钟元及陈智伟等人倡议筹建的广西桂林图书馆②,被认为是我国少数民族地区最早建立的第一所省级公共图书馆。

少数民族地区公共图书馆既有公共图书馆所固有的基本属性,又有不同于一般公共图书馆的特殊属性,主要体现在以下四个方面:一

---

① 忒莫勒:《近代内蒙古地区公共图书馆事业史》,见内蒙古大学中共内蒙古地区党史、内蒙古近现代史研究所:《内蒙古近代史论丛(第4辑)》,内蒙古大学出版社1991年版,第131~142页。

② 文化部图书馆事业管理局科教处、北京图书馆图书馆学研究部:《全国公共图书馆概况》,图书馆服务社1982年版,第113~118页。

是馆藏信息资源建设的民族性。少数民族地区公共图书馆将收集少数民族文字出版物作为馆藏信息资源建设的重要内容之一，少数民族语言文字文献在图书馆藏书体系中占有一定的比例。二是服务对象的民族性。少数民族有着共同的阅读需求，在阅读心理、阅读倾向与阅读习惯方面呈现出鲜明的民族特点，往往反映了特定民族共同心理的需求。因此，少数民族地区公共图书馆服务大多以满足少数民族读者阅读需求为出发点。例如，在新疆维吾尔自治区图书馆设有专门的民族文献借阅室，一些图书馆还设有少数民族分馆，专门为少数民族集聚区的民众提供报刊、图书的借阅服务。三是图书馆工作人员的民族性。为了满足当地少数民族读者的服务需求，民族地区图书馆中少数民族工作人员通常占有一定的比例。四是服务方式的特殊性。我国少数民族多集聚于地广人稀、交通不便的边远地区，形成了适合特殊地理环境的流通服务方式。图书馆所提供的服务具有很强的流动性，在牧区、山区、戈壁、沙漠等地方以发展多功能流动文化服务方式为主，出现了诸如乌兰牧骑、乌兰包克其（蒙古族语，"红色书包"之意）、流动图书车等独具特色的服务方式。

按照以上对"民族地区"和"公共图书馆"的界定，并结合少数民族地区公共图书馆的特殊属性，本书所指的少数民族地区公共图书馆是指属于我国少数民族地区并向社会公众免费开放的图书馆。根据我国的国情，少数民族地区公共图书馆包括自治区、自治州、自治县与自治乡等所辖的公共图书馆。

第二节　研究背景与意义

一、研究背景

根据当前我国社会的发展语境，本书主要基于以下研究背景。

1. 我国公共图书馆事业实现全面均衡发展的现实需求

促进公共图书馆事业全面均衡发展，是当前我国图书馆事业发展的重要任务。2013年文化部制定了《全国公共图书馆事业发展"十二五"规划》，确立了"十二五"期间我国公共图书馆的发展目标："加强公共图书馆与其他系统图书馆的共建共享，带动全国图书馆事业发展。"① 由于受自然条件、地理环境和传统观念等因素的制约，长期以来，少数民族地区经济社会发展较为落后，公共图书馆事业发展整体水平不仅落后于全国图书馆事业发展平均水平，并且远远落后于内地和东部沿海等经济发达地区，成为当前我国图书馆事业发展地域不均衡的重要表现。公共图书馆发展不均衡的状态，导致了民族地区与非民族地区信息获取能力的差异，从而导致了民族地区的信息贫困和数字鸿沟。数字鸿沟的出现将进一步阻碍少数民族地区的经济社会发展，从而影响全面建成社会主义小康社会目标的实现。公共图书馆是保障民众公平获取信息的重要制度安排，在弥合数字鸿沟中发挥着重要作用，在民众基本文化权益中起着基础性的保障作用。目前，少数民族地区公共图书馆发展还存在着一些亟待解决的突出问题：公共图书馆基础设施建设薄弱、公共文化服务总体效能不高、图书馆人才队伍建设力度不强、现代化建设水平较落后等。因此，在当前全面建设社会主义小康社会的关键时期，加快少数民族地区公共图书馆发展，缩小我国公共图书馆发展的地域差异，充分发挥公共图书馆在少数民族地区经济社会发展中的信息资源支撑和智力支撑作用，全面保障少数民族民众基本文化权益，促进我国图书馆事业的全面均衡发展，是我国当前图书馆事业发展急需解决的问题。

2. 构建普遍均等的公共文化服务体系的迫切要求

公共图书馆是公共文化服务体系的中坚力量，也是当前构建公共文化体系的重点。2009年，国务院发布的《关于进一步繁荣少数民族文化事业的若干意见》明确指出："坚持基本公共服务均等化，优

---

① 文化部关于印发《全国公共图书馆事业发展"十二五"发展规划》，2016年3月12日，http://zwgk.mcprc.gov.cn/auto255/201302/t20130205_29554.html。

先发展少数民族和民族地区文化事业，保障少数民族和民族地区各族群众的基本文化权益。"并提出发展目标："到2020年，民族地区文化基础设施相对完备，覆盖少数民族和民族地区的公共文化服务体系基本建立，主要指标接近或超过全国平均水平，少数民族群众读书看报难、收听收看广播电视难、开展文化活动难等问题得到较好解决，少数民族优秀传统文化得到有效保护、传承和弘扬。"① 少数民族地区公共图书馆是少数民族地区公共文化产品与服务的主要提供者，在构建少数民族地区公共文化服务体系中始终起着极为重要的支撑作用。2013年，《文化部"十二五"时期公共文化服务体系建设实施纲要》特别强调："加强少数民族和民族地区公共文化服务体系建设。"② 2015年，中共中央和国务院共同印发了《关于加快构建现代公共文化服务体系的意见》③，提出要"推动革命老区、民族地区、边疆地区、贫困地区公共文化建设实现跨越式发展"④。这为新时期的民族地区公共文化服务体系建设提出了新的目标和要求。然而，少数民族地区由于经济、社会发展的相对落后，大多属于当前构建现代公共文化服务全覆盖目标中的"短板"，少数民族地区县级以下地区，还存在不少公共文化服务覆盖不到的"盲区"。如果这些民族地区的公共文化服务供给问题得不到有效解决，那么就会影响到公共文化"普遍均等"目标的实现。

构建公共文化服务体系的出发点和落脚点在于保障公众基本文化权益，满足公众基本文化需求，公平性是其最为显著的特征，即公共文化服务是无差别地面向全体社会大众，所有民众毫无差别地享受公

---

① 《国务院关于进一步繁荣发展少数民族文化事业的若干意见》，2015年9月15日，http://www.gov.cn/gongbao/content/2009/content_1383261.htm。
② 《文化部关于印发〈文化部"十二五"时期公共文化服务体系建设实施纲要〉的通知》，2016年3月5日，http://zwgk.mcprc.gov.cn/auto255/201301/t20130121_29512.html。
③ 《关于加快构建现代公共文化服务体系的意见》，2016年5月5日，http://www.gov.cn/xinwen/2015-01/14/content_2804250.htm。
④ 《关于加快构建现代公共文化服务体系的意见》，2016年5月5日，http://www.gov.cn/xinwen/2015-01/14/content_2804250.htm。

共文化服务的基本权利。目前，少数民族基本文化权益已经成为我国人权保护的重要内容。2012年6月，我国发布的《国家人权行动计划（2012—2015年）》明确规定："保障少数民族均等享受公共服务的权利。"① 因此，少数民族基本文化权益是否得到切实保障，是衡量公共文化服务体系是否达到普遍均等目标的重要标准。公共图书馆是少数民族地区公共文化服务体系的中坚力量，是少数民族实现平等文化权利的重要途径。少数民族地区公共文化服务体系中的公共图书馆，其实践意义不仅体现于对少数民族文化权利的平等追求，也体现于对公共图书馆发展方式的反思。因此，如何充分发挥少数民族地区公共图书馆在提升少数民族地区民众科学文化素质、保障少数民族民众基本文化权益、保存与传承少数民族文化方面的积极作用，理应是当前图书馆学界急需进行深入探讨的问题。

3. 实现对少数民族地区文化脱贫的迫切需求

当前，文化脱贫已经成为加快少数民族地区发展的重要战略，而公共图书馆则是实现文化脱贫的重要载体。近年来，少数民族地区贫困问题日益加剧。少数民族地区是我国贫困最为集中的地区，也是我国扶贫工作的重点。据调查，民族地区贫困人口占全国总贫困人口比重不断上升，2006—2010年，从44.5%增至55.1%，民族区域自治地方的贫困发生率比全国农村贫困发生率基本高十余个百分点②。2015年，全国农村贫困人口为5575万人，贫困发生率为5.7%，其中少数民族八省区1813万人，贫困发生率为12.1%③。《中国农村扶贫开发纲要（2011—2020年）》所确定的14个连片特殊困难地区的680个县中，民族县有421个，占61.9%④。民族地区仍然是我国知

---

① 《国家人权行动计划（2012—2015年）》2016年7月19日，http://news.xinhuanet.com/2012-06/11/c_112186461_4.htm。
② 郝时远、王延中、王希恩：《中国民族发展报告（2015）》，北京社会科学文献出版社2015年版，第206～207页。
③ 李海鹏、梅傲寒：《民族地区贫困问题的特殊性与特殊类型贫困研究》，载《中南民族大学学报》（人文社会科学版）2016年第3期，第129～133页。
④ 李海鹏、梅傲寒：《民族地区贫困问题的特殊性与特殊类型贫困研究》，载《中南民族大学学报》（人文社会科学版）2016年第3期，第129～133页。

识最为贫困的地区。目前，少数民族地区文盲率在全国最高，尤以西藏最为突出。截至 2013 年，西藏文盲率达到 32.29%，青海、贵州文盲率都在 10% 以上，是全国平均水平的 2 倍多①。少数民族地区整体文化素质水平偏低，不仅会影响民众生活水平的提高，也会严重影响到当地经济社会的发展，更不利于民族地区的和谐稳定。因此，提高少数民族地区民众科学文化素质是摆在当前民族地区发展的一大课题。为此，国家近年来将少数民族地区扶贫开发作为民族工作的重点。2015 年 12 月，由文化部、国家发展改革委、国家民委、财政部、新闻出版广电总局、体育总局、国务院扶贫办七部委联合发布的《"十三五"时期贫困地区公共文化服务体系建设规划纲要》②，提出了"十三五"时期贫困地区公共文化服务体系建设的总体目标，即"到 2020 年，贫困地区公共文化服务能力和水平有明显改善，群众基本文化权益得到有效保障，基本公共文化服务主要指标接近全国平均水平，扭转发展差距扩大趋势，公共文化在提高贫困地区群众科学文化素质、促进当地经济社会全面发展方面发挥更大作用"③；并将实施范围进一步确定为实施特殊政策的西藏、四省藏区、新疆南疆四地州等区域，以及 426 个民族自治地方县。实现均衡化发展的基本路径是以标准化促进均等化，推动贫困地区公共图书馆事业实现跨越式发展，改善贫困地区图书馆公共文化服务效能，以解决"区域不均衡"④ 的问题。少数民族地区公共图书馆在对少数民族地区民众进行社会教育和终身教育，提升民众文化素质方面发挥着重要的作用。因此，当前急需加快少数民族地区公共图书馆事业建设，充分发挥公共

---

① 郑长德：《中国少数民族地区经济发展报告（2013）》，中国经济出版社 2013 年版，第 18 页。

② 杜洁芳：《推动贫困地区公共文化建设实现跨越式发展》，载《中国文化报》2015 年 12 月 1 日第 2 版。

③ 《"十三五"时期贫困地区公共文化服务体系建设规划纲要》，2016 年 8 月 12 日，见中华人民共和国文化和旅游部网（http://www.mcprc.gov.cn/whzx/whyw/201512/t20151210_459665.html）。

④ 李国新：《公共图书馆事业发展思考》，载《国家图书馆学刊》2015 年第 5 期，第 3～6 页。

图书馆社会教育职能,通过提升少数民族地区民众科学文化素质,从而实现少数民族地区的文化脱贫。

4. 少数民族文化传承与保护的现实需求

多民族是我国的基本国情。在960万平方公里的中华大地上,55个少数民族和汉族和睦共处,共同创造了悠久的中国历史、灿烂的中华文明。据全国第六次人口普查统计,在祖国大陆,汉族人口为1225932641人,占总人口的91.51%;55个少数民族人口总计为113792211人,占总人口的8.49%[①]。虽然55个少数民族人口总数比重较小,但各少数民族拥有不同的民族语言、风俗习惯和民族文化,共同构成了中华民族多元文化的统一格局。2011年10月,中共十七届六中全会通过了《中共中央关于深化文化体制改革 推动社会主义文化大发展大繁荣若干重大问题的决定》[②],确立了建设社会主义文化强国的战略目标。2012年,国务院办公厅印发的《少数民族事业"十二五"规划的通知》(国办发〔2012〕38号)明确提出,"着力加大对少数民族文化事业的支持力度,进一步促进少数民族文化繁荣发展"[③]。少数民族文化是中华民族文化的重要组成部分,是中华民族的共有财富,社会主义文化强国的建立离不开少数民族文化的繁荣发展。随着经济全球化和现代化建设进程的加快,外来文化对少数民族地区传统文化造成了冲击,具体表现为:一是在现代传媒语境下,随着大量现代文化元素的入侵,少数民族文化传统被逐渐削弱,少数民族传统文化因游离于主流文化之外,面临着文化认同的危机。二是由于一些地区经济的粗放型发展,大量少数民族文化遗产资源被滥用和破坏,不利于民族文化的传承与发展。三是经济快速发展,导

---

① 《中国第六次人口普查》,2016年8月12日,见中华人民共和国国家统计(http://www.stats.gov.cn/ztjc/zdtjgz/zgrkpc/dlcrkpc/)。

② 《中共中央关于深化文化体制改革 推动社会主义文化大发展大繁荣若干重大问题的决定》,2015年9月15日,见新华网(http://news.xinhuanet.com/politics/2011-10/25/c_122197737.htm)。

③ 《国务院办公厅关于印发少数民族事业"十二五"规划的通知》,2015年9月15日,见中华人民共和国政府网(http://www.gov.cn/zwgk/2012-07/20/content_2187830.htm)。

致少数民族人口流动加剧；民族融合日益加强，导致民族文化与现代文化的冲突加剧，少数民族文化面临着被同质化的境地。少数民族地区公共图书馆作为少数民族文化遗产的重要保存与传承机构，担负着抢救、保存与开发利用少数民族文化遗产的重要职能。特别是大量的民族古籍文献，以及日益濒临消失的少数民族非物质文化遗产，它们都镌刻着少数民族的文化因子，承载着少数民族的文化记忆，当前亟待对其进行保护与抢救。公共图书馆自产生之日起就将文化遗产的保护与传承视为己任，少数民族地区公共图书馆在保护与传承少数民族文化遗产中更是发挥着不同于一般意义公共图书馆的主体性作用。如何抢救即将逝去的少数民族文化以及对其进行保护与传承，是当今民族地区公共图书馆的历史使命与责任担当。因此，对于少数民族地区公共图书馆的探讨，是当前少数民族文化传承与保护的现实需求。

二、研究意义

当前，由全面建设社会主义小康社会、文化强国战略的实施以及公共文化服务体系的构建所编织的社会发展语境，为少数民族地区公共图书馆实现跨越式发展带来了新的机遇。在此社会背景下，对少数民族地区公共图书馆发展的探讨兼具重要的理论意义和现实意义。

（一）理论意义

本书的理论意义主要体现在如下几点。

1. 进一步丰富中国公共图书馆事业史的研究内容

少数民族地区公共图书馆事业是我国图书馆事业的重要组成部分，在我国图书馆事业实现全面均衡发展中占有决定性的地位。由于少数民族地区在语言文字、传统文化和宗教信仰上的特殊性，导致少数民族地区公共图书馆在资源建设、服务和管理上体现出不同于一般地区公共图书馆的特殊性。然而，目前在我国图书馆学研究领域，特别是图书馆史研究领域，少数民族地区公共图书馆事业的发展史是一个被严重忽视的课题。改革开放40年来，在党中央的重视与关怀下，在各族人民的共同努力之下，少数民族地区公共图书馆事业取得了前所未有的发展。在当前的社会转型期，出于加快少数民族地区发展的需要，对改革开放40年来少数民族地区公共图书馆事业的发展历史进行全面梳理，总结发展的成功经验，并分析其中的不足，提出创新发展的路径与模式，已经成为当前加快少数民族地区公共图书馆事业发展的重要课题。本书从我国多民族和多元文化共存的基本国情出发，较为全面系统地总结和梳理了改革开放40年来少数民族地区公共图书馆发展的历史脉络和基本状况，这将有利于进一步丰富公共图书馆事业的研究内容。

2. 进一步拓展少数民族图书馆学的研究领域

少数民族地区公共图书馆研究属于多个学科交叉的研究领域，涉及普通图书馆学的理论知识，同时涉及民族学、政治学、社会学、文化遗产保护学等多个学科知识领域。不同的学科领域知识的融合运用将有利于图书馆学理论研究的深化。本书不仅仅局限于图书馆学的框架体系内，而是将少数民族地区图书馆视为多种因素共同影响的有机体，从图书馆学、民族学、政治学等多角度进行分析，并将少数民族基本文化权利保障作为审视少数民族地区公共图书馆发展的切入点，这将有利于进一步拓展少数民族图书馆学的研究领域。

（二）现实意义

少数民族地区公共图书馆作为少数民族文化事业的重要组成部分，承担着保存少数民族文化遗产、提供知识信息、传播先进文化、开展社会教育的重要职能。在当前全面建成社会主义小康社会、推动社会主义文化大发展大繁荣以及构建社会主义和谐社会的背景下，对少数民族地区公共图书馆发展进行探讨具有极其重要的现实意义。

1. 为制定少数民族地区公共图书馆发展战略规划提供理论参考和现实依据

少数民族地区公共图书馆事业发展史是一部艰苦卓绝的奋斗史。虽然改革开放以来在党和国家的重视下，在各民族同胞的共同努力下，少数民族地区公共图书馆事业取得了不少的发展成就。但是，发展的道路并不一帆风顺，其中固然有成功的经验，也有失败的教训。

如果不对这些成功经验和失败教训进行及时总结和反思,一味地只求发展,那么在前进的道路上势必会在相同问题上重蹈覆辙,不可避免地步入加快发展的一些误区。在当前构建公共文化服务体系的社会发展语境下,少数民族地区公共图书馆发展面临着诸多挑战:一方面,由于民族地区公共图书馆发展起点较低,基础较为薄弱,加之地理位置和经济落差等原因,整体服务水平较低;另一方面,长期以来少数民族地区公共图书馆事业缺乏总体的发展规划和科学理论的指导,现代公共图书馆理念在少数民族地区公共图书馆中传播与渗透的力度不足,影响了少数民族地区公共图书馆的服务效能的提高。因此,如何加快和改善较为落后的少数民族地区图书馆事业发展,是当前我国图书馆事业可持续发展中急需解决的问题。本书全面系统地概述了改革开放40年来少数民族地区公共图书馆事业发展的基本状况,归纳并总结了少数民族地区公共图书馆的历史发展的特点与规律,为制定少数民族地区公共图书馆未来发展战略规划提供理论参考和现实依据,以期为加快少数民族地区公共图书馆事业发展提供参考与建议。

2. 为实现我国公共图书馆事业的全面均衡发展提供参考

促进公共图书馆事业全面均衡发展是实现当前我国图书馆事业可持续发展的重要任务。均等化是实现均衡发展的基本路径,但是,目前我国图书馆事业发展的突出问题主要表现在地域发展的不均衡与两极分化,即以少数民族地区为代表的贫困地区公共图书馆事业与经济发达的内地和东部沿海之间发展的巨大差异。推动贫困少数民族地区公共图书馆事业实现快速全面发展,明显改善少数民族贫困地区公共图书馆的服务能力和水平,是解决当前我国图书馆事业发展的区域不平衡的关键。我国中西部12个省、自治区、直辖市的少数民族人口占全国的70%,边疆9个省、自治区少数民族人口占全国人口的60%[①]。因此,中西部和边疆地区是我国少数民族分布最为集中的地区,也是当前我国主要的贫困地区。经济发达的东部地区图书馆发展

---

① 中华人民共和国国务院新闻办公室:《中国的民族政策与各民族共同繁荣发展》,载《人民日报》2009年9月28日第2版。

较快,在图书馆建设、管理与服务方面处于超前水平;而少数民族主要集聚的中西部、边疆地区,由于经济发展相对滞后,导致图书馆事业发展水平相对落后,有些地区图书馆发展尚未达到全国平均水平。这些地区图书馆发展的滞后性,使全国图书馆事业发展呈现地域不平衡的状态,这将直接导致信息鸿沟的出现。不同地域和不同族群民众获取信息能力的不平等,最终将导致社会经济发展两极分化的加剧,这不仅和当前所倡导的自由、平等、公正等社会主义核心价值观相悖,同时也不利于现代公共图书馆价值的彰显。因此,对少数民族地区公共图书馆发展进行全面总结,对制约发展的要素进行深入分析,有利于进一步了解和把握少数民族地区公共图书馆发展的历史和现状。从少数民族地区实际出发,探讨具有针对性的措施,并在全局上统筹规划,为我国公共图书馆事业全面协调均衡发展提供可供借鉴的参考。

3. 为少数民族文化遗产传承与保护提供参考

保存人类文化遗产是公共图书馆的历史使命,保存与传承少数民族文化遗产是少数民族地区公共图书馆的首要职能。目前,我国已经进入全面建设小康社会的重要转型时期,文化治理在国家整体现代化进程中起着关键性的基础作用。我国作为一个多民族的统一国家,55个少数民族在长期的社会生产生活中形成了独具特色的各民族文化,彰显着不同民族的智慧和个性,同汉族一起构筑了中华文化的多元一体的格局。然而,随着民族融合的快速发展和现代化进程的加快,少数民族文化面临着严重的生存与发展危机。一方面,由于民族融合所带来的外来文化的侵入,造成少数民族对本民族文化的认同危机;另一方面,现代化进程的加快使得极其珍贵的少数民族非物质文化遗产濒临灭绝、后继无人,传承危机十分严峻。少数民族地区公共图书馆作为少数民族文化遗产的重要保护机构,如何以一种文化自觉投入到少数民族文化遗产的抢救与保护行动当中,如何通过有效的途径并采取可行的措施方案,进一步促进少数民族文化的传承与创新,这些都是少数民族地区公共图书馆发展需要探讨的问题。

4. 有利于保障少数民族群体的基本文化权益

在一个多民族国家里，相对于人口占多数或政治上占统治地位的民族而言，少数民族群体在政治、经济、文化上相对处于弱势地位。特别是对于文化权利而言，是否同国家其他社会成员无差别地享有平等的文化权利，成为衡量民主国家的重要标准。少数民族文化权利事关少数民族是否能够平等自由地参与社会文化生活、享受社会文化发展成果、享受保护一切科学、文学或艺术作品的精神和物质利益①。公共图书馆作为一项信息平等自由的制度安排，通过提供无差别的信息、资源和服务，有利于保障包括少数民族群体在内的所有民众有机会平等地获取文化信息。因此，探讨少数民族地区公共图书馆在少数民族基本文化权益保障中的职能与地位，有利于深化对少数民族地区公共图书馆价值的认识，进一步保障少数民族民众的基本文化权益。

综上所述，通过梳理少数民族地区公共图书馆发展的历史脉络，分析少数民族地区公共图书馆在各个发展时期历史流变的特征与联系，继而总结少数民族地区公共图书馆发展的特点和规律，揭示其历史嬗变的内在联系和本质区别，不仅在理论上有利于丰富图书馆学的研究内容，拓展图书馆学的研究领域，而且在实践上为制定当前和未来少数民族地区公共图书馆的战略规划提供理论借鉴，同时有利于实现我国公共图书馆事业的均衡和可持续发展。因此，本研究兼具较强的理论意义和现实意义。

第三节 文献综述

在开展具体研究之前，笔者首先对少数民族地区图书馆事业发展领域的研究现状进行了调研分析。为了较为全面地呈现当前的研究状

---

① 司马俊莲：《少数民族文化权利的法理研究》，中国社会科学出版社 2014 年版，第 13～14 页。

况，笔者分别对相关研究主题的论文与所出版的著作进行了分析总结。

一、论文分析

期刊论文是一个学科领域研究状况的重要反映。对相关主题学术期刊论文的分析，能够较为全面客观地了解该领域的研究现状。

（一）数据统计来源

为了全面了解当前有关少数民族地区公共图书馆的研究现状，笔者首先选取中国学术文献网络出版总库（CNKI）、维普中文期刊数据库、万方期刊全文数据库等作为检索数据库，分别以"少数民族""民族""民族地区""公共图书馆"等作为关键词进行布尔逻辑跨库检索，检索时间范围为1979—2015年，经过检索结果查重并剔除不相关文献，最后统计得到与研究主题相关期刊论文109篇。

（二）年代分析

少数民族地区公共图书馆发展相关期刊论文的发表年代和数量如图1-1所示。

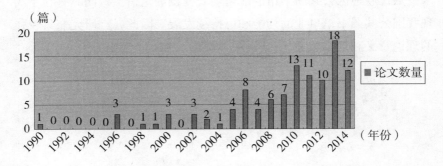

图1-1 少数民族地区公共图书馆研究发文数量年度统计

从所检索的论文结果来看，有关少数民族地区公共图书馆的研究始于20世纪90年代。1990年，黄南州图书馆肖佩华在《青海图书馆》上发表《如何办好具有民族特点的公共图书馆》一文，从图书馆宣传工作、藏书建设、人才培养、读者队伍、阵地服务等方面，首次对少数民族地区公共图书馆的发展进行了探讨①。1990—1999 年的 10 年间，图书馆学研究领域只有 6 篇与少数民族地区公共图书馆相关的文献，年均发文数量不足 1 篇，说明 20 世纪 90 年代学界虽然已开始对少数民族地区公共图书馆有所关注，但尚未引起学界普遍重视。2000 年之后，发文数量逐渐增多，并呈相对稳定、逐年增长的趋势。从 2000—2009 年的 10 年间共发文 32 篇，发文总量是 20 世纪 90 年代 5 倍之多。说明进入新世纪以后，相关研究在学界的关注程度有所提高。2009 年以后，发文数量增长较快，较之以前有了较大的发展变化。尤其是近 5 年来，发文数量以前所未有的速度逐年增长，2010—2015 年短短几年间论文数量已经达到 71 篇，是 1990—2009 年间发文数量总和（38 篇）的近 2 倍。由此说明少数民族地区公共图书馆研究日益引起学界的重视和关注。虽然发文数量较之以前有了较大幅度的增长，但这并不表明少数民族地区公共图书馆研究是当前图书馆学界研究的热点。以近 5 年发文数量为例，整个图书馆学领域关于公共图书馆探讨的论文数量已达到约 7482 条，以目前有关少数民族地区公共图书馆研究的发文数量来看，所占比例不足 1%，几乎可以忽略不计，说明少数民族地区公共图书馆研究十分薄弱，在图书馆学研究领域中是一个被严重忽视的课题，尚未引起我国图书馆学界的普遍关注和足够重视。

（三）主题分析

从少数民族地区公共图书馆研究的论文主题分布来看（见表 1-2 和如图 1-2 所示），研究主题主要集中在以下几个方面：①基础理论研究（14 篇，13%）；②发展综论研究（11 篇，10%）；③文献信息资源建设研究（20 篇，18%）；④读者服务研究（33 篇，30%）；⑤信息化与数字化建设（5 篇，5%）；⑥馆员培训与交流研究（10

---

① 肖佩华：《如何办好具有民族特点的公共图书馆》，载《青海图书馆》1990 年第 3 期，第 27~29 页。

篇，9%）；⑦案例研究（12篇，11%）；⑧其他（4篇，4%）。

表1-2 少数民族地区公共图书馆研究论文主题分布统计

研 究 主 题	论文数量（篇）	所占比例（%）
基础理论	14	13
发展综论	11	10
文献信息资源建设	20	18
读者服务	33	30
信息化与数字化建设	5	5
馆员培训与交流	10	9
案例研究	12	11
其他	4	4
总计	109	100

从研究主题的分布比重值来看（如图1-2所示），较为集中的3个研究主题领域依次为少数民族地区公共图书馆读者服务研究（30%）、文献信息资源建设研究（18%）、基础理论研究（13%），其中图书馆读者服务研究占有绝对性的数量，远高于其他研究主题领域的发文数量，说明读者服务是当前少数民族地区公共图书馆研究比较关注的问题。其次为文献信息资源建设和基础理论研究，说明馆藏信息资源建设是少数民族地区公共图书馆的主要业务开展领域，并开始将实践上升为理论的高度。

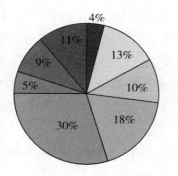

图1-2 少数民族地区公共图书馆研究主题分布比重

1. 少数民族地区公共图书馆基础理论研究

改革开放以来，少数民族地区公共图书馆事业的开拓进取，客观上激发了学界对基础理论研究的关注。已有研究将基础理论领域的关注点主要集中在探讨少数民族地区公共图书馆社会职能与社会责任方面。大部分文献多从少数民族文化保护与传承的语境出发，以民族文化价值为切入点对少数民族地区公共图书馆的文化职能进行探讨。陈爱民等人认为，公共图书馆文化职能主要体现在少数民族文化的保护与传承、研究与开发、发展与创新①。也有学者从社会责任的角度出发，探讨少数民族地区公共图书馆的社会责任，认为少数民族地区公共图书馆的社会责任主要为搜集、保存少数民族地区文献；为读者提供文献资料；服务继续教育，提高少数民族地区公众的整体素质；倡导社会阅读；保护文化遗产；宣传国家民族宗教政策，弘扬民族优秀文化传统；等等②。盛小平、刘振华等分析了少数民族地区公共图书馆在阅读文化建设中的地位与作用，认为少数民族地区公共图书馆在阅读文化建设中具有"阅读宣传与推广、提供阅读服务、开发民族文化资源、传承民族文化和开展社会教育等主要作用"③。此外，研究者还对少数民族地区公共图书馆在和谐文化建设中所发挥的作用④，以及在推动新农村文化建设中的作用进行了探讨⑤。虽然目前已有对少数民族地区公共图书馆基础理论的相关研究，但是大多是从公共图书馆的基本职能出发对其进行粗浅性的理论阐释，尚未从少数民族地区公共图书馆的特殊性出发对其进行深层次的理论分析与研

---

① 陈爱民、张思竹、代家萍：《公共图书馆在多层次、多文化、多民族信息社会中的地位和作用》，载《图书情报工作》2012年增刊第1期，第22～24页。

② 吉太加：《谈民族地区公共图书馆的社会责任》，载《社科纵横》（新理论版）2012年第3期，第272～273页。

③ 盛小平、刘振华、王月娥：《西部少数民族地区公共图书馆在阅读文化建设中的地位与作用——以湘西自治州公共图书馆为例》，载《图书馆论坛》2011年第6期，第253～258页。

④ 邢若棕：《试论公共图书馆在建设民族文化大区中的作用》，载《内蒙古图书馆工作》2009年第1期，第1～2页。

⑤ 陈建：《少数民族地区公共图书馆在推进新农村文化建设中的探索与实践》，载《西域图书馆论坛》2010年第1期，第10～12页。

究。此外，已有研究大多仅关注于文化职能，研究面较为狭窄，因此，关于基础理论的研究有待于进一步深化和拓展。

2. 少数民族地区公共图书馆发展综论

关于少数民族地区公共图书馆发展综论主要为现状与对策的研究，研究者多从对当前民族地区公共图书馆发展所存在的问题进行分析。总结已有研究，所存在的问题可归纳为经费短缺、基础条件差、图书馆发展意识不强、馆藏文献陈旧、服务能力落后、馆员素质偏低等①②，并从更新观念，提高服务能力，完善服务功能，加强人才队伍建设，增强自身发展能力，加强信息化、网络化、数字化建设③等方面探讨了具体发展策略。冶进禄提出发展民族地区公共图书馆的三点建议：①高度重视，加大资金投入力度；②挖掘内部潜力，拓宽服务领域，提高服务质量；③开展多种经营，增强公共图书馆自身发展活力④。此外，赵奇钊针对我国西部少数民族地区公共图书馆事业发展缓慢的问题，提出了负债经营模式，为少数民族公共图书馆提供了一种崭新的发展思路⑤。

3. 少数民族地区公共图书馆文献信息资源建设研究

（1）民族文献收藏研究。民族文献收藏是目前学者对少数民族地区公共图书馆研究的主要领域之一。一方面是关于民族文献概念的界定。学者们从不同角度出发给出了少数民族文献概念的学术界定，国内学者一般依据以下三个标准：①内容标准，以文献内容是否涉及少数民族为主要依据，如认为"民族文献是记录有关少数民族在不同时期、不同学科、不同领域以不同方式进行社会实践的知识和经验

---

① 杨梅花：《民族地区公共图书馆现状与对策》，载《青海民族研究》2004年第4期，第123～125页。
② 乌丰平：《民族地区公共图书馆事业的现状及发展对策探讨》，载《内蒙古图书馆工作》2003第1期，第3～4页。
③ 次仁卓嘎：《促进民族地区图书馆可持续发展的对策研究——以西藏自治区图书馆为例》，载《西藏大学学报》（社会科学版）2011年增刊第1期，第153～156页。
④ 冶进禄：《民族地区公共图书馆建设与西部大开发——兼谈我省公共图书馆建设》，载《青海民族研究》2001年第3期，第122～123页。
⑤ 赵奇钊：《西部少数民族地区公共图书馆负债发展模式研究》，载《图书情报工作》2006年第12期，第102～104页。

总结的所有载体"①；②语言标准，按是否属于少数民族文字文献，按照不同形式分为用少数民族语言文字记录、刻写或口述的一切文献资料；③族籍标准，按照作者族籍是否为少数民族为主要依据，凡是作者属于少数民族，所著文献均为民族文献。综上，普遍意义上的民族文献一般是指少数民族文字记载的文献、汉文字记载的有关少数民族的文献以及少数民族作者创造的文献。需要注意的是，信息技术的发展对民族文献概念产生了一定的变革影响，民族文献概念在信息数字环境下被"民族文献资源""民族文献信息资源"所取代。另一方面是关于民族文献的价值研究，认为少数民族文献信息资源在我国整个文献资源体系建设中起到举足轻重的作用，对于学术研究具有重要的参考价值②；对于促进少数民族地区现代化建设，实现国家统一和各民族团结③，少数民族文化传承与弘扬④兼具有重大的现实意义。

（2）开发利用研究。少数民族文献从开始注重收藏转向注重为读者所用。陈秀英分析了开发利用民族文献的价值与意义，认为其有利于繁荣文化事业和建设社会主义精神文明，增进各民族团结，体现各民族平等⑤。阿达莱提·吾买尔提出了全面开发利用民族文献资源的具体设想，包括"摸清民族文献信息源；合理布局民族文献资源，逐步实现馆际协作与共享；改进调整目录体系，实现民族文献检索现代化和信息一体化管理；建立一支有足够数量、结构合理、素质较高、相对稳定的文献情报队伍；制定有关的法律法规"⑥。

（3）特色化建设研究。王喜梅结合青海少数民族文献资源特色

---

① 谭厚锋：《民族文献发微》，载《民族论坛》1994年第3期，第68～74页。
② 谢晓平：《少数民族文献的价值与利用》，载《云南民族大学学报》（哲学社会科学版）1988年第2期，第36～40页。
③ 金玲、刘英男：《论我国少数民族文献信息资源建设》，载《科技信息》（学术研究）2007第28期，第288页。
④ 洪社娟：《论民族文献的传播与民族文化的传承》，载《贵州民族学院学报》（哲学社会科学版）2005年第4期，第39～41页。
⑤ 陈秀英：《略论民族文献信息资源的开发利用》，载《黑龙江民族丛刊》1997年第2期，第129～130页。
⑥ 阿达莱提·吾买尔：《民族文献资源开发利用的设想》，载《西南民族学院学报》（哲学社会科学版）1998年增刊第2期，第110～111页。

化建设对民族地方特色文献资源开发利用进行了探讨，提出以下策略："深入挖掘原生态民族文化资源、重点保护濒危民族文化传统和文献，采用科学方法并鼓励用户参与。"① 陆凤红认为，西部少数民族地区图书馆特色数据库是实现民族文献价值的重要途径，从区域经济发展、整体规划、专题数据库开发、共建共享意识、资源揭示程度等方面分析了所存在的问题，提出了建设西部少数民族特色数据库的战略构想："积极参与全国各系统数字图书馆建设联盟；联合建设特色馆藏文献资源；多渠道争取经费；加强专业队伍建设；统筹规划，合理布局，建设西部少数民族地区文献资源的共建共享体系。"② 陶健结合云南省德宏州实际，认为边疆地区公共文化信息资源库建设的必要性体现在保护、传承少数民族文化，发展边疆地区经济、政治、文化、教育，服务当地教育和科研以及维持边疆民族地区安定团结；并提出建库策略，即加强宣传力度，重视人才引进与培养，加快信息化进程，建立符合地方特色的图书馆联合机构，加强与其他文化机构以及过往公共图书馆的交流与合作③。

（4）少数民族文献信息资源保障体系建设研究。信息资源共建共享成为当前少数民族文献信息资源建设的共识。张次第提出，"把少数民族文献纳入更广阔的文献资源共享体系之中，走资源共享之路，以此促进少数民族地区社会经济的发展与繁荣，推动少数民族文化和民族精神的传承与发展"④。总体来讲，关于少数民族文献信息资源共建共享方面的研究还需要进一步丰富与补充。

4. 少数民族地区公共图书馆服务研究

少数民族地区公共图书馆服务研究论文数量在所调研的论文中所

---

① 王喜梅：《谈民族地方特色文献资源的开发利用》，载《图书馆理论与实践》2009年第8期，第75～76页。
② 陆凤红：《以特色数据库的建设与共享展示西部少数民族文献的价值》，载《图书馆理论与实践》2009年第6期，第100～102页。
③ 陶健：《关于边疆民族地区公共图书馆文化信息资源库建设的思考——以云南德宏州为例》，载《科技信息》2011年第15期，第232～233页。
④ 张次第：《少数民族文献资源建设研究》，载《中国图书馆学报》2011年第5期，第115～119页。

占比例最大，说明对服务的探讨是当前有关少数民族地区公共图书馆研究的重心，也是目前学者关注的重点领域。从已有研究来看，随着少数民族地区公共图书馆实践的不断发展，不同时期学者们所探讨的服务主题和内容的侧重点有所不同，具体研究情况如下。

（1）服务现状与对策研究。张桂荣、阿拉坦仓等分析了少数民族地区图书馆服务的现状，认为存在的问题主要在于：①民族文献网络化、数字化服务水平尚待提高；②地域特色服务的大众化、个性化、全局化有待提高；③网上参考咨询服务发展不平衡，且服务效率不高；④缺乏民族文字文献的网络资源等，并提出了具体的解决对策。①

（2）为生产、科研以及为当地经济建设服务。20世纪80年代中期至90年代末，学者们主要从少数民族地区公共图书馆为生产、科研及当地经济建设服务的主题出发，对服务方式和内容进行探讨。鲁德山通过介绍吉林图们市图书馆为生产、科研服务的成功经验②，王才结合内蒙古开鲁县图书馆服务当地经济文化的实际，对民族地区基层图书馆服务的措施与方法进行了探讨③；周建彪分析了少数民族地区县级图书馆的任务、现状，从开放思想、加强内部管理、培养高素质的管理人才、藏书建设的地方特色等方面论述了新世纪少数民族地区图书馆服务工作的对策④。

（3）信息服务。进入21世纪以来，在信息化、网络化的技术语境下，学者们对少数民族地区图书馆信息服务展开了较为广泛的探讨。韦美珠、苏瑞竹在《民族地区社区图书馆信息服务》一文中分析了民族地区社区图书馆信息服务的主要特点及障碍，并探讨了开展

---

① 张桂荣、阿拉坦仓、德力格尔：《中国少数民族地区的图书馆服务》，载《图书馆理论与实践》2008年第2期，第75～77页。
② 鲁德山：《积极为生产、科研服务，是开创民族地区图书馆工作新局面的重要一环》，载《图书馆学研究》1984年第2期，第38～40页。
③ 王才：《关于民族地区基层图书馆为本地经济文化建设服务的思考》，载《图书馆理论与实践》1990年第2期，第54～56页。
④ 周建彪：《少数民族地区县级图书馆为农村经济发展服务的思考》，载《贵图学刊》2000年第4期，第56～57页。

信息服务的具体措施①；唐家玉论述了网络环境下民族地区图书馆开展信息服务的战略思想②；刘霞从青海民族地区实际出发，探讨了图书馆为民族地区农牧民提供知识信息服务的必要性、现实意义及具体措施③。

（4）参考咨询服务。20世纪90年代以来，随着互联网的产生与发展，传统公共图书馆读者服务工作得到深化和发展，引起少数民族地区公共图书馆研究者对信息咨询服务的关注。杨宏丽在《民族地区图书馆参考咨询服务初探》一文中认为，少数民族地区图书馆应发挥民族地区特色和优势，积极开展网络环境下图书馆的参考咨询服务，并从转变观念、咨询馆员队伍综合素质建设、建立具有民族地方特色专业数据库等方面探讨了开展参考咨询服务的路径④；其后又发表《民族地区图书馆更要重视参考咨询服务》一文，从强化民族地区图书馆参考咨询服务意识，坚持传统与网络参考咨询服务并用，走合作发展之路，突出重点、点面结合等方面强调要重视参考咨询服务⑤。

（5）公共文化服务。进入21世纪，公共图书馆迎来了公共文化服务的新时代。随着公共文化服务体系建设时代的到来，学者们从不同角度对公共文化服务体系建构中的少数民族地区图书馆进行了研究，探讨的类型包括：①实证调研。王耀、张玉梅采用问卷形式，从认知度、服务形式、满意度情况、文献信息资源共建共享4个方面对

---

① 韦美珠、苏瑞竹：《民族地区社区图书馆信息服务》，载《情报科学》2003年第5期，第512～515页。
② 唐家玉：《网络环境下民族地区图书馆的信息服务工作》，载《图书馆界》2002年第1期，第21～23页。
③ 刘霞：《高校图书馆为民族地区农牧民提供知识信息服务的思考》，载《图书馆论坛》2006年第5期，第182～184页。
④ 杨宏丽：《民族地区图书馆参考咨询服务初探》，载《大理学院学报》2004年增刊第1期，第99～100页。
⑤ 杨宏丽：《民族地区图书馆更要重视参考咨询服务》，载《大理学院学报》2007年增刊第1期，第62～63页。

宁夏回族自治区图书馆公共文化服务体系的现状进行了调研分析①。②特定类型图书馆的公共文化服务研究。菊秋芳以基层图书馆为例，分析了基层图书馆在公共文化服务体系中所存在的问题，认为落后的思想意识、发展机遇不公平、相关法律文化行政体制、财政投入的滞后等，是制约社区公共文化服务体系发展的主要因素，并提出了相应的解决对策②。③针对某个特定民族地区公共文化服务的研究。吉首大学图书馆刘喜球分析了湖南湘西自治州公共图书馆在公共信息服务中的发展现状与问题，以此为出发点，探讨了西部民族地区图书馆公共信息服务体系建构的总体目标和具体措施③；四川省图书馆杜桂英介绍分析了四川民族地区图书馆多层次公共文化服务体系建设与发展的情况④；刘淑萍介绍了景宁畲族自治县图书馆开展公共文化服务均等化的措施、途径及成效⑤。④公共文化治理模式研究。宁夏图书馆菊秋芳从西部民族地区实际出发，在县域公共图书馆服务体系构建中，提出建立法人治理结构下的总分馆新型行政机制和管理模式的构想⑥。

（6）阅读推广服务。研究者从少数民族地区公共图书馆实际出发，对阅读推广服务进行基础理论分析、实证调研和经验总结，凸显以实证研究为主的特点。主要研究内容包括：①基础理论研究。盛小平、刘振华等从湘西自治州公共图书馆的实际出发，分析了西部少数

---

① 王耀、张玉梅：《西部民族地区图书馆公共文化服务体系调查——以宁夏回族自治区为例》，载《图书馆理论与实践》2014年第11期，第88～90页。
② 菊秋芳：《基于法人治理结构的西部民族地区县域公共图书馆服务体系构建》，载《图书馆理论与实践》2014年第10期，第86～90页。
③ 刘喜球：《西部民族地区图书馆公共信息服务体系构建初探——以湘西自治州为例》，载《图书馆学研究》2011年第12期，第63～65页。
④ 杜桂英：《构建多层次公共文化服务体系，促进四川民族地区图书馆的建设与发展》，载《四川图书馆学报》2012年第1期，第6～9页。
⑤ 刘淑萍：《浅谈欠发达少数民族地区图书馆的均等化服务——以景宁畲族自治县图书馆为例》，载《图书馆理论与实践》2015年第7期，第98～100页。
⑥ 菊秋芳：《基于法人治理结构的西部民族地区县域公共图书馆服务体系构建》，载《图书馆理论与实践》2014年第10期，第86～90页。

民族地区公共图书馆在阅读文化建设中的地位与作用①。②对某个特定民族地区的实证研究。湖南吉首大学图书馆王月娥依托国家社会科学基金项目"图书馆与西部民族地区阅读文化建设研究——以湘西土家族苗族自治州为例"（项目编码：09BT007），通过问卷和实地调查等方式，从大众阅读的动机、兴趣、载体形式、文献量、阅读量、影响因素及获取文献信息的方式等方面②对湘西土家族苗族自治州大众阅读进行了调研，并从物态、制度、行为和心态4个文化层面具体论述了西部民族地区阅读文化建设存在的问题及解决措施③。王耀、张玉梅采用问卷形式对宁夏回族自治区图书馆公共文化服务体系的现状进行了调研，从用户认知度、服务形式、满意度情况、文献信息资源共建共享4个方面对该地区公共文化服务体系建设具体情况进行了分析④。③对少数民族地区特定群体的阅读推广服务研究。已有研究多侧重于对青少年阅读推广的探讨，对新疆地区儿童阅读推广服务的探讨较多。周燕通过介绍新疆公共图书馆开展青少年阅读推广服务的经验，探讨了对多元文化并存的少数民族地区开展阅读推广活动的三点启示：一是社会高度重视；二是制订灵活有针对性的实施方案；三是协同联动，营造良好外部氛围⑤。李玉婷对南疆地区影响少儿阅读推广活动的主客观因素进行了分析，并从政府财政支持，加大与学校、家庭、社区及社会团体联合力度，建立专门机构和团队等方面探讨了具体措施⑥。

---

① 盛小平、刘振华、王月娥：《西部少数民族地区公共图书馆在阅读文化建设中的地位与作用——以湘西自治州公共图书馆为例》，载《图书馆论坛》2011年第6期，第253～258页。
② 王月娥：《西部民族地区大众阅读现状调查与分析——以湘西土家族苗族自治州为例》，载《图书情报工作》2011第19期，第92～96页。
③ 王月娥、郑英杰：《试论西部民族地区图书馆阅读文化建设》，载《图书馆》2013年第3期，第92～95页。
④ 王耀、张玉梅：《民族地区图书馆公共文化服务体系调查——以宁夏回族自治区为例》，载《图书馆理论与实践》2014年第11期，第88～90页。
⑤ 周燕：《论多元文化背景下少数民族地区青少年阅读推广现状与启示——以新疆公共图书馆为例》，载《西域图书馆论坛》2013年第4期，第11～13页。
⑥ 李玉婷：《影响南疆少数民族地区公共图书馆少儿阅读推广活动的因素浅析》，载《西域图书馆论坛》2013年第3期，第39～42页。

5. 信息化建设

信息技术、数字技术和网络技术的兴起和发展，推动了少数民族地区公共图书馆的现代化转型。已有研究对少数民族地区图书馆信息化、网络化、数字化建设与发展分别进行了探讨。周雪景通过对网络环境下民族地区县级公共图书馆的文献信息资源建设相关问题的分析，提出应加快数字图书馆的建设与发展①。新疆维吾尔自治区哈什地区莎车县图书馆刘霞分析了西部地区公共图书馆信息化进程中有关数字资源建设、特色数据库建设和网络环境下的信息资源共建共享问题②，并在《论西部少数民族地区基层公共图书馆的信息化建设》一文中认为，实现图书馆信息化需要着力解决的问题是"开发收集信息资源，必须转变观念，民族地区特色资源的数字化建设，加大经费投入"③。李燕和王宁从延边朝鲜族地区图书馆现状出发，提出延边朝鲜族地区图书馆在数字化时代下要结合自身特点实现数字化资源与服务的转型④。虽然已有研究对少数民族地区公共图书馆信息化、数字化领域有所触及，但研究数量稀少，研究较为分散，大多着眼于某个特定民族地区的某个公共图书馆，研究视野较为狭隘，还需进一步进行系统的拓展和深化。

6. 馆员培训与交流

已有研究多从少数民族地区公共图书馆人才建设角度出发，对馆员培养与交流进行探讨。一是对少数民族地区公共图书馆馆员现状的分析。钟丽峰认为，当前馆员存在的问题主要体现在馆员角色定位较低，整体文化程度不高和专业能力不足，学习意识匮乏以及人才流失严重；提出少数民族公共图书馆人才培养方式可采用"以职称晋升

---

① 周雪景：《网络环境下民族地区县级公共图书馆文献信息资源建设》，载《图书馆理论与实践》2014年第12期，第123～124页。

② 刘霞：《论西部民族地区公共图书馆信息化、特色化建设与服务》，载《西域图书馆论坛》2008年第1期，第16～18页。

③ 刘霞：《论西部少数民族地区基层公共图书馆的信息化建设》，载《大学图书情报学刊》2009年第3期，第41～43页。

④ 李燕、王宁：《数字化时代少数民族地区公共图书馆发展方向的一点思考——以延边朝鲜族地区图书馆为例》，载《内蒙古科技与经济》2015年第2期，第109～111页。

为目的的继续教育、以讲座形式开展的经验交流与分享、赴内地先进省市参加相关的会议和培训以及与高等院校合作，进行馆员的专业培养"的建议①；艾力再认为，加强馆员培训与交流可从建立健全人才评价和激励机制、重视人才的选拔与引进、加强馆员职业道德、信息素质和特殊素质的培训以及鼓励馆员做"学习型馆员"等方面来进行推进②。近年来，随着少数民族地区公共文化服务体系的建设与发展，少数民族地区公共文化服务体系中的馆员能力培养成为研究者关注的新问题。孙红艳、张萍等参照马斯洛需求层次论，提出了读者需求等级理论，认为少数民族地区公共图书馆馆员培训既要注重大众化又要注重多样化，既要具有《中国图书馆员职业道德准则》所规定的服务意识，也要具备多样化专业知识③。

7. 案例研究

少数民族地区公共图书馆研究者从民族地区和公共图书馆的实际出发，分析相关发展问题，并提出较有针对性的解决措施。普家清、李琼等分析了云南省楚雄彝族自治州公共图书馆免费开放状况与创新服务的策略④；戴宇丹以贵州省黔东南州公共图书馆为例，认为制约民族地区公共图书馆发展的主要因素为：地方政府不重视，投入不足，基础建设薄弱，从业人员数量严重不足等⑤。

8. 其他研究

除以上研究主题之外，所调研的论文另有关于少数民族地区公共图书馆非物质文化遗产保护、多元文化服务等方面的探讨，但有关研究数量相对较少。

---

① 钟丽峰：《关于少数民族地区公共图书馆馆员培养的思考——以新疆地区为例》，载《科技情报开发与经济》2015年第20期，第9～11页。
② 艾力再：《少数民族地区公共图书馆馆员培训与交流研究》，载《西域图书馆论坛》2014年第4期，第9～11页。
③ 孙红艳、张萍、李楠：《基于民族地区图书馆公共文化服务体系的技能型人才培训机制——以宁夏地区为例》，载《科技情报开发与经济》2014年第23期，第81～83页。
④ 普家清、李琼：《浅析民族自治地区公共图书馆免费开放现状及创新服务策略——以云南省楚雄彝族自治州为例》，载《贵图学刊》2013年第2期，第6～8页。
⑤ 戴宇丹：《制约民族地区公共图书馆发展的主要因素分析——以贵州省黔东南州公共图书馆为例》，载《贵图学苑》2015年第3期，第3～5页。

（四）著者分析

为了进一步分析少数民族地区公共图书馆发展的研究情况，笔者对所调研文献的著者情况做了进一步的统计分析。对著者的统计分析标准为：每篇论文只统计第一著者，合著者论文的著者不做专门统计。按照以上统计标准，得出2篇以上著者发文情况统计结果，见表1-3。

表1-3 少数民族地区公共图书馆研究著者统计情况

著 者	发文机构	论文数量	著 者	发文机构	论文数量
董爱琴	内蒙古鄂尔多斯市图书馆	3	谭远菊	湖北省长阳土家族自治县图书馆	2
刘霞	新疆哈什莎车县图书馆	3	王天丽	新疆维吾尔自治区图书馆	2
陈建	新疆乌鲁木齐市图书馆	2	吴小强	黔西南州图书馆	2
冯莉	新疆维吾尔自治区图书馆	2	冶进录	青海民族学院图书馆	2
郭召华	新疆吐鲁番市高昌区图书馆	2	阿拉塔琪琪格	内蒙古包头市图书馆	2
菊秋芳	宁夏图书馆	2	郭召华	新疆吐鲁番市高昌区图书馆	2
周燕	新疆博尔塔拉蒙古自治州图书馆	2	杨胜珍	贵州黔东南州图书馆	2

在109篇论文中，共有著者96位。其中，第一著者78位，合著者18位。如果以全部著者计算，则平均每位著者发文量为1.14篇；如果以第一著者数量计算，则平均每位著者发文量为1.4篇。由此表明，大部分著者只是偶尔涉猎少数民族地区公共图书馆领域的研究，少数民族地区公共图书馆研究较为薄弱，尚未形成一个比较固定的研

究群体，理论研究水平尚待进一步提高。

从表1-3可看出，发文量3篇的著者只有2位，发文量2篇的著者共有12位。如果按照将发文量在3篇（含3篇）以上的第一著者确定为核心著者，那么目前少数民族地区公共图书馆研究领域只有2位核心著者，数量极其稀少，说明大部分该领域的研究者都未能够做出持续性的研究。由此表明，少数民族地区公共图书馆领域的研究力量十分薄弱，从事少数民族地区公共图书馆研究的学者相对较少，且尚未形成一定的学术影响力。

从著者所在的发文机构来看，论文著者发文机构均来自少数民族地区，且大部分属于少数民族地区公共图书馆的工作人员，说明少数民族地区公共图书馆研究群体主要来自于少数民族地区公共图书馆，说明少数民族地区图书馆工作者是研究的主要力量，由此表明：少数民族地区公共图书馆研究与实践紧密结合，研究者倾向于从实际工作出发探讨具有针对性的问题。然而，各个民族地区研究力量存在不均衡的现象，新疆、内蒙古地区表现出较强的研究实力，其他少数民族地区研究力量较为薄弱，尤其是西藏地区，尚未出现对少数民族地区公共图书馆的专门研究，这也体现了图书馆事业发展水平与学术研究的作用力反作用力。

（五）来源期刊分析

表1-4显示了少数民族地区公共图书馆研究来源期刊分布情况，从中可知，少数民族地区公共图书馆研究来源期刊共计48种，其中属于图书学领域的期刊共有19种，占来源期刊总数的39.6%。共载文76篇，占统计期刊论文总数的比例为69.7%；另有40.7%的统计论文则分布在其余29种非图书馆学领域的期刊上。从来源期刊质量来看，其中以《中文社会科学引文索引（CSSCZ）来源期刊和收录集刊（2017—2018）目录》为依据，被认定的核心来源期刊只有7种，只占来源期刊种类总数的14.6%，载文共有9篇，只占来源期刊载文总量的11.8%。由此可见，目前有关少数民族地区公共图书馆研究的论文在核心期刊上发文量较少，而核心期刊是衡量学术研究

水平的指标之一，这说明目前少数民族地区公共图书馆整体研究理论水平亟待提高。

表1-4 少数民族地区公共图书馆研究来源期刊统计情况

来源期刊	论文数量	来源期刊	论文数量
内蒙古图书馆工作	16	图书馆建设★	1
贵图学刊	10	图书馆论坛★	1
西域图书馆论坛	10	图书馆学研究★	1
图书馆理论与实践	8	大学图书情报学刊	1
云南图书馆	6	新世纪图书馆	1
科技情报开发与经济	5	重庆图情研究	1
河南图书馆学刊	4	青海民族学院学报	1
内蒙古科技与经济	3	农业图书情报学刊	1
图书情报工作★	2	西昌学院学报	1
四川图书馆学报	2	大理学院学报	1
青海民族研究★	2	宁夏社会科学★	1
青海图书馆	2	理论与当代	1
科技信息	2	科教导刊	1
新疆社科论坛	2	大陆桥视野	1
才智	2	楚雄师范学院学报	1
图书情报工作★	1	读书文摘	1
丝绸之路	1	卷宗	1
时代教育	1	边疆经济与文化	1
神州民俗	1	办公室业务	1
社科纵横	1	柴达木开发研究	1
青年文学家	1	湖南社会科学	1
品牌	1	中共贵州省委学报	1
临沧师范高等专科学校学报	1	安徽文学	1
科教文汇	1	黑龙江史志	1

二、著作分析

为了全面反映当前少数民族地区公共图书馆研究情况,笔者在对期刊论文进行文献计量分析的基础上,又对目前该研究领域的著作情况做了进一步的分析,以保证对研究现状分析的完备性。据笔者调查,目前学界尚未有专门以"少数民族地区公共图书馆发展"为题的著作出现,但是已有相关著作出版。总体来讲,与少数民族地区公共图书馆相关的研究著作可分为两大类:一类是史料著作,另一类是研究著作。

(一)史料著作

有关少数民族地区公共图书馆的相关史料著作可分为两大类:一类是少数民族地区图书馆调查,另一类是与少数民族地区图书馆发展相关的政策、法规、文件等。

1. 调查统计资料

目前关于我国少数民族地区公共图书馆发展的专门调查史料主要有1989年由中国民族图书馆编写的《中国少数民族图书馆概况》,以及2007年由该馆编写的《中国民族地区图书馆调查》。这两部调查资料通过不同历史时期对少数民族地区图书馆的全面调查整理而成,记录了不同历史时期我国少数民族地区图书馆的发展状况,为研究改革开放以来少数民族地区公共图书馆发展状况提供了较为详尽具体的研究资料。

(1)《全国公共图书馆概况》(1982)。改革开放以后,为了全面了解我国公共图书馆事业发展的基本情况,在对全国各省、市、自治区图书馆调查资料进行全面整理的基础上,1982年6月,由文化部图书馆事业管理局教科处和北京图书馆图书馆学研究处合编的《全国公共图书馆概况》[①] 正式出版。该书在编排上按照全国行政区划顺

[①] 文化部图书馆事业管理局科教处、北京图书馆图书馆学研究部:《全国公共图书馆概况》,图书馆服务社(内部发行)1982年版,第1页。

序对少数民族地区图书馆进行排序列举。全书分为四个部分：第一部分是关于北京图书馆及各省、直辖市、自治区图书馆的概况介绍，并附有馆舍图片；第二部分是全国市级以上公共图书馆基本概况；第三部分是全国区、县级图书馆的简要情况表；第四部分是附录，包括根据全国区县以上公共图书馆的基本情况汇编的各项统计资料及馆名索引等①。第一部分是1980年的统计数据，其余部分统计数据基本截止日期为1979年年底，属于1980年单独进行标注。截至1979年年底，全国共有市级以上的公共图书馆284所，该书收录了276所，其余8所由于当时没有相关资料，暂付阙如②。这部书内容涉及大量有关少数民族地区公共图书馆的数据，对了解20世纪80年代少数民族地区公共图书馆的发展情况提供了较为翔实的参考资料。

（2）《中国公共图书馆概况》（1989）。时隔7年，1989年6月，由文化部图书馆事业管理局和《中国公共图书馆概况》编辑组主编的另一部全国公共图书馆调查资料——《中国公共图书馆概况》由学术期刊出版社正式出版。这部研究资料基本反映了国民经济和社会发展第六个五年计划（1981—1985年）完成时中国公共图书馆事业的发展情况。全书分为中国公共图书馆简介、1985年全国县级以上公共图书馆一览表和世界各国公共图书馆概况三大部分，是继1982年《全国公共图书馆概况》之后国内出版的另外一部集中反映公共图书馆事业发展概况的参考资料。《中国公共图书馆概况》收集全国县级公共图书馆多达2400个，分别记录了这些公共图书馆的馆名、历史沿革、馆址、人员、藏书数量和特点、建筑面积等③，其中涉及不少民族地区公共图书馆，可以从中窥探当时少数民族地区公共图书馆的发展情况。

---

① 文化部图书馆事业管理局科教处、北京图书馆图书馆学研究部：《全国公共图书馆概况》，图书馆服务社（内部发行）1982年版，第1页。
② 文化部图书馆事业管理局科教处、北京图书馆图书馆学研究部：《全国公共图书馆概况》，图书馆服务社（内部发行）1982年版，第2页。
③ 文化部图书馆事业管理局《中国公共图书馆概况》编辑组：《中国公共图书馆概况》，学术期刊出版社1989年版，第18页。

(3)《中国少数民族概况》(1989)。我国对少数民族地区图书馆事业的调查始于1982年的新疆维吾尔自治区图书馆调查。1982年秋,由文化部图书馆事业管理局、国家民委文化司、中国图书馆学会组成专门的少数民族地区图书馆调查组,奔赴新疆维吾尔自治区,展开了中华人民共和国成立以来对我国少数民族图书馆的首次专门访问调查。调查组先后走访了新疆维吾尔自治区的20个图书馆,并参加了新疆地区的图书馆座谈会与学术报告会,最后写出了调查报告,返京后向有关领导部门进行了汇报,引起国家有关部门对少数民族地区图书馆发展的关注①。之后,随着民族工作方针政策的确立,以及全国图书馆事业建设如火如荼地开展,中央政府对长期以来备受冷落的民族地区图书馆事业建设给予了极大的关注。1983年,在北京召开了首次全国民族地区图书馆工作座谈会,专门探讨了少数民族地区图书馆事业的建设与发展问题。1984年,国家民委决定将位于北京的民族文化宫改为面向全国的中国民族图书馆,以负责协调全国民族地区图书馆事业建设。之后,由中国民族图书馆牵头,对全国民族地区图书馆做了一次较为全面的调查,以了解全国民族地区图书馆的发展状况。此次调查结果由中国民族图书馆主编成《中国少数民族图书馆概况》一书,并于1989年由民族出版社正式出版。该书共收录了全国少数民族地区图书馆426个,介绍了各个少数民族图书馆的发展简况、建筑格局、人员和机构、典藏、读者服务工作和发展规划等内容,同时对各馆馆长、馆址也有所记载②。《中国少数民族图书馆概况》是第一部全面介绍我国少数民族地区以及各种类型民族图书馆的资料性工具书,对少数民族地区公共图书馆做了较为详尽的记录,对研究我国少数民族地区公共图书馆发展具有十分重要的参考价值。

(4)《中国民族地区图书馆调查》(2007)。进入新世纪以来,我国少数民族地区图书馆事业取得了一些发展成就,然而,在基础设

---

① 一之:《新疆地区图书馆事业调查访问侧记》,载《图书馆学通讯》1983年第1期,第6～7页。

② 中国民族图书馆:《中国少数民族图书馆概况》,民族出版社1989年版,第2页。

施、文献资源保有量、经费投入和人才建设等方面仍与经济发达地区有着明显差距。为了更加全面了解新时期民族地区图书馆的发展状况，2007年，中国民族图书馆、中国图书馆学会依托国家民委科研项目"中国民族及民族地区图书馆调查与研究"（项目编号：07MZGG05），再次对全国少数民族地区图书馆与民族地区图书馆基本情况进行调查，并将调查结果编著为《中国民族地区图书馆调查》一书，以科研项目成果的形式进行正式出版。该书共收录了全国范围内5个自治区、30个自治州、117个自治县、3个自治旗各系统各类型的图书馆，以及虽不在民族地区，但收藏少数民族文献、为民族工作和民族研究服务的图书馆，共计388个[①]。所收录的图书馆在编排顺序上先依据《中华人民共和国行政区划简册》（2007年版），再依据各类型图书馆在同级别行政区划中以公共图书馆、高校图书馆、专业图书馆和其他类型图书馆的顺序进行编排。书中收录了大量少数民族地区公共图书馆发展的最新资料，较为真实地反映了进入新世纪以来的少数民族地区公共图书馆发展状况。相较1989年的《中国少数民族图书馆概况》，《中国民族地区图书馆调查》以较大的篇幅着重对各民族地区图书馆发展概况进行了介绍，基本涵盖了几乎所有民族地区的公共图书馆，对原来的调研数据进行了补充与更新，整理了有关民族地区公共图书馆的图片资料，为少数民族地区公共图书馆的研究提供了较为准确、翔实的参考资料。

2. 政策、法规与文件

作为由政府主导的社会公共文化事业，图书馆的发展受到国家及各级地方政府政策的指导，这些政策提出了发展图书馆事业的任务与要求，体现了国家发展图书馆事业的立场。其中，不少政策法规亦专门涉及少数民族地区公共图书馆事业发展，对少数民族地区公共图书馆发展产生了辐射性的指导作用。由于少数民族地区公共图书馆发展既属于图书馆事业发展问题，同时也属于民族文化工作，因此，大体来讲，少数民族地区图书馆相关政策主要分为图书馆政策和少数民

---

① 崔光弼：《中国民族地区图书馆调查》，辽宁民族出版社2007年版，第1~5页。

文化事业政策两大类。

（1）图书馆政策。为配合图书馆学教学、科研的需要，1985年，河北大学图书馆学系编印了《图书馆法规文件汇编》（以下简称《汇编》），收录了1898年至1984年我国各历史时期颁布的有关图书馆发展的政策，同时也收录了具有重要指导意义的通知、文件，此外还涉及台湾省颁布的规定、文件，共计134篇。①《汇编》的附录部分收录了国际组织和国外相关图书馆法规，台湾部分另收录了一些学会、协会为图书馆制定的标准。《汇编》第三部分为1978年至1984年的图书馆政策，包括一些有关少数民族地区图书馆发展的相关政策，对研究少数民族地区图书馆事业发展具有重要参考价值，但某些文件尚有遗漏。

鉴于新时期图书馆发展和理论研究的需要，2012年，国家图书馆研究院对中华人民共和国成立以来我国图书馆事业发展相关政策文件进行全面系统梳理，并将成果汇编为《我国图书馆事业发展政策文件选编（1949—2012）》，并以国家社会科学基金项目"公共图书馆服务体系政策保障研究"（项目号：12BTQ003）前期成果的形式，于2014年10月由国家图书馆出版社出版。全书共收录1949年以来我国中央和地方各系统、各部门指定出台的与图书馆事业发展密切相关的政策文件500余篇，既包括直接用于规范各类型图书馆事业发展的法律法规、规范性文件，也包括图书馆以外相关领域政策文件中所涉及的与图书馆发展有较大影响的内容②。总体来讲，该书是第一部有关图书馆事业发展的系统性史料著作，所收录的政策文件范围较广，内容丰富，为全面了解政策因素对少数民族地区公共图书馆发展的影响，为研究少数民族地区公共图书馆发展的政策环境提供了重要的支撑。

（2）少数民族文化政策。国家在不同时期指定的民族文化政策，

---

① 河北大学图书馆学系：《图书馆法规文件汇编》，河北大学图书馆学系1985年版。
② 国家图书馆研究院：《我国图书馆事业发展政策文件选编（1949—2012）》，国家图书馆出版社2014年版，第1~3页。

也在客观上指导着少数民族地区公共图书馆的建设与发展。在国家颁布实施的有关民族工作特别是少数民族文化事业发展的具体政策文件中，有不少涉及发展少数民族地区公共图书馆的指示。由国家民委政策研究室主编的《国家民委民族政策文件选编（1979—1984）》（1988）收录了1979—1984年间国家民委发布的重要政策文件，其中在"文化类"涉及有关少数民族地区图书馆发展政策的内容①。由国家民委办公厅主编的《中华人民共和国民族政策法规选编》（1997）是一部较为系统和完整的民族政策史料著作，收录了1949—1996年中央和地方发布的有关民族工作各个方面的政策法规②。金炳镐主编的《民族纲领政策文献选编》③（2006）收集了有关民族问题方面的纲领性文献，时间范围为1921年7月中国共产党成立至2005年5月。这对研究少数民族地区公共图书馆事业所处的政治环境以及民族工作形势对少数民族地区公共图书馆事业发展的影响，具有极其重要的参考价值。

（二）研究著作

虽然目前尚未有系统研究少数民族地区公共图书馆发展的专门性著作，但是分论各个少数民族地区图书馆发展的成果已经陆续出现，为了解少数民族地区公共图书馆发展总体状况提供了重要参考。目前已有如下主要的研究著作。

1. 有关内蒙古自治区图书馆发展的研究著作

乌林西拉所著的《内蒙古图书馆事业史》④（2009）为研究民族地区图书馆发展代表性著作。《内蒙古图书馆事业史》以"史""志"相结合的方法，按照"横者志，纵者史"的纵横交错的编写体

---

① 国家民委政策研究室：《国家民委民族政策文件选编（1979—1984）》，中央民族学院出版社1988年版。
② 国家民委办公厅等：《中华人民共和国民族政策法规选编》，中国民航出版社1997年版。
③ 金炳镐：《民族纲领政策文献选编》，中央民族大学出版社2006年版。
④ 乌林西拉：《内蒙古图书馆事业史》，内蒙古大学出版社2009年版。

例,分为上编"史"部分以及下编的"志"部分。上编"史"部分共有 12 章。第一章是全书的"纲要",对从 13 世纪内蒙古地区古代藏书事业史到 20 世纪近现代图书馆事业的兴起、发展及现状等进行了简述。第二章至第九章,依据现行图书馆事业系统与类型辅以内蒙古地区图书馆事业发展的历史阶段,分别论述了藏传佛教寺院藏书、公共图书馆、科研院所图书馆、高等学校图书馆等不同系统和类型的图书馆发展情况和现状①。第三章将内蒙古公共图书馆发展历史分为 4 个阶段:初创时期(1908—1946)、发展时期(1947—1965)、停滞及恢复发展时期(1966—1978)及全面发展时期(1979—2000),并总结了内蒙古公共图书馆发展的经验教训。第十章至第十二章,对内蒙古自治区图书馆学教育、图书馆学研究和图书馆学会协会分别进行了专题研究。下编"志"部分主要分为 4 部分:文献志、组织机构志、人物志和大事志。全书的主体部分为 1947 年以来内蒙古自治区图书馆事业建设的历史成就和经验教训,并按照"厚今薄古"的原则,将 1978 年改革开放以来的图书馆事业发展作为重点内容。② 该书是一部史志结合的学术著作,也是研究我国少数民族地区图书馆事业的第一部专史,填补了该领域研究的空白。关于内蒙古自治区公共图书馆事业发展状况的研究,对少数民族地区公共图书馆研究具有极其重要的参考价值和借鉴意义。

2. 有关宁夏回族自治区图书馆发展的研究著作

张欣毅组织宁夏图书馆同仁编写的《宁夏图书馆志》(2009)是关于宁夏回族自治区图书馆史研究的第一部系统性的志书,全面反映了建馆 50 年来宁夏图书馆发展的具体情况。所收集的史志资料主要来源于各种文件与档案,以及部分个人回忆资料,保证了资料的真实性和完备性③。全书共分为 12 章,第一章为概述部分,对宁夏图书馆的历史沿革和发展情况进行了总的介绍,时间为 1934—2007 年。

---

① 张树华:《内蒙古图书馆事业的全面总结——介绍〈内蒙古图书馆事业史〉一书》,载《图书馆理论与实践》2010 年第 10 期,第 23~24 页。
② 乌林西拉:《内蒙古图书馆事业史》,内蒙古大学出版社 2009 年版,第 1~3 页。
③ 张欣毅:《宁夏图书馆志》,北京图书馆出版社 2009 年版,第 301 页。

第二至第十一章从人员、机构与管理、馆舍、设备与经费、文献信息资源建设、文献的标引与目录组织、读者服务工作、自动化、数字化建设与共享工程、学术研究、编辑出版、协作与交流、业务辅导与教育培训等方面对宁夏图书馆发展状况进行论述①。最后以大事记的形式列举了有关宁夏图书馆发展的重大历史事件。书末另有附录，内容包括集体及个人所受的奖励表彰、工作人员名单、媒体报道、政协委员提案等②。该书对了解宁夏回族自治区公共图书馆的发展状况、分析少数民族地区公共图书馆发展具有极其重要的参考价值。

张欣毅的另一部力著《公共信息资源共建共享模式研究——基于宁夏区域发展战略的实证分析》（2011）则对宁夏回族自治区公共信息资源的建设情况进行了实证分析。该书以全新的"公共信息资源及其认知机制"（PIR&CM）③ 人文理念为理论指导，对宁夏公共信息资源建设与利用模式进行了社会组织学意义上的探讨，为制定宁夏地区图书馆公共信息服务体系建构战略提供了参考④。该著作对我国少数民族地区公共图书馆信息资源共建共享、少数民族地区公共图书馆在公共文化服务中的价值与作用进行了较为深入的分析，对少数民族地区公共图书馆建设提供了理论指导。

3. 有关新疆维吾尔自治区图书馆发展的研究著作

由新疆维吾尔自治区图书馆学会编撰出版的《回眸与前瞻：西域图书馆论坛文萃》（2002），以文集的形式对新疆地区图书馆事业的发展进行了各方面的探讨，共收录论文67篇。所研究的主题涉及西部大开发与图书馆、理论研究、业务探讨、文献信息开发与利用、

---

① 刘雯：《凝固的乐章，无声的丰碑——〈宁夏图书馆志〉》，载《图书馆理论与实践》2011年第2期，第25～27页。
② 张欣毅：《宁夏图书馆志》，北京图书馆出版社2009年版，第301页。
③ 公共信息资源及其认知机制（Public Information Resources and their Congnition Mechanisms，简称PIR&CM），其基本定义可表述为：在对一定时空意义的公共的基本社会性文化利益、文化权利、文化义务认定基础上，旨在提供公共文本利用（认知）的社会信息资源集合及其相关社会机制。
④ 张欣毅：《公共信息资源共建共享模式研究：基于宁夏区域发展战略的实证分析》，阳光出版社2011年版。

图书馆自动化与数字图书馆、读者工作和队伍建设等内容,对了解新疆维吾尔自治区公共图书馆的发展具有一定的参考价值①。

4. 有关广西壮族自治区图书馆发展的研究著作

与广西壮族自治区图书馆发展相关的研究著作在数量上相对较多,王雪光主编的《广西壮族自治区公共图书馆概况》(1992)介绍了广西壮族自治区公共图书馆的历史沿革、馆舍、机构、人员、藏书、读者服务等简况,并包括全区公共图书馆统计数据一览表和大事记②。此外,王雪光另主编了《点燃知识的火炬:广西乡镇图书馆建设与发展的探索》③(2002)一书,对广西壮族自治区乡镇图书馆发展进行了概述,书中所载的相关统计数据与服务案例对研究广西壮族自治区图书馆事业发展提供了重要参考。张金根主编的《春华秋实:广西壮族自治区图书馆七十五年》(2006)是为庆祝广西壮族自治区建馆75周年而付梓的一部文集类专著,汇集了广西图书馆工作者的集体智慧。在成书体例上,作者以专题形式介绍了广西壮族自治区图书馆75年的发展历史,并按照争鸣与探索、图书馆事业、图书馆管理、读者工作、信息服务、采编业务、文献资源建设、知识工程、区域研究的分主题,选登了相关的学术研究论文④。邓冰主编的《书中自有黄金屋:广西公共图书馆服务探索》(2006)记述了广西壮族自治区各级公共图书馆在建设公共文化服务体系、提升信息服务水平和能力的探索成果,并以图文并茂的形式全面展示了广西各级公共图书馆各项服务的成果⑤。

5. 少数民族地区区域公共图书馆发展研究

近年来,随着我国公共文化服务体系建设的推进,新近出版了不

---

① 新疆维吾尔自治区图书馆学会:《回眸与前瞻:西域图书馆论坛文萃》,新疆人民出版社2002年版。
② 王雪光:《广西壮族自治区公共图书馆概况》,广西民族出版社1992年版。
③ 王雪光:《点燃知识的火炬:广西乡镇图书馆建设与发展的探索》,广西人民出版社2002年版。
④ 张金根:《春华秋实:广西壮族自治区图书馆七十五年》,广西人民出版社2006年版。
⑤ 邓冰:《书中自有黄金屋:广西公共图书馆服务探索》,广西人民出版社2006年版。

少与少数民族地区区域图书馆服务体系研究相关的论著。程结晶、刘雪峰编著的《西南地区图书馆服务体系理论研究》（2014）一书，将广西壮族自治区、云南省、贵州省、四川省、重庆市等5个省级（直辖市）区域所组成的西南地区图书馆作为研究对象，采用调查、分析、比较、理论归纳等研究方法，力求按照"区域图书馆发展研究、现状调研、定位研究、服务体系构成研究、服务体系创新研究、公共文化服务中的作用研究"的思路对西南地区公共图书馆服务体系构建问题进行论述。通过对西南地区公共图书馆服务体系现状进行分析研究，探索西南地区公共图书馆服务体系发展的对策与策略，以发挥西南地区公共图书馆服务体系在国家文化产业中的重要地位和作用[①]。毕东著的《边疆少数民族地区农家书屋建设研究》（2015）对云南楚雄彝族自治州农家书屋建设进行了研究。研究资料和数据来自对云南8个民族自治州下属的20多个民族县的100多个农家书屋开展的实地调研，研究团队通过走访形式与农家书屋读者面对面交流和通过问卷调查，较为全面地收集了有关边疆少数民族农家书屋建设现状的大量一手资料和数据[②]。新近出版的这几部著作集中体现了少数民族地区公共图书馆与国家文化发展主题紧密结合，对于了解少数民族地区公共图书馆在当前公共文化服务体系构建中保障少数民族基本文化权益的职能与作用具有重要的参考价值和借鉴意义。

总体来讲，以上研究著作的突出特点是从某一民族自治区或某个专题角度对少数民族地区公共图书馆进行描述或研究，这些研究成果为以宏观视野开展少数民族地区公共图书馆发展整体、系统化研究提供了研究资料，奠定了重要的研究基础。

三、研究述评

综上，目前学界已有与少数民族地区公共图书馆发展相关的研

---

① 程结晶、刘雪峰：《西南地区图书馆服务体系理论研究》，海洋出版社2014年版，第1～3页。

② 毕东：《边疆少数民族地区农家书屋建设研究》，光明日报出版社2015年版。

究,且涉及少数民族地区发展的诸多方面,取得了一定的研究成果,使少数民族地区公共图书馆研究在图书馆学界有了一定的学术话语权,然而,从总体来看,已有研究还存在以下几点不足。

第一,不少论述涉及少数民族地区公共图书馆发展问题的主要方面,如馆藏资源建设、图书馆服务和数字化建设等,但研究较为零散,大多仅着眼于某个少数民族地区或某个特定公共图书馆。这虽然有利于了解特定民族地区或图书馆个体发展案例,但不利于从总体和宏观的角度上把握少数民族地区公共图书馆事业这一特定图书馆群体现象的总体发展状况。

第二,已有研究已取得了一定的成果,虽然有助于了解少数民族地区公共图书馆发展的状况,但对少数民族地区图书馆建设、文献信息资源建设以及服务等研究多以描述性为主,缺乏基本数据的支撑,观点和结论多带有主观性,不便于客观准确地反映少数民族地区公共图书馆发展的真实情况。因此,对于少数民族地区公共图书馆的研究还需进一步在数据统计分析的基础上进行充实和完善,客观准确地反映少数民族地区公共图书馆的基本状况。

第三,已有研究虽然已经涉及少数民族地区公共图书馆发展的有关方面,如基础理论、文献资源建设、服务、数字化等,但还存在一些薄弱的环节,如对于培养少数民族干部、对口支援政策指导思想下的少数民族地区图书馆教育、民族地区公共图书馆信息资源共建共享等方面的研究还急需进一步丰富与完善。

第四,已有有关民族自治区图书馆发展的相关专著,为少数民族地区公共图书馆发展研究提供了较为翔实和丰富的研究资料,但是大多限于某个民族区域或某个民族自治区特定类型图书馆的研究,关于少数民族地区公共图书馆发展的系统性论著尚未出现。

第五,研究的理论视角较为单一。已有研究更为强调从图书馆学角度进行单一分析,忽视了少数民族地区公共图书馆同时作为一种图书馆现象和民族现象的客观性特征,这样的分析难以做到全面和客观化。因此,对于少数民族地区公共图书馆发展的研究,应从少数民族地区公共图书馆的特殊性出发,将其置于少数民族文化事业和图书馆事业更为广阔的社会历史情境中进行综合分析，以考察多种因素对其发展所产生的影响。

第六，理论分析缺乏必要的深度。已有研究大多只是将少数民族地区公共图书馆发展作为图书馆事业发展的一种客观现象，多着眼于表面现象的浅层次分析，尚未从图书馆权利的角度，特别是从公共图书馆作为民众基本权利实现保障的理论视角出发，对少数民族地区公共图书馆的价值与职能进行深层次的分析。笔者认为，对少数民族地区公共图书馆的研究应从图书馆权利、现代图书馆理念的视角，以少数民族文化权利保护为切入点，审视少数民族地区公共图书馆在现代社会发展进程中的职能与作用。

综上所述，少数民族地区公共图书馆发展在图书馆学研究中相对来说是一个被忽视的课题，尚未引起图书馆学界的广泛关注。在当前社会转型期，少数民族地区的发展关乎社会的和谐稳定，而发挥少数民族地区公共图书馆在促进少数民族地区经济社会发展中起着重要的资源保障和智力支撑作用，其发展状况也会影响到少数民族群众的基本文化权益是否得到切实保障。因此，当前将少数民族地区公共图书馆的发展研究纳入图书馆学研究的重要议题，对少数民族地区公共图书馆的发展问题进行全方位、多角度、系统性的考察与研究，通过对少数民族地区公共图书馆发展状况进行把握，总结成功经验与失败教训，将对加快少数民族地区公共图书馆的事业发展起到积极的促进作用。

第四节　研究范围、研究目标与研究内容

一、研究范围

为了全面了解改革开放 40 年来少数民族地区公共图书馆事业发展的历史进程，本研究的时间限定为 1978—2018 年。时间上限选取

为1978年，缘于1978年12月18至22日中国共产党十一届中央委员会第三次会议的正式召开，对思想路线、政治路线、组织路线进行了拨乱反正，做出了将全党的工作重点转移到社会主义现代化建设上来的重大决策，实现了中华人民共和国成立以来党的历史的伟大转折。在改革开放政策的实施之下，我国转变了对民族工作的认识，重新确立了社会主义新型民族关系。1979年6月，邓小平同志在全国政协会议上指出："我国各兄弟民族经过民主改革和社会主义改造，早已陆续走上社会主义道路，结成了社会主义的团结友爱、互相合作的新型民族关系。"① 中国特色社会主义民族理论的提出，明确了社会主义民族关系的形成时间、基本内容，为我国少数民族地区公共图书馆建设与发展指明了方向。本书研究时间下限选取为2018年，为改革开放40年的时间节点，旨在对改革开放40年来少数民族地区公共图书馆发展加以系统的梳理，从而以史为鉴。

在选取研究对象的地域范围上，本研究从我国民族自治地方的实际出发，对少数民族地区公共图书馆的确立依据为我国宪法所规定民族行政区划的民族自治区、自治州、自治县（旗）所辖的各级公共图书馆。为了便于统计，所涉及的统计数据，主要以广西、内蒙古、新疆、西藏、宁夏5个自治区为主，部分涉及云南、贵州、青海等多民族省份。

二、研究目标

本研究拟从我国多民族的基本国情出发，对改革开放40年少数民族地区公共图书馆的发展进行全面的梳理，分析发展特点与规律，总结发展的基本经验与不足，在此基础上提出可供当下与未来发展的策略与建议。具体而言，本研究包括以下几个目标。

（1）全面总结梳理改革开放40年来少数民族地区公共图书馆事业的发展历程，呈现少数民族地区公共图书馆事业发展的整体历史脉络。

---

① 邓小平：《邓小平文选（1975—1982）》，人民出版社1993年版，第172页。

（2）对少数民族地区公共图书馆发展进行综合分析，从社会经济、政治、文化、科技等影响图书馆发展的社会因素出发。图书馆是人类社会发展到一定阶段的产物，社会政治经济发展状况将会直接影响到图书馆事业的发展程度。图书馆事业属于社会文化系统的组成部分，是整个庞大复杂的社会系统中的一个子系统，社会经济、政治、文化、科技等因素组成的社会环境因素对图书馆产生着重要的影响，决定了当时社会情境下图书馆的发展形态和社会职能。对少数民族地区公共图书馆发展所处的历史背景进行分析，考察不同时期少数民族地区公共图书馆发展的深层次原因，总结历史发展特点与规律。

（3）以图书馆基础设施、文献信息资源、服务、人员、管理、数字化水平、图书馆学研究、学术交流与合作等作为衡量公共图书馆事业发展水平的重要指标，综合分析少数民族地区公共图书馆历史发展的阶段性特征与特点。

（4）对改革开放40年来少数民族地区公共图书馆发展的基本经验进行总结，对所存在的问题进行分析，针对问题提出发展对策与建议，对制定少数民族地区公共图书馆当下及未来发展战略提供理论借鉴与参考。

三、研究内容

根据以上研究目标，本研究的主要内容包括以下几个方面。

1. 研究对象的确定

为了确定研究的逻辑起点，在研究开展之前，厘清了本研究所涉及的民族与少数民族、少数民族地区、公共图书馆等相关概念，在此基础上界定了少数民族地区公共图书馆的基本含义。

2. 历史分期

本研究目的在于总结改革开放以来少数民族地区公共图书馆发展的成就与不足，为加快当前少数民族地区公共图书馆发展提供借鉴与参考，揭示发展变化的历史规律，而这种变化的规律正是体现在历史发展的阶段性特征上，就涉及历史分期的问题。因此，本研究对改革开放以来少数民族地区公共图书馆史的分期依据与标准、具体分期内容进行了探讨。

3．改革开放以来少数民族地区公共图书馆发展的历程

按照国家重大政策、民族工作政策的重要变化，并结合少数民族地区公共图书馆事业发展的标志性事件的分期标准，将1978年至2017年少数民族地区公共图书馆的发展划分为4个阶段：恢复时期（1978—1982）、缓慢发展时期（1983—1991）、快速发展时期（1992—1999）、全面发展时期（2000—2018）。

4．不同历史时期少数民族地区公共图书馆发展的基本内容与特点

以基础设施建设、文献资源建设、读者服务、数字图书馆建设、馆员培训与交流等为衡量少数民族地区公共图书馆发展的自变量，以少数民族地区公共图书馆事业发展水平为因变量，通过收集《中国图书馆年鉴》《中国统计年鉴》《中国民族年鉴》等统计资料中涉及有关少数民族地区公共图书馆发展的数据，根据研究的需要对所涉及的数据进行对比分析，综合分析不同阶段少数民族地区公共图书馆事业发展的基本状况。通过对少数民族地区与非少数民族地区、少数民族地区之间发展的差异性以及不同历史时期发展的延续性进行比较分析，总结不同时期的发展特点。

5．改革开放以来少数民族地区公共图书馆发展的历史规律

根据不同时期少数民族地区公共图书馆发展所处的社会、政治、经济、文化等时代背景，着重考察国家政策、民族政策等因素对少数民族地区公共图书馆发展的导向作用，通过剖析历史事件背后的深层次原因，总结少数民族地区公共图书馆发展的历史规律。

6．对策与建议

对改革开放以来少数民族地区公共图书馆发展所存在的问题进行分析，对未来发展提出可供参考的对策与建议。

第五节 研究方法

一、历史研究法

历史研究法是指运用历史资料，按照历史发展的顺序对过去事件进行研究的方法。美国图书馆学家 Pierce Butler 在《图书馆学导论》一书中认为，"根据我们所知，只有理解了图书馆事业的历史根源才能对它有更为充分的尝试"①；Jesse H. Shear 认为，图书馆史的价值在于通过理解过去，更好地指导实践。因此，图书馆工作者应该具有"明确的历史意识"②。对于少数民族地区公共图书馆发展的研究，应从历史角度去进行审视，通过研究揭示其历史发展规律，从而进一步指导实践。首先，运用历史研究方法总结和分析发展中的成功经验与不足，从而指导当前实践沿着正确的道路前进。其次，运用历史研究方法探讨少数民族地区公共图书馆各种现象的产生与发展的深层次原因，从而达到从本质上认识少数民族地区图书馆事业发展基本规律的目的。最后，通过揭示少数民族地区公共图书馆历史发展现象之间的因果关系，以及与中国图书馆事业发展之间的联系，从而正确认识和处理发展中出现的各种问题。为了能够全面客观地分析我国少数民族地区公共图书馆事业的发展特点，本研究基于民族政策史料、图书馆事业发展史料以及法规、文件等资料，从民族政策、图书馆事业发展的史料以及各民族地区图书馆事业发展的史料入手，在对史料进行分析的基础上，把握和梳理少数民族地区公共图书馆事业发展的内在历史规律与特征，对少数民族地区公共图书馆发展的现状做出尽可能客

---

① ［美］布沙、［美］哈特：《图书馆学研究方法：技术与阐述》，吴彭鹏译，书目文献出版社1987年版，第123页。

② Jesse H. Shera：On the Value of Library History，载《图书馆季刊》1952年第22期，第240~251页。

观的评价和判断，对未来发展提出建设性的对策与意见。

二、定量分析法

定量分析法是在对科学现象内外部关系进行"量"的分析与考察，寻找有决策意义结论的方法[①]。定量分析的目的在于对研究问题进行"实证"，具体方法包括统计方法、试验方法、系统科学方法等。本研究中的定量方法主要采用统计方法，将图书馆基础设施、馆藏文献资源、服务、管理、自动化、网络化与数字化水平、图书馆学教育、馆员培训与交流等作为考察少数民族地区公共图书馆事业发展状况的要素，将图书馆机构数量、经费投入、馆藏资源总量、人均馆藏占有量、总流通人次等作为变量因素，从《中国统计年鉴》《中国图书馆年鉴》《中国民族年鉴》《中国图书馆事业发展报告》等统计资料中获取有关年代的相关统计数据，通过不同年代之间、少数民族地区之间研究数据的变化进行对比分析，并结合社会、历史、政治、文化等背景资料对统计结果进行解释，客观呈现少数民族地区公共图书馆在不同时期的发展状况，并反映和揭示发展的基本内容与事实。

三、比较分析法

比较分析法是指通过揭示事物之间的异同关系达到认识事物本质的目的。本研究运用分析、对比、综合等方法，对少数民族地区图书馆的发展进行纵向和横向的比较。在纵向比较上，将少数民族地区公共图书馆发展历程进行历史阶段的划分，分析不同历史阶段少数民族地区公共图书馆发展的特点，对其存在的差异性及延续性进行对比分析研究；在横向比较上，对少数民族地区公共图书馆进行多层次、多角度的比较，包括少数民族地区与非少数民族地区的比较、不同少数民族地区之间的比较等。通过纵横比较，从总体上认识探索少数民族地区公共图书馆发展规律。此外，对图书馆规模、发展状况和社会背景等差异性因素进行比较分析，从而对比各自的优劣得失。

---

① 孙建军、成颖等：《定量分析方法》，南京大学出版社2002年版，第2页。

四、实地调研法

为了获取第一手客观的研究资料,本研究运用实地调研法,对少数民族地区公共图书馆发展进行了实地调研与口述访谈。根据研究需要并结合实际情况,本研究选取了西藏自治区公共图书馆为主要调研对象,于 2016 年 8 月对西藏地区展开实地调研,以弥补研究资料的不足。通过访谈和调查问卷的形式,全面深入了解西藏自治区图书馆事业发展的历史与现状,以期为本研究提供资料和数据支撑。本次调研主要走访了西藏自治区图书馆、山南图书馆、林芝图书馆以及所在地区县级图书馆和民收区农家书屋,通过调查问卷,收集了少数民族地区公共图书馆发展的基本数据,并通过口述访谈的方法与当地图书馆管理者、工作者以及当地牧民群众开展访谈,获取了关于西藏地区图书馆事业发展的第一手资料。

五、政策分析法

政策是政府的价值导向选择,文化政策是发展政策的基本组成部分,也是国家对社会发展认识的重要体现。本研究采取对图书馆发展政策、少数民族文化政策等文本的分析,从国家政策价值取向的角度对少数民族地区公共图书馆发展进行研究。

在对研究课题的论证过程中,本研究力图对多种研究方法进行综合运用,以便对研究课题进行较为客观和全面的分析和探讨,得出较为科学合理的结论。

第六节 历史分期

一、历史分期的必要性

从 1978 年到 2018 年,少数民族地区公共图书馆事业走过了 40

年艰苦卓绝的历程，在中国图书馆史的历史长河中谱写了华美壮丽的诗篇。梁启超先生所谓的"史"是指："记述人类社会赓续活动之体相，校其总成绩，求得因果关系，以为现代一般人活动之资鉴者也。"① 这说明历史研究的主要功用在于"以史为鉴"。然而，对于任何历史发展来说，都不是一帆风顺的，历史的魅力就体现于其跌宕起伏的发展变化当中，对引起历史发展变化深层次原因和规律的研究正是历史研究的主要目的。所谓的"变"就是指一个历史阶段与另一个历史阶段有不同的特点。只有将历史划分为不同的发展阶段，才能总结不同阶段"变"的特点，揭示"变"的规律，探寻"变"的方向。② 因此，历史研究就涉及具体的历史分期问题，对于少数民族地区公共图书馆事业发展历史来说，也是如此。

二、分期标准

历史与逻辑是否统一是衡量图书馆史分期标准是否合理的重要标准。"在对图书馆史进行历史分期时，既不能忽略它同人类社会发展史的联系，又不能简单地把它同一般的'历史分期'的概念等同起来。"③ 一方面，任何图书馆的发展都脱离不了社会政治、经济、文化等外部因素的影响，与社会发展进程息息相关；另一方面，图书馆又有其特有的矛盾性，这种特有的矛盾是导致图书馆发展的主要内因，具体表现为图书馆信息资源的有限性与读者信息需求增长的无限性两者之间的矛盾。正是这种矛盾本质的存在，才使图书馆在不断调和与读者需求的差异性中不断实现进步与发展。因此，在对图书馆史进行划分时，既不能忽视外部环境对图书馆发展造成的影响，也不能忽视图书馆自身的发展规律。

相较于普通意义上的公共图书馆而言，少数民族地区公共图书馆

---

① 梁启超：《中国历史研究法》，中国华侨出版社2013年版，第2页。
② 肖希明：《"国史"与"图书馆史"融合的历史分期——现当代中国图书馆史分期探讨》，载《中国图书馆学报》2015年第3期，第13～21页。
③ 王嘉陵：《图书馆的历史分期》，载《四川图书馆学报》1999年第4期，第58～62页。

事业发展表现出特殊性与复杂性。①少数民族地区公共图书馆事业受到国家大政方针、发展规划的指导，在国家的政治、经济、文化的大环境中存在并发展；②作为公共图书馆事业的重要组成部分，又处在图书馆事业发展的系统当中，受到公共图书馆事业发展的方针政策、指导规划的影响；③少数民族地区公共图书馆事业作为少数民族文化事业的重要组成部分，属于民族工作中重要的一环，受到我国不同时期民族工作重点和主题，以及不同时期民族政策的影响。因此，对于少数民族地区公共图书馆事业发展的历史划分更具有复杂性。

按照逻辑与历史统一的划分标准，对于少数民族地区公共图书馆事业发展史的划分，必须基于对图书馆事业发展历史过程的考察，同时又要从历史事实和现象中发现它们之间的逻辑联系，揭示少数民族地区公共图书馆事业发展的内在规律。总体上来说，对于少数民族地区公共图书馆历史分期的把握，应该考虑到以下几点。首先，要考虑国家整体发展进程。国家制定的政治、经济、文化等重大方针政策，影响国家发展历史进程的重要事件、重大会议和重大活动，往往决定着图书馆事业的发展进程①，也必然影响到少数民族地区公共图书馆事业的发展进程。其次，要考虑不同时期国家的民族工作政策方针的发展变化。多民族是我国的基本国情，民族工作是国家发展中需要面对的重大课题，不同时期国家民族工作主题以及不同时期民族政策的变迁，都会对少数民族地区公共图书馆事业发展产生直接或间接的影响。最后，要考虑少数民族地区图书馆的矛盾特殊性。少数民族地区图书馆的矛盾特殊性主要表现为少数民族地区图书馆有限的信息资源与少数民族地区民众不断增长的文化信息需求之间的矛盾，少数民族地区各族民众文化信息需求的特殊性，要求少数民族地区公共图书馆必须提供与其宗教信仰、语言习惯和风俗习惯需求相适应的文化信息资源。综上，少数民族地区公共图书馆发展的历史分期，应从少数民族地区公共图书馆发展的客观实际出发，综合考虑国家的整体发展进

---

① 肖希明：《"国史"与"图书馆史"融合的历史分期——现当代中国图书馆史分期探讨》，载《中国图书馆学报》2015年第3期，第13～21页。

程、民族工作的进展以及少数民族地区公共图书馆自身发展特征等因素，才能较为客观全面地揭示少数民族地区公共图书馆在不同发展阶段的特点和内在规律。

三、本研究的历史分期

基于以上分析，本研究中对改革开放以来少数民族地区公共图书馆事业的历史分期依据为国家重大政策的变化、民族工作重大政策的变化以及少数民族地区公共图书馆发展的标志性事件。按照此标准，笔者将1978年以来的少数民族地区公共图书馆事业发展划分为四个发展阶段。

第一个发展阶段（1978—1982），少数民族地区公共图书馆事业的恢复时期。历史分期的依据为：1978年12月，党的十一届三中全会召开，经过拨乱反正，党和国家将工作重心转移到经济建设上来，做出了实行改革开放的伟大决策，使国家的政治、经济、文化、教育等社会各项事业的发展进入新的发展阶段，成为中国发展历史上的一个重要里程碑。最为重要的是，随着思想上的拨乱反正，党中央批判了"民族问题实质是阶级问题"的错误观点，重新确定了"平等、团结、互助"的社会主义新型民族关系，为少数民族地区公共图书馆事业发展奠定了思想基础。这一时期，少数民族地区公共图书馆事业发展的主要特点为调整与恢复。面对"文革"时期对少数民族地区公共图书馆事业的摧残与破坏，少数民族地区积极进行整顿。在各方共同努力下，图书馆建制得以恢复，办馆条件得到改善，藏书建设得到新的发展，读者服务转向正轨，图书馆学教育得到正常开展。

第二个发展阶段（1983—1991），少数民族地区公共图书馆事业的缓慢发展时期。这一时期的分期依据为：1983年在北京召开的全国少数民族地区图书馆工作座谈会，以"加强民族地区图书馆事业发展，开创民族地区图书馆事业新局面"为主题，标志着少数民族地区公共图书馆发展进入历史新纪元。这次会议是中华人民共和国成立以来首次从国家层面出发对民族地区图书馆事业发展进行专门探讨的会议，表明党和国家对民族地区图书馆发展的关心与重视，实质上是对发展民族地区文化事业的决心,以及关切民族地区各族民众文化权利的实现。这次会议是少数民族地区图书馆事业发展史上的一个重要里程碑,标志着少数民族地区公共图书馆事业开始进入历史发展的新纪元。紧接着1984年,文化部、国家民族事务委员会发出《关于加强和改善少数民族地区图书馆工作的意见》,表明国家对全国少数民族地区图书馆建设的统一指导。1983—1991年这一时期,民族地区图书馆的发展主要表现为:国家加强了对少数民族地区图书馆事业的统一领导,少数民族地区公共图书馆事业建设在国家的统一规划下开始步入正轨,基础设施建设进一步完善,文献资源建设不断加强,服务业务进一步拓展,自动化建设开始起步,学术交流开始推进。但是,由于受到经济过热增长的影响,以及对于文化事业建设的忽视,这一时期的发展较为缓慢。

  第三个发展阶段(1992—1999),少数民族地区公共图书馆事业的快速发展时期。1992年是少数民族地区公共图书馆事业发展史上具有重大意义的一年。这一年发生了3件至关重要的事件,对少数民族地区公共图书馆事业发展产生了重大影响。其一,在国家层面上,我国开始确立社会主义市场经济体制的改革目标。1992年,邓小平同志发表南方重要讲话,要求解放思想,实事求是,以经济建设为中心,加快改革开放步伐①;同年10月,党的十四大确立了从计划经济向社会主义市场经济转变的改革目标。其二,第一次中央民族工作会议的召开。1992年1月,党中央、国务院在北京召开了第一次中央民族工作会议,这是中华人民共和国成立以来第一次由中共中央、国务院共同召开的中央民族工作会议,在此次会议上正式提出要"加快发展少数民族和民族地区的经济文化等各项事业,促进各民族的共同繁荣"②,从而确定了20世纪90年代民族工作的主题,对少数民族地区公共图书馆事业产生了重要影响。其三,国家正式提出

---

  ① 《邓小平南巡讲话(1992年1月18日至2月21日)》,2016年8月26日,http://www.21ccom.net/articles/zgyj/ggzhc/article_ 2012010251325.html。

  ② 《中央民族工作会议在京举行 团结一致开创民族工作新局面》,载《中国民族》1992年第3期,第3~4页。

"边疆文化长廊"工程建设,加大了对边疆少数民族地区的开发,带动了边疆少数民族地区公共图书馆事业的发展。这一时期,我国图书馆事业整体发展呈良好态势,在市场经济体制条件下进行发展道路的探索,进一步朝着自动化、网络化的方向迈进,数字图书馆建设开始起步,信息资源共建共享取得了实质性的突破与发展,国内外学术交流进一步加强。在此大背景下,少数民族地区公共图书馆事业各方面建设均取得了较快的发展:公共图书馆机构数量快速增长,文献资源总量进一步扩充,信息资源共享意识进一步提高,自动化、网络化建设加强并开始了数字图书馆建设的探索,图书馆学教育和学术交流进一步增强。此阶段的发展特点为:现代信息技术在图书馆领域的渗透与运用,引起了图书馆文献资源建设、服务、管理等一系列业务领域的变革,使得传统的公共图书馆逐渐向现代化转型。但是,值得一提的是,在市场经济的冲击下,这一时期我国图书馆行业出现了"有偿服务"现象,有悖公共图书馆的基本精神,整体呈现出非理性特征,少数民族地区公共图书馆也不例外,这也从侧面说明了图书馆历史发展的曲折性。

第四个发展阶段(2000—2018),少数民族地区公共图书馆的全面发展时期。2000年,国家各项社会事业的发展站在了一个新的历史起点上,少数民族地区公共图书馆事业建设也是如此。进入新世纪,我国综合国力显著增强,经济建设和社会各项事业都取得了较大的发展。但是,区域发展不平衡成为制约我国国民经济和社会发展的重要因素。世纪之交,为了缩短东西部发展的差距,党中央审时度势做出了"西部大开发"的伟大战略,将此作为新世纪的一项重大战略任务。"西部大开发"战略的实施,实质上是针对少数民族和民族地区发展的一项战略措施,为少数民族地区公共图书馆的发展提供了前所未有的发展机遇。此外,为了带动边疆民族地区的发展,国家发起了"兴边富民"行动,大力加强边境地区的民族工作。由于我国西部与边疆地区是少数民族的主要集中地区,从国家的政策来看,加大对西部和边疆地区的建设,实质上就是加强对少数民族和民族地区的建设与发展。随着国家逐渐加大资金、人力、物力等资源向西部和边疆民族地区的投放，为少数民族地区公共图书馆事业发展奠定了发展基础。因此，"西部大开发"战略的实施，标志着少数民族地区公共图书馆事业进入新的历史时期。这一阶段，少数民族地区公共图书馆事业发展的主要特点为全面发展，具体体现在：①基础设施建设得到进一步完善和加强；②文献信息资源建设在全国文化信息资源共享工程建设中得到进一步丰富，初步树立了信息资源共建共享意识；③在自由、平等的图书馆权利理念的渗透下，服务理念、服务水平较之前有了较大提升；④图书馆学教育得到发展，学术交流与合作进一步加强。总体来讲，进入新世纪，从快速发展转向全面发展，少数民族地区公共图书馆从数量的提升转向质量内涵的提升，迎来了历史发展的最好时期。

　　历史分期的目的在于历史观念的阐释与论证。本研究所提出的少数民族地区图书馆史分期方法的合理性体现在，既考虑到了中国图书馆事业与民族文化事业发展的整体语境对少数民族地区图书馆事业造成的影响，同时兼顾了少数民族地区图书馆自身发展的特点，有利于把握少数民族地区图书馆发展的特殊本质与规律。

第二章 恢复时期的少数民族地区公共图书馆（1978—1982）

中国是一个统一的多民族国家，汉族与55个少数民族共同缔造了中华民族的多元统一格局。在漫长的历史进程中，在广博的中华大地上，各族人民密切交往，休戚与共，共同谱写了中华民族光辉灿烂的历史文明。少数民族地区公共图书馆的发展史，承载着各族人民为图书馆事业共同奋斗的记忆。

第一节 中华人民共和国成立后对少数民族地区公共图书馆事业的创建

中华人民共和国成立前，由于社会政治动荡、经济发展停滞不前，各类型图书馆囿于经费不足、设施简陋、人员匮乏等而发展缓慢，少数民族地区公共图书馆更是荒凉凋敝，基本无事业发展可言。据统计，1949年全国只有国立公共图书馆5个，省立公共图书馆37个，县立公共图书馆30个，共计72个。其中，少数民族地区的公共图书馆仅有14个，县以下基本上无图书馆①。图书馆数量极其稀少且设施简陋，难以形成相互联系的图书馆网络，图书馆事业发展极为

---

① 杨宝华、韩德昌：《中国省市图书馆概况（1919—1949）》，书目文献出版社1985年版。

缓慢。中华人民共和国成立后，党和政府对我国少数民族文化事业发展给予了极大的关注。在全国公共图书馆事业发展的统一规划与协调下，少数民族地区公共图书馆进入事业创建的新局面。这一时期，在对以往遗留下来的各级公共图书馆进行接管和改造的同时，国家在少数民族地区组建了一批新型的公共图书馆。1954年，内蒙古自治区图书馆和广西壮族自治区图书馆相继成立；1956年，新疆维吾尔自治区图书馆正式命名；1958年，宁夏回族自治区图书馆成立①。与此同时，民族自治区地、市（地区、州、盟）以及县（旗）级别的公共图书馆也在这一时期得到成立。在内蒙古自治区，1956年成立了呼和浩特市图书馆，1957年成立了锡林郭勒盟图书馆，等等②，甘南成立了藏族自治州图书馆。在广西壮族自治区，1954年象州县图书馆在壮族聚居县（市）率先成立；1956年百色市图书馆和柳州市图书馆相继成立③。随着少数民族地区各级公共图书馆的纷纷建立，少数民族地区公共图书馆事业初具规模并不断发展壮大。

第二节　"文化大革命"对少数民族地区公共图书馆事业的破坏

"文化大革命"（1966—1976）的10年，"四人帮"推行极"左"路线，社会政局动荡，我国图书馆事业遭到一场空前的浩劫，发展基本上处于停滞状态④。"文革"期间，在艰难曲折中发展起来的民族地区公共图书馆事业遭到严重破坏，具体表现在以下6个

---

① 才旦卓嘎、卢晓华、包和平、何丽、杨长虹：《当代中国民族图书馆事业的发展》，载《图书馆学研究》1996年第2期，第29～32页。
② 中国民族图书馆：《中国少数民族图书馆概况》，民族出版社1989年版，第2页。
③ 壮族百科辞典编纂委员会：《壮族百科辞典》，广西人民出版社1993年版，第557～558页。
④ 程焕文：《共和国图书馆事业四十年之回顾与展望》，载《图书馆》1989年第5期，第3～10页。

方面。

第一，公共图书馆事业规模大幅缩减。大多数公共图书馆处于闭馆或半闭馆状态，被不断地查封、撤销或转并，图书馆业务和服务工作大多处于停滞状态。据统计，1970年，广西全区公共图书馆从原有的30余所缩减至18所，初具雏形的广西公共图书馆事业几乎被毁于一旦，幸存的公共图书馆各项业务也大多处于瘫痪状态①。

第二，公共图书馆的性质、职能被严重歪曲。由于受到极"左"思想的影响，图书馆成为无产阶级专政的工具，图书馆的性质和职能被严重"阶级"化。少数民族地区公共图书馆被认为是"阶级斗争的工具"或"搞民族分裂的工具"，图书馆工作人员也被认为是民族分裂者和反动派受到批判。

第三，图书馆各项管理制度受到破坏或否定，必要的规章管理制度被污蔑为"管、卡、压"，大搞无政府主义，甚至作为批判对象，少数民族地区公共图书馆陷入无章可循、管理混乱的境地。

第四，少数民族古籍被认为是与革命相抵触的"四旧"事物，大量珍贵的民族古籍被销毁或没收，管理制度受到破坏或否定。1988年，据云南省红河哈尼族彝族自治州建水民族研究所调查，仅石屏县在"文革"期间被烧毁的彝文古籍就多达258卷②。

第五，对图书收藏实施专制主义，馆藏图书除马列主义、毛泽东思想类图书得以保存之外，其余类型图书大多被封存或是销毁，公共图书馆成为教育群众的政治工具。内蒙古图书馆为了加强蒙古文文献的收藏利用而建立起来的蒙文部，被认为是"独立王国"，是"搞民族分裂"③。

第六，少数民族地区公共图书馆馆员培训与交流活动被中断。例如，"文革"期间，内蒙古自治区图书馆学函授专业教育和专业培训

---

① 麦群忠：《改革开放二十年：广西公共图书馆事业回顾与展望》，载《图书馆界》1998年第4期，第52～58页。

② 何丽：《少数民族古籍保护现状及对策》，载《图书情报工作》2004年第4期，第64～66页。

③ 乌林西拉：《内蒙古图书馆事业史》，内蒙古大学出版社2009年版，第96页。

活动停止并中断数年①。

　　这场声势浩大的"文化大革命"已经成为惨痛的历史记忆，残酷的政治斗争、扭曲的意识形态对全国图书馆事业造成了破坏，刚成长起来的民族地区图书馆事业在这场浩劫中也受到重创，其发展基本上处于瘫痪和停滞的状态，而这一切使原本基础薄弱的民族地区图书馆事业发展更是举步维艰。

第三节　"文革"后对少数民族地区公共图书馆事业的调整与恢复

　　1978年12月，党的十一届三中全会的召开，终于结束了"文化大革命"对文化事业发展的破坏，图书馆事业迎来发展的新机遇。在这次会议上，中国共产党从根本上冲破了长期以来"左"倾错误方针，重新确立了马克思主义的思想路线、政治路线和组织路线，做出了把党和国家的工作重点转移到社会主义现代化建设上来，做出了改革开放的伟大决策②。随着十年"文革"的正式结束，中国开始进入社会主义现代化建设的新时期。在各项社会事业建设的恢复之下，在各族人民的共同努力之下，少数民族地区公共图书馆逐渐进入调整与恢复时期。

一、调整与恢复的社会背景分析

　　党的第十一届三中全会召开以后，改革开放政策的实施使我国国民经济走上了稳步发展的道路，社会主义民族关系得到重新确立，全国图书馆事业进入发展的黄金时期，为少数民族地区公共图书馆事业

---

　　① 索娅：《内蒙古图书馆事业百年历史回顾》，载《图书与情报》2009年第2期，第106～110页。
　　② 引自《社会主义建设新时期的民族纲领和政策》，2016年8月24日，见中国民族宗教网（http://www.mzb.com.cn/html/Home/report/394671-1.htm）。

的调整与恢复营造了良好的发展环境。

1. 社会主义新型民族关系的确立

党的十一届三中全会召开以后，经过思想上的拨乱反正，党中央批判了"民族问题实质是阶级问题"的错误观点。社会主义民族关系得到确立，成为新时期开展民族工作的重要指导思想。1979年6月，邓小平同志在中国人民政协会议第五届全国委员会第二次全体委员会议的开幕词中指出："我国各兄弟民族经过民主改革和社会主义改造，早已陆续走上社会主义道路，结成了社会主义的团结友爱、互助合作的新型民族关系。"[①] 1981年，中共中央书记处批准了《云南民族工作汇报会纪要》，确立了新时期民族工作的总方针，具体内容为："坚定不移地关心、帮助各少数民族的政治、经济和文化的全面发展，沿着社会主义道路不断前进，逐步实现各民族事实上的平等。"[②] 1982年，"平等、团结、互助的社会主义民族关系"被正式写入《中华人民共和国宪法》，随后的中共十二大、十五大政治报告、十四大修改的党章与民族区域自治法都沿用了宪法中的这一表述。社会主义新型民族关系的确立，以及对平等发展的诉求，为少数民族地区公共图书馆恢复发展树立了正确的思想导向。

2. 对少数民族文化事业发展的重视

在新时期民族工作指导思想的统领下，党中央对少数民族文化事业建设给予了前所未有的重视。鉴于社会主义新时期少数民族地区发展能力的孱弱，考虑到少数民族地区在国家安全中的战略性地位以及对维护和谐的社会主义民族关系的重要性，为了切实保障民族地区享有平等发展的权利，党中央对民族地区发展采取了必要的倾斜与帮扶政策。第五届人大一次会议报告指出："诚心诚意地积极帮助少数民族发展经济建设和文化建设，这是国家在民族工作方面的重大任务，

---

① 邓小平：《邓小平文选》（第2卷），人民出版社1993年版，第186页。
② 国家民族事务委员会，中共中央文献研究室：《新时期民族工作文献选编》，中央文献出版社1990年版，第85页。

也是加强边疆建设和巩固国防的重大任务。"① 1979 年，国家民委第一次委员（扩大）会议上所做的《社会主义新时期民族工作的任务》报告指出，"国家在实现现代化的过程中，大力帮助少数民族加速发展经济和文化建设，大力培养有共产主义觉悟的少数民族干部和各种专业人才，逐步消除历史遗留下来的事实上的不平等，使各少数民族能够赶上或接近汉族的发展水平。"② 为了恢复和发展少数民族文化事业，针对"文化大革命"时期对民族文化所造成的严重破坏，1980 年 8 月，文化部、国家民委发布了《关于做好当前民族文化工作的意见》，进一步提出要"充实和加强民族地区的文化设施，活跃少数民族的文化生活"③。要求抓好民族文化艺术遗产的收集整理工作，及时抢救少数民族老歌手、老艺人的口述记忆，保护并传承少数民族文化遗产④。可见，党的十一届三中全会召开以后，党中央高度重视少数民族地区各项事业建设的发展，从而为少数民族地区公共图书馆营造了良好的发展环境。

3."六五"计划的指导

1982 年 11 月 30 日，时任国务院总理的赵紫阳在第五届全国人民代表大会第五次会议上作了《关于第六个五年计划的报告》（以下简称《报告》）。赵紫阳总理在《报告》中提出："基本上做到市市有博物馆，县县有图书馆和文化馆，乡乡有文化站。"⑤ 同年 12 月 10 日，五届人大会议正式通过了《中华人民共和国国民经济和社会发展第六个五年计划》（简称"六五"计划），提出了关于图书馆事业

---

① 杨候弟：《中华人民共和国民族法规选编》，中国政法大学出版社 1990 年版，第 262～263 页。
② 杨静仁：《社会主义新时期民族工作的任务（一九七九年五月二十二日）》，见国家民委政策研究室编《国家民委民族政策文件选编》，中央民族学院出版社 1988 年版，第 10 页。
③ 杨候弟：《中华人民共和国民族法规选编》，中国政法大学出版社 1990 年版，第 261 页。
④ 杨候弟：《中华人民共和国民族法规选编》，中国政法大学出版社 1990 年版，第 267 页。
⑤ 中共中央文献研究室：《十二大以来重要文献选编》（上），中央文献出版社 2011 年版，第 150 页。

发展的具体要求，其中第三十三章"文化事业"第四节规定，"加强公共图书馆的建设。……目前尚无公共图书馆的省、市、县，要逐步地建立起来"。在第三十三章第五节"少数民族地区文化事业和群众文化事业"中进一步要求："积极发展少数民族地区特别是边境地区的文化事业，建设和扩充图书馆、文化馆、博物馆、影剧院等文化设施。"① 这表明图书馆作为民族地区民众文化权利的重要保障日益受到重视，其在民族地区文化事业和群众文化事业中的重要性日益得到认可。值得注意的是，国家在制定"县县有馆"目标的同时，特别突出强调要发展少数民族地区图书馆，表明了党和政府对少数民族地区各族民众平等享有文化权利的关注与重视。

具体来讲，"文化大革命"之后的百废待兴时期，"六五"计划及《报告》中对发展民族地区图书馆事业的要求有着积极的意义，主要体现在以下几点。

首先，明确了图书馆事业的发展目标。"六五"计划首次提出了"县县有馆"的目标，在教育、科学、文化事业方面，指出要不断提高民众受教育程度和科技文化水平，提出"基本上做到市市有博物馆，县县有图书馆和文化馆，乡乡有文化站"② 的发展目标。然而，就少数民族地区图书馆而言，当时全国578个民族县（旗）中将近一半还没有图书馆，西藏甚至无一个县级馆，新疆16.4%的县没有图书馆，根据民族文化司统计，民族县（旗）没有图书馆的占46.4%。③ 鉴于少数民族地区图书馆的发展困境，在短时期内要实现少数民族地区"县县有馆"的目标，不管是主观上还是客观上都有相当大的难度，需要一个非常漫长的追赶过程。制定"县县有馆"的发展目标，不仅体现了国家对图书馆事业的重视以及对少数民族群众基本文化权

---

① 全国人大财政经济委员会办公室、国家发展和改革委员会发展规划司：《建国以来国民经济和社会发展五年计划重要文件汇编》，中国民主法制出版社2008年版，第430页。
② 中共中央文献研究室：《十二大以来重要文献选编》（上），中央文献出版社2011年版，第150页。
③ 钱维理：《关于发展我国民族地区图书馆事业的几个问题——在全国民族文化工作会议上的发言》，载《图书馆学研究》1983年第6期，第11~16页。

益的重视，而且明确了当今及以后图书馆事业发展的长期目标。

其次，高度重视少数民族地区文化事业发展，少数民族文化事业正式被纳入国家文化建设当中。"六五"计划提出"切实改善少数民族地区和边疆地区的文化设施"①。党的十一届三中全会以后，党中央确定了"平等、团结、互助"的新型民族关系，国家发展规划对少数民族地区文化事业建设的关注，体现了对少数民族文化平等权利的重视。

最后，对少数民族地区文化事业发展给予了特殊的倾斜与扶持政策。《报告》指出，"帮助少数民族地区和经济不发达地区发展经济文化事业，是党和政府坚定不移的方针"②。我国广大的民族地区，由于地理因素和历史因素所造成的经济、文化相对不发达，起点低、基础差，图书馆事业比内地、沿海地区较为落后。如果在政策上平等对待，则会产生新的差距和不平等。因此，党中央对少数民族地区公共图书馆事业发展进行政策上的倾斜，并给予财力、物力、技术力量上的支持，此外还实施经费倾斜政策。《关于第六个五年计划的报告》指出："这五年内，除了国家每年增加对这些地区的财政补贴以外，国家财政还将拨出二十五亿元专项资金，用于支援这些地区的建设，比第一个五年计划期间增加二十二亿元。"③ 国家对少数民族地区的倾斜政策，为少数民族地区公共图书馆事业的发展提供了必要的物质保障。

从"六五"计划中对于少数民族地区图书馆事业建设的规定可以看出，国家在制定政策的同时充分考虑了少数民族地区发展的特殊性，实质上是对民族地区各族民众基本文化权利的关切，在图书馆事业建设方面给予了强调和重视。

---

① 中共中央文献研究室：《十二大以来重要文献选编》（上），中央文献出版社2011年版，第150页。

② 中共中央文献研究室：《十二大以来重要文献选编》（上），中央文献出版社2011年版，第153～154页。

③ 中共中央文献研究室：《十二大以来重要文献选编》（上），中央文献出版社2011年版，第153～154页。

4. 全国图书馆事业的推动

党的十一届三中全会召开以后，在对左倾错误路线进行拨乱反正之后，图书馆事业重新回到了正确的发展道路上[①]。党中央加强了对图书馆事业的统一领导，实施了一系列有关图书馆事业建设与发展的方针政策，明确了各系统各类型图书馆建设的方针与任务。

首先，召开了全国图书馆工作座谈会，对全国图书馆发展问题进行探讨。1977年8月2—15日，国家文物局分别在大庆、哈尔滨组织并召开了全国文物、博物馆、图书馆工作座谈会[②]。该会议对图书馆的任务做出了明确的指示，认为：①图书馆要担负起宣传马列主义、毛泽东思想，为"三大革命运动"服务的任务。各级公共图书馆要根据自己的条件和实际需要，在服务对象和工作范围上有所侧重，有所分工；②为适应国民经济迅速发展的形势，公共图书馆特别是省级以上图书馆，要大力加强为生产和科学研究服务的工作；③要搞好业务基础工作，加强科学管理，不断提高工作质量和服务水平；④为了使分散的图书资料充分发挥作用，要根据国务院1957年颁布的《全国图书协调方案》的精神，组织各系统的图书馆建立全国的和地区的图书馆协作组织；⑤对书库和阅览场所十分紧张的图书馆，有关领导部门应设法予以解决；⑥要巩固和发展基层民办图书馆（室），各级图书馆要加强对它们的业务辅导。[③] 此次会议加强了对全国范围图书馆事业的统一领导，也为少数民族地区公共图书馆在"文革"后的调整与恢复发展指明了方向和工作重点。

其次，颁发了一系列旨在加强图书馆事业管理的政策文件。1978年4月24日，国务院批转了国家文物事业管理局《关于图书开放问

---

① 程焕文：《共和国图书馆事业四十年之回顾与展望》，载《图书馆》1989年第5期，第3～10页。

② 《全国文物、博物馆、图书馆工作学大庆座谈会纪要》，载《文物工作资料》1977年第8期，第1～3页。

③ 《当代中国》丛书编辑委员会：《当代中国的图书馆事业》，当代中国出版社1995年版，第50～51页。

题的请示报告》①（以下简称《报告》），对"四人帮"的文化专制主义和图书禁锢思想进行了批判，明确了图书管理、借阅的界限。该《报告》的颁布，使少数民族地区公共图书馆工作者的思想得到解放，使广大少数民族图书馆工作者积极主动投入到恢复公共图书馆事业的行动之中。

1978年11月13日，国家文物事业管理局印发了《省、市、自治区图书馆工作条例》（以下简称《条例》）（试行草案），《条例》"总则"部分明确了省级公共图书馆的性质、服务对象和具体工作任务，并对以下图书馆具体业务工作做了具体的规定："①书刊的补充、整理、流通和保管；②参考咨询工作；③馆际协作和业务研究辅导工作；④业务组织机构与人员编制；⑤工作人员职责和职称。"②《条例》对少数民族地区公共图书馆的恢复与发展指明了具体任务和方向，有利于少数民族公共图书馆事业恢复工作的有序开展。为了进一步规范全国图书馆的管理与业务工作，1982年12月，文化部正式颁布了《省（自治区、市）图书馆工作》③，在《省市、自治区图书馆工作条例》（试行草案）（1978）的基础上对原有内容进行了适当的调整与更新。《条例》（1982）共分为8个章节。第一章为总则部分，阐明了省（自治区、市）图书馆（以下简称"省馆"）的性质与基本任务。第二到第七章规定图书馆工作的主要内容，包括①藏书与目录；②读者服务工作；③研究、辅导与协作；④组织机构；⑤工作人员；⑥经费、馆舍与设备④。相较于1978年的试行草案，1982年正式颁布的《条例》内容更为具体和科学，涉及图书馆的工作更为全面。该《条例》的颁布实施，加强了图书馆事业发展的规范化，

---

① 《国务院批转国家文物事业管理局关于图书开放问题的请示报告》，见张白影、荀昌荣等《中国图书馆事业十年（1978—1987）》，湖南大学出版社1989年版，第3～4页。

② 《省、市、自治区图书馆工作条例》（试行草案），见张白影、荀昌荣等《中国图书馆事业十年（1978—1987）》，湖南大学出版社1989年版，第6～8页。

③ 河北图书馆学系：《图书馆法规文件汇编》，河北大学图书馆学系1985年版，第280～285页。

④ 河北图书馆学系：《图书馆法规文件汇编》，河北大学图书馆学系1985年版，第280～285页。

对于促进我国少数民族地区图书馆事业各方面的发展提供了指导。

最后,通过了《图书馆工作汇报提纲》。为了进一步加强了国家对全国图书馆事业的领导,1980年5月26日,中共中央书记处第23次会议讨论并通过了《图书馆工作汇报提纲》①（以下简称《提纲》）,提出了新时期发展图书馆事业的初步构想。《提纲》对图书馆事业基本情况进行了分析,总结了中华人民共和国成立30多年来图书馆事业的发展历程及经验,分析了图书馆事业发展中所存在的问题,决定在文化部设立图书馆事业管理局,管理全国图书馆事业。《提纲》认为,图书馆事业存在着事业规模急需发展、图书馆的物质条件困难、图书馆之间缺乏必要的协作和协调、专业干部缺乏、有些主管部门不重视图书馆工作等诸多问题,并提出改善今后工作的5点意见:①发展图书馆事业;②改善图书馆条件;③北京图书馆新馆建设;④发展图书馆教育和科研事业,加速图书馆专业人员的培养;⑤加强和改善对图书馆事业的领导。②按照《提纲》的要求,同年6月1日,中共中央办公厅秘书局发出通知,进一步做出在文化部设立图书馆事业管理局、新建北京图书馆、建设全国性的图书馆网等决定③。《提纲》是中华人民共和国成立以来第一部由党中央正式通过的国家层面的图书馆政策文件,体现了国家对图书馆事业发展的重视,为这一时期图书馆事业的发展提供了体制、机制上的保障,有力地推动了这一时期全国图书馆事业和少数民族地区图书馆事业的发展。

从以上可以看出,党的十一届三中全会召开以后,我国各项社会事业走向发展的正轨,新型民族关系的确立,党对全国图书馆事业的加强,为少数民族地区公共图书馆的恢复发展提供了良好的社会环

---

① 鲍振西:《深化改革 继续前进:纪念〈图书馆工作汇报提纲〉通过十五周年》,载《图书与情报》1995年第1期,第1~7页。

② 黄宗忠:《八十年代的中国图书馆事业》,载《武汉大学学报》（社会科学版）1989年第5期,第103~110页。

③ 王世伟:《中国特色公共图书馆发展道路初探》（上）,载《图书馆杂志》2013年第5期,第4~9页。

境，有力地推动了这一时期少数民族地区公共图书馆事业的恢复发展。

二、调整恢复的内容分析

随着国家对少数民族地区公共图书馆事业建设的大力支持与高度重视，以及全国公共图书馆事业全面的调整，经过各族图书馆工作人员的共同努力，少数民族地区公共图书馆事业得到了有效的恢复，主要表现在以下6个方面。

1. 机构数量的增加

党的十一届三中全会以后，随着国家对少数民族地区社会经济文化发展的帮助和扶持，经过调整与恢复，各少数民族地区公共图书馆机构数量有了明显增加。截至1982年，全国县级以上公共图书馆共计1889个，其中少数民族地区公共图书馆数量达到407所，比中华人民共和国成立时的14所增长了28倍之多，可见增长速度之快[1]。根据1982年《全国公共图书馆概况》的统计，截至1979年年底，全国5个少数民族自治区图书馆数量总和为400个（见表2-1）。然而，单独从各个少数民族自治区来看，不同少数民族地区之间公共图书馆机构增长数量存在着差异。其中，广西壮族自治区和内蒙古自治区公共图书馆的数量较多，分别为88个和76个；新疆维吾尔自治区和宁夏回族自治区公共图书馆的数量也有所增长，分别为21个和14个；而西藏自治区公共图书馆增长较为缓慢，1979年仅有1所市级公共图书馆，成为我国唯一没有自治区级（省级）公共图书馆的民族自治区。这说明，不同少数民族地区之间公共图书馆的发展基础存在着差异，从一开始就存在地域发展不均衡的状况。

---

[1] 文化部图书馆事业管理局科教处、北京图书馆图书馆学研究部：《全国公共图书馆概况》，图书馆服务社1982年版。

表2-1　1980年全国少数民族自治区（省级）公共图书馆数量（单位：个）

地区＼级别	自治区馆	市馆	自治州馆	盟馆	专区馆	自治县馆	市辖区馆	合计
内蒙古自治区	1	5		7		54	9	76
广西壮族自治区	2	5				81		88
西藏自治区		1						1
宁夏回族自治区	1	2				11		14
新疆维吾尔自治区	1	5	5		6	10		21
合计	5	18	5	7	6	156	9	200

数据来源：根据《全国公共图书馆概况》（1982）相关数据整理。

  由于不利的地理位置、较低的经济发展水平等原因，少数民族地区公共图书馆的发展相对滞后。此外，历史、观念也是制约其发展的重要因素。从历史的角度出发，民族地区之间公共图书馆事业发展水平的差异有着深刻的历史根源。那些历史发展较早、受地方政府重视的民族自治区，公共图书馆事业往往走在前列，这可以从我国图书馆兴起的晚清时期窥见一斑。晚清时期，近代公共图书馆思想开始在我国传播，随着清末新政的实施，维新派和有识之士掀起了旨在创设近代公共图书馆运动①。一些少数民族地区地方绅士和清末疆臣也加入其中，纷纷向清政府奏设图书馆，力开少数民族地区公共图书馆事业的先河。在这场公共图书馆运动中，内蒙古自治区和广西壮族自治区走在前列。内蒙古自治区由于毗邻内地，在清末封疆大吏的积极推动之下，早期图书馆思想冲破长城的阻碍，得以在辽阔的草原地带传播。1908年11月，统辖归化城（今呼和浩特）土默特蒙古的归化城副都统三多，向清政府奏请建立归化城图书馆②，成为内蒙古地区第

---

① 程焕文：《晚清图书馆学术思想史》，北京图书馆出版社2004年版，第216页。
② 索娅：《内蒙古图书馆事业百年历史回顾》，载《图书与情报》2009年第2期，第106～110页。

一所公共图书馆。广西壮族自治区公共图书馆的开创得益于地方绅士和清朝官绅的极力倡导。清宣统元年（1909年）6月，广西提学使李翰芬奏准在桂林筹建广西图书馆，经筹集募捐资金，在靖江王城兴建馆舍，于宣统三年（1911年）2月竣工开馆①。1910年，广西巡抚张鸣岐向清政府奏设了广西图书馆②，西部地区的新疆、宁夏和西藏，由于处于边远地区，信息闭塞，创设近代公共图书馆的意识仍然十分欠缺。尤其是位于青藏高原的西藏地区，由于长期以来受到极为浓厚的宗教意识影响与农奴制度的束缚，封闭的地理环境、传统的思想观念以及强烈的宗教意识，阻碍了图书馆思想的有效传播。因此，西藏地区因发展图书馆的意识较弱，成为全国图书馆事业相对落后的地区。

  在原有基础上，党中央和地方政府在少数民族地区恢复或新建、扩建了一批州、盟、县、旗图书馆馆舍。以内蒙古自治区为例，20世纪70年代初期，在呼伦贝尔盟（时属黑龙江省管辖）文化局的再三争取下，1974年在布特哈旗（今扎兰屯市）批准建立了图书馆，1975年在莫力达瓦达斡尔族自治旗、鄂伦春自治旗、满洲里市等分别批准建立了图书馆。内蒙古自治区制定了专门的《1978—1985年文物、博物馆、图书馆事业发展规划》，并指出：要尽快组成一个公共图书馆网，建立与教育、科学、工会等系统图书馆的密切联系，加速图书馆的现代化建设，提高服务质量。从1979年到1985年年底，新建公共图书馆55所，加上原有数量，总数达到93所。按照当时内蒙古地区人口计算，平均22万人拥有一个图书馆，处于边境的18个旗市也已建有14个图书馆。达斡尔族、鄂温克族、鄂伦春族3个少数民族自治旗也已建立图书馆③。

---

  ① 广西壮族自治区地方志编纂委员会：《广西通志·文化志》，广西人民出版社1999年版，第263页。

  ② 《广西巡抚张鸣岐奏广西建设图书馆折》，见李希泌，张椒华编《中国古代藏书与近代图书馆史料（春秋至五四前后）》，中华书局1982年版，第165页。

  ③ 乌林西拉：《内蒙古图书馆事业史》，内蒙古大学出版社2009年版，第101页。

2. 办馆条件的改善

党的十一届三中全会召开以后，随着社会经济发展步入正轨，国民经济水平的提高，为公共图书馆事业建设奠定了良好的物质基础。国家不断加强对少数民族地区的政策倾斜，民族地方政府逐渐提高了图书馆意识，适当增加了对图书馆事业建设的投入比例，为少数民族地区图书馆事业发展提供了物质保障。这一时期，少数民族地区图书馆办馆条件得到改善，馆舍面积得到进一步扩充。

根据《全国公共图书馆概况》（1982）有关统计，并结合《中国公共图书馆概况》（1989）、《中国少数民族图书馆概况》（1989）相关统计数据的核对与补充，可知1980年全国省级以上少数民族地区公共图书馆建筑面积（见表2-2）。1980年除西藏自治区外，其他4个民族自治区均有省级公共图书馆。其中，宁夏回族自治区图书馆总建筑面积为11675平方米，在5个民族自治区中排名第一，其次依次为广西壮族自治区图书馆（4500平方米）、内蒙古自治区图书馆（3472平方米）、广西壮族自治区桂林图书馆（3155平方米）、新疆维吾尔自治区图书馆（2302平方米）。除此之外，在设置上均有与之相适应的书库、阅览室和工作室，公共图书馆建筑功能日益完善。

表2-2　1980年全国民族自治区（省级）公共图书馆建筑面积（单位：平方米）

馆　　名	书库面积	阅览室面积	工作室面积	其他	建筑面积
内蒙古自治区图书馆	1700	230	376	1166	3472
广西壮族自治区图书馆	2480	310	174	1536	4500
广西壮族自治区桂林图书馆	1900	130	100	1025	3155
宁夏回族自治区图书馆	3200	754	3206	4515	11675
新疆维吾尔自治区图书馆	800	260	80	1162	2302

数据来源：根据《全国公共图书馆概况》《中国少数民族图书馆概况》相关统计数据整理。

1981年10月，国家投资291.4万元，建成了宁夏回族自治区图书馆。1982年,宁夏回族自治区图书馆新馆正式投入使用,成为改革开放后最早建立的省级公共图书馆新馆之一。20世纪80年代初,宁夏回族自治区全区80%以上的县、市公共图书馆得到了新建或改建,建筑总面积达到27000平安米,投资总额达到约780万元[①]。

20世纪70年代末,根据文化部的规定,内蒙古文化厅要求各馆购书费要占总经费的40%以上。20世纪80年代,图书馆事业建设经费开始施行包干制度,除正常预算之外,当地财政部门还给予适当补充。根据不完全统计,1979年,内蒙古图书馆事业总经费为84.7万元,1980年为115.1万元,1983年为181.8万元,图书馆建设经费呈现逐年增长的趋势[②]。在较为充足的经费的保障下,大批新馆得以修建或扩建。1979年到1985年间,内蒙古自治区新建或扩建图书馆共计71所,各级公共图书馆总数达到93所,全区公共图书馆总面积达到43634平方米,各级图书馆平均面积达到467平方米。其中,自治区省级馆3000平方米,9个盟市馆18841平方米,馆均2093平方米,83个旗县(区)馆共有面积21793平方米,馆均约263平方米[③]。20世纪80年代,广西壮族自治区对图书馆事业建设经费投入不断增加,特别是在1985年以后,区文化厅、财政厅采取"几个一点"的政策加强对县图书馆的建设,有效调动了地方各级政府兴建图书馆的积极性,每年都有数个图书馆得到新建[④]。

3. 藏书建设的恢复调整

20世纪80年代,由于"文革"时期对藏书建设造成的破坏,少数民族地区公共图书馆对图书馆藏书工作进行了整顿,积极着手藏书的补充和丰富。藏书建设恢复调整和建设的内容如下。

(1) 对藏书进行清点整顿。"文革"时期少数民族地区公共图书

---

① 高树榆:《宁夏图书馆事业四十年》,见宁夏回族自治区文史研究馆编《宁夏文史(第5辑)》,1989年版,第62页。
② 乌林西拉:《内蒙古图书馆事业史》,内蒙古大学出版社2009年版,第104页。
③ 乌林西拉:《内蒙古图书馆事业史》,内蒙古大学出版社2009年版,第102页。
④ 麦群忠:《改革开放二十年:广西公共图书馆事业回顾与展望》,载《图书馆界》1998年第4期,第52页。

馆大量藏书遭到大量的破坏,为了重新摸清图书馆藏书家底,准确反映馆藏现状,少数民族地区图书馆有计划有组织地对现有馆藏文献进行清点和整顿。在藏书整理的过程中,少数民族地区公共图书馆开始尝试使用《中国图书馆图书分类法》对藏书进行分类整理。例如,1973年起,内蒙古自治区锡林郭勒盟图书馆开始使用《中国图书馆图书分类法》(试用本)对馆藏图书进行分类,并设读者目录和公务目录;1977年,内蒙古图书馆开始学习并讨论使用《中国图书馆图书分类法》。①

（2）通过征集、访求、交换和受赠等多种方式,积极补充和丰富馆藏。改革开放初期,民族地区经济文化仍然十分落后,政府虽然对民族地区进行经济文化扶持,但是用于图书馆事业建设的经费仍然十分紧缺,成为少数民族地区公共图书馆馆藏建设的重要瓶颈。为了缓解购书经费的不足,少数民族地区公共图书馆通过以下多种途径补充和丰富馆藏:①订购方式。为了满足少数民族民众对本民族语言读物的阅读需求,20世纪80年代,各民族地区图书馆普遍加大了对少数民族语言文字出版物的订购,奠定了具有民族特色和地方特色的藏书基础。②书刊交换方式。书刊交换方式作为一种有效补充馆藏资源的重要方式,成为20世纪80年代图书馆丰富馆藏的主要方式。为了使图书馆更好地满足"四化"建设的需要,为科学研究和生产建设服务,1979年3月,宣传部批准并通过了《关于扩大对外图书交换的请示报告》,各省、市、自治区文物局（文管会）对省级公共图书馆开展对外图书交换业务做出了相关安排,掀起了全国书刊交换的高潮②。书刊交换对当时馆藏建设起到重要的补充,并促进了中外文化交流。以广西壮族自治区图书馆为例,1980年,与国内外建立书刊资料交换关系的单位达到了1886个,收到各种书刊资料16186册

---

① 乌林西拉:《内蒙古图书馆事业史》,内蒙古大学出版社2009年版,第99页。
② 《国家文物事业管理局关于印发〈十省市图书馆对外图书交换工作座谈会纪要〉的通知》,见河北大学图书馆学系《图书馆法规文件汇编》,河北大学图书馆学系1985年版,第210～213页。

（件），极大地丰富了馆藏建设①。③受赠方式。对于经济欠缺发达的少数民族地区公共图书馆来说，接受发达地区以及其他单位组织的赠书，成为馆藏建设的重要补充。宁夏回族自治区图书馆在建馆的20多年里，先后接受中国回民文化协进会、北京图书馆、首都图书馆，以及北京、陕西、广东、广西、湖南、山东、安徽、浙江、四川、贵州等省区赠送调拨的书刊30余万册②，成为藏书建设的重要来源。④民间访求的方式。为了在有限的购书经费下发展藏书建设，一些图书馆主动到民间访求图书。中国民族图书馆在"文革"之前通过访求的方式仅在四川、甘肃、青海、西藏四省区搜集到藏文典籍16万册，极大丰富了古籍藏书量；在藏书规范建设方面，还制定了《图书馆藏书补充条例》，以减少复本，提高藏书质量，力求构建较为完整的藏书体系③。

（3）在藏书建设中注重突出民族特色和地方特色。少数民族地区公共图书馆承担着保存民族文化和地方文化的重要职责，在藏书建设中有重点地对民族文献和地方文献进行收藏，以突出民族特色和地方特色。

民族特色。针对少数民族群众对图书资料需求的现实状况，藏书建设工作侧重于收藏民族语言文字文献，以突出民族特色为主。改革开放后，随着少数民族语言文字出版物的逐渐增多，少数民族文献成为民族地区公共图书馆文献收藏的主要对象。经过各民族图书馆工作者的艰苦发掘，少数民族文献得到了较好的搜集、整理、翻译和出版，各少数民族地区公共图书馆逐步建立起具有地方特色和民族特色的藏书体系。其中，内蒙古图书馆致力于对蒙文文献的收集和整理，除本民族文字文献之外，还收集与蒙古族历史文化发展相关的藏、满、汉、日、俄、英语等中外文献，并取得了初步的成绩。1957年

---

① 文化部图书馆事业管理局科教处、北京图书馆图书馆学研究部：《全国公共图书馆概况》，图书馆服务社1982年版，第116页。
② 文化部图书馆事业管理局科教处、北京图书馆图书馆学研究部：《全国公共图书馆概况》，图书馆服务社1982年版，第157页。
③ 中国民族图书馆：《中国少数民族图书馆概况》，民族出版社1989年版，第8页。

仅有蒙文6000余册,截至1989年年底,已增至54977册,增加了8倍多①。新疆维吾尔自治区图书馆致力于对多种少数民族语言文献的收藏,截至1981年,所收集的维吾尔文、哈萨克文、乌兹别克文等少数民族图书已达到73433册,占全馆藏书的13%,并编制了有关维吾尔文、哈萨克文、乌兹别克文、蒙文的分类与书名目录②。作为多民族地区图书馆的青海省图书馆,在藏书建设中着重加强对藏文、蒙古文、哈萨克文等少数民族文字图书资料的收集③,逐渐形成了民族特色鲜明的藏书体系。

地方特色。在藏书建设中,针对民族地区当地社会发展的具体情况,少数民族地区公共图书馆将与社会发展相关的地方文献作为馆藏文献收集的主要内容。广西壮族自治区图书馆通过征集、采购、借抄、复制等办法,加强对地方资料的整理与收集,先后编印了《广西作者及著者简介》《广西文史资料索引》《广西地方资料索引》《馆藏有关太平天国书目》《大藤峡起义年表》《广西自然灾害史料》《广西气候史料》等与当地历史、文化、生产密切相关的地方文献④。云南大理白族自治州图书馆致力于收集涉及本州及白族的古今文献资料,还抢救了《蛮书》《南诏野史》《南诏备考》《白国因由》《鹤庆县志稿》等少数民族古籍,并访求、复制白族谱牒20余种,受到学界和国际友人的好评⑤。

(4)少数民族古籍保护工作得到恢复。少数民族古籍承载着少数民族的历史记忆,蕴含着少数民族特有的民族因子、思维方式与生活痕迹,凝聚着先民们的智慧。保存人类文化遗产是公共图书馆最基本的社会职能,对于民族地区公共图书馆来说,保护少数民族古籍更

---

① 杜克:《当代中国的图书馆事业》,当代中国出版社1995年版,第154页。
② 文化部图书馆事业管理局科教处、北京图书馆图书馆学研究部:《全国公共图书馆概况》,图书馆服务社1982年版,第162页。
③ 中国民族图书馆:《中国少数民族图书馆概况》,民族出版社1989年版,第8页。
④ 文化部图书馆事业管理局科教处、北京图书馆图书馆学研究部:《全国公共图书馆概况》,图书馆服务社1982年版,第153页。
⑤ 包和平:《优势论与民族图书馆事业发展》,见包和平、李晓秋著《中国少数民族图书馆研究》,吉林省图书馆学会1992年版,第162页。

是义不容辞的责任。

"文革"期间，少数民族古籍被认为是"四旧"而遭到大量焚毁，损失惨重。例如，西藏萨迦寺原藏有弥足珍贵的贝叶经200余部，"文化大革命"后仅存20余部①。党的十一届三中全会以后，随着政治局势的稳定，以及新型民族关系的确立，面对改革开放的新形势，为了实现少数民族在文化地位上的平等，党中央、国务院将少数民族古籍提高到前所未有的高度上来。1981年9月17日，中共中央在《关于整理我国古籍的指示》（以下简称《指示》）中指出："整理古籍，把祖国宝贵的文化遗产继承下来，是一项十分重要的、关系到子孙后代的工作。"②该《指示》是从国家层面出发颁布的第一部有关古籍整理的法规文件，标志着党和政府对民族古籍保护工作的关注。同年12月10日，国家正式恢复了古籍整理出版规划小组。1982年2月，教育部负责人两次奔赴中央民族大学开展座谈会，专家学者提出要"救书、救人、救学科"（"三救"），呼吁要加强对少数民族古籍的保护③。同年8月23日，国务院在《关于古籍整理出版规划的有关问题》批复中，首次增加了少数民族古籍整理的内容。1984年，国务院正式转发了《国家民委关于抢救、整理少数民族古籍的请示》，强调："少数民族古籍是祖国宝贵文化遗产的一部分，抢救、整理少数民族古籍，是一项十分重要的工作。"④ 以上《指示》确立了少数民族古籍在中华文化传承与保护中的重要地位，体现了国家对少数民族古籍保护工作以及抢救民族珍贵文化遗产的重视。同年7月，我国成立了全国少数民族古籍整理出版规划小组，负责"组织、

---

① 李资源：《中国共产党与少数民族传统文化保护和发展研究》，人民出版社2014年版，第630页。

② 《中国中央关于整理我国古籍的指示》，见燕鹏远《党务工作文件选编》，辽宁人民出版社1990年版，第786页。

③ 李资源：《中国共产党与少数民族传统文化保护和发展研究》，人民出版社2014年版，第86页。

④ 《国务院办公厅转发国家民委关于抢救、整理少数民族古籍的请示的通知》，见杨候弟《中华人民共和国民族法规选编》，中国政法大学出版社1990年版，第277页。

协调、联络、指导"全国少数民族古籍保护工作①。从此，我国少数民族古籍保护有了专门的组织保障，少数民族古籍抢救、整理与保护工作得到全面开展。

为了呈现图书馆所藏的古籍文献状况，便于读者和研究者查阅，收集少数民族古籍的图书馆对本馆所藏古籍开展了目录编制工作。20世纪80年代，新疆维吾尔自治区图书馆在普查全区古籍和对重点图书馆善本进行鉴定的基础上，陆续编制了《本馆善本简目》与《新疆善本书目》，并编印了维吾尔文普通图书著录标准。广西壮族自治区图书馆编制了《馆藏太平天国书目》《馆藏地方资料索引》等②。1984年，内蒙古自治区图书馆利用缩微技术将珍贵馆藏《甘珠尔》和《丹朱尔》全部复制成缩微胶卷，使原版文献得以长久保存③。

经过对藏书的清点、整顿和补充，截至1980年底，民族自治区公共图书馆总藏量均有了不同程度的增加。其中，内蒙古自治区367万册（件）、广西壮族自治区581万册（件）、宁夏回族自治区185万册（件）、新疆维吾尔自治区147万册（件）④。西藏自治区公共图书馆的发展仍比较落后，这一时期仅有一所于1959年成立的拉萨市图书馆，馆藏量仅为15万册。在省级图书馆方面，馆藏建设取得了较快发展，广西壮族自治区桂林图书馆馆藏图书已达到92万册，比中华人民共和国成立时增加了10余倍；四川省图书馆总藏量达到285万册，是中华人民共和国成立初期的71倍⑤。

4．图书馆管理建制的恢复

随着全国公共图书馆事业的恢复发展，少数民族地区"文革"

---

① 少数民族古籍：《涵载千古散射睿智光芒》，载《中国民族报》，2008年1月25日。

② 吴晞：《文献资源建设与图书馆藏书工作手册》，书目文献出版社1993年版，第263页。

③ 杜克：《当代中国的图书馆事业》，当代中国出版社1995年版，第153页。

④ 《中国图书馆年鉴》编委会：《中国图书馆年鉴（1996）》，北京图书馆出版社1997年版，第482页。

⑤ 文化部图书馆事业管理局科教处、北京图书馆图书馆学研究部：《全国公共图书馆概况》，图书馆服务社1982年版，第116页。

期间被关闭、撤销和转并的公共图书馆重新恢复了建制。1980年，内蒙古杭锦后旗图书馆恢复建制；1985年，林夕县图书馆从文化馆独立出来，重新恢复图书馆建制①。在多民族省份的四川地区，于1975年一度被并入文化馆的甘孜藏族自治州图书馆于1981年恢复独立建制；1979年，阿坝藏族羌族自治州图书馆逐步增设了专职管理人员，1980年原由文化馆代管经费逐步实现了独立管理②。

为了改变图书馆管理混乱、权责不明的现象，少数民族地区恢复并加强了对公共图书馆的管理。这一时期，为了满足为生产和科研服务的需求，图书馆对各种图书资料进行科学组织和管理。为了使图书馆机构建制更趋合理化，加强了对图书馆组织机构的规范。1979年，广西壮族自治区按照《省、市、自治区图书馆工作条例》（试行草案）的相关规定，对图书馆组织机构进行了调整，在原有采编组、阅览组、书目参考组、辅导组的基础上，另增设图书保管和特藏组，以加强管理，更好地为生产和科研提供服务③。

5. 服务工作的调整恢复

服务是图书馆永恒的主题。图书馆服务是指图书馆通过各类资源和自身专业能力满足公众日益增长的对知识、信息及相关文化活动需求的工作④。20世纪80年代初，"文革"期间对公共图书馆性质和服务工作的扭曲得到了更正，少数民族地区公共图书馆重新确定了服务宗旨，更新了服务内容，转变了服务方式，使图书馆服务水平得到了一定程度的提高。图书馆服务的恢复与发展具体体现在三个方面。

首先，服务重心的转变。"十年动乱"期间，图书馆各项服务业务受到严重阻滞，成为阶级斗争的工具，偏离了图书馆的本质。党的十一届三中全会以后，面对改革开放初期百废待兴的局面，加快社会

---

① 乌林西拉：《内蒙古图书馆事业史》，内蒙古大学出版社2009年版，第101页。
② 李忠昊、王嘉陵：《四川省公共图书馆现状分析与发展战略》，北京图书馆出版社2007年版，第115页。
③ 文化部图书馆事业管理局科教处、北京图书馆图书馆学研究部：《全国公共图书馆概况》，图书馆服务社1982年版，第111页。
④ 国家质量监督检验检疫总局、国家标准化管理委员会：《公共图书馆服务规范》，中国标准出版社2012年版。

主义现代化建设成为国家发展的主题。少数民族地区公共图书馆纠正了"文革"期间被扭曲的政治倾向，开始转向为社会主义现代化建设服务。图书馆作为教育和普及科学文化知识的阵地，被认为是"两个文明"建设的重要条件。社会主义现代化建设离不开必要的科学知识文化输出和智力资源支撑，作为文化教育事业重要组成部分的图书馆事业受到高度重视。在国家建设方针的指引下，根据当时社会需要，确定了这一时期图书馆服务工作的主题和重心，即为"两个文明"服务，为"生产与科学研究"服务。

其次，服务方式的改进。为了更好地提供服务，少数民族地区公共图书馆提高了服务的主动性，改进了服务方式。一是借阅流通服务的改进。"文化大革命"后，图书馆最基础的借阅流通服务受到阻滞，使很多图书得不到利用。"文革"结束后，对思想路线进行了肃清，借阅流通服务逐渐得以恢复。以广西壮族自治区图书馆为例，1966 年"文化大革命"开始后，在当时"左"倾思想的影响下，大多数图书被视为毒草，一律严格控制流通。1967 年至 1971 年，广西壮族自治区图书馆尚未正式向社会开放，所有藏书除马列、毛泽东主席等人的著作外，都被贴上"封、资、修"的标签予以关闭。1971 年 1 月，广西壮族自治区图书馆在闭馆 4 年之后首次向广大读者开放，但由于"文革"的破坏，所能提供的图书数量非常有限。该馆据当时上海、北京、南京等省市图书馆所编的开放书目及新华书店公开发行的书目编印了开放书目，仅有 957 种"文化大革命"前出版的哲学、社会科学、文艺、语言文学、工具书等图书予以流通外借。从 1975 年开始，逐渐恢复全天对外开放，恢复正常的业务活动。1976 年 10 月粉碎"四人帮"后，批判了"四人帮"的文化专制主义和禁锢政策，陆续解放了一大批被禁闭的图书[①]。重新发放借书证，对科技领域的读者尽量满足其领证要求，并加强邮寄借书、馆际互借和预约借书工作。同时，随着开架借阅在全国的日益盛行，少数民族

---

① 广西壮族自治区地方志编纂委员会：《广西通志·文化志》，广西人民出版社 1999 年版，第 261 页。

地区图书馆实行开架借阅服务方式的数量逐渐增多,降低了少数民族地区公众使用图书馆的门槛。二是扩大流通范围。少数民族地区公共图书馆在延续传统外借、阅览等服务方式外,为了能够最大限度地满足少数民族地区生产建设对图书资料的需求,转变了仅限于图书馆馆舍内的服务观念。另外,通过流通代办处和通信借书(如邮寄借书、电话借书)等方式,进一步扩大了图书流通的范围。例如,新疆图书馆针对各民族读者阅读需求,积极主动为不同读者推荐图书,送书上门,并在工矿、企业、公社、部队、小学等单位建设图书站,不断扩大个人外借和集体外借;通过邮寄借书、电话借书、复印资料等方式,不断深化服务水平①。三是加强"流动"服务。我国少数民族地区地域广大,交通不便,很多少数民族居住在山区、高原、牧区和林区,这给开展图书流通工作带来极大的不便。为了满足广大少数民族群众的阅读需求,民族地区公共图书馆根据民族地区地理特点,克服种种困难,开辟了"流动"服务模式,如有设立图书流动站、流通箱、流通包。如为了更好地为牧民提供服务,内蒙古自治区图书馆在边远牧区旗(县)图书馆专门设立蒙文图书流动站,以满足在林区、牧区、山区工作的科技人员的需要。四是读者导读工作的开展。导读工作是指"根据社会发展的需要和读者的不同情况,主动吸引和诱导读者的阅读行为,提高其阅读意识、阅读能力和阅读效果的一种教育工作"②。在坚持为物质文明和精神文明的"两个文明"服务的指导思想下,少数民族地区公共图书馆积极开展了读者导读工作,以满足当地少数民族群众的精神文化需求。例如,内蒙古自治区图书馆充分利用"推荐目录""新书通报""新书评介""书刊展览""阅读辅导"等多种形式,积极主动地向读者推送阅读刊物,并进行阅读方法的辅导③。五是定题跟踪服务。所谓定题跟踪服务,是指图书馆针

---

① 文化部图书馆事业管理局科教处、北京图书馆图书馆学研究部:《全国公共图书馆概况》,图书馆服务社1982年版,第162页。
② 张树华:《中国图书馆读者服务工作百年回眸》,载《中国图书馆学报》1999年第6期,第70~75页。
③ 乌林西拉:《内蒙古图书馆事业史》,内蒙古大学出版社2009年版,第108页。

对科研生产单位的重点研究课题或亟待解决的关键问题，为之收集、筛选，提供一次文献、二次文献，一直跟踪服务到研究课题的完成或是关键问题得到解决为止①。20世纪80年代初，在提供图书外借业务的基础上，一些公共图书馆还承担定题跟踪服务，进一步发挥为生产与科研服务的作用。这在一定程度上改变了图书馆传统的被动服务方式，有利于使图书馆由传统服务转向有针对性的个性化服务。例如，1981—1983年，新疆图书馆连续为新疆维吾尔自治区气象局提供大量与气候相关的文献资料，这些资料最后被气象局编为《新疆气候历史史料》②。吉林省图们市图书馆从20世纪80年代开始组建专门的辅导组，为生产和科研服务，仅1981—1982年，辅导组提供定题跟踪服务24个项目，并帮助图们市油漆厂成功研制相关技术项目③。

最后，区别服务的开展。20世纪80年代初，受"因材施教"教育学理论以及全国公共图书馆服务主流的影响，少数民族地区公共图书馆在服务工作中不同程度地对读者开展了区别服务，将读者划分为重点服务对象和一般服务对象，根据读者类别的不同实施差异性的服务。区别服务基本内容主要体现在两个方面。一是"区别对待"，即根据各种类型图书馆服务对象的职业、年龄、文化水平、兴趣爱好以及工作性质的不同，提供不同内容和性质的文献资料，进行有区别的、针对性的服务。二是"确保重点、兼顾一般"，各类型图书馆根据办馆方针和任务，进一步明确了重点服务对象和一般服务对象。对于重点服务对象，在借书范围、册数和期限、服务方式以及服务措施等各方面实施重点保证和优先服务策略④，同时兼顾一般读者的借阅要求⑤。在为"生产和科学研究服务"思想的指导下，一些大型公共

---

① 杜克：《当代中国的图书馆事业》，当代中国出版社1995年版，第531页。
② 杜克：《当代中国的图书馆事业》，当代中国出版社1995年版，第155页。
③ 鲁德山：《积极为生产、科研服务，是开创民族地区图书馆工作新局面的重要一环》，载《图书馆学研究》1984年第2期，第38～40页。
④ 张树华：《读者工作的回顾》，载《图书馆工作与研究》1981年第2期，第1～4页。
⑤ 张树华等：《图书馆读者工作教程》，北京大学出版社1986年版，第15～16页。

图书馆将科研工作者与一般读者进行区分，为科研工作者提供专门的科技阅览室，为了便于科研工作者查阅资料，为他们提供开架或半开架借阅服务。例如，广西壮族自治区图书馆对副本采购进行压缩，加强对科技图书的采购，以满足生产科研的需求，并延长了开放时间，部分阅览室周开放时间从 47 小时增至 78 小时；对科技工作者进行优待，发出科技证 1000 余个，并放宽科研读者借书册数及借阅时间；加强了邮寄借书，并通过馆际互借，最大限度地满足科技工作者的需求①。以上均体现了 20 世纪 80 年代民族地区公共图书馆主动服务意识的觉醒，并在时间、内容、对象上延伸了图书馆服务。

总体上讲，20 世纪 80 年代，少数民族地区公共图书馆服务开始从封闭转向开放，从被动转向主动，从一般性转向针对性，使民族地区公共图书馆服务水平得到提升。但是，也存在一些服务理念的弊端，如在服务对象上偏重于科研群体，这种图书馆服务倾向虽然迎合了社会经济建设的需求，但在一定程度上忽视了对普通大众的文化需求的关注。"区别服务"在理论和实践上出现了一些偏差，是一种值得商榷的服务理念。这不仅反映了当时公共图书馆对"资源共享"缺乏足够的认识，也从侧面反映了 20 世纪 80 年代图书馆资源供给的稀缺性，在当时是一种现实所需。但从长远来看，这种服务的不平等性有悖于公共图书馆"平等""公平"的服务理念，影响了用户平等利用图书馆的权利，也不利于保障少数民族地区和少数民族群众基本文化权益的实现。

6. 馆员培训与交流的恢复

这一时期，随着图书馆业务工作的逐渐恢复，为了提升图书馆服务水平，馆员培训与交流也逐渐开展起来。

首先，全国图书馆学教育的恢复。"文革"对我国图书馆学教育造成了严重的冲击和破坏，为数不多的图书馆学专业停止招生。党的十一届三中全会以后，图书馆事业的建设需要大批人才，图书馆学教

---

① 文化部图书馆事业管理局科教处、北京图书馆图书馆学研究部：《全国公共图书馆概况》，图书馆服务社 1982 年版，第 111 页。

育得到恢复发展。1977年冬，全国高校恢复统一招生，武汉大学与北京大学图书馆学专业恢复高考招生录取①，标志着中国图书馆学专业人才培养体制的恢复与重建。1980年的《图书馆工作汇报提纲》提出，将于次年在全国高等学校图书馆工作会议上召开图书馆学专业教育座谈会，决定对非图书情报专业大学的图书馆工作人员进行培训。1982年4月，全国高校图书馆工作委员会秘书处在吉林长春召开了高校图书馆专业人员培训工作会议②。这些会议的召开，促进了全国范围内图书馆学教育的恢复和发展，为少数民族地区图书馆人才培养提供了专业支撑和动力。

其次，少数民族地区人才培养的恢复。党的十一届三中全会以后，随着新型民族关系的确立，为满足少数民族地区现代化建设的需要，党加强了对少数民族专业技术干部的培养。1978年10月，中央组织部在《关于少数民族地区干部工作的几点意见》中，提出要通过党校、干部学校对少数民族干部进行大力培养③。1979年10月6日，国务院印发的《关于民族学院工作基本总结和今后方针任务的报告》指出："各民族学院必须把工作重点转移到社会主义现代化建设上来，坚决执行新时期党和国家对民族工作的任务，大力培养现代化建设所需的具有共产主义觉悟的政治干部和专业技术干部，为少数民族地区的社会主义现代化建设服务。"④ 1980年2月，国家下发的《关于加强干部教育工作的意见》规定："要重视和加强对少数民族干部的培养教育。中央、省、市、自治区一级党校、干部学校要有计划地吸收少数民族干部参加学习。"⑤ 图书馆专业人才属于少数民族

---

① 中国科学技术协会：《中国图书馆学学科史》，中国科学技术出版社2014年版，第15页。
② 曹莉：《改革开放以来中国共产党培养少数民族干部政策研究》（硕士学位论文），广西师范大学2010年，第11页。
③ 刘荣、刘光顺：《当代中国少数民族干部政策的形成与发展》，载《云南行政学院学报》2007年第5期，第117～122页。
④ 杨候弟：《中华人民共和国民族法规选编》，中国政法大学出版社1990年版，第209页。
⑤ 曹莉：《改革开放以来中国共产党培养少数民族干部政策研究》（硕士学位论文），广西师范大学2010年，第10页。

干部人才的重要组成部分，以上各项政策对少数民族地区公共图书馆专业人才培养提供了政策保障。

最后，少数民族地区公共图书馆馆员培训与交流。人才是图书馆提升服务和管理水平的关键性因素。图书馆专业人才队伍建设一直是我国图书馆事业的重中之重，而在少数民族地区公共图书馆事业发展中，人才紧缺问题则表现得尤为突出。一是由于少数民族地区图书馆学教育较为落后，专业人才相对匮乏；二是由于少数民族馆员因缺乏必要的专业培训，导致图书馆服务理念较为保守，服务手段较为单一。以内蒙古自治区为例，中华人民共和国成立前，除内蒙古图书馆有2名图书馆专业毕业生外，其他盟、市、旗、县图书馆几乎没有经过专业培训的干部①。改革开放以前，内蒙古自治区受过专业教育的专门人才只占到专业干部总数的0.3%②。20世纪80年代初，随着少数民族地区公共图书馆建设的发展，对图书馆人才的需求量增多，对图书馆工作人员素质的要求也日益提高。为了提升整体人才队伍的业务素质，少数民族地区公共图书馆通过各种形式的培训、人才引进和交流等形式，不断拓展图书馆干部队伍的业务能力和综合素质。为了进一步提升图书馆干部素质，少数民族地区公共图书馆采取了开展培训班、辅导班、编译图书馆学资料等多种途径提升馆员素质和业务能力。

其一，短期培训。20世纪80年代初期，由于正规的图书馆学专业教育在民族地区发展极为落后，因此，短期培训成为这一时期少数民族地区公共图书馆普遍采用的人才培养方式。相对于正规的图书馆学专业教育，图书馆教育短期培训具有形式多样、方便灵活、覆盖面广等特点，往往能够满足不同层次、不同工作人员获取图书馆学专业知识的需求，是图书馆学正规教育的一种有效补充。民族地区公共图

---

① 刘瑞：《少数民族地区图书馆工作必须加强》，见包和平、李晓秋《中国少数民族图书馆研究》，吉林省图书馆学会1992年版，第82～83页。

② 乌林西拉：《采用多种形式办学，大力培养民族地区图书情报事业专门人才——关于内蒙古图书馆学情报学教育情况的报告》，见包和平、李晓秋《中国少数民族图书馆研究》，吉林省图书馆学会1992年版，第90页。

书馆工作者有相当一部分人来自非图书馆学专业，他们中有很多缺乏必要的图书馆专业知识，因此短期培训就显得十分必要。早在1953年，内蒙古自治区图书馆便在归绥县举办了第一期短期专业培训班，截至1978年，共举办全区性或分片与盟市合办的各种类型短期培训班十五六期，包括各盟市举办的地区性业务培训班以及各馆组织的业务学习班在内，共计培训人员约为1000人次，为内蒙古自治区图书馆发展提供了人才保障①。1980年，广西图书馆还设立了武汉大学图书情报学院函授站，成立了广西图书情报中专函授学校和电视大学图书情报专业教学班②；通过开展各种形式的短期培训班，并结合多种教学方式，广西壮族自治区公共图书馆工作人员85%以上得到图书馆学专业培训③。新疆维吾尔自治区图书馆为了加强图书馆干部培养，截至1982年，先后举办了全疆16个州、县、市图书馆（室）专业干部训练班，乌鲁木齐地区学校图书馆干部培训班和全疆公共图书馆（室）管理人员训练班等共21次，共培训各级图书馆干部630名，其中少数民族图书馆干部有250名④。

其二，使用少数民族语言进行授课。少数民族地区公共图书馆中有一部分来自少数民族地区的工作人员，由于受到用语习惯的影响，许多少数民族工作人员并不通晓汉语。为了克服语言问题，图书馆采用少数民族语言授课的方式对少数民族图书馆员进行培训。1981年，内蒙古自治区图书馆举办了蒙语授课首届牧区旗县图书馆工作人员训练班，招收学员45人，用蒙语讲授图书馆学专业课程⑤。

其三，用少数民族语言编制图书馆学业务学习资料。考虑到少数

---

① 乌林西拉：《采用多种形式办学，大力培养民族地区图书情报事业专门人才——关于内蒙古图书馆学情报学教育情况的报告》，见包和平、李晓秋《中国少数民族图书馆研究》，吉林省图书馆学会1992年版，第88页。
② 杜克：《当代中国的图书馆事业》，当代中国出版社1995年版，第159页。
③ 麦群忠：《改革开放二十年：广西公共图书馆事业回顾与展望》，载《图书馆界》1998年第4期，第53页。
④ 文化部图书馆事业管理局科教处、北京图书馆图书馆学研究部：《全国公共图书馆概况》，图书馆服务社1982年版，第163页。
⑤ 乌林西拉：《多种形式办学，培养民族地区专业人才——关于内蒙古图书馆情报学教育情况的报告》，载《图书与情报》1990年第2期，第60～64页。

民族地区公共图书馆工作人员有许多使用的是本民族的语言，读者中有相当一部分习惯用本民族的语言。为了满足少数民族图书馆工作人员和读者所需，从1981年开始，新疆维吾尔自治区图书馆开始采用维吾尔文对《中国图书馆分类法》（简本）、《中文普通图书统一著录条例》以及相关的图书馆学基础知识资料进行翻译，为少数民族文字图书分类编目的规范化发展创造了条件①。这一时期，一些发展较好的少数民族地区图书馆学专业教育崭露头角。1978年10月，内蒙古自治区教育厅批准包头师范专科学校成立了图书馆专业，学校地址在包头市青山区②。然而，其他少数民族地区图书馆学专业教育依然十分滞后。

其四，少数民族地区公共图书馆馆员不断增多，人员比例不断增加。随着对图书馆人才培养力度的加强，少数民族地区图书馆队伍得到一定程度的发展壮大。1958年新疆图书馆共举办了10期学习班，培训图书馆专业干部321人次，其中少数民族学员61人，占19%；并在1986年举办了7期学习班，共培训图书馆专业干部239人，其中少数民族学员125人，占52.3%③。截至1981年，新疆维吾尔自治区图书馆先后举办了全疆16个专（州）县、市的图书馆、文化馆、图书室专业干部培训班，以及乌鲁木齐地区学校图书馆干部培训班和全疆公共图书馆（室）管理人员培训班，共计21次，编译维吾尔文图书馆学业务资料44种，培训各级图书馆干部630名，其中少数民族干部250名④。这些少数民族馆员成为民族地区图书馆服务各族民众群体的重要力量。

其五，馆员培训的教育帮扶。少数民族图书馆人才培养亦离不开非少数民族地区图书馆学专业组织机构的帮扶与支援。为了提升少数

---

① 文化部图书馆事业管理局科教处、北京图书馆图书馆学研究部：《全国公共图书馆概况》，图书馆服务社1982年版，第163页。

② 肖东发：《中国图书馆学情报学教育40年（1949—1989）》，载《图书馆学通讯》1989年第1期，第3～10页。

③ 杜克：《当代中国的图书馆事业》，当代中国出版社1995年版，第155页。

④ 文化部图书馆事业管理局科教处、北京图书馆图书馆学研究部：《全国公共图书馆概况》，图书馆服务社1982年版，第163页。

民族图书馆人员的专业素养，1981年，中国图书馆学会组织了图书馆学讲师团，先后到内蒙古、宁夏、甘肃等民族地区进行讲学，介绍图书馆学理论知识，迈开了培训图书馆学民族干部工作的第一步①。

其六，馆员学术交流增强。民族地区公共图书馆为了进一步共同建设图书馆事业，提升图书馆从业人员业务水平，通过举办学术研讨会，加强了相互之间的学术交流。以内蒙古自治区为例，1979年12月，内蒙古自治区图书馆学会成立，挂靠在内蒙古自治区公共图书馆，是内蒙古全区图书馆工作者的学术型群众团体，属于中国图书馆学会的团体成员，并先后加入内蒙古自治区哲学社会科学联合会和内蒙古自治区科学技术协会，为开展内蒙古自治区图书馆学术交流提供了组织保障②。1983年12月，在内蒙古集宁市召开了全区公共图书馆为科研生产服务现场交流会。1984年8月，在巴彦淖尔盟杭锦后旗召开了图书馆为农业生产服务现场交流会③。

总之，从1978年到1982年，少数民族地区公共图书馆事业在良好的政策环境下，在"文革"之后得到较好的调整与恢复，少数民族地区各类型公共图书馆均有了不同程度的增加，图书馆的性质、职能、方针、任务和服务对象得到重新确认，读者服务工作范围和内容得到进一步扩大。1979年，在中国图书馆学会的指导下，宁夏图书馆学会于1979年6月成立，创办会刊《图书馆理论与实践》（原《宁夏图书馆通讯》）。广西图书馆学会于1979年10月在南宁成立，1980年创办会刊《图书馆界》。新疆维吾尔自治区图书馆学会于1979年12月2日成立。内蒙古自治区图书馆学会于1979年12月17日成立，1983年创办内部刊物《内蒙古图书馆工作》（蒙汉文版）。这一时期，除西藏自治区外，各少数民族自治区都相继成立了图书馆学会，促进了民族地区图书馆之间的学术交流及研究。

---

① 包和平：《坚守与超越 关于图书馆学的新思考》，民族出版社2011年版，第161页。
② 乌林西拉：《内蒙古图书馆事业史》，内蒙古大学出版社2009年版，第405页。
③ 乌林西拉：《内蒙古图书馆事业史》，内蒙古大学出版社2009年版，第409页。

第三章　缓慢发展时期的少数民族地区公共图书馆（1983—1991）

　　党的十一届三中全会召开以后，随着新型民族关系的确立，在全国公共图书馆事业发展的带动之下，国家对少数民族地区图书馆事业给予了前所未有的重视，少数民族地区公共图书馆迎来了历史发展的新时期。经过各族人民的共同努力，少数民族地区公共图书馆在这一时期得到进一步的发展，图书馆机构进一步增加，馆藏资源得到丰富，服务方式逐渐多样化，馆员培训与交流得到进一步加强。尽管20世纪80年代我国国民经济发展较快，但由于文化与经济发展之间的滞后性，以及经济过热导致的书价上涨，服务理念的偏差，从20世纪80年代中期到90年代初，我国图书馆事业整体进程较为缓慢。在这样的社会环境下，少数民族地区公共图书馆事业在恢复的基础上有所发展，但从数据分析以及相对整个发展进程来看，发展速度相对缓慢。

第一节　背景分析

一、国家的统一领导

　　党的十一届三中全会召开以后，党中央将开发少数民族地区视为社会主义建设的一项重要战略部署。此时，加强民族地区图书馆建设,为加快民族地区建设做好充足的文献资料储备已成为当务之急。党中央对民族地区文化发展和少数民族地区图书馆发展给予了前所未有的关注。1983 年全国民族地区图书馆座谈会召开之后,1984 年 3 月 9 日,文化部、国家民族事务委员会专门出台了《关于加强和改善少数民族地区图书馆工作的意见》[①](以下简称《意见》),对民族地区图书馆工作提出了 5 点意见。

第一,加强对图书馆事业建设的重视。《意见》针对少数民族地区文化建设中所存在的重视生产建设、忽视图书馆事业等文化建设的现象,为开发少数民族地区提供必要的智力资源,要求各级政府加强对文化建设的重视,将智力开发提到重要议事日程上来[②]。

第二,重视图书馆基础设施的建设。《意见》强调改善有名无实的"形式馆"的馆舍条件,并对新建馆的规模做了具体的规定:"新建馆的规模应根据当地人口考虑。建议人口 50 万以下的,馆舍面积应不低于 1500 平方米;50 万~100 万人口,2000 平方米;100 万以上人口,2500 平方米。一时达不到要求的,尽量做到一次规划、分期建设。对已建成的馆要加强领导,继续给予必要的支持,使其逐步臻于完善,发挥效益。"[③] 这是首次对少数民族地区图书馆馆舍规模建设提出比较确切的建设标准,出发点在于能够尽量满足当地少数民族地区图书馆用户的需求。

第三,藏书和图书流通工作要具有民族特点。在藏书建设方面,要求各民族地区图书馆根据本馆方针任务确定采购原则,对购书经费做出明确规定:"购书经费不低于全年经费的 40%。"[④] 对于图书馆经费比例的规定,为购书经费的持续稳定性提供了保障。同时要求加

---

① 《文化部、国家民委关于加强和改善少数民族地区图书馆工作的意见》,见杨候弟《中华人民共和国民族法规选编》,中国政法大学出版社 1990 年版,第 290~294 页。

② 杨候弟:《中华人民共和国民族法规选编》,中国政法大学出版社 1990 年版,第 291 页。

③ 《文化部、国家民委关于加强和改善少数民族地区图书馆工作的意见》,见杨候弟《中华人民共和国民族法规选编》,中国政法大学出版社 1990 年版,第 291 页。

④ 《文化部、国家民委关于加强和改善少数民族地区图书馆工作的意见》,见杨候弟《中华人民共和国民族法规选编》,中国政法大学出版社 1990 年版,第 292 页。

强对地方文献以及民族古籍文献的收藏①。在图书流通工作方面，要求从少数民族大多居住在山区、高原、牧区和林区的实际情况出发，克服地理上的种种困难，改善流通工作条件，摸索出适合少数民族地区特别的流通形式。对于购书经费、藏书建设以及服务方式的规定，为少数民族地区公共图书馆事业发展起到了积极的导向和保障作用。

第四，加强干部队伍的建设。培养少数民族图书馆专业干部是智力支边的一项重要内容，要求既要提高少数民族专业干部比例，又要提高在职人员的业务水平。主要采取三方面的措施。一是有条件的民族院校、师范院校或其他院校开设图书馆学专业的民族班；二是图书馆学专业院校适当扩大招收边疆和少数民族地区函授生、进修生的比例；三是本地区开办图书馆中等专业学校，一时条件不具备，可先附设在文艺中专内②。此外，兼顾长期的专业班和短期培训班多种途径培养少数民族图书馆人才。对于少数民族地区图书馆干部队伍的规定，体现了多形式、多层次的特点，对于提升我国少数民族地区公共图书馆人才队伍专业水平具有重要意义。

第五，实行对口支援、智力支边。《意见》认为，少数民族地区图书馆事业落后状况的缓解，"一方面得靠图书馆本身积极主动地做好工作，另一方面有赖于各级计划、财政、劳动人事部门在财力、物力、人员配备上的照顾和支持"③。要求各地应根据财政部［83］财事字第436号文件精神，适当增加图书馆事业的基建投资和事业经费，并尽量安排保证支援不发达地区发展基金、边境建设事业费、少数民族地区补助费等专项资金中规定用于文化事业的部分④。积极响应中央关于汉族地区向少数民族地区提供智力、技术、资金的支持，

---

① 《文化部、国家民委关于加强和改善少数民族地区图书馆工作的意见》，见杨候弟《中华人民共和国民族法规选编》，中国政法大学出版社1990年版，第292页。
② 《文化部、国家民委关于加强和改善少数民族地区图书馆工作的意见》，见杨候弟《中华人民共和国民族法规选编》，中国政法大学出版社1990年版，第293页。
③ 《文化部、国家民委关于加强和改善少数民族地区图书馆工作的意见》，见杨候弟《中华人民共和国民族法规选编》，中国政法大学出版社1990年版，第293页。
④ 《文化部、国家民委关于加强和改善少数民族地区图书馆工作的意见》，见杨候弟《中华人民共和国民族法规选编》，中国政法大学出版社1990年版，第293页。

响应对口支援、智力支边的号召，各部门应同心协力，共同促进少数民族地区图书馆事业的发展。

1984年《意见》的出台，加强了国家对少数民族地区图书馆事业的统一领导，增强了各族人民共同开创少数民族地区图书馆事业新局面的凝聚力，从财力、物力、人力上制定具体措施，全面保障民族地区图书馆事业的发展。其中某些具体规定，如对藏书的民族特点、少数民族图书馆人才培养、对口支援政策等对20世纪80年代乃至以后的民族地区公共图书馆发展指明了方向。

二、全国公共图书馆发展的推动

20世纪80年代至90年代初，我国公共图书馆在良好的社会环境中稳步推进，公共图书馆事业规模得到进一步扩大。到1991年年底，全国县级以上公共图书馆已达到2535所，比1978年的1218所增长了1.08倍。藏书约3亿册，工作人员达到42037人，馆舍总面积达到349万平方米[①]。公共图书馆服务开始将疗养的病休人员、残疾人、失足青年等特殊用户群体列为服务对象。一些图书馆还增加了盲文图书、残疾人阅览设备等，开始关注弱势群体的阅读权益。例如，南京图书馆与南京市残疾人联合会于1990年10月联合举办了盲人有声读物阅览室[②]，体现了对读者群体的人文关怀。现代信息技术开始在公共图书馆得到应用，图书馆开始向自动化方向发展。图书馆管理体制不断健全和完善，有效推动了全国图书馆事业网络化、标准化和现代化发展。此外，图书馆学教育和研究以及学术交流亦有很大的发展或改进。

为了促进新时期我国图书馆事业的建设与发展，使图书馆事业发展能够适应社会主义现代化建设和人民群众日益增长的需要，1987年8月8日，中共中央中宣部、文化部、国家教育委员会、中国科学

---

① 《中国图书馆年鉴》编委会：《中国图书馆年鉴（1996）》，北京图书馆出版社1997年版。

② 吴慰慈、鲍振西、刘湘声等：《中国图书馆事业发展历程》，见《中国图书馆年鉴》编委会《中国图书馆年鉴（1996）》，北京图书馆出版社1997年版，第35页。

院联合发出《关于改进和加强图书馆工作的报告》①（以下简称《报告》），对全国图书馆为两个文明建设的任务、整体规划、内部管理、基础设施建设、现代化技术应用、图书馆干部队伍建设以及加强党的领导等方面做出了指示②；并特别强调，"中央对少数民族地区、边疆地区、老根据地和经济落后地区的补助费中，应有一部分用于图书馆事业建设"③。1987年10月，文化部在北京专门召开会议传达了《报告》的指示和精神，出席会议的代表包括来自少数民族地区图书馆的有关负责人和部门代表。该《报告》明确了新时期少数民族地区公共图书馆的工作重点和主要任务，为新时期少数民族地区图书馆事业建设提供了制度保障。

三、自身发展的需要

除了外在的社会政治、文化、全国图书馆事业发展等因素影响之外，20世纪80年代至90年代初，少数民族地区公共图书馆自身也产生了更多的发展诉求，这种发展诉求主要集中表现在三个方面。

第一，少数民族地区加快自身发展的需要。由于少数民族地区多处于自然环境恶劣、交通不便的地区，加之历史、宗教等因素，导致少数民族地区经济发展水平较为落后。少数民族地区图书馆事业的发展程度取决于民族地区经济发展程度，反过来也在一定程度上影响着当地的经济发展。图书馆事业作为文化事业的重要组成部分，对经济发展起着导向功能。"在现实的经济活动中，一定的民族文化意识往往客观为不同的经济原则，这样，以一定的经济生活条件为基础的民族文化意识，反过来又规定了民族共同体内经济活动的秩序，支配着生产力应用的发展方向，使经济活动表现出民族和时代的差异性。"④

---

① 《中共中央宣传部、文化部、国家教委、中国科学院联合发出〈关于改进和加强图书馆工作的报告〉的通知》，载《图书馆杂志》1987年第5期，第3～5页。
② 《中共中央宣传部、文化部、国家教委、中国科学院联合发出〈关于改进和加强图书馆工作的报告〉的通知》，载《图书馆杂志》1987年第5期，第3～5页。
③ 《中共中央宣传部、文化部、国家教委、中国科学院联合发出〈关于改进和加强图书馆工作的报告〉的通知》，载《图书馆杂志》1987年第5期，第3～5页。
④ 陈庆德：《中国少数民族经济开发概论》，民族出版社1994年版，第47页。

根据上述民族经济和文化发展的关联原理，要发展少数民族地区经济，必先要发展少数民族地区文化，以文化激活发展动力。

第二，少数民族地区民众日益增长的信息需求，激发了发展公共图书馆的自觉性。随着改革开放政策的实施，少数民族地区在改革开放的大潮中加快了开发与建设的步伐。一方面，开发少数民族地区，加快少数民族地区经济社会发展，成为国家发展的一项重要战略任务。"兵马未动，粮草先行"，加快少数民族地区的智力开发、技术开发和资源开发，都需要图书馆提供资料准备。另一方面，随着少数民族地区经济的发展，当地民众对信息文化资源的渴望愈加强烈，也在客观上要求发展图书馆事业，以满足民族地区民众的信息需求。

第三，发扬少数民族地区公共图书馆精神。需要特别指出的是，改革开放初期，少数民族地区图书馆人在艰苦的环境下呈现出难能可贵的图书馆精神，体现了民族地区图书馆人的文化自觉。尽管少数民族地区条件十分艰苦，但少数民族地区图书馆人秉持艰苦奋斗的精神，千方百计地为读者提供服务。20世纪80年代初期的新疆乌鲁木齐市图书馆在不足40平方米的3间简陋平房内，为全市各族读者提供服务，通过建立图书资料协作网和图书流通点来增辟图书流动借阅业务①。有些自治县图书馆通过延长开放时间来满足读者需求，坚持基层图书馆服务，有些尚未有馆舍的公社图书室通过自己动手打土坯来盖馆舍②。少数民族地区图书馆工作者在艰苦条件下所体现出来的服务精神和为图书馆事业艰苦奋斗的精神，成为民族地区公共图书馆发展的重要内在推动力。

---

① 一之：《新疆地区图书馆事业调查访问侧记》，载《图书馆学通讯》1983年第1期，第7页。
② 一之：《新疆地区图书馆事业调查访问侧记》，载《图书馆学通讯》1983年第1期，第7页。

第二节　各族人民共同开创事业发展的新局面

一、全国民族地区图书馆调查

为了进一步了解和把握少数民族地区图书馆的总体状况，1982年，由文化部图书馆事业管理局、国家民委文化司、中国图书馆学会联合组成了少数民族地区图书馆调查组，首次对新疆维吾尔自治区图书馆事业进行了考察①。调查组先后访问了乌鲁木齐、昌吉回族自治州、吐鲁番、喀什、克孜勒苏柯尔克孜自治州等共20个区、市、地、州、县的公共图书馆以及高等院校、机关等各种类型图书馆（室）。为了进一步了解情况，还参加了由新疆维吾尔自治区文化厅、图书馆、吐鲁番地区维吾尔族文教部组织等单位共同组织的图书馆座谈会以及新疆图书馆学会组织的学术报告会②。这次调查是中华人民共和国成立以来首次对少数民族地区图书馆事业发展状况的调查，对了解少数民族地区图书馆事业发展现实状况、引起国家对少数民族地区图书馆事业发展的重视具有重要意义。

二、全国少数民族地区图书馆工作座谈会的召开

为了加快少数民族地区图书馆事业建设，国家将民族地区图书馆事业放在文化战略角度进行专门性讨论。经过各方筹划和准备，1983年7月6—12日，全国民族地区图书馆工作座谈会在北京正式举行，来自新疆、内蒙古、宁夏、广西、云南、西藏等13个省、市、自治

---

① 一之：《新疆地区图书馆事业调查访问侧记》，载《图书馆学通讯》1983年第1期，第7页。
② 一之：《新疆地区图书馆事业调查访问侧记》，载《图书馆学通讯》1983年第1期，第6页。

区的18个民族的70余名代表参加了这次会议。会议以"加强民族地区图书馆事业发展，开创民族地区图书馆事业新局面"为主题，对如何以党的民族政策为指导，贯彻国家"六五"计划，积极发展民族地区图书馆事业，以及如何根据民族地区的特点，进一步加强和改进图书馆工作等问题展开了探讨①。

会议期间，原北京图书馆副馆长、中国图书馆学会副理事长丁志刚就少数民族地区图书馆如何发挥特点、加强协作、搞好本地区图书馆工作问题发表了讲话，认为各种类型图书馆都应该为建设"四化"、为两个文明建设共同出力，但要发挥各自的特点，切忌"千人一面"，要从民族地区特点出发，因地制宜地制定藏书建设和服务工作的重点②。时任文化部图书馆事业管理局局长杜克做了题为"加强少数民族地区图书馆事业发展，开创民族地区图书馆新局面"的主题报告③。首先，他对当前图书馆事业发展的形势进行了分析，认为"搞四个现代化建设，搞两个文明建设，离不开图书馆"；其次，要求正视少数民族地区图书馆事业发展所存在的问题，以战略眼光把民族地区图书馆事业与国家的长治久安、"四化"建设紧密联系起来，提高发展民族地区图书馆事业的高度自觉性；最后，从少数民族地区特点出发，加强和改进民族地区图书馆工作。具体内容包括：①藏书要体现民族特色；②因地制宜做好图书流通工作；③要重视民族文献古籍的收集、整理与保存；④要抓紧民族地区图书馆专业干部的培训工作。④ 来自少数民族地区图书馆的工作人员对会议上的热议问题发表了看法，彼此交流了工作经验，并且提出成立专门的民族地区图书

---

① 金珞、江庭梅：《中国少数民族地区图书馆工作座谈会在京举行》，载《图书馆学通讯》1983年第3期，第7页。

② 《全国少数民族地区图书馆工作座谈会开幕》，见中国图书馆学会秘书处《全国少数民族地区图书馆工作座谈会（专辑）》，中国图书馆学会1983年版，第43页。

③ 《文化部图书馆事业管理局局长杜克同志在开幕式上的讲话》，见中国图书馆学会秘书处《全国少数民族地区图书馆工作座谈会（专辑）》，中国图书馆学会1983年版，第1~18页。

④ 《文化部图书馆事业管理局局长杜克同志在开幕式上的讲话》，见中国图书馆学会秘书处《全国少数民族地区图书馆工作座谈会（专辑）》，中国图书馆学会1983年版，第1~18页。

馆研究组，以加强彼此的协作与交流的设想与建议。

少数民族地区图书馆事业的发展得到国家领导人的热切关注。会议结束当天下午，与会少数民族图书馆代表受到时任中央政治局委员习仲勋，中央书记处书记、中宣部部长邓力群，全国政协副主席、中央统战部部长、国家民委主任杨静仁，全国政协副主席、全国科协主席周培源以及文化部部长朱穆之等党和国家领导人的亲切接见，并进行了合影留念，体现了党和政府对民族地区图书馆事业的高度重视。①

总之，1983年全国少数民族地区图书馆工作座谈会是中华人民共和国成立以来关于少数民族地区图书馆事业发展的第一次全国性的专门会议，对少数民族地区图书馆事业发展产生了深远的影响。此次会议加强了国家对少数民族地区图书馆事业的重视与统一领导，加强了少数民族地区图书馆彼此之间的相互交流，充分调动了少数民族和汉族图书馆工作者共同建设少数民族地区图书馆事业的积极性与主动性，标志着我国少数民族地区图书馆事业发展开始步入历史新纪元。

三、对口支援

对口支援是一项具有中国特色政治制度的重要政策，体现了社会主义制度的优越性。对口支援政策实施的根源在于我国经济、文化发展的地域不平衡，即东部地区和西部地区发展所存在的巨大差距，其本质是"共同富裕"目标的要求。少数民族地区与非少数民族地区的发展存在差异，而这种差异性与我国一直以来所追求的"共同富裕"背道而驰。实现共同富裕是社会主义的本质特征，也是对口支援的根本价值支撑②。1979年4月，原中央统战部部长乌兰夫在召开的全国边防工作会议上，首次提出国家要组织内地经济相对发达的

---

① 和建开、宝音扎力根、叶鲁拜、李久琦：《全国少数民族地区图书馆工作座谈会在京举行中央领导同志接见了全体代表》，载《图书情报工作》1983年第5期，第10页。

② 何国莲、鲜鹏：《关于东西部图书馆开展对口支援工作的政策建议》，载《山东图书馆学刊》2011年第5期，第57～59页。

省、市对口支援边境地区和少数民族地区发展①。同年,党中央确定,北京支援内蒙古,河北支援贵州,江苏支援广西、新疆,山东支援青海,天津支援甘肃,上海支援云南、宁夏,全国支援西藏②。这是中华人民共和国成立以来国家首次提出由经济发达省区对发展滞后的少数民族地区的支援,表明了党和政府改变少数民族地区落后面貌的决心。为了进一步加强经济发达省、市同少数民族地区的对口支援,1982年,在宁夏银川召开了全国第一次对口支援和经济技术协作座谈会,对实施对口支援以来的工作进行了总结,在分析所存在问题的基础上,提出了进一步实施对口支援的具体措施③。按照对口支援指示的要求,经济发达省、市对少数民族地区图书馆建设也进行了相关的援助。1984年6月,国家民委、文化部在天津召开会议,决定由北京、天津、上海、南京、西安等5市开展为民族地区捐赠图书活动,与西藏、内蒙古、新疆、广西、宁夏5个自治区中尚无图书馆的263个县(旗)建立对口支援关系,并成立了中央捐赠图书领导小组和对应的地方领导小组,指导经济发达地区向贫困的少数民族地区图书馆进行援建④。通过经济发达地区对经济欠发达的少数民族地区图书馆的支援与帮扶,增强了少数民族地区图书馆发展的后劲与动力,加快了少数民族地区图书馆事业发展的步伐。

以上表明,在各族图书馆工作者的共同努力下,少数民族地区公共图书馆事业在共同开创中得以发展。虽然少数民族地区图书馆事业建设充满艰辛,但从一开始就已经凝聚了各族致力于少数民族地区图书馆工作者的智慧和心血,是各族人民共同努力的结果。

---

① 国家民委政策研究室:《国家民委民族政策文件选编(1979—1984)》,中央民族出版社1988年版,第242页。

② 夏广鸣:《跨越八十年代、面向九十年代的对口支援与经济技术协作》,载《民族研究》1992年第1期,第45~51页。

③ 引自《国务院批转关于经济发达省、市同少数民族地区对口支援和经济技术协作工作座谈会纪要的通知》,2016年10月1日,见中华人民共和国国家民族事务委员会网(http://www.seac.gov.cn/art/2011/1/19/art_59_108300.html)。

④ 李久琦:《民族图书馆事业的现状、特色与展望》,见辛希孟《中国图书情报工作文库(第5卷)》,中央编译出版社1996年版,第5876页。

第三节 发展成就

在党中央和各级政府的关怀重视下，在全国各地尤其是经济发达地区对少数民族的支援下，经过各族人民的共同努力，少数民族地区公共图书馆事业在原有基础上有了进一步的发展，主要表现在以下6个方面。

一、基础设施建设

图书馆基础设施是图书馆最基本的物质基础，为图书馆各项活动的开展提供了必不可少的物质条件。图书馆基础设施建设水平依赖于资金的投入和经费的支撑力度。因此，公共图书馆基础设施建设能力也是国家与地区经济发展水平的重要衡量指标。随着经济形势的好转，在有利的政策环境下，1983年至1991年，少数民族地区公共图书馆基础设施建设有了一定幅度的增长（见表3-1）。其中，1983年全国民族地区公共图书馆机构数量为407个，1991年发展为561个，增长了37.83%。尤其是从1983年到1984年，全国少数民族地区公共图书馆机构数量在一年间增长了62所，年增长率为15.23%，远高于这一时期其他年份的增长率。这也间接表明了1983年全国民族地区图书馆座谈会的召开引起了全国范围内对少数民族地区公共图书馆建设普遍关注，兴起了少数民族地区图书馆建设的高潮。

表3-1　1983—1991年全国少数民族地区公共图书馆机构数量

年份	1983	1984	1985	1986	1987	1988	1989	1990	1991
数量（个）	407	469	494	533	547	549	551	556	561
增长率（%）	—	15.23	5.33	7.89	2.63	0.37	0.3	0.91	0.90

数据来源：根据《中国民族统计年鉴（2013）》相关数据整理。

具体来讲，少数民族地区共图书馆机构数量增长主要源于以下原因。

（1）党的十一届三中全会的召开，扭转了较为动荡的社会局面，现代化建设目标的确立，激发了各族人民投身社会主义现代化建设的活力，新型民族关系的确立以及新时期党中央对少数民族地区经济社会发展的重视，为少数民族地区公共图书馆建设营造了良好的社会环境和氛围。新型民族关系的确立，在"共同努力奋斗，共同繁荣发展"的民族政策指导下，为加快少数民族地区图书馆事业发展奠定了思想基础和行动纲领。

（2）少数民族地区社会经济的发展为少数民族地区公共图书馆建设提供了坚实的物质基础。各项生产建设的恢复，拉动了地区经济的增长，为增加图书馆经费提供了可能性。少数民族地区各级地方政府也逐渐将图书馆建设纳入当地重要工程项目当中，并逐步增加了对图书馆事业建设的经费投入比例。据不完全统计，1980至1990年的10年间，广西壮族自治区各级地方政府在图书馆基础设施建设的投入达到4792.7万元①，灵山、田东、邕宁、贺县、阳朔、玉林等61个县、市先后建起结构合理、具有民族特色风格的新馆舍，全区县级馆建筑面积达到1059平方米，一改过去有的县馆有牌无舍、租用旅社、占用庙堂等不良的现象②。广西壮族自治区政府共拨款1478万元，投资建成广西图书馆和广西桂林图书馆新馆舍，这两馆共占地面积3.55万平方米，并配备有较为先进的设备，成为具有综合功能的现代公共图书馆③。内蒙古自治区图书馆事业经费也呈现出逐年稳定增长的趋势，1979年内蒙古自治区公共图书馆事业总经费为84.7万元，1980年旗、县以上公共图书馆共计55个，年度总经费为115.1

---

① 麦群忠：《改革开放二十年：广西公共图书馆事业回顾与展望》，载《图书馆界》1998年第4期，第52页。

② 麦群忠：《改革开放二十年：广西公共图书馆事业回顾与展望》，载《图书馆界》1998年第4期，第52页。

③ 麦群忠：《改革开放二十年：广西公共图书馆事业回顾与展望》，载《图书馆界》1998年第4期，第52页。

万元，1983 年公共图书馆 74 个，年度总经费为 181.8 万元，1985 年公共图书馆 94 个，年度总经费为 370.1 万元①。

（3）国家加强了对少数民族地区图书馆事业的重视。1983 年，在全国范围内首次召开了少数民族地区图书馆工作座谈会，从国家层面上集中探讨了少数民族地区图书馆的建设与发展问题，在全国范围内引起了对少数民族地区公共图书馆建设事业的重视。1984 年，国家发布了《关于加强和改善少数民族地区图书馆工作的意见》②，这些国家政策的实施体现了改革开放以来国家对少数民族地区图书馆事业发展前所未有的重视与统一领导。

（4）国家财政适当增加了对公共图书馆事业的经费投入，并保证增加对支援不发达地区发展基金、边境建设事业费、少数民族地区补助费等项资金中规定用于文化事业中图书馆事业的部分。

1986 年随后的几年时间里，随着我国社会经济持续过热，物价上涨，少数民族地区公共图书馆机构数量增长总体趋于缓慢，尤其是 1986 年到 1989 年增长率逐年下降。1989 年至 1991 年，随着国家对社会经济的治理整顿③，经济增长趋于稳定，国家用于图书馆事业建设和民族地区经济文化建设的投入资金有所增加，少数民族地区公共图书馆数量增长趋于稳定，尚未出现显著提升。

二、文献资源建设

在 1983 年召开的全国少数民族地区图书馆工作座谈会上，与会人员对少数民族地区公共图书馆文献资源建设工作进行了交流和探讨。少数民族地区公共图书馆将文献资源建设作为重中之重，将少数民族文献、地方文献和民族古籍文献的收藏确定为藏书工作的重点，通过采购、征集、交换、受赠等多种方式不断补充馆藏资源，不断满

---

① 乌林西拉：《内蒙古图书馆事业史》，内蒙古大学出版社 2009 年版，第 104 页。
② 《文化部、国家民委关于加强和改善少数民族地区图书馆工作的意见》，见杨候弟《中华人民共和国民族法规选编》，中国政法大学出版社 1990 年版，第 290～294 页。
③ 孟建华：《中国现代货币流通理论与实践》，中国金融出版社 2010 年版，第 442～443 页。

足少数民族地区社会经济文化发展对文献资源的需求。还必须指出的是，20世纪80年代，随着计算机信息技术开始在我国图书馆领域的借鉴与应用，一定程度上变革了藏书工作的方式与内容，传统藏书向文献资源建设悄然转变。

1. 馆藏文献资源总量变化分析

这一时期，少数民族地区公共图书馆馆藏总量均有所增加（见表3-2）。截至1991年，内蒙古自治区公共图书馆总藏量为581万册（件），比1979年的401万册（件）增长了0.45倍；广西壮族自治区总藏量为1161万册（件），比1979年的581万册（件）增长了约1倍；宁夏回族自治区总藏量为342万册（件），比1979年的156万册（件）增长了0.99倍；新疆维吾尔自治区总藏量为579万册（件），比1979年的107万册（件）增长了3.11倍。其中，新疆维吾尔自治区公共图书馆馆藏总量增幅远高于其他4个少数民族自治区，西藏自治区图书馆发展进入起步阶段，但馆藏总量相对不足，且增长较为缓慢，仍是全国图书馆馆藏总量最少的地区。这表明，少数民族地区公共图书馆由于地方政府重视程度的不同、各地方经济发展水平差异以及对图书馆事业经费投入的不同，呈现出明显的地域差异性。

表3-2　1979—1991年主要少数民族地区公共图书馆总藏量　[单位：万册（件）]

年份 地区	1979	1980	1985	1986	1987	1988	1989	1990	1991
内蒙古	401	367	482	481	504	521	534	550	581
广西	581	644	935	969	1014	1053	1073	1102	1161
西藏	—	17	46	52	52	59	57	54	46
宁夏	156	185	300	312	293	321	349	328	342
新疆	107	147	321	331	380	387	384	412	440

数据来源：根据《中国民族统计年鉴（2013）》相关统计数据整理。

2. 馆藏文献资源建设的内容

这一时期，少数民族地区公共图书馆馆藏资源建设延续主要收集少数民族文献和地方文献的传统，逐渐形成了独具民族特色和地方特色的文献资源体系。根据《关于加强和改善少数民族地区图书馆工作的意见》（1984）的指导精神，少数民族地区图书馆在馆藏建设中更加强调对民族文献与地方文献的收集与保存。1986年，内蒙古自治区文化厅和财政厅颁布了《关于加强与改进我区公共图书馆工作的意见》，强调民族文献资料收藏的重要性，对各级公共图书馆收藏民族文献做出了相关指示：各级公共图书馆设立专门机构、专人、专款对民族文献进行收藏。内蒙古图书馆加强了对蒙古文文献的收集，到1985年已达5万册；鄂尔多斯市图书馆拥有各种地方文献、民族文献上万册（件），相关报纸13种，杂志34种，并加强了对全国蒙文出版物的订购；呼伦贝尔盟图书馆设立专门的蒙文部对蒙文文献进行管理，并在特藏部设立关于地方文献、民族文献尤其是所辖少数民族自治旗文献资料的专藏①。宁夏回族自治区图书馆在民族文献收藏方面特别注重有关宁夏地方文献资料，回族、伊斯兰教文献，西夏文献以及阿拉伯国家文献的收集与整理，编印了《宁夏地方志存佚目录》（附《西夏文献资料存佚目录》），并于1988年编辑出版了《宁夏文化史料》《宁夏经济史料》等地方文献出版物②。

3. 少数民族古籍保护

党的十一届三中全会以后，社会政治局势稳定，为了实现少数民族与汉族在文化地位上的平等，党中央、国务院将少数民族古籍提高到前所未有的高度上来，并对少数民族古籍工作做了明确指示。1984年，国务院转发了《国家民委关于抢救、整理少数民族古籍的请示》，并指出："各图书馆和收藏单位，对现有和已征集到的民族古

---

① 乌林西拉：《内蒙古图书馆事业史》，内蒙古大学出版社2009年版，第106页。
② 杜克：《当代中国的图书馆事业》，国家图书馆出版社2013年版，第152～153页。

籍,要加强保管。"① 该指示强调了图书馆收集和保管少数民族古籍的义务与责任。1984 年,文化部、国家民委在发布的《关于加强和改善少数民族地区图书馆工作的意见》中对民族地区图书馆提出民族文献古籍保护的要求:"应特别重视民族文献古籍的收集、整理和保存,全力协助民委搞好民族古籍整理工作。"② 从国家宏观的角度对少数民族地区图书馆的民族古籍整理工作做出重要指示,进一步明确并强调了少数民族地区图书馆整理民族古籍的责任与使命。

少数民族地区各级公共图书馆按照古籍保护要求,从本馆和所处地区的实际出发,通过各种途径和方式着手对古籍进行了抢救与保护。1986 年 6 月,全国首次少数民族古籍整理出版规划会议正式召开,将"搜集""抢救"视为古籍保护的重点工作③。少数民族地区公共图书馆以"救书"为己任,积极投入到少数民族古籍的搜救、整理工作当中。为了全面呈现图书馆所藏的古籍文献状况,便于读者和研究者查阅,图书馆对所藏古籍进行整理,编制了相应的古籍目录。20 世纪 80 年代,新疆维吾尔自治区图书馆在对全区古籍进行普查以及对重点图书馆善本进行鉴定的基础上,编制了《本馆善本简目》《新疆善本书目》,还编制了维吾尔文普通图书著录标准。广西壮族自治区图书馆编制了《馆藏太平天国书目》《馆藏地方资料索引》等④。1984 年 5 月,内蒙古图书馆利用缩微技术将珍贵馆藏《甘珠尔》与《丹珠尔》全部复制成缩微胶卷,利用新技术使原版文献得以长久保存⑤。

---

① 《国务院办公厅转发国家民委关于抢救、整理少数民族古籍的请示的通知》,见杨候弟《中华人民共和国民族法规选编》,中国政法大学出版社 1990 年版,第 277 页。
② 杨候弟、黄凤祥、谭伟:《新时期民族工作概览》,华文出版社 1993 年版,第 504 页。
③ 张公瑾、黄建明主编;中央民族大学少数民族古籍研究所:《中国民族古籍研究 60 年》,中央民族大学出版社 2010 年版,第 91 页。
④ 吴晞:《文献资源建设与图书馆藏书工作手册》,书目文献出版社 1993 年版,第 263 页。
⑤ 杜克:《当代中国的图书馆事业》,当代中国出版社 1995 年版,第 153 页。

三、图书馆服务

1. 服务主题

为了满足国家经济发展的需要，实现党在新时期的总任务、总目标，这一时期图书馆的服务主题围绕"为经济建设"和"两个文明建设"而展开。1987 年，国家发布的《关于改进和加强图书馆工作的报告》明确提出："要进一步发挥图书馆为两个文明建设服务的重要作用。"[①] 为了更好地服务于民族地区的生产和经济建设，少数民族地区公共图书馆将提供与生产和经济建设有关的文献资料视为己任。在为当地生产服务方面，新疆图书馆编制了《新疆主要农作物病虫害资料索引》《馆藏农业书目》[②]。广西壮族自治区图书馆编制了《广西自然灾害史料》《广西气候史料》《馆藏种植、养殖图书目录》《馆藏经济作物图书目录》等，另外编制了《水稻栽培》《农药使用》《环境保护》《亚热带水果栽培技术》等文摘[③]。在为科研服务方面，一些图书馆有重点地编制了《科技信息》《科技小报》等，向科技工作者开放专门的科技阅览室，甚至有些图书馆成立了专门的科技部门，如广西壮族自治区图书馆和内蒙古自治区图书馆还设立了专门的科技部。

2. 服务理念

这一时期，图书馆服务理念发生了新的转变。一方面，在思想上进一步厘清了图书馆与读者的关系，明确了服务意识。提出"读者是图书馆的主人""读者第一、服务至上"等口号，认为图书馆应该为纳税者服务[④]。另一方面，开始由被动服务向主动服务转变。"为人找书，为书找人"，深入社会基层，为社会各阶层服务，主动送书到少数民族边远山村。例如，内蒙古开鲁县为了解当地民族地区读者的阅读需求，深入基层进行调查研究，1987 年，由 10 个图书馆室联

---

① 《关于改进和加强图书馆工作的报告的通知》，载《图书馆杂志》1987 年第 5 期，第 3 页。
② 杜克：《当代中国的图书馆事业》，当代中国出版社 1995 年版，第 155 页。
③ 杜克：《当代中国的图书馆事业》，当代中国出版社 1995 年版，第 158 页。
④ 袁明伦：《现代图书馆服务》，四川大学出版社 2013 年版，第 7 页。

合成立了图书情报"为星火计划服务协调委员会",会员馆对所服务范围内的读者进行调查走访,设立读者和用户档案,并建立图书室和重点读者的联系户制度①。

3. 服务方式

20世纪80年代,照相、录像、缩微、复印和声像等现代技术设备在一些大型民族地区公共图书馆开始得到使用,这些设备改进了图书馆的服务方式,拓展了图书馆服务范围。广西壮族自治区图书馆在20世纪80年代率先引进了视听设备,设立了视听室,吸引了大批读者。1958年到1986年底,视听室共接待读者10余万人次,播放录像节目800余场,承办学术报告会150余场②。此外,还利用视听设备录制了广西少数民族风情录像资料近百盒。

4. 服务成效

这一时期,少数民族地区公共图书馆为所在民族地区的经济建设提供了智力支撑,在民族地区有效地普及了科学文化知识,一定程度上满足了当地少数民族地区各族群众精神文化需求,取得了良好的成效,表现在公共图书馆流通人次逐年增加上(见表3-3、表3-4)。

表3-3 按年份少数民族自治区公共图书馆总流通人次(单位:万人次)

年份 地区	1979	1980	1985	1986	1987	1988	1989	1990	1991
全国	7787	9045	11614	11722	11589	11571	11900	12435	20496
内蒙古	139	195	190	188	216	203	217	179	257
广西	320	239	452	441	445	450	459	461	620
西藏	-	-	3	3	3	3	3	5	5
宁夏	40	38	101	154	111	116	129	131	149
新疆	28	38	76	71	98	82	90	105	160

数据来源:根据《中国图书馆年鉴(1996)》相关统计数据整理。

---

① 王才:《关于民族地区基层图书馆为本地区经济文化建设服务的思考》,载《图书馆理论与实践》1990年第2期,第54~56页。
② 杜克:《当代中国的图书馆事业》,当代中国出版社1995年版,第159页。

表3-4　按年份少数民族自治区公共图书馆总流通人次增长率（%）

年份 地区	1979	1980	1985	1986	1987	1988	1989	1990	1991
内蒙古	-	0.40	-0.03	-0.01	0.15	-0.06	0.07	-0.17	0.43
广西	-	-0.34	0.89	-0.02	0.01	0.01	0.02	0.00	0.34
西藏	-	-	-	0	0	0	0	0.67	0
宁夏	-	-0.05	1.66	0.52	-0.28	0.05	0.11	0.02	0.14
新疆	-	0.36	0.50	0.07	0.38	-0.16	0.10	0.17	0.34

　　总流通人次是图书馆服务的核心测量指标，也是衡量图书馆服务效能的重要指标，反映了图书馆对读者的吸引力大小。表3-3显示了1979—1991年少数民族自治区公共图书馆总流通人次情况；表3-4显示了1979—1991年少数民族自治区公共图书馆总流通人次增长率情况。由统计数据得知，截至1991年，内蒙古自治区公共图书馆总流通人次为257万人次，相较1979年总体增长了84.9%，广西总体增长了93.8%，西藏增长了66.7%，宁夏增长了2.72倍，可见，少数民族自治区公共图书馆总流通人次总体上都有了较大的增长，从侧面反映了少数民族地区公共图书馆服务水平有所提升，图书馆对公众的吸引力有所增强。但同时也应注意到，某些年份民族自治区公共图书馆总流通人次呈现出下降的趋势，如内蒙古自治区1985年、1986年、1988年、1990年均出现了负增长，广西壮族自治区也在1980年、1986年出现了负增长。根据当时的社会经济、文化等现实因素分析，造成这种现象主要源于两方面原因：一是图书馆经费不足，书价不断上涨，社会整体上对图书馆持较为冷漠的态度；二是20世纪80年代兴起的"有偿服务"有悖于公共图书馆公开、免费的本质要求，在一定程度上损害了读者的利益，造成图书馆对民众的吸引力不高。由此说明，公共图书馆理念是制约少数民族地区公共图书馆服务效能提升的重要因素。

四、图书馆管理

进入20世纪80年代，少数民族地区公共图书馆认真贯彻执行党和国家的改革方针政策，在管理体制上不断进行探索。按照1982年文化部颁发的《省（自治区、市）图书馆工作条例》的有关指导精神，少数民族地区公共图书馆对管理体制进行了改革。1982年6月，宁夏回族自治区图书馆制定了《宁夏回族自治区图书馆组织机构条例》，确定了图书馆实行党支部领导下的馆长负责制，并对图书馆机构设置进行了调整[①]。为了进一步加强对图书馆工作和组织机构的管理，并于1983年制订两项草案：《宁夏回族自治区图书馆工作条例（草案）》与《宁夏图书馆组织机构条例（草案）》。这两个草案提出了组织机构设置方案，对各部门的职责进行了进一步明确，对各项业务工作及人员素质提出具体要求[②]。在图书馆行政管理机制上，1984年制订了《宁夏图书馆馆级干部岗位责任制（试行草案）》，1984年12月制订了《宁夏图书馆改革方案》，并于1986年进行了重新修订，1987年2月7日确立了《宁夏图书馆馆长办公会议制度》，明确了馆长办公会议拥有最高决策权[③]。随着改革的不断深入与条件的成熟，1988年8月，经宁夏回族自治区文化厅批准，宁夏图书馆正式开始实行馆长负责制[④]。

五、自动化探索

20世纪80年代，随着微型计算机技术的引进，自动化技术逐渐应用于图书馆管理领域。计算机技术在图书馆领域的最初应用是对文

---

① 丁力、张欣毅、王岗：《宁夏图书馆50年发展回眸》（上），载《图书馆理论与实践》2009年第2期，第94页。
② 丁力、张欣毅、王岗：《宁夏图书馆50年发展回眸》（上），载《图书馆理论与实践》2009年第2期，第94页。
③ 丁力、张欣毅、王岗：《宁夏图书馆50年发展回眸》（上），载《图书馆理论与实践》2009年第2期，第94页。
④ 丁力、张欣毅、王岗：《宁夏图书馆50年发展回眸》（上），载《图书馆理论与实践》2009年第2期，第94页。

献编目的自动化处理，以实现机读目录标准化处理。一些经济、技术条件较为良好的民族地区公共图书馆率先对计算机技术的应用进行了探索和尝试。图书馆自动化建设方面在应用现代信息技术实现自动化探索方面，内蒙古图书馆走在少数民族地区图书馆的前列。早在1984年，文化部图书馆事业管理局召开图书馆工作现代化会议，内蒙古自治区图书馆便把研制蒙文文献计算机管理系统列入议事日程，与内蒙古电子计算中心开展合作，着手研制蒙文目录自动化管理系统①。在双方共同努力之下，1985年，微机蒙文图书目录管理系统得到成功研发，并于1986年7月11日通过了国家技术鉴定。所研发的蒙文图书目录管理系统著录项目齐全，采用标准化著录格式，具有较强的通用性和多种功能，改变了传统手工编目的工作方式。在图书馆自动化方面，国内外研发成功的多以西文、汉文系统为主，以计算机技术实现少数民族语言文字图书文献管理和服务的自动化方面在当时尚属空缺②。该系统的研发为实现图书馆蒙文文献管理和服务自动化迈出了成功的第一步，填补了国内少数民族文献自动化管理系统开发的空白。

六、馆员培训与交流

1. 馆员培训

少数民族地区公共图书馆的不断发展迫切需要大量的图书馆人才投入到事业建设中来。在全国图书馆学教育的影响和推动下，少数民族地区展开了对图书馆馆员的培训与教育，以适应新时期图书馆事业发展的需要。总体来讲，这一时期少数民族地区馆员培训与交流主要呈现出6个特点。

第一，尊重民族语言，用民族语言进行授课。1981年，内蒙古图书馆举办了首届蒙语授课牧区旗县图书馆工作人员训练班，共招收

---

① 佚名：《蒙文文献计算机管理研制工作进展顺利》，载《中国图书馆年鉴》1996年，第78页。

② 田怀烈：《微机蒙文图书目录管理系统》，载《图书馆学通讯》1987年第2期，第12页。

学员45人，用蒙语讲授图书馆学专业课程。1985年，举办了蒙语授课第二期全区图书馆业务干部培训班，学员50多人。1987年，又举办了内蒙古图书馆专业人员首届助理馆员蒙文业务培训班，学员63人，为内蒙古自治区图书馆事业发展培养了一批通晓图书馆学基础理论知识的少数民族地区图书馆工作者①。

第二，根据民族语言的文字特殊性，编写民族语言图书馆学教材。1983年，内蒙古自治区图书馆创办了蒙文专业期刊《内蒙古图书馆工作》（蒙文版）。1984年，内蒙古大学图书馆和内蒙古民族师范学院图书馆合作编译了《图书馆专业基本科学纲要》（《图书馆工作与研究》1983年增刊），油印发行。1985年3月，内蒙古图书馆研究辅导部编译并铅印出版了蒙古文《旗（县）图书馆工作讲义》等。1988年5月，内蒙古自治区文化厅委托内蒙古大学创办了蒙语授课图书情报学专修科，进一步培养用蒙古语从事图书情报工作的专门人才。经过积极筹备，内蒙古大学于1988年9月举办了内蒙古自治区首届计划外蒙语授课图书情报学专修科，经过严格入学考试，择优录取87名学员，其中蒙古族83人，达斡尔族3人，鄂温克族1人，学员遍布内蒙古自治区11个盟（市）和新疆白音高勒蒙古族自治州，主要集中在36个边境牧区旗（市）②。这是我国首次用民族语言开展的正式图书馆学教育，具有开创少数民族语言培养图书馆专业人才先河之历史意义。

第三，联合办学，培养少数民族地区图书馆人才。鉴于少数民族地区图书馆学教育师资力量薄弱的现状，为了尽快改变图书馆事业专业人才短缺的状况，以适应少数民族地区图书馆事业发展的紧迫需要，少数民族地区采取了联合办学的形式，加大了对图书馆人才的培养力度。1978年，内蒙古自治区图书馆与内蒙古大学、内蒙古师范

---

① 乌林西拉：《采用多种形式办学，大力培养民族地区图书情报事业专门人才——关于内蒙古图书馆学情报学教育情况的报告》，见包和平、李晓秋《中国少数民族图书馆研究》，吉林省图书馆学会1992年版，第92页。

② 乌林西拉：《多种形式办学，培养民族地区专业人才——关于内蒙古图书馆学情报学教育情况的报告》，载《图书与情报》1990年第2期，第60～64页。

学院、内蒙古农牧学院、内蒙古林学院、内蒙古医学院、内蒙古党校6所院校开展联合办学，将内蒙古各高校的专业师资力量与办学优势集中起来，成立了专门的图书馆学专修科，对图书馆学人才进行培养①。首届择优录取了118名应届高考学生作为图书馆学专修科学员，其中蒙古族及其他少数民族学员占到总学员人数的三分之一②。

第四，加强对图书馆员进行民族文献知识的教育，使之具备扎实、广博而精深的民族文献组织能力。在图书馆学教育培训过程中，不但强调图书馆员对图书馆学知识的学习，并让他们有针对性地学习民族文献知识。例如，1985年内蒙古大学图书情报专修班也开设了蒙古学、民族地方文献、民族古籍整理等具有民族特色的课程③。

第五，国家通过开办进修班、专修班等多种形式加强对少数民族地区图书馆人才的培养。1985年4月，在北京举办了首届全国民族地区图书馆馆长进修班，由文化部图书馆司、国家民委文宣司、中国图书馆学会负责人及有关专家学者负责对少数民族地区图书馆领导干部进行了授课，所讲授的内容包括民族政策、图书馆学专业知识、图书馆界发展动态等，并通过参观北京图书馆、北京大学图书馆等，使少数民族地区图书馆学员开阔了眼界④。同年9月，文化部图书馆事业管理局、民族文化司拨专款15万元，委托北京师范大学图书馆学系举办少数民族地区图书馆干部专修班，参加学习的有来自西藏、新疆、内蒙古、宁夏、广西、青海、四川、云南、贵州、广东、湖南、湖北、吉林等13个省、自治区的45个图书馆，包括藏族、维吾尔族、哈萨克族、蒙古族、回族、壮族、满族、朝鲜族、土家族、苗族、么佬族、侗族、布依族、黎族、纳西族、白族等16个少数民族，

---

① 乌林西拉：《多种形式办学，培养民族地区专业人才——关于内蒙古图书馆学情报学教育情况的报告》，载《图书与情报》1990年第2期，第60～64页。
② 乌林西拉《多种形式办学，培养民族地区专业人才——关于内蒙古图书馆学情报学教育情况的报告》，载《图书与情报》1990年第2期，第60～64页。
③ 包和平：《发展少数民族地区图书馆事业，必须加强人才队伍建设》，见包和平、李晓秋《中国少数民族图书馆研究》，吉林省图书馆学会1992年版，第90页。
④ 李久琦：《我国的少数民族图书馆事业》，载《中国图书馆学报》1989年第3期，第49～51页。

共计学员 51 名①。以上表明了国家对少数民族地区图书馆人才培养的重视。经过系统培训，提高了少数民族地区图书馆工作人员的专业技术水平，为少数民族地区图书馆事业的发展培养了一批骨干力量，对于促进少数民族地区图书馆事业发展和管理水平发挥了十分重要的作用。

第六，其他地区对少数民族地区馆员的教育援助。这一时期，非少数民族地区图书馆学教育机构对少数民族地区图书馆人才培养实施了援助。20 世纪 80 年代初，北京大学在宁夏回族自治区图书馆设立了图书馆学专修科函授辅导站，为宁夏回族自治区图书馆事业的发展培养了一批专业人才。这种形式的培养方式也进一步增强了少数民族地区图书馆人才自我培养能力。从 1985 年起，宁夏回族自治区图书馆开始负责中央广播电视大学图书馆专业教学班以及银川市中等职业学校图书发行专业的教学任务和辅导工作②。这种有效的补充形式，进一步提高了少数民族图书馆员的服务能力和业务水平。

在各族人民共同努力下，少数民族地区图书馆人才队伍日益强大，共同组建了一支结构较为合理、多元民族成分的图书馆建设队伍，为民族地区图书馆事业的发展提供了所需的智力资源。截至 1989 年，少数民族地区图书馆职工总人数达到 6507 人，比 1981 年增加了 3654 人，是 1981 年的 2 倍之多。这些图书馆工作人员中有 58% 来自 37 个少数民族，男女比例为 3∶5，大专文化程度占 27%，中专学历占 16%，中学水平占 57%。内蒙古、广西、宁夏、新疆 4 个自治区工作人员共计 499 人，来自满族、朝鲜族、蒙古族、壮族、回族、维吾尔族等少数民族的有 133 人，占 27%③；其中，高级职称 26 人，占 5.2%；中级职称 85 人，占 17%；初级职称 209 人，占 41.9%，中国图书馆学会会员 181 人，占 36.3%。截至 1990 年，广

---

① 才旦卓嘎、卢晓华、包和平等：《当代中国民族图书馆事业的发展》，载《图书馆学研究》1996 年第 2 期，第 29～32 页。

② 杜克：《当代中国的图书馆事业》，当代中国出版社 1995 年版，第 162 页。

③ 李久琦：《我国的少数民族图书馆事业》，载《图书馆学通讯》1989 年第 3 期，第 49～51 页。

西壮族自治区公共图书馆系统共有职工 1204 人，拥有大专以上文化程度的已占 30%，中专以上占 48.5%，其中图书馆学专业占 19%，均比 1979 年增加 2 倍以上，其中高级职称 26 人，中级职称 240 人，初级职称 357 人①。少数民族地区公共图书馆人员专业化水平不断提高，职称比例日益趋于合理，他们在艰苦的条件下为少数民族地区图书馆事业建设做出了可贵的贡献。

2. 学术研究与对外交流

为加强对少数民族地区图书馆事业的学术研究与相互交流，1984 年 2 月，中国图书馆学会学术工作委员会成立了少数民族地区图书馆研究组，成员包括内蒙古、新疆、广西、宁夏、西藏自治区，以及北京、云南、四川等省、市学会负责人，这些成员包括汉族、蒙古族、哈萨克族、藏族、羌族等，形成了一支具有广泛少数民族代表的学术组织②。少数民族地区图书馆研究组的成立，为少数民族地区图书馆搭建了学术研究和交流的平台，在中国图书馆学会的统一组织下，与民族地区各地方图书馆学会紧密合作，积极召开学术研讨会。1985 年 8 月与新疆维吾尔自治区图书馆学会在乌鲁木齐联合召开第二次全国少数民族地区图书馆工作研讨会，共有 102 位少数民族地区图书馆代表参加；1990 年 4 月在云南大理白族自治州召开了第三次会议，共有 167 位少数民族地区图书馆代表参加③。少数民族地区图书馆学术研讨会的召开，加强了各民族地区图书馆工作的交流与联系，提升了少数民族地区图书馆学术科研能力。

此外，新疆维吾尔自治区图书馆学会与新疆图书馆联合创办了新疆唯一的图书馆学专业期刊——《新疆图书馆》，用维吾尔文和汉文两种文字出版，并采用维吾尔语、哈萨克语进行图书馆业务培训，于

---

① 麦群忠：《改革开放二十年：广西公共图书馆事业回顾与展望》，载《图书馆界》1998 年第 4 期，第 53 页。
② 李久琦：《学会是连接各民族同仁的纽带——祝贺中国图书馆学会民族图书馆委员会成立》，载《中国图书馆学报》1996 年第 5 期，第 29 页。
③ 李久琦：《学会是连接各民族同仁的纽带——祝贺中国图书馆学会民族图书馆委员会成立》，载《中国图书馆学报》1996 年第 5 期，第 29 页。

1983年翻译出版了维吾尔文《中国图书馆图书分类法》（简本）；1985年用维吾尔文译印了广西人民出版进修教材编委会编的《图书馆工作概论》《图书分类》《图书馆藏书》《读者服务工作》4种教材①。为了适应图书馆少数民族语文文献业务的发展，新疆图书馆在1985年办了10期学习班，培训图书馆专业干部321人，其中少数民族学员61人，占19%；1986年办了7期学习班，共培训图书馆专业干部239人，其中少数民族学员125人，占52.3%②。

随着全国图书馆对外交流的增多，少数民族地区图书馆有了更多走出去的机会。内蒙古图书馆经常保持与蒙古国图书馆的互访和书刊交流活动，少数民族地区图书馆工作人员第一次走出了国门。例如，1985年，宁夏图书馆副馆长丁力作为中国图书馆访问团成员出访墨西哥、阿根廷、智利、西班牙等国③。

总之，1983年全国少数民族地区图书馆座谈会的召开，加强了党对少数民族地区图书馆事业的领导，引起了全国对少数民族地区图书馆事业发展的关注和重视，标志着少数民族地区公共图书馆事业进入历史的新纪元。1983年到1991年的这段历史时期里，少数民族地区公共图书馆事业在基础设施建设、服务、管理等各方面均取得了一定的发展成就，并逐渐向着自动化发展迈进，但总体来讲，由于受到20世纪80年代经济的过热增长、书价上涨以及"有偿服务"理念等因素的影响，发展速度相对缓慢。

---

① 杜克：《中国的图书馆事业》，北京当代中国出版社1995年版，第156页。
② 杜克：《中国的图书馆事业》，北京当代中国出版社1995年版，第155页。
③ 丁力、张欣毅、王岗：《宁夏图书馆50年发展回眸（上）》，载《图书馆理论与实践》2009年第2期，第89~96页。

第四章 快速发展时期的少数民族地区公共图书馆（1992—1999）

20世纪90年代，随着新一轮改革开放的推进，我国少数民族地区公共图书馆所处的政治、经济、文化等社会环境发生了新的变化。这一时期最为明显的特征是现代信息技术在图书馆领域的渗透与运用，从而引领了图书馆文献资源建设、服务、管理等一系列的变革，传统的公共图书馆开始向现代化转型。我国图书馆自动化建设经历了起步阶段、集成管理系统阶段开始向网络化方向发展[①]。1992年，随着社会主义市场经济体制改革目标的确立，强调"加快发展"成为新时期民族工作的主题，而"边疆文化长廊"工程建设的提出，则为少数民族地区公共图书馆提供了新的发展机遇。在有利的技术、政治、文化等背景下，少数民族地区公共图书馆开始步入快速发展时期，并朝着数字化图书馆的方向迈进。

第一节 少数民族地区公共图书馆快速发展的背景分析

20世纪90年代，随着社会主义市场经济体制改革目标的确立，

---

① 林增铨：《图书馆自动化建设评估初探》，载《大学图书情报学刊》1999年第1期，第1~2页。

"加快发展"成为新时期民族工作的主题。国家加大了对少数民族地区文化发展的政策支持力度,现代信息技术的发展推动了整个图书馆事业的自动化、网络化进程,在这样的背景下,少数民族地区公共图书馆事业进入了快速发展阶段。

一、社会主义市场经济体制的建立

社会经济发展水平是影响图书馆发展最基本的制约因素,经济实力是图书馆存在与发展的物质基础①。为了进一步解放生产力,1992年,邓小平同志发表南方重要讲话,要求解放思想,实事求是,以经济建设为中心,加快改革开放步伐②。同年10月,党的十四大正式提出了社会主义市场经济体制的改革目标,以此为标志,我国改革开放和现代化建设事业进入了一个新的发展阶段③。1993年11月,中共第十四届中央委员会第三次全体会议通过了《中共中央关于建立社会主义市场经济体制若干问题的决定》④,对社会主义市场经济体制的建设目标、基本框架与行动纲领做出了重要指示。社会主义市场经济体制目标的确立,引起了我国政治、经济、文化、教育等社会领域的重大变革,对我国社会主义民族关系产生了重大而深远的影响⑤。社会主义市场经济所秉持的开放意识、竞争意识和发展意识,不仅对整个图书馆界,而且对少数民族地区公共图书馆各项工作的开展方式进行了一次思想上的洗礼。

二、新时期民族工作主题的确立

中国共产党十三届四中全会召开以来,在继承邓小平民族理论的

---

① 吴慰慈、董焱:《图书馆学概论》,北京图书馆出版社2002年版,第67页。
② 《邓小平南巡讲话》,2016年8月26日,见(http://www.21ccom.net/articles/zgyj/ggzhc/article_ 2012010251325.html)。
③ 佚名:《中共中央关于建立社会主义市场经济体制若干问题的决定》,载《党的建设》1994年第1期,第5~13页。
④ 佚名:《中共中央关于建立社会主义市场经济体制若干问题的决定》,载《党的建设》1994年第1期,第5~13页。
⑤ 温华:《社会主义市场经济下的民族关系》,载《黑龙江民族丛刊》1995年第2期,第22~26页。

基础上，深刻总结了古今中外解决民族问题的经验教训，经过对新形势下民族问题进行综合分析，逐渐形成并发展了中国共产党第三代领导集体的民族理论①。1992年1月14日，党中央、国务院召开了第一次中央民族工作会议，江泽民同志在中央民族工作会议上发表了重要讲话，他指出："现阶段，我国的民族问题比较集中地表现在少数民族和民族地区迫切要求加快经济文化的发展上。"② 并提出："在新的历史时期，搞好民族工作，增强民族团结的核心问题，就是要积极创造条件，加快发展少数民族和民族地区的经济文化等各项事业，促进各民族的共同繁荣。"③ "加快发展"首次被引入民族问题的阐释当中，进一步丰富和完善了社会主义民族理论。加快少数民族和民族地区的发展，体现了我国社会主义事业的本质要求，成为这一时期民族政策制定的基本出发点和归宿④。"加快发展"作为社会主义初级阶段解决民族问题的核心，成为新时期民族工作的主题。这意味着进一步加快少数民族地区经济、文化、教育等各个领域的发展，少数民族地区公共图书馆事业也将迎来"快速发展"的机遇。

三、民族政策的宏观指导

这一时期，为了进一步加快少数民族地区文化事业的发展，党中央在对少数民族文化工作面临的新情况新问题进行具体分析的基础上，加大了对少数民族文化建设的支持力度，实施了一系列旨在加快少数民族地区文化事业发展的政策法规，为少数民族地区公共图书馆发展提供了较为坚实的法制保障。1992年，文化部提出了在同等条

---

① 金炳镐、青觉、张谋：《论中国共产党第三代领导集体的民族理论》，载《民族研究》2001年第5期，第9～18页。
② 杨文顺：《党的第三代中央领导集体对马克思主义民族理论的新发展》，载《中共云南省委党校学报》2008年第2期，第135～137页。
③ 江泽民：《加强各民族大团结，为建设有中国特色社会主义携手前进（一九九二年一月十四日）》，见中共中央统一战线工作部，中共中央文献研究室《新时期统一战线文献选编（续编）》，北京中共中央党校出版社1997年版，第386页。
④ 金炳镐、青觉、张谋：《论中国共产党第三代领导集体的民族理论》，载《民族研究》2001年第5期，第9～18页。

件下，对民族地区实行文化设施、人才培养、对外交流项目的"三优先"政策①。首先，为了推动少数民族地区经济、文化和各项社会事业的发展，促进民族团结，国家财政部每年从预算中专项安排少数民族发展资金（即原预算安排的新增发展资金）专门用于解决民族地区公共基础设施建设。"八五"期间将支援经济不发达地区发展基金增加了3亿元。其次，明确提出其他地区对少数民族地区的支援。1995年3月6日，江泽民同志在八届全国人大三次会议上同新疆、内蒙古、广西代表团审议政府工作报告时指出："汉族地区、经济发达地区，要积极支持和帮助少数民族地区加快经济发展和社会全面进步。这是我们在处理民族问题上一个重要的指导思想，要长期贯彻下去。在建设有中国特色社会主义过程中，各地区之间的发展不平衡会长期存在。我们提倡一部分地区先富起来，但最终是要促进全国各个地区共同发展，实现共同富裕。"②最后，重视图书馆建设。1993年9月15日，国务院颁布了《城市民族工作条例》，其中第十九条为："少数民族人口较多的城市的人民政府，应当根据需要和条件，设立具有民族特点的文化馆（站）、图书馆。"③1995年，李鹏总理在八届全国人大三次会议的《政府工作报告》中提出，"增加对图书馆、博物馆、文化馆（站）、科技馆（站）等文化事业的投入……搞好'文化扶贫工程'和'万里边疆文化长廊'的建设"④。以上均表明了党中央对少数民族地区公共图书馆事业发展的支持与重视。

四、文化工程的推动

为了进一步加快少数民族地区图书馆事业的发展，从20世纪90年代开始，国家陆续启动了旨在着力解决广大少数民族地区普遍存在

---

① 李久琦：《我国民族图书馆事业发展20年》，载《图书馆学研究》1999年版第2期，第89～94页。
② 金炳镐：《新中国民族理论60年》，中央民族大学出版社2010年版，第51页。
③ 国家民族事务委员会、中共中央文献研究室：《民族工作文献选编（1990—2002年）》，北京中央文献出版社2003年版，第254页。
④ 全国人民代表大会常务委员会办公厅：《中华人民共和国第八届全国人民代表大会第三次会议文件汇编》，人民出版社1995年版，第22页。

的公共文化服务设施缺乏、群众看书看报难、看电影电视难、听广播难等突出问题的"万里边疆文化长廊"文化工程①。作为促进民族地区文化事业发展的一项重要文化工程,无可避免地对图书馆的发展起到了积极的促进作用。

1. "万里边疆文化长廊"的提出

为了促进边境地区文化事业的发展,为边境地区的经济发展营造良好的文化环境,文化部于1992年提出了建设"万里边疆文化廊"的构想②。"万里边疆文化长廊"是"以边疆人文地理为前提,以主要交通线穿越的县(市、区、旗)、乡(镇)、村、户为基础,以文化活动中心为基点,点动成线,线连成片,形成一条文化设施有较大密度的网络,各具民族文化特色,充满社会主义文化气氛,基本满足人民群众文化生活需求,适应改革开放和经济发展需要的'廊'形文化地带"③。该项目首先在内陆边境地区设立试点,取得了良好的效果。1994年,根据形势的发展和客观需要,这一工程开始由内陆边疆地区拓展到沿海地区④。

2. "万里边疆文化长廊"对少数民族地区图书馆的影响

"万里边疆文化长廊"的实施对边疆民族地区的改革开放和经济发展,优秀民族文化的弘扬和边疆地区社会主义精神文明建设,各民族文化艺术的繁荣与发展,边疆政权的稳定以及与周边国家的睦邻友好均起到了积极的促进作用。作为一项全国性的重点文化工程,其在地域上基本上覆盖了所有少数民族聚集地区,并且将在"边疆县县(市、区、旗)建立图书馆"作为目标之一,将少数民族文化遗产的

---

① 引自《以科学发展观为指导,推动少数民族文化加快发展》,2016年1月9日,见中华人民共和国国家民族事务委员会网(http://www.seac.gov.cn/gjmw/zt/2009-06-02/1243138871166203.htm)。

② 齐宝海:《构建跨世纪的文化建设工程——谈我区的边境文化长廊建设》,载《实践(思想理论版)》,1996年第1期,第47~48页。

③ 齐宝海:《构建跨世纪的文化建设工程——谈我区的边境文化长廊建设》,载《实践(思想理论版)》,1996年第1期,第47~48页。

④ 中国文化报记者:《十年筑就边疆万里文化长廊》,载《人民日报》2002年9月26日。

挖掘、整理、保存和保护作为重点工作①。"万里边疆文化长廊"为民族地区公共图书馆事业营造了良好的发展氛围和政策环境，主要影响有以下四点。

第一，加强民族地区公共图书馆基础设施建设。"万里边疆文化长廊"将"边疆县县（市、区、旗）建立图书馆"作为文化设施建设目标之一，并计划到2000年建设图书馆286个，在已有图书馆的基础上，计划新建、扩建（改建）图书馆184个。其中一级水平的新建、扩建（改建）84个，面积12.5平方米；二级水平的新建、扩建（改建）100个，面积13万平方米。这表明，"万里边疆文化长廊"建设将图书馆建设作为一项重点文化建设项目并给予了足够的重视，对图书馆机构具体数量、级别以及面积的具体规定，将有利于该计划的切实开展。

第二，提出了公共图书馆基础设施分级建设标准。"万里边疆文化长廊"将文化设施分为三个等级：一级水平的文化活动中心、二级水平的文化活动中心和三级水平的文化活动中心，图书馆是文化活动中心的重要组成部分。图书馆建设按照"从实际出发，因地制宜"的原则，提出图书馆建设面积标准（见表4-1）。

表4-1 图书馆基础设施分级建设标准

	一级水平文化活动中心	图书馆面积≥1500平方米
经济发达、10万人口以上的县	二级水平活动中心	图书馆面积≥1300平方米
	三级水平活动中心	总面积≥300平方米
	一级水平文化活动中心	图书馆面积≥1000平方米
经济欠发达、10万人口以下5万人口以上的县	二级水平活动中心	图书馆面积≥800平方米
	三级水平活动中心	总面积≥200平方米

---

① 全国万里边疆文化长廊共建领导小组：《关于印发全国万里边疆文化长廊建设总体规划的通知》，见《新预算会计制度》编委会《中国行政与事业单位新会计制度全书（下卷）》，北京中国书籍出版社1998年版，第693页。

续表 4-1

特殊地区	未分级	图书馆要逐步配备现代化设备；阅览座位：经济比较发达地区要达到 100 个座位以上，经济欠发达地区达到 80 个座位以上

数据来源：全国"万里边疆文化长廊"共建领导小组关于印发《全国万里边疆文化长廊建设总体规划》的通知（长廊发〔1995〕2号）。

第三，对图书馆藏书数量与种类做了明确要求。《全国万里边疆文化长廊建设总体规划》指出，到 2000 年，经济发达地区图书馆藏书 5 万册以上，文化站藏书 5000 册以上，年订报刊 30 种以上。经济欠发达地区的图书馆藏书 4 万册以上，文化站藏书 3000 册以上，年订报刊 15 种以上。[1] 这种明确的量化指标保证了图书馆的馆藏数量，有利于文献信息资源的保障率的提高。

第四，优惠政策的提出。"万里边疆文化长廊"提出了对边疆少数民族地区实行"三优先"政策，即支持文化设施建设优先、人才培养优先与对外文化交流项目优先；在国家专项经费中，不搞平均分配，而采取鼓励、支持先进的政策；保护和培养人才的政策；鼓励人才到边疆地区建功立业的政策；各级文化部门支援边疆地区文化建设、送文化到边疆地区的政策；发展文化产业的政策；等等；并倡导机构及发达地区支援沿边地区的文化建设[2]。

全国"万里边疆文化长廊"建设是加快少数民族地区建设的一项重要的文化战略，各民族地区在中央的号召之下，结合民族地区的

---

[1] 全国万里边疆文化长廊共建领导小组：《关于印发全国万里边疆文化长廊建设总体规划的通知》，见《新预算会计制度》编委会《中国行政与事业单位新会计制度全书（下卷）》，北京中国书籍出版社 1998 年版，第 939 页。

[2] 全国万里边疆文化长廊共建领导小组：《关于印发〈全国万里边疆文化长廊建设总体规划〉的通知》，见：《新预算会计制度》编委会《中国行政与事业单位新会计制度全书（下卷）》，北京中国书籍出版社 1998 年版，第 942 页。

实际情况,创造性地实施了与建设当地文化有关的富有民族地域特色的文化工程。如内蒙古自治区的"彩虹计划",广西壮族自治区的"千里文化长廊""知识工程",贵州省的"文化带"建设,甘肃省的"丝绸之路文化长廊建设"以及延边的"金达莱计划",等等①。这些独具特色的地方文化工程,不仅落实了全国重点文化工程建设的任务,也在客观上促进了这些民族地区图书馆的建设。"万里边疆文化长廊"秉承了文化惠民的理念,其实施有利于提升民族图书馆基本公共文化服务的覆盖效能,有利于维护边疆地区的文化安全。

第二节 少数民族地区公共图书馆的快速发展

20世纪90年代,我国少数民族地区公共图书馆事业得到了较为全面的发展:图书馆基础设施建设进一步加强,文献信息资源建设能力提高,服务内容和方式更加多样化,在信息技术的带动下,传统的公共图书馆开始向现代化的公共图书馆迈进。具体来讲,主要体现在以下五个方面。

一、基础设施建设

社会主义市场经济条件下,随着国民经济的进一步增长,国家在加快发展少数民族地区经济、文化的过程中实施了各项倾斜政策,在国家对发展少数民族地区文化事业的重视之下,民族地区公共图书馆基础设施建设进一步得到加强。公共图书馆基础设施建设水平的状况,可以从公共图书馆机构数量、建筑面积、经费投入等指标进行综合考察。

---

① 国家民族事务委员会、中共中央文献研究室:《民族工作文献选编(1990—2002年)》,北京中央文献出版社2003年版,第257页。

1. 全国民族地区公共图书馆机构数量变化

1992 年至 1999 年,全国民族地区公共图书馆机构数量变化情况见表 4-2。

表 4-2　1992—1999 年全国民族地区公共图书馆机构数量

年份	1992	1993	1994	1995	1996	1997	1998	1999
数量（个）	573	573	577	584	573	596	661	670
增长率（%）	—	0	0.69	1.21	-1.88	4.01	10.90	1.36

数据来源：根据《中国民族统计年鉴（2013）》相关统计数据整理。

从全国范围来看，截至 1999 年年末，全国共有公共图书馆 2767 个，少数民族地区公共图书馆数量为 670 个，少数民族地区公共图书馆数量占全国公共图书馆的比重达到 24.2%。从少数民族地区来看，全国少数民族地区公共图书馆 1992 年为 573 个，1999 年为 670 个，新增 97 个图书馆，总增幅为 16.29%，比 1981 年的 331 个增加了 1 倍之多，说明该时期少数民族地区公共图书馆总体发展态势较为良好。从各年的增长率来看，呈现出较大的起伏变化（如图 4-1 所示）。1992 年至 1995 年，增长较为平缓，说明这一时期少数民族地区公共图书馆发展较为稳定。1996 年，增长率略有下降，少数民族图书馆数量又回落到 1992、1993 年的发展水平。造成此现象的原因，

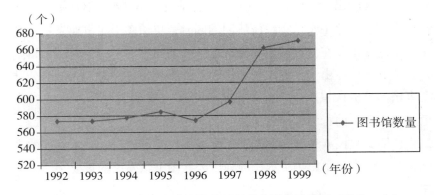

图 4-1　1992—1999 年全国民族地区公共图书馆数量（单位：个）

一方面来自图书馆经费投入、发展意识的影响，另一方面也并不排除统计数据的偏差。从1997年开始，全国民族地区公共图书馆数量开始增长，且增幅较大。1998年，相较前一年图书馆数量增加65所，增长率陡然上升，为10.90%，是前5年平均增长率的10余倍。由此说明，20世纪90年代末，我国民族地区公共图书馆事业开始进入快速发展时期。

2. 公共图书馆机构数量变化分析

民族自治区地方图书馆机构数量可以反映出各民族地区之间图书馆数量上较为细微的发展变化。表4-3显示了1992年全国民族自治分地区公共图书馆机构数量；表4-4显示了1999年全国民族自治分地区图书馆机构数量情况。由相关统计数据来看，公共图书馆机构数量增加较快的是新疆、云南和重庆。新疆新增16所，云南新增10所，重庆新增5所。与此同时，一些地区图书馆出现了数量减少的情况，其中西藏自治区从1992年的16所减少到1999年的1所，减少了15所；而甘肃地区从19所减少到11所，减少了8所；广西、四川地区均减少了5所。这些统计数据对照《中国图书馆年鉴（2014）》中"按年份各地区公共图书馆机构数"中有关统计数据，可以看到两种年鉴中关于图书馆统计的数据大致吻合，说明该统计数据的可靠性。1992年至1999年，少数民族地区公共图书馆发展整体状况呈现出较慢的增长趋势，且各民族自治分地区增长速度不平衡，有些地区甚至出现了公共图书馆缩减的情况。从1992年开始，我国在着手建立社会主义市场经济体制的同时，也给图书馆事业发展带来了一定的冲击。在激烈的市场经济竞争的冲击下，一些公共图书馆陷入发展的困境。由于受到市场经济利益的影响，这一时期人们对公共图书馆的价值认识产生了偏差，甚至出现"有偿服务"与图书馆价值追求相背离的行为，导致了这一时期公共图书馆发展的停滞状态。这也说明少数民族地区公共图书馆发展不仅受到经济、技术发展的影响，观念因素也是影响少数民族地区公共图书馆发展的重要制约因素之一。

表4-3 1992年全国民族自治分地区公共图书馆机构数量（单位：个）

地区	图书馆数量	地区	图书馆数量	地区	图书馆数量
河北	6	广东	3	西藏	16
内蒙古	107	广西	99	甘肃	19
辽宁	10	海南	9	青海	35
吉林	12	重庆	0	宁夏	20
浙江	1	四川	20	新疆	63
湖北	11	贵州	47	合计	573
湖南	18	云南	77		

数据来源：根据《中国民族统计年鉴（1949—1994）》相关统计数据整理。

表4-4 1999年全国民族自治分地区公共图书馆机构数量（单位：个）

地区	图书馆数量	地区	图书馆数量	地区	图书馆数量
河北	6	广东	3	西藏	1
内蒙古	107	广西	94	甘肃	11
辽宁	10	海南	9	青海	32
吉林	12	重庆	5	宁夏	21
黑龙江	1	四川	15	新疆	79
湖北	11	贵州	48	合计	670
湖南	18	云南	87		

数据来源：根据《中国民族统计年鉴（1949—1994）》相关数据整理。

3. 建筑面积

根据《中国图书馆年鉴（2014）》中"按年份各地区平均每万人公共图书馆建筑面积"统计数据，以全国5个自治区图书馆为例，从有数据记载的1995年为分析对象，平均每万人公共图书馆建筑面积中，西藏自治区为52.1平方米，位列全国第7位；内蒙古自治区为46.0平方米，位列全国第8位；广西壮族自治区为38.1平方米；宁夏回族自治区为78.2平方米，位列全国第3位；新疆维吾尔自治区43.1平方米[①]。相较于同期全国34.3平方米的平均值，统计数据

---

① 中国图书馆学会、国家图书馆：《中国图书馆年鉴（2014）》，国家图书馆出版社2015年版，第447页。

显示，我国五大少数民族自治区均超过了全国平均值。这主要受到少数民族地区地理环境的影响，少数民族地区地广人稀，因此在人均占有公共图书馆建筑面积上具有优势，但相对充足的馆舍并不意味着公共图书馆资源、服务供给能够满足读者所需。

4. 经费情况

表4-5反映了1979—2000年少数民族八省区公共图书馆财政拨款情况。到21世纪初，各少数民族地区对公共图书馆财政拨款都有了大幅增加。新疆在2000年比1979年增加了20.4倍，广西增加了19.7倍，内蒙古增加了17.7倍，宁夏增加了10.7倍。西藏自治区从1985年开始，将公共图书馆财政拨款纳入财政预算当中，也呈现出不断增加的趋势。少数民族地区图书馆经费投入虽然有所增加，但各少数民族地区之间财政拨款也呈现出显著的差异，云南、广西、内蒙古对图书馆财政拨款较多，而位于西部的西藏、宁夏、青海、新疆等地区对于公共图书馆财政拨款支出较少。这主要归因于各地经济发展水平的差异，并且与当地政府对图书馆事业建设的重视程度有关。

表4-5 按年份主要民族地区公共图书馆财政拨款情况（单位：万元）

地区\年份	1979	1980	1985	1990	1995	2000
内蒙古	131	167	420	876	1432	2452
广西	138	174	456	793	1563	2851
西藏	-	-	13	11	72	111
宁夏	67	85	178	264	408	786
新疆	69	72	290	431	1062	1476
云南	97	140	401	944	2178	5134
贵州	91	101	241	479	746	1259
青海	69	70	164	227	724	678

数据来源：根据《中国民族统计年鉴》相关数据整理。

5. 图书馆的新建与扩建

少数民族自治区公共图书馆是国家举办的综合性公共图书馆，与省级公共图书馆具有同样的重要功能，作为综合性服务机构，承担着向社会公众提供图书借阅和知识咨询服务，在当地少数民族自治区公共图书馆事业体系中起着枢纽的作用。20世纪90年代，在党中央和各级地方政府的高度重视下，少数民族地区公共图书馆基础设施建设，除了在原有基础上对一些图书馆进行扩建外，还新建了一批具有现代化功能的自治区级（省级）公共图书馆。新建与扩建的少数民族自治区级公共图书馆主要代表有以下3所。

第一，新疆维吾尔自治区图书馆的建设。新疆维吾尔自治区图书馆始建于1930年8月，原名新疆省立图书馆，坐落在乌鲁木齐市书院巷北首[①]。1935年9月1日改组为新疆省立民众教书馆，图书馆为其一部分；1946年11月，省立图书馆得到重建，定名为新疆省立中正图书馆[②]。1949年12月，新疆和平解放，该图书馆改称为新疆省人民图书馆。1955年10月，新疆维吾尔自治区成立，省人民图书馆又改名为新疆维吾尔自治区图书馆[③]。1986年，新疆维吾尔自治区开始在乌鲁木齐市兴建自治区新馆，以满足更多用户的需求。经过不断的努力，新馆终于在1999年10月23日竣工开馆。1999年3月18日，时任中共中央总书记、国家主席江泽民专门为新疆维吾尔自治区图书馆题写馆名，表明了国家对少数民族地区公共图书馆事业建设的重视。新馆总建筑面积达到24700平方米，藏书容量300万册，阅览座席2500个，藏书量达到100多万册，其中少数民族文字图书（含维吾尔文、哈萨克文、蒙古文、柯尔克孜文、乌孜别克文等）10万余册，外文图书（含俄、英、日等文字）3万余册，古籍图书10万

---

① 热娜·乌斯曼：《新疆维吾尔自治区图书馆地方文献数据库的建设与未来发展》，见《西北地区图书馆事业的创新与发展》（会议论文集），2012年第262页。
② 热娜·乌斯曼：《新疆维吾尔自治区图书馆地方文献数据库的建设与未来发展》，见《西北地区图书馆事业的创新与发展》（会议论文集），2012年第262页。
③ 热娜·乌斯曼：《新疆维吾尔自治区图书馆地方文献数据库的建设与未来发展》，见《西北地区图书馆事业的创新与发展》（会议论文集），2012年第262页。

余册,地方文献 3000 余种,形成了以民族特色和地方特色为鲜明特点的藏书体系①。

第二,西藏自治区图书馆的建设。旧西藏政教合一制度使得宗教成为占统治阶级的社会意识形态,文化被贵族、上层僧侣为代表的统治阶级所垄断,只有特权阶级才能接触到文化,而这些文化资源大多藏于寺院和地方政府机构,平民难以接触。西藏的寺院发挥着藏书楼的性质,但是并不对广大民众开放。1951 年西藏和平解放后,在党中央的亲切关怀下,西藏图书馆事业开始起步。西藏最早的图书馆是成立于 1952 年的拉萨文化宫图书馆,前身为中国人民解放军第 18 军图书室②。但早期由于馆舍条件、藏书量、设施、服务、管理等十分简陋和落后,难以真正发挥公共图书馆的职能。但即使在这样的条件下,该馆还是竭尽全力为拉萨及周边地区的干部和群众提供业余文化服务,它是西藏公共图书馆的雏形③。但是,对于广大藏区来讲,公共图书馆覆盖严重不足,特别是一直没有省(自治区)级图书馆,使藏区图书馆事业建设缺乏统一组织和管理。20 世纪 90 年代以后,随着援藏工作力度的加强,在西藏自治区政府的重视之下,备受关注的西藏自治区图书馆建设被列为西藏自治区"八五"期间的重点建设工程之一,投资 1834 万元,于 1996 年 7 月建成并投入使用。新馆占地 31700 平方米,建筑面积 10800 平方米,成为一所具有现代化、多功能的公共图书馆④。西藏自治区图书馆新馆坐落在拉萨著名的罗布林卡公园东侧,建筑风格体现了藏族建筑的民族特色和现代功能的结合。新建馆的馆藏图书 10 万余册,并接受全国 500 余家出版社捐赠出版物 39 万册,社会人士石景宜先生赠送的港台版图书 8400 册以及美国、日本等出版社赠书 2300 册。西藏自治区图书馆的成立,结

---

① 新疆百科全书编纂委员会:《新疆百科全书》,中国大百科全书出版社 2002 年版,第 530 页。
② 胡京波:《西藏图书馆事业简介》,载《图书馆论坛》1996 年第 2 期,第 66 页。
③ 段书蓉:《西藏图书馆事业的发展历程及经验》,载《人民论坛》2011 年第 8 期,第 156~158 页。
④ 胡京波:《西藏图书馆简介》,载《图书馆论坛》1996 年第 1 期,第 65 页。

束了西藏一直以来无省（自治区）级公共图书馆的历史，在西藏文化事业建设中具有极其重要的意义。这对以传统佛教寺院藏书文化为主的藏区来说，现代图书馆的建立不仅打破了传统的文献服务观念，而且有利于西藏地区民众科学、文化、教育水平的提高。

第三，内蒙古自治区图书馆的建设。内蒙古自治区图书馆是中华人民共和国成立以来在少数民族地区成立较早的公共图书馆之一，其历史可以追溯到光绪37年（公元1908年）11月，时任归化城副都统三多向清政府奏设了"归化城图书馆"[①]。1911年辛亥革命爆发，该馆随清王朝的瓦解而关闭，直到1925年重新开放并改名为"绥远区立图书馆"[②]；1928年，因绥远改区为省，该馆改名为"绥远省立图书馆"[③]；日寇侵华期间，绥远省立图书馆的藏书被伪蒙疆政府所接收，成为蒙古文化馆下设的图书组，于1942年迁往张家口。日本投降后，1947年4月，绥远省政府开始将残余图书运回归绥，并于同年11月恢复省立图书馆[④]。1950年5月，奉绥远省文教厅的指示，在原绥远省社会教育推行委员会的基础上筹建省图书馆；同年10月，新馆正式开馆，被正式命名为"绥远省人民图书馆"[⑤]。1954年，蒙绥合并后，"绥远省人民图书馆"于1954年5月1日改名为"内蒙古图书馆"，并改由内蒙古文化局领导，内蒙古图书馆各项业务工作步入正轨[⑥]。1957年，为庆祝内蒙古自治区成立10周年，在呼和浩特市人民公园内建成新馆舍。新馆建筑面积为2830平方米，馆藏容

[①] 王佩章、忒莫勒、常作然：《内蒙古图书馆历程回顾与展望》，载《内蒙古图书馆工作》1997年第3期，第6～10页。

[②] 王佩章、忒莫勒、常作然：《内蒙古图书馆历程回顾与展望》，载《内蒙古图书馆工作》1997年第3期，第6～10页。

[③] 王佩章、忒莫勒、常作然：《内蒙古图书馆历程回顾与展望》，载《内蒙古图书馆工作》1997年第3期，第6～10页。

[④] 王伟红：《浅谈我心目中的内蒙古图书馆建设的现状及未来》，载《内蒙古图书馆工作》2008年第4期，第18～21页。

[⑤] 王伟红：《浅谈我心目中的内蒙古图书馆建设的现状及未来》，载《内蒙古图书馆工作》2008年第4期，第18～21页。

[⑥] 王佩章、忒莫勒、常作然：《内蒙古图书馆历程回顾与展望》，载《内蒙古图书馆工作》1997年第3期，第6～10页

量达 30 万册①。为适应内蒙古自治区两个文明建设的需要，内蒙古自治区政府于 1986 年决定新建内蒙古图书馆，新馆建设工程被列入内蒙古自治区"八五"期间的重点工程之一，于 1995 年 4 月 8 启动建设工程，1997 年 7 月 8 日竣工，1998 年 5 月 28 日，新落成的内蒙古自治区图书馆正式对外开放②。新馆总占地面积 2.8 万平方米，建筑面积 2 万平方米，总藏书容量达到 300 万册，各种不同类型的阅览室 20 个，阅览座席近 2000 个③。为了体现馆藏的民族特色和地方特色，新馆特别设立有蒙文经卷、民族地方文献阅览室。为了配合电子计算机和自动化技术在图书馆的应用，图书馆新建了计算机房和电子阅览室；为了改变传统的图书馆服务方式，使图书馆工作适应现代化建设与发展的要求，图书馆还新购置了计算机、文献复印机、微缩声像资料阅读器等现代化设备④。目前，内蒙古图书馆为内蒙古自治区藏书最为丰富、功能最为齐全的综合性图书馆公共图书馆。

二、文献信息资源建设

20 世纪 90 年代，随着现代信息技术在图书馆的逐步普及与应用，传统的藏书建设向自动化、信息化环境下的文献信息资源转变。少数民族地区公共图书馆积极探索文献信息资源建设的实践与方法，取得了较大的成绩。

1. 总藏量变化

随着党中央和各级地方政府对民族地区文化事业经费的加大投入，少数民族地区公共图书馆的发展获得了更多的经费支持，购书经费较之前有了明显增加，藏书量也逐年增长。1979—2000 年，少数

---

① 王佩章、忒莫勒、常作然：《内蒙古图书馆历程回顾与展望》，载《内蒙古图书馆工作》1997 年第 3 期，第 6～10 页。
② 王伟红：《浅谈我心目中的内蒙古图书馆建设的现状及未来》，载《内蒙古图书馆工作》2008 年第 4 期，第 18～21 页。
③ 冉龙质：《内蒙古图书馆正式向读者开放》，载《内蒙古图书馆工》1998 年第 3 期，第 5 页。
④ 杜烨：《新建内蒙古图书馆简介》，载《内蒙古图书馆工作》1997 年第 3 期，第 21～22 页。

民族自治区公共图书馆的馆藏资源数量变化情况见表4-6，如图4-2所示。

表4-6　1979—2000年各少数民族地区公共图书馆总藏量　[单位：万册（件）]

年份 地区	1979	1980	1985	1990	1995	2000
全国总计	18353	19904	25573	29604	32850	40953
内蒙古	401	367	482	550	521	683
广西	581	644	935	1102	1243	1312
西藏	-	17	46	54	51	60
宁夏	156	185	300	328	338	380
新疆	107	147	321	412	489	579

注：本统计中1991年以前的总藏量只包括图书。数据来源：根据《中国图书馆年鉴2003》相关统计数据整理。

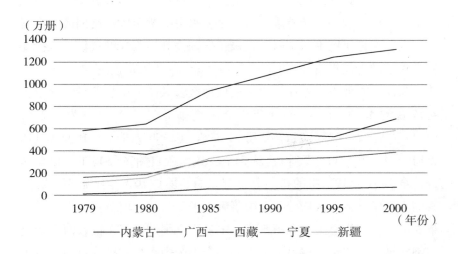

图4-2　1979—2000年各少数民族自治区公共图书馆总藏量变化

截至2000年，全国公共图书馆总藏量为40953万册，比1979年的18353万册增长了1.23倍。以我国5个少数民族自治区为例，

1979年到2000年，我国5个少数民族自治区公共图书馆总藏量均有不同程度的增长。

截至2000年，内蒙古公共图书馆总藏量为683万册，比1979年401万册增长了0.7倍；广西为1312万册，比1979年增长了1.25倍；西藏为60万册，比有统计数据记录的1980年增长了2.52倍，但是总藏量基数最小；宁夏为380万册，比1979年增长了约1.44倍；新疆为579万册，比1979年增长了4.41倍。其中增速从大到小依次排列为：新疆（4.41倍）、西藏（2.52倍）、宁夏（1.44倍）、广西（1.25倍）、内蒙古（0.7倍）。除内蒙古外，新疆、西藏、宁夏、广西等自治区藏书总量增长速度均超过了全国平均水平。

这一时期藏书量增长的主要原因在于：随着国家和少数民族地区各级地方政府对图书馆事业建设投入的适度增加，民族地区图书馆的发展获得了更多的经费支持，购书经费较之以前有了明显增加，因此藏书量也逐年增长。除直接购买之外，对口支援、社会捐助等方式使民族地区图书馆的藏书有了较大改观。1996年7月，新成立的西藏图书馆，由于购书经费有限，藏书主要来自征集流散在民间的珍贵藏文图书，在征集图书的同时，积极争取国内外出版界的援助，也接受社会人士的无偿捐赠。

与同期其他省区相比，少数民族地区公共图书馆总藏量还处于相对落后的水平。截至2000年，全国藏书总量前5位分为是上海（5817万册）、江苏（2777万册）、广东（2300万册）、山东（2176万册）、辽宁（2119万册）；从5个少数民族自治区公共图书馆总藏量在全国31个省区中的排名分情况来看，除广西占全国第10位外，其他4个民族自治区均处于全国落后水平。其中，内蒙古为全国倒数第8位，新疆为全国倒数第5位，宁夏为全国倒数第4位，西藏为全国倒数第1位。全国藏书量最少的5个省区中，少数民族自治区占了其中的3个，达到60%。而藏书量最少的西藏自治区与藏书量最多的上海地区相比，西藏自治区的藏书量几乎只占上海地区的1%。可见，在我国经济发达地区和贫困的少数民族地区藏书总量存在着较大的发展差距。

但就年增长率来看，进入20世纪80年代，广西、内蒙古和新疆藏书量逐年增长得较快，而宁夏和西藏增长较为平缓。这两个地区都属于我国西部贫困地区，说明经济的不发达导致民族地区对藏书购置经费投入的不足，藏书总量在全国范围来看相对不足。

2. 人均拥有公共图书馆总藏量

表4-7显示了1980年至2000年全国及我国5个少数民族自治区公共图书馆人均藏量的情况，从中可知，从1980年到2000年，全国公共图书馆人均拥有馆藏量从1980年的0.2册增长到2000年的0.3册，增长了0.1册；各少数民族自治区人均拥有公共图书馆总藏量均有所增长。

表4-7　1980—2000年少数民族自治区公共图书馆人均拥有藏书册数

（单位：册）

年份 地区	1980	1985	1990	1995	2000
全国	0.2	0.2	0.3	0.2	0.3
内蒙古	0.2	0.2	0.3	0.2	0.3
广西	0.2	0.1	0.3	0.2	0.3
西藏	0.1	0.2	0.3	0.2	0.2
宁夏	0.5	0.7	0.7	0.6	0.7
新疆	0.1	0.3	0.3	0.3	0.3

截至2000年，除西藏自治区外，其余4个少数民族自治区公共图书馆人均拥有藏书册数均达到了全国平均水平。其中，内蒙古自治区和广西壮族自治区均从1980年的人均0.2册增长至2000年的人均0.3册，增长速度和全国平均增长速度保持一致。西藏自治区增长了1倍，但截至2000年尚未达到全国平均水平。截至2000年，宁夏回族自治区公共图书馆人均拥有藏书量达到0.7册，比1980年增长了0.2册，远高于全国平均水平。新疆维吾尔自治区增长了0.2册，亦高于全国平均水平。这表明，虽然少数民族地区公共图书馆总藏量整

体水平较低,但由于少数民族地区地广人稀,因此人均拥有公共图书馆总藏量相对较多。由此说明:改革开放以来,少数民族地区公共图书馆建设有了明显的成效,公共图书馆藏书建设不断丰富和发展,文献信息资源满足当地少数民族用户的供给能力有所提升。但相比经济发达地区,上述5个地区人均拥有公共图书馆藏量还相对较少。例如,2000年上海地区公共图书馆人均藏书量已到达1.5册,是西藏地区的7.5倍。这说明我国公共图书馆藏书建设还存在着较大的地域差异,贫困民族地区公共图书馆文献资源保障能力相对较弱。

3. 民族文献向民族文献信息资源的转变

在计算机网络技术出现之前,图书馆以固态的"书籍"为主要对象开展图书馆工作,进行藏书建设。20世纪80年代,图书馆事业成为社会系统中的一项重大事业,有学者从系统方法出发,提出藏书建设的实质就是文献资源建设的观点①。这种观点将文献资源建设视为由诸多环节和因素构成的统一整体,从而考察图书馆资源建设的部分与整体的关系,并探索文献资源建设与发展的规律,以便更加准确地反映图书馆工作的实质。此后,随着文献信息资源建设实践的广泛展开,学界普遍接受了以"文献资源建设"代替"藏书建设"的观点。20世纪80年代至90年代的"文献资源建设"观点对少数民族文献资源建设产生了重要影响,引起了少数民族文献资源建设内容与形式的变化。

4. 文献资源建设协作化发展

20世纪90年代,图书馆之间的协作能力进一步加强,信息资源共享观念逐渐深入人心,少数民族文献资源建设开始突破追求自我的单一发展模式,开始朝着协作化的方向发展。进入20世纪90年代,信息化浪潮席卷全球,计算机技术、网络技术为文献信息资源建设营造了全新的发展环境。信息技术使图书馆馆藏资源的类型、结构、传播利用方式等发生了极大的改变,信息网络环境下出现了文献信息资源、网络信息资源和数字信息资源并存的局面,图书馆逐渐向信息网

---

① 沈继武、萧希明:《文献资源建设》,武汉大学出版社1991年版,第48页。

络技术时代迈进。文献信息资源已经难以满足现实发展的需求变化，逐渐被信息资源理论与实践取而代之。图书馆合作共享的理念与信息技术的发展打破了传统封闭的文献资源建设观念，信息资源共建共享的理论与实践开始有了新的突破。1990年6月，中国图书馆学会在广州召开的第五届全国图书馆学情报学会青年讨论会以"资源共享"为会议主题；1992年5月，在西安召开的现代图书馆建设与资源共建共享国际研讨会，中国图书馆界专家就此问题进行了较为广泛的探讨；1998年，中国国家图书馆、北京大学图书馆、清华大学图书馆和中国科学院文献情报中心先后签订了资源共建共享合作协议①；1999年，全国文献信息资源共建共享协作会议在北京召开，来自全国公共图书馆、高校图书馆、党校图书馆、国家行政机关图书馆、情报信息院（所）以及军事院校和科研院（所）124个图书情报单位负责人聚首国家图书馆，共同签署了《全国文献信息资源共建共享倡议书》，确定了全国文献信息资源共建共享的建设目标，在图书馆信息资源共建共享道路上迈出了实质性的一步②。其中，在多民族的四川省建立了西南协作网中心。在这一时期，我国民族地区公共图书馆逐渐走上自动化、网络化建设的道路，并改变了传统藏书建设和文献资源建设的方式，民族地区公共图书馆之间联系更加紧密，在信息资源建设上倾向于协作化发展，开始探索信息资源建设共建共享的发展道路。

在全国信息资源共建共享实践的推动下，少数民族地区公共图书馆文献信息资源建设走上了协作化发展之路。随着社会经济文化的发展，单一图书馆在面对信息需求的激增和多样化发展时表现出前所未有的无力。因此，通过寻求合作的方式，加强文献信息资源的共建共享以满足不断变化的社会信息需求，越来越成为现代公共图书馆文献信息资源发展的共识。20世纪90年代，市场经济竞争体制下的行业

---

① 黄长著、霍国庆：《我国信息资源共享的战略分析》，载《中国图书馆学报》2000年第3期，第3～11页。

② 李仁年：《文献资源共建共享和国家图书馆》，载《国家图书馆学刊》1999年第4期，第33～42页。

发展模式也让图书馆界逐渐认识到合作的重要性,深刻意识到只有通过合作才能达到信息资源建设效益的最大化。全国图书馆界频繁的业务与学术交流,一定程度上打破了少数民族地区公共图书馆事业条块分割与固步自封的状态,也给传统保守的少数民族地区公共图书馆建设提供了开放与合作发展的新理念。虽然早在1983年首届全国少数民族地区图书馆工作座谈会上,与会代表一致倡议要打破各自为政、互不往来的封闭局面,走联合发展的道路。1985年,在乌鲁木齐召开的第二次全国少数民族地区图书馆工作会议上,倡议联合发展的呼声更高,但总的来说,由于缺乏积极主动的行动力,合作发展局面并没有切实打开。经费严重短缺导致文献资源建设困境的加剧,直到1990年4月,在云南大理召开的第三次全国少数民族地区图书馆研讨会正式以"少数民族地区图书馆要振奋精神,走联合开发的道路"为主题,对少数民族地区图书馆文献信息资源共建共享问题进行了首次专门探讨。与会的民族地区图书馆代表一致认为:"民族地区图书馆界必须联合,否则无路可走。联合并不是什么权宜之计,而是迈向资源共享的新境界,是图书馆发展的必然趋势。"① 针对当前民族地区图书馆的现状,就如何开发民族地区图书馆文献信息资源、如何走联合开发道路等问题展开了讨论。因为认识到图书馆对长期封闭落后的民族地区经济发展有着不可估量的作用,与会代表从树立图书馆信息观念、重视民族地区图书馆发展、加快图书馆改革和建设、充实人员、提高素质、逐步建立图书馆信息网络等方面进行了探讨,在如何开发民族文献问题上,从民族文献的范围划分、民族文献整理以及提高利用率等方面对加强民族文献开发利用进行了探讨。在如何走联合开发道路的问题上,从相互合作提供无偿服务、适当优惠的有偿服务以及建立资料交换关系等方面表达了不同的见解②。此次会议表明了少数民族地区图书馆合作发展意识的增强,为少数民族地区公共图书

---

① 徐苇:《第三次全国少数民族地区图书馆研讨会概述》,载《图书馆学通讯》1990年第2期,第4页。
② 徐苇:《第三次全国少数民族地区图书馆研讨会概述》,载《图书馆学通讯》1990年第2期,第4页。

馆实现文献信息资源建设共建共享奠定了思想基础。

5. 民族古籍文献保护力度的加强

20世纪90年代，随着全国范围内民族古籍保护工作的推进，少数民族地区公共图书馆对如何进一步开展民族古籍工作做了有益的探索与实践。

第一，国家对少数民族古籍的整理研究。20世纪90年代，少数民族古籍保护工作在现代化建设、继承与弘扬民族优秀传统文化中的作用被广泛认可①。在各地搜集整理各少数民族古籍文献的基础上，这一时期，少数民族古籍保护开始朝着系统化整理的方向发展。1996年，在第二次全国少数民族古籍工作会议上提出编制《中国少数民族古籍总目提要》（以下简称《总目提要》）的建议，得到与会专家的一致赞同。《总目提要》的编纂，既有利于全面了解目前流散在全国各地的少数民族古籍状况，同时也为进一步整合少数民族古籍资源奠定了基础，为更好地保存与保护少数民族古籍文化遗产提供了依据。1997年，国家重点文化项目《中国少数民族古籍总目提要》正式立项，国家民委下发《关于印发〈中国少数民族古籍总目提要〉编写纲要的通知》［民办（文宣）字〔1997〕114号］，对这项工作进行了全面部署。在中央和地方有关部门的部署领导下，少数民族古籍整理工作在全国开始全面展开。《中国少数民族古籍总目提要》是一部收录我国55个少数民族及古代民族文献典籍、碑刻铭文、口传资料等现存全部古籍目录和内容提要的目录学巨著，其编纂旨在真实而全面地反映我国各少数民族古籍贮存的情况②。这是填补我国民族古籍文化史上具有里程碑意义的重大文化工程，将为中华民族留下一份宝贵的文化遗产。

第二，少数民族古籍联合目录的编纂。为了进一步对我国少数民族古籍文献进行整理，以便更好地利用，少数民族古籍文献整理逐渐

---

① 中央民族大学少数民族古籍研究所：《中国民族古籍研究60年》，北京中央民族大学出版社2010年版，第164页。

② 黄建明、邵古主：《中国少数民族古籍保护与发展报告（1982—2012）》，北京民族出版社2013年版，第9页。

突破了地域的限制，开展了少数民族文献联合目录的编纂工作，先后分别出版了《北京满文石刻拓片目录》（1979）、《世界满文文献目录》（1983）、《全国满文图书资料联合目录》（1991）、《乌兹别克·塔塔尔古籍目录》（1998）、《傣文古籍知见录》等①。随着《总目提要》编制工作的全面展开，少数民族地区公共图书馆结合其他文化部门展开了对本民族古籍书目提要的编制。其中，中国藏学研究中心图书馆承担了藏研中心级课题《中国少数民族古籍总目提要·藏族卷·北京分卷》的编制任务，该课题分为书籍卷、碑刻铭文卷、档案文书卷等②。1993年，由全国少数民族古籍研究室、内蒙古民委（语委）古籍整理办公室、中国国家图书馆等10个单位联合协作，依托国家社会科学规划基金项目、国家民委少数民族古籍整理资助项目和国际图书馆协会联合会促进发展中国家图书馆事业核心计划（IFLA. ALP）项目，开始对全国蒙古文古籍进行全面整理③。经过历时6年的努力，1999年《中国蒙古文古籍总目》④正式由北京图书馆出版社出版。在对蒙文古籍分类方法上，参照《中国图书馆分类法》分类体系，并结合蒙古文古籍的内容特点和文献保障情况，制定总目分类大纲。将图书经卷分为13大类273个二至五级类目，档案资料分为9大类25个二、三级类目，金石碑拓按文献类型分为7大类，再按地区和时代分为18个二、三级类目，形成了系统翔实、编制较为科学的分类体系。⑤这部古籍总目共计410万字，是一部集民族性、历史性、学术性为一体的大型综合性书目工具书，集中反映了蒙古族绚丽多彩的历史文化。同时，这也是我国第一部大型少数民族古

---

① 张次第：《少数民族文献资源建设研究》，载《中国图书馆学报》2000年第5期，第115～119页。
② 周毛：《中国藏学研究中心图书馆的建设与发展》，载《中国藏学》2006年第2期，第53页。
③ 孙蓓欣、申晓亭：《〈中国蒙古文古籍总目〉——中国第一部大型少数民族古籍全国联合目录》，载《中国图书馆学报》2000年第6期，第66页。
④ 中国蒙古文古籍总目编委会：《中国蒙古文古籍总目》，北京图书馆出版社1999版。
⑤ 孙蓓欣、申晓亭：《〈中国蒙古文古籍总目〉——中国第一部大型少数民族古籍全国联合目录》，载《中国图书馆学报》2000年第6期，第68页。

籍联合目录,在全国少数民族古籍目录史上具有重要的历史意义。

第三,现代化技术被运用到古籍保护工作中。随着计算机、缩微、影印等技术的发展,少数民族古籍保护工作步入了新阶段。除了传统意义上的古籍修复工作外,现代缩微技术、复制技术开始应用到古籍保护工作中。1998年开始,中国藏学研究中心图书馆着手对藏文古籍进行计算机处理,以拉丁字母转写方式将藏文图书进行编目,建立了藏文图书机读目录①。

这一时期对民族文献的开发利用工作也有所进展。少数民族地区公共图书馆通过编制少数民族古籍目录,或提供目录索引,为读者和科研人员提供收录较全、标引准确、具备较多功能的二次文献服务②。

三、读者服务

现代化技术的发展,使馆藏资源形式发生了改变,也使传统的以"藏"为主逐渐转变为以"用"为主。少数民族地区公共图书馆采取了各种措施,不断深化服务内容,开拓新的服务领域,进一步扩大服务的受众范围。

1. 服务转型

在经历了20世纪80年代以办馆数量为标志的历史性大发展之后,进入20世纪90年代,我国图书馆读者服务环境产生了极大的改变。一是随着社会主义市场经济体制改革目标方向的确立和发展,图书馆事业难免陷入以竞争为主要特征的市场经济的泥淖之中,加上人员递增、书价猛涨,致使很多图书馆陷入经费短缺的困境,从而要求计划经济体制下的传统图书馆转向适应市场经济体制的现代图书馆;二是随着现代计算机技术和网络技术突飞猛进的发展,现代信息技术在一定程度上变革了图书馆的服务方式和内容。在以上多种因素的制约下,传统图书馆服务已难以适应社会发展和时代发展的需要,民族

---

① 周毛:《中国藏学研究中心图书馆的建设与发展》,载《中国藏学》2006年第2期,第51~53页。

② 阿华:《论藏文文献的开发和利用》,载《中国藏学》2000年第4期,第106~122页。

地区公共图书馆服务亟待转型。

2. 有偿服务

第一，有偿服务的根源。20 世纪 80～90 年代，我国图书馆界兴起了以倡导"以文养文""以文补文"甚至"以商养文"的有偿服务。有偿服务是指："通过开发、利用图书馆人力资源、文献资源、设备资源、场地资源等优势，或开展其他社会生活、社会生产和社会经济活动，为特定读者的需求提供服务，并收取一定费用的行为。"① 其产生根源在于两个方面：一是社会主义市场经济体制下，商品经济和市场经济对图书馆造成的冲击。商品经济和市场经济以追求营利为目的，身处其中的图书馆事业难免受到市场经济利益的冲击。二是政府对文化事业的本位缺失，对图书馆事业经费投入的严重不足，从而导致图书馆陷入经费短缺的困境。这一时期，最典型的服务危机则是"有偿服务"的提出。1983 年 8 月，中央发布的《关于加强城市、厂矿群众文化工作的几点意见的通知》中指出，"有些群众文化活动，可以适当收费，以补助活动经费的不足，但不该收的，坚决不收"②。1987 年 2 月，文化部、财政部和国家工商行政管理局联合发布了《文化事业单位开展有偿服务和经营活动的暂行办法》③，对文化事业单位由过去"供给制"的单纯服务型转变为有偿的经营服务型的做法做出了认可，提出文化事业单位"在努力做好本职工作、保证完成国家规定的各项任务的前提下，发挥各自的特长和优势，利用现有的人力、物力，把无偿服务和有偿服务结合起来，积极开展'以文补文'的有偿服务和经营性活动"④。1987 年 8 月 8 日，中央宣传部、文化部、国家教育委员会、中国科学院联合发布的

---

① 郑怀远、陈鹰：《图书馆有偿服务面面观》，载《现代情报》2004 年第 4 期，第 138 页。

② 《关于加强城市、厂矿群众文化工作的几点意见》，见中共中央宣传部《十一届三中全会以来党的宣传工作文献选编》，中共中央党校出版社 1989 年版，第 319 页。

③ 季建辉：《我国文化事业体制改革简析及国外经验介绍》，载《经济研究参考》2015 年第 65 期，第 90～93 页。

④ 《文化事业单位开展有偿服务和经营活动的暂行办法》，见国家体改委经济管理司《中华人民共和国公司法规汇编》北京法律出版社 1991 年版，第 1227 页。

《关于改进和加强图书馆工作的报告》①明确指出:"在搞好无偿的公益服务的同时,也可以进行合理的有偿专业服务,但不应以赚钱为目的。"② 1992 年 6 月,中共中央、国务院颁发的《关于加快发展第三产业的决定》提出,"现有的大部分福利型、公益型和事业型单位要逐步向经营型转变,实现企业化管理……将现有的信息、咨询机构、内部服务设施和交通运输工具向社会开放"③。市场经济条件下催生的有偿服务和市场经营,在一定程度上导致了 20 世纪 80 年代到 90 年代图书馆有偿服务的"合法化"。

  第二,少数民族地区公共图书馆的有偿服务。为了抵抗市场经济带来的冲击,缓解图书馆经费的紧张局面,20 世纪 90 年代,我国少数民族地区公共图书馆界兴起了有偿服务之风。少数民族地区公共图书馆图实行有偿服务主要源于两点原因:首先是不得已之举。少数民族地区多属于经济不发达的贫困地区,公共图书馆经费相较经济发达地区更为紧缺,因财力有限,很多少数民族地区公共图书馆无力购买文献资源、设备和能源,难以维持正常的基本服务。因此,为了拓宽公共图书馆经费来源,一些少数民族地区公共图书馆为了补充其经费来源而变相向读者收取服务费用。其次是图书馆营利之举。有些经费较为充裕的公共图书馆为了提高内部绩效,提高职工满意度,以"为职工谋福利""改善工作环境"等理由,借"用心良苦""经营有方"之名,在图书馆内设立各种经营项目,如小卖部、招待所、餐厅等,以增加"小金库"④。例如,多民族省区的四川省图书馆曾经成立"企业家俱乐部",利用图书馆设备对外提供文献缩微复制,

---

  ① 《中共中央宣传部、文化部、国家教委、中国科学院联合发出——〈关于改进和加强图书馆工作的报告〉的通知》,载《图书馆杂志》1987 年第 5 期,第 3～5 页。
  ② 《中共中央宣传部、文化部、国家教委、中国科学院联合发出——〈关于改进和加强图书馆工作的报告〉的通知》,载《图书馆杂志》1987 年第 5 期,第 3～5 页。
  ③ 《中共中央、国务院关于加快发展第三产业的决定》见:中共中央文献研究室《十三大以来重要文献选编(下)》北京中央文献出版社 2011 年版,第 560～561 页。
  ④ 蒋永福:《公共图书馆:请放弃有偿服务》,载《图书馆》2005 年第 1 期,第 28 页。

以及文化用品和书刊加工等服务①。

在全国大兴有偿服务之风时,少数民族地区图书馆对有偿服务的立场也一度处于摇摆之中,引发了不少图书馆研究者对"有偿服务"和"免费服务"的争论。一些民族地区图书馆研究者认为,市场经济体制推动了民族地区图书馆事业的纵深发展,民族地区图书馆必须适应市场经济,在经费的筹措上,不能只等上级拨款,应广开财源,试行一些有偿服务项目,通过以文补文、以文养文来充实馆藏建设,甚至提议有条件的图书馆创办信息开发公司,以增加自身的"造血功能"。②而另外一些少数民族地区公共图书馆工作者不赞成有偿服务,倡导图书馆精神的复归。1993年,大理白族自治州图书馆杨锐明先生分析了改革开放图书馆行业的形式,他认为在经济大潮的冲击下图书馆行业特点和图书馆人的精神出现了迷失。有人认为"民族地区图书馆要得到发展,只有从抓钱入手来发展自己,才能算改革,抓阵地服务没有用"。杨锐明先生等人针对此观点,提出图书馆要摆脱困境,更需要一种强烈的责任感以及艰苦创业的奉献精神③。为了坚守图书馆精神,云南大理白族自治州图书馆在当时经费紧缺的情况下,不惜成本地开展了"图书馆人"演讲,并举办"金桥杯——我与图书馆"征文演讲比赛,宣传和弘扬图书馆人默默无闻、无私奉献的精神。在全国很多图书馆搞经济创收的情况下,大理白族自治州图书馆坚守服务阵地,通过开展多种服务方式,改变图书馆"重藏轻用"的观念,实现全面开架借阅,不断拓宽服务领域,寻求图书馆发展之路,用服务质量的提高来实现图书馆的合法地位。在有偿服务大潮之下,民族地区图书馆从实际出发,在不违背图书馆核心价值观追求的情况下走改革发展之路。民族地区图书馆改革的实质是调整

---

① 王素芳:《省级公共图书馆有偿服务活动的调查分析》,载《图书馆杂志》2002年第6期,第16~20页。
② 宝音:《市场经济条件下如何发展民族地区图书馆事业》,载《图书馆学研究》1998年第6期,第89~90页。
③ 杨锐明、李世泽:《振奋精神,办好民族地区图书馆》,载《图书馆建设》1993年第5期,第9页。

内部机制,增强自身造血机能,坚持以本职为主,弃文经商并不是图书馆的出路①。以上表明,民族地区公共图书馆在"有偿服务"之风的影响下,并未完全走向"非理性"发展。

第三,对有偿服务的评价。在今天看来,有偿服务与现代所提倡的公共图书馆精神是背离的,有悖于公共图书馆公平、公益、平等的价值追求,图书馆精神一度陷入迷失状态,公共图书馆有偿服务经过了一段非理性的发展。图书馆作为一种非营利性公共产品,属于公共服务领域。图书馆作为保障公民基本文化权利的一种制度安排②,政府理应承担图书馆的经费来源。图书馆自利和私利的行为,在一定程度上是政府公共服务缺位的表现,反映了公共文化服务资源投入的相对不足。直到 2002 年党的十六大第一次将文化分为文化事业和文化产业,强调要适应社会主义市场经济发展的要求推进文化体制改革,政府的公共文化职能得以回归。即便在 20 世纪 90 年代图书馆服务的非理性现象普遍存在,但是我国少数民族地区公共图书馆却依然振奋精神,表达出对公共图书馆精神的坚守,这是长期以来民族地区公共图书馆事业发展所秉持的强烈的社会责任感,以及艰苦创业精神的重要体现。

四、自动化建设与发展

20 世纪 90 年代,以现代计算机为代表的现代信息技术的迅猛发展,国际信息公路以及国内各种类型的信息技术网、计算机互联网等信息网络的相互开通,使得图书馆发展所处的信息技术环境发生了极大的改变。科学技术的迅猛发展,在经济、社会发展中发挥的作用日益凸显,科学技术已经被公认为第一生产力。为了加快社会经济发展,增强综合国力,我国提出科教兴国战略,切实把经济建设转移到依靠科技进步和提高劳动者素质的轨道上来。1995 年,中共中央、

---

① 杨锐明、李世泽:《民族地区图书馆深化改革发展原则探讨》,载《图书情报工作》1994 年第 4 期,第 15~17 页。

② 蒋永福:《公共图书馆:请放弃有偿服务》,载《图书馆》2005 年第 1 期,第 29 页。

国务院在《关于加速科学技术进步的决定》①中明确提出,"重视科学技术信息的有效利用和传播,加强图书、资料和数据库建设。要有计划地建立全国科技信息资源传输的设施,建设连接全国科研机构、高等学校的科教信息网,实现科技信息共享和交流的现代化"②。1996年,在北京召开的国际图联第62届大会上,数字图书馆成为重要的会议议题,专门举行了"数字图书馆:技术与组织影响"的专题讨论会,中国图书馆界首次与国外图书馆界代表进行数字图书馆建设与研究方面的交流③。这一时期,我国图书馆走上了自动化、网络化建设道路,"无围墙的图书馆""虚拟图书馆""数字图书馆"的新提法不断出现,图书馆正经历着一场巨大的变革。

进入20世纪90年代,图书馆自动化管理系统由研制开发逐渐进入实际应用阶段,具有代表性的图书馆自动化管理系统,如深圳图书馆的ILAS(图书馆自动化集成系统)、北京息洋电子信息研究所的息洋图书馆集成系统、北京图书馆的文津图书馆管理系统、深圳大学图书馆的微机局域网系统等④。全国大部分省、地级公共图书馆和经济发达地区一半以上的县级图书馆基本实现了业务管理自动化,大多建立起电子阅览室或多媒体阅览室。一批发展较快的图书馆首次接入互联网,尝试开展电子邮件收发、数据交换和网上信息等服务。福建等省市图书馆的自动化、网络化建设更是成果显著,广东省已初步建立了覆盖全省公共图书馆的自动化信息网络⑤。现代信息技术对我国图书馆资源建设、服务方式以及管理方式等均产生了较大的影响。1987年,随着图书馆自动化集成系统开发不断取得成功,国内运用计算机

---

① 《中共中央 国务院关于加速科学技术进步的决定》,载《中国科技论坛》1995年第4期,第2~8页。
② 《中共中央 国务院关于加速科学技术进步的决定》,载《中国科技论坛》1995年第4期,第2~8页。
③ 孙承鉴、申晓娟、刘刚:《我国数字图书馆发展十年回顾——综述》,载《数字图书馆论坛》2006年第1期,第1~13页。
④ 张树华:《80—90年代我国图书馆事业的全面发展》,载《山东图书馆学刊》2009年第6期,第1~7页。
⑤ 刘喜申、徐苇、王旭:《中国公共图书馆事业发展概况》,见荀昌荣等《中国图书馆事业(1996—2000)》湖南科学技术出版社2002年版,第53~77页。

管理的图书馆逐渐增多。至 1992 年底，应用计算机的图书馆已有 1500 多家①。随着图书馆自动化集成系统在国内图书馆领域的广泛应用，少数民族地区公共图书馆对自动化建设进行了积极探索。

1. 计算机环境日益健全

20 世纪 90 年代，一些发展基础较好的少数民族地区公共图书馆率先引进了计算机管理系统，传统的手工图书馆管理模式开始向自动化管理与服务转变。中国民族图书馆、内蒙古图书馆、内蒙古电子计算机中心、内蒙古大学、新疆大学均走在了前列，在少数民族文献标准化著录、采用计算机编目以及开展协作等方面取得了许多具有实际意义的研究探索成果。从 1994 年开始，中国藏学研究中心图书馆开始购置计算机设备，并引进北京鑫磐软件技术有限公司的"图书馆集成管理系统"，初步实现了图书采访、编目、典藏管理、流通管理等图书馆自动化管理，传统手工文献编目逐渐被机读编目所代替②。随着联机编目的发展，1998 年，除藏文、古籍外的全部图书实现了计算机检索③。地处雪域高原的西藏自治区图书馆建设初期业务工作完全依靠手工操作，随着图书馆事业的不断发展，于 1998 年开始引入计算机设备，使用丹诚系统软件实现了手工操作向半自动化操作的转变；引进了深圳图书馆研制开发的图书馆自动化集成系统（IL-AS），初步实现了图书馆管理的自动化，为图书馆信息资源进一步的共建共享打下了基础④。

2. 少数民族文献标准化著录与编目

利用信息技术实现文献标准化著录与编目是图书馆自动化的前提。随着计算机自动化管理系统的引进，少数民族地区公共图书馆开

---

① 张树华、张久珍：《20 世纪以来中国的图书馆事业》，北京大学出版社 2008 年版，第 175 页。

② 周毛：《中国藏学研究中心图书馆的建设与发展》，载《中国藏学》2006 年第 2 期，第 51～53 页。

③ 周毛：《中国藏学研究中心图书馆的建设与发展》，载《中国藏学》2006 年第 2 期，第 51～53 页。

④ 吉平：《西藏图书馆自动化建设中的回溯建库工作》，载《四川图书馆学报》2008 年第 6 期，第 35～37 页。

始着手对少数民族文献进行标准化著录与编目。1991年，内蒙古自治区图书馆开始着手研发蒙文书目机读目录数据库，以及与之配套的图书馆编目计算机自动化系统，特向文化部呈交了"建立蒙文书目机读目录数据库"的立项报告。1992年，经文化部图书馆事业管理局批准并通过了该项目，并将其列入文化部科技计划①。经过两年多的艰难攻关，到1994年年底，蒙文书目机读目录数据库已基本研制完成。该项技术的成功研制，对于少数民族语言文字的自动化处理起到了重要的推动作用，并对其他少数民族语言文字信息化处理产生了深远的影响。内蒙古图书馆不仅编制了《蒙古文文献著录规则》，并成功研制了微机蒙文图书目录管理系统、现代蒙古语文数据库、蒙文信息处理系统等②。特别是在开发少数民族多语言文献检索方面进行了不断的探索，涉及汉、朝鲜、蒙古、哈萨克、柯尔克孜、藏、傣、彝以及日文、越南文等10余种多语种少数民族语言，为实现多语言的跨库检索奠定了基础③。在藏文文献处理标准化方面，1996年西藏图书馆开馆后，完成了用计算机对藏文古籍图书和普通图书的编目工作，实现了全馆所有卡片目录的计算机打印。1997年，藏文编码国际标准通过国际认证，标准收入177个字符，包括藏文中所有的字符和通用字符，并按使用频率分为三类④。这是我国第一个获得国际认证的少数民族语言文字编码方案，成为信息标准国际化的重要成果，为藏文在现代科学技术领域中的使用和发展以及藏学文献信息资源的共建共享奠定了基础。

需要注意的是，虽然20世纪90年代，我国少数民族地区有一些公共图书馆率先走上了自动化、信息化的发展道路，但仅属于个例，

---

① 《蒙文文献计算机管理研制工作进展顺利》，见《中国图书馆年鉴》编委会编《中国图书馆年鉴（1996）》，北京图书馆出版社1997年版，第78页。

② 才旦卓嘎、卢晓华等：《当代中国民族图书馆事业的发展》载《图书馆学研究》1996年第2期，第29～32页。

③ 才旦卓嘎、卢晓华等：《当代中国民族图书馆事业的发展》载《图书馆学研究》1996年第2期，第29～32页。

④ 胡京波：《当前我国民族地区图书馆面临的机遇与挑战》，载《图书馆论坛》2002年第5期，第51页。

并不能代表总体的现代化水平。客观地讲，对于广大的少数民族地区来讲，落后的经济、保守的思想、技术人才的紧缺，使得相当一部分民族地区图书馆根本没有现代化设备，大多数公共图书馆还处于传统手工操作阶段，传统技术向现代化转型衔接缺乏必要的转变。民族地区公共图书馆现代化进程相对滞后，自动化、信息化整体水平较低，仍是我国图书馆整体现代化进程中急需加快发展的区域。

五、馆员培训与交流

进入 20 世纪 90 年代，我国少数民族地区公共图书馆馆员培养收到了良好的成效。少数民族地区公共图书馆从业人员数量持续增长，到 1999 年底已达到 7202 人，人数已经是 1981 年 2851 人的 2.5 倍[①]。

1. 少数民族地区图书馆馆员教育培训

20 世纪 90 年代，随着国家对少数民族干部培训的加强，图书馆学专业教育的规范化、体系化发展以及多种类、多层次培训的开展，少数民族地区图书馆人才队伍建设进一步加强。受到国外图书情报学教育发展趋势的影响，同时为了适应改革开放的新形势，我国图书馆学教育在整体上进入了改革转型阶段，开始朝着图书情报一体化的方向发展。在信息化浪潮的冲击下，为了使图书学教育焕发出新的生命力，信息管理系或类似名称成为图书馆学系新的替代品。为了调解图书馆学教育与事业发展不相适应的矛盾，随之带来的是图书馆学教育体制的变革。1998 年，《普通高等学校本科专业目录和专业介绍》将图书馆学专业教育的培养目标定位为："培养具备系统的图书馆学基础理论知识，有熟练地运用现代化手段收集、整理和开发利用文献信息的能力，能在图书情报机构和各类企事业单位的信息部门从事信息服务及管理工作的应用型、复合型图书馆各级专门人才。"[②] 从中可以看出，国家根据图书馆人才需求对图书馆学培养目标有了新的调

---

① 国家民族事务委员会经济发展司、国家统计局国民经济综合统计司：《中国民族统计年鉴（2013）》，中国统计出版社 2014 年版，第 456 页。
② 中华人民共和国教育部高等教育司：《普通高等学校本科专业目录和专业介绍》，高等教育出版社 1998 年版，第 9 页。

整,体现了与时俱进,更加兼顾到图书馆学人才培养和现实需求的契合度,从而为少数民族地区图书馆学教育提供了总的指导思想。

在全国范围内图书馆学院兴起的"更名热"和"重组热"的浪潮中,少数民族地区的图书馆学院系开始纷纷更名或是合并。如四川大学1984年建立的图书馆及情报科学系,1988年改名为图书情报学系,1994年改名为信息管理系①。但总的来说,20世纪90年代,少数民族地区特别是西部少数民族地区图书馆学教育发展相对滞后,不仅图书馆学教育机构数量极其稀少,而且存在着师资不足、生源稀少、教师知识结构不合理等困境。这一时期,少数民族地区馆员培训仍以短期培训为主。1996年6月22日,内蒙古图书馆与内蒙古图书馆学会联合举办了《中国图书馆学分类法》(第4版)培训班,邀请《中国图书馆分类法》编委会主任刘湘生研究馆员主讲,共培训学员170名②。

2. 少数民族地区图书馆学术交流

20世纪90年代,在中国图书馆学会的带领下,各少数民族地区加强了彼此之间图书馆业务与学术研究的交流与合作。这一时期,少数民族地区公共图书馆专业学术组织开始逐步成立。随着少数民族地区图书馆事业的快速发展,原有的少数民族地区图书馆事业研究组已难以满足少数民族地区图书馆事业发展的需要,成立高一级的学术组织势在必行③。1996年1月,民族图书馆委员会经中国图书馆学会批准正式成立,并于同年6月西藏自治区图书馆开馆之际,在拉萨举行了正式成立大会④。这次会议由文化部图书馆司、少数民族文化司、

---

① 中国科学技术协会:《中国图书馆学学科史》,中国科学技术出版社2014年版,第223页。
② 乌林西拉:《内蒙古图书馆事业史》,内蒙古大学出版社2009年版,第107页。
③ 李久琦:《学会是连接各民族同仁的纽带——祝贺中国图书馆学会民族图书馆委员会成立》,载《中国图书馆学报》1996年第5期,第28~30页。
④ 才旦卓嘎:《中国图书馆学会民族图书馆委员会在拉萨成立》,载《中国图书馆学报》1996年第5期,第40页。

国家民委文化宣传司、中国图书馆学会和中国民族图书馆联合召开①，文化部、国家民委、西藏自治区、中国图书馆学会责任人和全国20多个省、市、自治区级部分民族自治州、盟的图书馆代表共50余人出席了本次会议②。大会推选中国民族图书馆馆长李久琦先生担任中国图书馆学会民族委员会主任委员，西藏自治区图书馆仁增多吉、内蒙古自治区图书馆学会乌林西拉、新疆维吾尔自治区图书馆学会杨峰、广西壮族自治区图书馆学会王雪光、宁夏回族自治区图书馆学会丁力、中国民族图书馆宝音担任副主任委员，委员会委员由30个民族自治州图书馆学会各出1名组成③。中国图书馆学会民族委员会的成立，为少数民族地区图书馆事业发展和学术研究提供了组织保障，在加强少数民族地区图书馆相互交流与合作中发挥了桥梁和纽带的作用，对我国少数民族地区图书馆事业发展起到了积极的推动作用④。

经过两年，1998年4月，中国图书学会第5届学术研究会在上海成立，会上决定设立少数民族图书馆专业委员会，挂靠在中国图书馆，专业委员会分别由中国民族图书馆、内蒙古大学图书馆、新疆维吾尔自治区图书馆、广西壮族自治区图书馆、宁夏回族自治区图书馆、西藏自治区图书馆、四川省阿坝藏族羌族自治州图书馆等9人组成，会上通过了少数民族图书馆专业委员会工作计划要点，确定了工作方向，即为迎接新世纪，全体委员会团结各族会员，搞好学术研究，努力解决学科的理论和实践问题，以创造性的工作梳理学科的权威性，把民族图书馆的学术工作推向新的阶层⑤。少数民族图书馆专

---

① 才旦卓嘎：《中国图书馆学会民族图书馆委员会在拉萨成立》，载《中国图书馆学报》1996年第5期，第40页。
② 李久琦：《我国民族图书馆事业发展20年》，载《图书馆学研究》1999年第2期，第93页。
③ 才旦卓嘎：《中国图书馆学会民族图书馆委员会在拉萨成立》，载《中国图书馆学报》1996年第5期，第40页。
④ 李久琦：《学会是连接各民族同仁的纽带——祝贺中国图书馆学会民族图书馆委员会成立》，载《中国图书馆学报》1996年第5期，第28～30页。
⑤ 李久琦：《我国民族图书馆事业发展20年》，载《图书馆学研究》1999年第2期，第93～94页。

业委员会的成立,为少数民族地区图书馆学术交流搭建了相互沟通的桥梁,将民族地区学术交流与合作推向了一个新的高度。

此外,这一时期少数民族地区公共图书馆开展了一些对外交流的活动。由于我国少数民族地区多与邻国毗邻,随着改革开放政策的实施,少数民族地区在对外交流上具有得天独厚的优势。改革开放以来,少数民族地区图书馆与许多国家和地区建立了广泛的联系和交往,先后接待了日本、美国、英国、法国、德国、印度、蒙古国、越南、澳大利亚、意大利、泰国、匈牙利、伊朗、韩国、朝鲜、荷兰、丹麦、西班牙、俄国、吉尔吉斯等国的图书馆学专家、学者和旅居海外的藏族同胞及港、台、澳同行,在中国图书馆学会的统一组织下,少数民族地区图书馆研究者先后出席了在澳大利亚、苏联、土耳其等国举行的国际图联大会。①

虽然少数民族地区图书馆馆员培训取得了一些成果,但是少数民族地区馆员在满足当地民众的信息需求方面还存在明显的不足。少数民族地区公共图书馆读者的多民族性和民族文献的多语种性,要求公共图书馆专业队伍的多元化,20世纪90年代信息化、网络化的发展也要求图书馆员具备一定的信息技术技能。然而,对于少数民族地区图书馆馆员的培训还基本停留在对图书馆学业务知识的普及上,尚未从满足当地多民族语言服务需求和适应图书馆现代化、网络化需求的角度出发,对少数民族地区馆员进行针对性的培养。

总之,进入社会主义市场经济体制建设时期,在党中央和各级地方政府的大力支持下,少数民族地区公共图书馆事业取得了快速发展。这一时期最为显著的特点是在信息技术的推动下,少数民族地区公共图书馆开启了自动化、网络化的发展进程。在取得已有成就的基础上,在各民族同胞的共同努力下,少数民族地区公共图书馆向着新世纪迈进。

---

① 李久琦:《我国民族图书馆事业发展20年》,载《图书馆学研究》1999年第2期,第93~94页。

第五章　全面发展时期的少数民族地区公共图书馆（2000—2018）

进入新世纪以来，随着公共图书馆权利意识的不断觉醒，公共图书馆作为民主社会的一种制度安排在业界已达成一种共识："公共图书馆的存在使社会每个公民具备了自由获取知识或信息的权利。"[①] 随着社会信息化的发展，人们对于公共图书馆价值的传统认识逐渐改变，知识中心、学习中心和交流中心成为现代公共图书馆转型新的方向标。公共图书馆在实现信息公平与信息保障中的价值与作用日益凸显，在解决数字鸿沟、保障弱势群体信息权利方面的优势与地位得到了普遍认可[②]。公平、免费、公开、以人为本的现代图书馆理念在我国公共图书馆事业得到进一步实践，免费开放政策首次以政府文件的形式发布，并上升为国家意志在文化治理方针中得到体现。公共图书馆从重数量转向重质量，开始注重投入与产出的比例，注重服务效能的提升。公共图书馆以延伸服务、总分馆制为核心的实践活动，不断提升公共文化服务的效能。与此同时，公共图书馆事业开始走向法制化、规范化道路，图书馆各项立法工作有序开展，公共图书馆事业呈现出蓬勃发展、整体推进的良好发展态势。在全国公共图书馆事业发展的良好环境下，少数民族地区公共图书馆从关注数量的增长逐渐转为重视服务质量和内涵的提升，在各方面取得了更为全面的发展。

---

① 许建业：《公共文化服务体系建构中的图书馆发展路向——兼论新公共服务理论对图书馆事业改革的启示》，载《国家图书馆学刊》2006 年第 3 期，第 44～48 页。
② 周勇娟：《中美公共图书馆的差距比较》，载《图书馆建设》2010 年第 12 期，第 21～25 页。

第一节 少数民族地区公共图书馆全面发展的背景分析

一、全面建设小康社会目标的提出

进入新世纪，国内外形势发生了新的变化。一方面，国际形势风云变幻，世界局势跌宕起伏，科技进步日新月异，种族、宗教与贫穷等影响世界和平与稳定的不安全因素与日俱增；另一方面，我国社会主义现代化建设取得了显著成就，综合国力不断增强，但是收入差距的扩大，地域之间、城乡之间发展的不平衡问题日益突出，如何妥善处理不同利益群体之间的矛盾成为需要解决的重要课题。在正确分析国内外形势的基础上，2002年11月，在党的十六大会议上，江泽民代表第十五届中央委员会向大会做了题为《全面建设小康社会　开创中国特色社会主义事业新局面》[①]的报告，正式提出全面建设小康社会的奋斗目标。全面建设社会主义小康社会目标的提出，表明我国开始进入加快推进社会主义现代化发展的新阶段。

二、新世纪新阶段民族工作的主题

这一时期，中国共产党深刻认识到，少数民族和民族地区是全面建设社会主义小康社会的重点和难点，为此，确立了"两个共同"作为新世纪新阶段民族工作的主题。2003年3月，胡锦涛同志在全国政协十届一次会议少数民族界委员会联组讨论时，首次明确提出："共同团结奋斗、共同繁荣发展，这就是我们新世纪新阶段民族工作

---

① 江泽民：《全面建设小康社会　开创中国特色社会主义事业新局面》，人民出版社2002年版。

的主题。"① 2004年10月，胡锦涛同志再次对"两个共同"进行了阐述，他指出："本世纪20年是我国改革发展的重要战略机遇期，也是促进我国各民族共同繁荣进步的关键时期，必须围绕全面建设小康社会的宏伟目标，牢牢把握各民族共同团结奋斗、共同繁荣发展的主题，努力把民族工作提高到一个新的水平。"② 2005年5月，胡锦涛同志在中央民族工作会议上，第一次系统、完整地对"两个共同"的科学内涵进行了阐释。"共同团结奋斗，就是要把全国各族人民的智慧和力量凝聚到全面建设小康社会上来，凝聚到建设中国特色社会主义上来，凝聚到实现中华民族的伟大复兴上来。共同繁荣发展，就是要牢固树立和全面落实科学发展观，切实抓好发展这个党执政兴国的第一要务，千方百计加快少数民族和民族地区经济社会发展，不断提高各族群众的生活水平"③。"两个共同"的主题，是对改革开放以来民族工作基本经验的精辟总结，是对新世纪新阶段民族工作任务的高度概括，实现了民族工作指导思想的与时俱进，同时也为民族地区公共图书馆事业发展奠定了新时代发展的思想基础。2014年，中央民族工作会议后出台的《中共中央、国务院关于加强和改进新形势下民族工作的意见》，首次明确提出新形势下民族地区经济社会发展的基本思路，将提高基本公共服务水平、改善民生作为首要任务。

三、少数民族事业发展规划的宏观指导

新世纪以来，在加快民族地区经济社会发展的同时，党中央和国家更加重视民族地区文化事业的建设与发展。从2007年开始，国家开始制定专门针对少数民族事业的发展规划，并将图书馆事业发展纳入少数民族事业专门发展规划当中，加强了对图书馆事业的重视与统一领导。2007年，国务院办公厅印发了《关于少数民族事业"十一

---

① 国家民族事务委员会、中共中央文献研究室：《民族工作文献选编（2003—2009年）》，中央文献出版社2010年版，第2～3页。
② 金炳镐：《新中国民族工作研究》，辽宁民族出版社2014年版，第141～142页。
③ 金炳镐：《新中国民族工作研究》，辽宁民族出版社2014年版，第141～142页。

五"规划的通知》①，对少数民族地区公共图书馆基础设施建设、少数民族文化遗产以及少数民族古籍保护等做出新的要求。2012年，国务院办公厅印发了《少数民族事业"十二五"规划》，提出少数民族地区公共图书馆向社会免费开放的新要求，同时对少数民族文化遗产普查、少数民族古籍专项保护工作做出了相关指示，民族地区图书馆事业紧跟全国公共图书馆事业的建设步伐不断前行。

1.《少数民族事业"十一五"规划》对图书馆发展的要求

在国家制定的"十一五"规划的指导下，为了在新时期着重加快少数民族和民族地区的发展，依据《中华人民共和国国民经济和社会发展第十一个五年规划纲要》和党中央、国务院关于进一步加强民族工作、加快少数民族和民族地区经济社会发展的精神，特别制定了《少数民族事业"十一五"规划》②（以下简称"十一五"规划），并由国务院办公厅于2007年2月27日正式公布。"十一五"规划将少数民族地区图书馆事业发展纳入文化事业规划当中，对图书馆发展提出了新的要求，主要如下：

第一，加大扶持倾斜力度。在加强扶持力度方面要求："根据国家区域发展总体战略，继续在文化基础设施建设、政策投入、产业发展和人才培养等方面，加大对民族自治地方文化建设的扶持力度。"③在加强倾斜力度方面要求："国家在安排补助地方文化设施建设、广播电视建设经费和文物保护经费等时，要加大向民族自治地方倾斜的力度。"④ 国家扶持和倾斜力度的不断加强，使少数民族地区图书馆发展在资金、技术和人才上得到了更多的保障。

第二，对县级图书馆的扩建。具体要求为："继续推进文化信息资源共享工程，加强民族自治地方文化基础设施建设，在实现县县有图书馆、文化馆目标的基础上，重点改扩建一批县图书馆、文化馆和

---

① 《少数民族事业"十一五"规划》，载《今日民族》2007年第3期，第6～13页。
② 《少数民族事业"十一五"规划》，载《今日民族》2007年第3期，第6～13页。
③ 《少数民族事业"十一五"规划》，载《人民日报》2007年3月29日第12版。
④ 《国务院办公厅关于印发少数民族事业"十一五"规划的通知》，载《中华人民共和国国务院公报》2007年第12期，第20～26页。

影剧院，提高县级图书馆、文化馆开展文化服务的能力。"① 这是建立健全少数民族地区公共文化基础设施的要求，也是提升少数民族地区基层图书馆公共文化服务能力的要求。公共图书馆建设重心的不断下移，使广大基层少数民族民众获得了能够共享图书馆信息与服务的机会和可能性，有利于少数民族地区广大基层民众基本文化权益的保障。

第三，强调要加强对少数民族文化遗产和民族古籍的保护。具体要求为："加强少数民族文化遗产的保护、抢救、发掘、整理和展示宣传。……加强少数民族古籍、文物和珍贵实物资料的抢救保护，重视少数民族传统手工艺的保护和传承，大力培养少数民族传统手工艺人才。"② 体现了新时期国家对少数民族文化遗产和民族古籍保护的重视，同时也为公共图书馆对传统文化保护提出了新的要求。

《少数民族事业"十一五"规划》首次将少数民族事业纳入国民经济和社会发展的总体规划，说明了在构建社会主义和谐社会的背景下，党中央更加重视少数民族各项文化事业的发展。"十一五"规划对少数民族地区图书馆提出了新的要求，为其指明了新时期的发展方向。

2．少数民族事业"十二五"规划

"十一五"以来，我国少数民族地区公共图书馆事业取得了较快发展，公共图书馆基础设施取得了突破性的进展，少数民族基本文化权益得到进一步保障。尽管如此，经济的发展以及民众文化需求的日益多元化对公共图书馆服务提出了新的要求，而实际中仍存在着一些突出问题和特殊困难，例如，公共图书馆在民族地区覆盖不完全，公共服务效能偏低，等等。2012年7月12日，国务院办公厅印发了《少数民族事业"十二五"规划》的通知，对新时期少数民族地区公共图书馆事业的发展提出了新要求，具体要求为：

---

① 《国务院办公厅关于印发少数民族事业"十一五"规划的通知》，载《中华人民共和国国务院公报》2007年第12期，第20～26页。
② 《国务院办公厅关于印发少数民族事业"十一五"规划的通知》，载《中华人民共和国国务院公报》2007年第12期，第20～26页。

第一，要求公共图书馆实现免费开放。2011年1月26日，文化部、财政部联合出台了《关于推进全国美术馆、公共图书馆、文化馆（站）免费开放工作的意见》（以下简称《意见》）（文财务发〔2011〕5号），决定将公共图书馆向社会免费开放，并对公共图书馆实行免费开放的指导思想、工作原则、主要目标、具体举措、保障机制等作了重要部署①。在该《意见》的指导下，2012年发布的《少数民族事业"十二五"规划》明确提出，"加快推进公共图书馆、博物馆、文化馆（站）、美术馆等公共文化设施向社会免费开放"②。与2011年国家发布的公共文化设施免费开放政策一脉相承，体现了民族地区公共图书馆事业与我国公共图书馆事业的统一性。少数民族事业"十二五"规划对民族地区公共图书馆提出免费开放的要求，提升了民族地区公共图书馆的服务效能，促进了惠及全民的公共文化服务体系建设。

第二，加强对少数民族文化遗产的保护。《少数民族事业"十二五"规划》要求，"健全少数民族文化遗产普查、登记、建档、认定制度，加强对世界文化遗产、大遗址和文物保护单位的保护，继续实施少数民族文物保护工程，加强对民族地区历史文化名城（街区、村镇）的保护"③。说明新时期少数民族文化遗产保护工作逐渐规范化、国际化，也为新时期民族地区公共图书馆文化遗产保护职能和工作重点提出了新的要求。

第三，对少数民族古籍保护提出新的要求。相关内容的表述为："加强少数民族古籍保护、抢救、搜集、整理、翻译、出版和研究等

---

① 《关于推进全国美术馆公共图书馆文化馆（站）免费开放工作的意见（文财务发〔2011〕5号）》，2016年1月9日，见中华人民共和国政府网站（http://www.gov.cn/zwgk/2011-02/14/content_1803021.htm）。
② 《少数民族事业"十二五"规划》，2016年1月9日，见中华人民共和国政府网站（http://www.gov.cn/zwgk/2012-07/20/content_2187830.htm）。
③ 《国务院办公厅关于印发少数民族事业"十二五"规划的通知》，2016年1月9日，见中华人民共和国政府网站（http://www.gov.cn/zwgk/2012-07/20/content_2187830.htm）。

工作。继续实施西藏、新疆等地少数民族古籍保护专项工作。"① 明确了新的社会发展形势下少数民族古籍保护工作的基本内容，特别是对于历史上古籍保护工作力度需要加强的西藏、新疆地区进行了专门性的规定，表明少数民族古籍保护工作从抓整体转向对特定地区进行重点突破，体现了新时期民族古籍保护工作的转型。

第四，各项文化战略工程、文化惠民工程向民族地区的倾斜。《少数民族事业"十二五"规划》明确规定："全国地市级公共文化设施建设规划、全国文化信息资源共享工程、公共电子阅览室建设计划、数字图书馆推广工程、公共图书馆文化馆免费开放计划、农家书屋建设工程等，向民族地区倾斜。"② 由此表明国家在公共文化资源的宏观调配上更加强调对少数民族地区的倾斜，为民族地区公共图书馆的发展提供了更多的助力。

2012年《少数民族事业"十二五"规划》的颁布，明确了新时期少数民族地区公共图书馆事业在保障少数民族基本文化权益中的职能与作用，也使少数民族地区公共图书馆在进一步保护、传承和弘扬中发挥更大的作用。

3. "十三五"促进民族地区和人口较少民族发展规划

2017年1月24日，国务院正式印发了《"十三五"促进民族地区和人口较少民族发展规划的通知》③（以下简称《规划》），对"十三五"时期国家支持少数民族和民族地区发展、加强民族工作做出全面部署。《规划》指出，"十三五"时期是我国全面建成小康社会的决胜阶段，把加快少数民族和民族地区发展摆到更加突出的战略位置，对于补齐少数民族和民族地区发展短板，保障少数民族合法权益，提升各族人民福祉，增进民族团结进步，促进各民族交往交流交

---

① 中国社会科学院人口与劳动经济研究所：《中国人口年鉴（2013）》，中国社会科学出版社2014年版，第38页。

② 中国社会科学院人口与劳动经济研究所：《中国人口年鉴（2013）》，中国社会科学出版社2014年版，第38页。

③ 《国务院关于印发"十三五"促进民族地区和人口较少民族发展规划的通知》，2018年3月28日，中华人民共和国中央人民政府网（http://www.gov.cn/zhengce/content/2017-01/24/content_5162950.htm）。

融，维护社会和谐稳定，确保国家长治久安，实现全面建成小康社会和中华民族伟大复兴的中国梦具有重要意义。为确保《"十三五"促进民族地区和人口较少民族发展规划》的实施，集中帮扶发展相对滞后的人口较少民族整体实现脱贫，推进发展水平较高的人口较少民族整体率先奔小康，分批分步实现全面小康，2018年，国家发展改革委下达中央预算内投资8亿元，支持内蒙古、辽宁、吉林、黑龙江、福建、江西、广西、贵州、云南、西藏、甘肃、青海、新疆等13个省区的人口较少民族聚居行政村基础设施、基本公共服务设施、生态环境保护和人居环境整治，以及民族文化传承等4个领域项目建设，为民族地区公共图书馆的发展提供了更多的支持①。

四、少数民族文化政策的宏观指导

进入新世纪以来，党中央对少数民族文化重要性的认识不断加深，对少数民族文化事业发展给予了前所未有的重视，出台了专门旨在加快少数民族文化事业发展的政策措施，对少数民族地区公共图书馆事业的发展产生了积极的影响。

1.《关于进一步加强少数民族文化工作的意见》

为了进一步加快少数民族和民族地区文化事业的发展，2000年2月13日，文化部、国家民委发布了《关于进一步加强少数民族文化工作的意见》②（以下简称《意见》）。该《意见》基于对少数民族地区文化发展现状的客观分析，目的在于缩小少数民族地区与内地以及发达地区之间文化发展水平的差距，满足新形势下少数民族和民族地区民众的精神文化需求。《意见》对加强少数民族地区图书馆事业建设提出了新的要求，主要有以下几点。

第一，要求加强少数民族地区图书馆基础设施。图书馆基础设施

---

① 《国家发展改革委下达扶持人口较少民族发展专项2018年中央预算内投资计划》，2018年3月22日，中华人民共和国国家民族事务管理委员会网（http://www.seac.gov.cn/art/2018/2/8/art_33_300184.html）。

② 《关于进一步加强少数民族文化工作的意见》，2016年9月22日，国家数字文化网（http://www.ndcnc.gov.cn/shifanqu/fagui/201306/t20130618_683657.htm）。

是图书馆开展信息服务的载体，少数民族县（市、旗）图书馆基础设施建设是保障基层少数民族群体基本文化权益的重要基础。2000年《意见》充分认识到民族地区基层图书馆的重要性，视县级图书馆为民族地区重要的文化活动阵地，在少数民族地区的文化设施建设中，把图书馆的建设作为重点，要求集中财力、物力集中解决图书馆基础设施的建设问题①。在经费保障上，文化部将以国家计委、财政部拨给的专项资金重点给予补助②。对县级图书馆事业建设的重视，一方面表明国家将少数民族地区"县县有馆"的目标视为少数民族文化事业发展的重点，另一方面凸显了少数民族地区公共图书馆在公共文化服务体系构建中的重要作用，开始着重解决广大少数民族地区基层民众"看书难"的问题。

第二，确立了新时期少数民族地区"县县有馆"的目标。相关具体表述为："各地要认真落实文化设施建设计划，努力在'十五'期间实现县县有文化馆、图书馆或综合性文化设施，乡乡有文化站的目标。"③ 此目标明确了新世纪少数民族地区图书馆事业的重点任务，为新世纪少数民族地区图书馆事业发展指明了方向。

第三，对少数民族地区图书馆的功能和服务职能提出新要求。要求充分发挥少数民族地区图书馆在传播知识方面的功能和作用，丰富群众文化生活，提升群众文化素养。在图书馆服务方式的选择上，倡导开展"流动文化"服务方式④。"流动文化"服务的开展是针对民族地区地广人稀的实际情况而探索的一种因地制宜的服务方式，体现了以满足最广大少数民族群众的基本文化权益为出发点和落脚点，强化了新时期少数民族地区公共图书馆的服务职能。

---

① 《关于进一步加强少数民族文化工作的意见》，2016年9月22日，国家数字文化网（http://www.ndcnc.gov.cn/shifanqu/fagui/201306/t20130618_683657.htm）。
② 《关于进一步加强少数民族文化工作的意见》，2016年9月22日，国家数字文化网（http://www.ndcnc.gov.cn/shifanqu/fagui/201306/t20130618_683657.htm）。
③ 《关于进一步加强少数民族文化工作的意见》，2016年9月22日，国家数字文化网（http://www.ndcnc.gov.cn/shifanqu/fagui/201306/t20130618_683657.htm）。
④ 《关于进一步加强少数民族文化工作的意见》，2016年9月22日，国家数字文化网（http://www.ndcnc.gov.cn/shifanqu/fagui/201306/t20130618_683657.htm）。

2.《关于进一步繁荣发展少数民族文化事业的若干意见》

为全面贯彻党的十七大精神,深入贯彻落实科学发展观,进一步繁荣发展少数民族文化事业,推动社会主义文化大发展大繁荣,2009年7月,国务院下发了《关于进一步繁荣发展少数民族文化事业的若干意见》①。从表述上看,2009年《意见》与2000年的《意见》提法所不同的是,用"繁荣发展"代替了"加强",用"少数民族文化事业"代替了"少数民族文化工作",由此体现了少数民族文化事业建设的阶段性与递进性。这表明,一方面,进入新世纪以来,少数民族文化事业发展取得了一定的成就,少数民族各项文化事业建设任务已经取得了阶段性成果,形成了稳步推进少数民族文化事业发展新局面;另一方面,也表明了新形势下少数民族文化事业建设的主导思想为"繁荣发展",从而奠基了新时期民族地区公共图书馆发展的总体基调。2009年《意见》对少数民族地区图书馆提出的要求如下。

第一,加强基础设施建设。强调以完善公共文化服务体系为重点,进一步重视和加强图书馆基础设施建设,以推动文化创新为动力,满足各族群众日益增长的社会文化需求②。强调加快民族地区公共文化基础设施建设,具体要求为:"大力推进民族地区县级图书馆文化馆、乡镇综合文化站和村文化室、广播电视村村通工程、农村电影放映工程、农家书屋工程、文化信息资源共享工程等建设,保障民族地区基层文化设施有效运转。"③ 该项政策内容是根据当前公共文化服务体系建设的需求,在少数民族地区文化建设中对图书馆提出新的发展要求,表明了新世纪以来少数民族地区公共图书馆事业建设重心开始下移。

第二,在图书馆建设基本原则中要求"坚持基本公共服务均等

---

① 《解读国务院〈关于进一步繁荣发展少数民族文化事业的若干意见〉》,载《共产党人》2009年第16期,第9~10页。
② 《国务院关于进一步繁荣发展少数民族文化事业的若干意见》,载《中华人民共和国国务院公报》2009年第22期,第10~14页。
③ 《国务院关于进一步繁荣发展少数民族文化事业的若干意见》,载《中华人民共和国国务院公报》2009年第22期,第10~14页。

化",保障少数民族和民族地区各族群众的基本文化权益①。基本公共服务均等化要求是对公平正义、机会均等、公民权利平等理念的具体彰显,同时也是公共图书馆平等、自由的价值追求,与现代公共图书馆理念一脉相承,有利于提升少数民族地区公共图书馆的服务理念和水平。

第三,确立了新的发展目标。根据2009年《意见》中关于公共文化服务体系建设的要求,具体到图书馆,其发展目标确立为:"到2020年,图书馆基础设施相对完备,覆盖少数民族和民族地区的图书馆服务体系基本建立,主要指标接近或超过全国平均水平,少数民族群众读书看报难、收听收看广播电视难、开展文化活动难等问题得到较好解决,少数民族优秀传统文化得到有效保护、传承和弘扬。"②这对新时期少数民族地区图书馆的公共文化服务效能的提升与阅读推广、少数民族文化遗产的保护与传承具有一定的指导意义。

第四,进一步提高少数民族和民族地区公共文化服务覆盖范围与力度,创新文化服务形式。2013年,中央安排专项资金222935万元扶持西部特别是民族地区文化建设,实施了流动图书车工程,为六盘山区、秦巴山区、滇桂黔石漠化区等连片特困地区和西藏、四省藏区、新疆南疆三地州的656个县级公共图书馆每馆配送1辆流动图书车。该项目计划分两年完成,2013年中央财政下拨项目资金8200万元,为328个县级公共图书馆配送了流动图书车③。

第五,重视借用先进的现代化数字和网络技术手段,有效推动了少数民族地区公共图书馆向现代化、数字化发展的转型。

第六,加强对少数民族文化遗产的发掘和保护。2009年《意见》对新时期少数民族文化遗产保护工作,在开展普查登记、抢救濒危文

---

① 《国务院关于进一步繁荣发展少数民族文化事业的若干意见》,载《中华人民共和国国务院公报》2009年第22期,第10~14页。
② 《国务院关于进一步繁荣发展少数民族文化事业的若干意见》,载《中华人民共和国国务院公报》2009年第22期,第10~14页。
③ 《文化部:采取有力措施加大支持力度深入做好少数民族文化工作》,2016年1月9日,见国家民委网(http://www.seac.gov.cn/art/2013/12/18/art_ 7371_ 196909.html)。

化遗产、加快文化遗产资源数字化进程、加强人口较少民族遗产保护等方面提出了新的要求①。在少数民族古籍保护方面,要求"扶持少数民族古籍抢救、搜集、保管、整理、翻译、出版和研究工作,逐步实现少数民族古籍的科学管理和有效保护"②。并将少数民族非物质文化遗产作为新时期少数民族文化遗产保护工作的重要环节。

2009年《意见》的出台对少数民族地区公共图书馆发展提出了新的要求,明确了指导思想和发展方向,在新的历史发展起点上提出了新时代的发展课题,并且对新时期少数民族地区图书馆为进一步强化公共文化服务能力、保障少数民族文化权益赋予了责任和使命。在两个《意见》的指导下,民族地区公共图书馆公共文化服务职能得到进一步强化。例如,为了进一步满足农村牧区群众的多样化、个性化的信息需求,内蒙古自治区锡林郭勒盟通过建立跨部门协作工作机制,不断充实完善藏书种类和结构。截至2010年,已建成草原书屋388个,全盟嘎查村覆盖率超过1/3③。锡林郭勒盟结合草原书屋建设,积极开展"我的书屋·我的家——草原书屋阅读演讲活动""读书示范户"评选科技大篷车等活动,充分发挥农牧民在草原书屋建设中的主体作用,促使农牧民多读书,提高农牧民自身素质,真正发挥草原书屋在新农村、新牧区建设中的重要作用。

五、重大文化战略工程的宏观指导

进入新世纪以来,国家启动并实施了一系列旨在加快少数民族地区经济社会发展,保障少数民族与民族地区各族群众基本文化权益的重点建设工程和文化战略工程,少数民族地区公共图书馆迎来了前所未有的发展机遇。

---

① 《国务院关于进一步繁荣发展少数民族文化事业的若干意见》,载《中华人民共和国国务院公报》2009年第22期,第12页。
② 《国务院关于进一步繁荣发展少数民族文化事业的若干意见》,载《中华人民共和国国务院公报》2009年第22期,第13页。
③ 《内蒙古锡林郭勒盟338个草原书屋惠及广大农牧民》,2016年1月9日,见内蒙古锡林郭勒盟民族局(http://www.seac.gov.cn/gjmw/zt/2010-12-09/1291363220784950.htm)。

（一）西部大开发战略

1. 背景分析

改革开放以来，我国经济建设和各项事业都取得了更大的发展，人民生活水平普遍提高，综合国力明显增强。但是，仍存在着区域发展不平衡的问题，尤其是中西部地区，由于历史和自然等因素的影响和制约，经济社会发展水平还相对滞后，成为国民经济和社会发展的严重制约因素①。为了解决我国东中部地区发展差距日益增加的问题，世纪之交，党中央审时度势地做出西部大开发的战略部署，并将此作为新世纪的一项重大战略任务，以加快中西部地区和边远民族地区的发展，协调区域发展的非均衡状态。1999年，党中央召开了第二次中央民族工作会议暨国务院第三次全国民族团结进步表彰大会②。在对民族工作所面临的新形势进行综合分析的基础上，提出了西部大开发战略③。2000年，国务院出台了《关于实施西部大开发若干政策措施的通知》④，为加强对西部大开发工作的组织和领导，同年1月，国务院西部地区开发领导小组办公室正式成立，标志着西部大开发战略的正式启动。⑤

2. 西部大开发的范围

西部大开发的范围包括重庆、四川、贵州、云南、西藏、陕西、甘肃、青海、宁夏、新疆、内蒙古、广西等12个省、自治区、直辖市，面积685平方公里，占全国土地面积的71.4%。⑥ 其中包括我国

---

① 马明:《毛泽东思想邓小平理论与"三个代表"重要思想概论专题探讨》，长春吉林大学出版社2014年版，第153页。
② 江泽民:《在中央民族工作会议暨国务院第三次全国民族团结进步表彰大会上的讲话》，载《中国民族》1999年第11期，第4～6页。
③ 江泽民:《在中央民族工作会议暨国务院第三次全国民族团结进步表彰大会上的讲话》，载《中国民族》1999年第11期，第4～6页。
④ 《关于西部大开发若干政策措施的实施意见》，载《山区开发》2002年第11期，第4～10页。
⑤ 杨清震:《西部大开发与民族地区经济发展》，民族出版社2004年版，第2页。
⑥ 刘峰、朱天松:《西部大开发与民族地区发展》，见郝时远、王希恩《中国民族发展报告（2001—2006）》，社会科学文献出版社2006年版，第46页。

西藏、新疆、宁夏、内蒙古、广西5个省一级的自治区，甘肃、青海、贵州3个多民族省份，30个少数民族自治州（"兴边富民"行动开展后将延边自治州括入），约占全国民族自治地方总面积的96.72%，占西部地区总面积的86.4%①。从少数民族总人口看，全国55个少数民族中有52个聚居在西部，少数民族总人口达到6000万，占全国少数民族人口的55%以上②。湖南湘西土家族苗族自治州、湖北恩施土家族苗族自治州以及吉林延边朝鲜族自治州虽然不在西部，但在经济发展水平上都属于欠发达的少数民族聚集地区，因此在政策上也享受西部大开发的优惠待遇③。可见，西部大开发主要实施的重点在民族地区。因此，西部大开发战略是针对少数民族地区的重要发展战略。正如朱镕基总理强调的："实施西部大开发战略，也就是要加快少数民族和民族地区的发展。"④

3. 少数民族地区公共图书馆在西部大开发中的机遇

西部大开发战略提出以后，随着国家整体实力的不断增强，国家在财力、物力、人力和优惠政策等方面都给予西部民族地区大力的支持，西部少数民族地区经济社会呈现出快速发展的态势。同时，统筹规划了西部地区文化建设蓝图。2000年，为贯彻落实国家西部大开发战略决策，文化部下发了《关于实施西部大开发战略，加强西部文化建设的意见》，对加强西部地区文化建设做出了重要部署。此后，《文化建设"十五"规划》《文化建设"十一五"规划》等重要文件也相继制定，旨在加强西部地区文化建设具体的政策措施，强调在文化设施建设、人才培养等方面对西部地区予以重点扶持。西部地区各级政府高度重视文化建设，纷纷提出了"文化强省""文化强

---

① 王鉴：《西部民族地区教育均衡发展的新战略》，载《民族研究.》2002年第6期，第9～17页。
② 何晓芳、王彦达、何晓薇等：《兴边富民与安邻、睦邻、富邻关系研究》，人民出版社2014年版，第32页。
③ 王鉴：《西部民族地区教育均衡发展的新战略》，载《民族研究》2002年第6期，第9～17页。
④ 朱牟本理：《西部大开发中的民族工作》，载《中国民族》2001年第9期，第4～9页。

市"的发展目标,不断深化文化体制改革,推进文化创新,为西部地区公共图书馆发展、民众公共文化权益的实现提供了政策保障①。

西部大开发离不开对西部文化事业的建设,更离不开公共图书馆为西部开发提供必要的信息资源支撑。西部大开发战略对少数民族地区图书馆事业在发展政策和资金上的支持都是前所未有的,为加快民族地区公共图书馆事业发展提供了重要的历史机遇,主要表现在以下几个方面。

第一,提供资金保障。西部大开发战略在具体实施中,要求提高中央财政性建设资金对于西部投资的比例,加大对西部地区特别是民族地区的一般性转移支付力度,特别是在文化事业专项补助资金方面,要求向西部地区倾斜②。2001年,财政部设立了全国文化设施维修专项补助经费和全国"万里边疆文化长廊"补助专项经费,2001—2007年共安排西部地区1.4亿元,占全部资金总量2.8亿元的50%。"十五"期间,文化部和发展改革委员会实施县级两馆建设项目,2002—2005年,中央补助西部地区3.3亿元。"十一五"期间,又实施了乡镇综合文化站建设规划,计划投入39.48亿元,其中2007—2009年共安排西部地区资金12.1亿元,占已拨资金总量21亿元的57.6%③。中央财政转移支付大幅提升了西部地区的可支配财力,推动了西部地区的经济增长。而经济的快速增长和经济实力的不断提升,为西部地区文化事业发展奠定了物质基础。截至2008年年底,西部地区共建有图书馆1016个,群众艺术馆140个,文化馆1037个,文化站14221个,初步形成了覆盖城乡的公共文化服务设施网络。

第二,深化少数民族地区公共图书馆信息服务职能。随着西部大

---

① 胡税根、宋先龙:《我国西部地区基本公共文化服务均等化问题研究》,载《天津行政学院学报》2011年第1期,第62~67页。
② 《国务院办公厅转发国务院西部开发办关于西部大开发若干政策措施实施意见的通知》,载《中华人民共和国国务院公报》,2001年第33期,第30~40页。
③ 胡税根、宋先龙:《我国西部地区基本公共文化服务均等化问题研究》,载《天津行政学院学报》2011年第1期,第62~67页。

开发的推进，少数民族地区的开发建设对信息资源的需求与日俱增，为少数民族地区公共图书馆的信息服务提出了新的要求。西部大开发战略要求西部地区公共图书馆切实发挥信息支撑作用，通过各种途径参与到各地民族文化区域建设的规划当中，为民族地区经济社会发展提供各方面的信息需求。云南省大理白族自治州图书馆，通过开展实地调研，撰写文化专题调研报告，为建设民族文化大州提供参考①。

第三，为西部少数民族地区公共图书馆对外文化交流创造机遇。西部大开发将东部地区人才、资源、技术优势向西部配置转移，加强了东部地区对西部地区的对口支援与合作②。在中央和地方政府指导下，动员社会各方面力量加强对西部的对口支援，要求进一步加强对贫困地区、少数民族地区的支援力度③。东部地区的财力、人力和物力资源不断流入西部，保障了西部民族地区图书馆的发展后劲。同时，西部民族地区图书馆打破地区封闭和图书馆行业封闭状态，通过"走出去"的方式向东部图书馆"取经"，以开放的眼光学习借鉴东部经济发达地区图书馆先进的发展经验，有利于推动西部民族地区图书馆事业实现跨越式发展④。

第四，推动了西部地区对非物质文化遗产的保护工作。西部地区各民族在漫长的历史进程中创造了多样性的民族文化，成为中华传统文化的重要组成部分。在国务院公布的两批1028项国家级非物质文化遗产名录中，西部地区项目占到总数的1/4；全国4155项省级非物质文化遗产项目中，西部地区共1488项。然而，这些文化由于长期以来未得到及时合理的保护，许多珍贵的少数民族文化遗产濒临消

---

① 杨锐明：《西部大开发与民族地区图书馆文献资源开发》，载《图书情报工作》2002年第1期，第97~98页。

② 江泽民：《关于西部大开发问题（2000年6月20日）》，见国家民族事务委员会、中共中央文献研究室《民族工作文献选编（1990—2002年）》，中央文献出版社2003年版，第268页。

③ 《国务院关于实施西部大开发若干政策措施的通知（2000年10月26日）》，见国家民族事务委员会，中共中央文献研究室《民族工作文献选编（1990—2002年）》，中央文献出版社2003年版，第288页。

④ 张纶：《西部大开发中图书馆的使命与机遇》，载《中国图书馆学报》2000年第5期，第61页。

逝和灭绝。例如，藏族史诗《格萨尔》，由于受到现代化和外来文化的冲击，传承人越来越少，已经面临着人亡歌息的危险局面。西部大开发战略强调对文化事业的高度重视，将少数民族非物质文化遗产的开发与当地社会经济的发展联系起来，强调对少数民族文化遗产的保护性开发，这将有利于少数民族文化遗产的保护与发展。

西部大开发战略的实施，是一项前所未有的、惠及西部和少数民族人民群众的世纪壮举，为少数民族地区公共图书馆发展提供了良好机遇，深化了少数民族地区公共图书馆的服务职能，为西部民族地区公共图书馆事业插上了腾飞的翅膀。

（二）兴边富民行动

为了进一步加快边境地区经济社会的发展，配合西部大开发战略，2000年2月，根据党中央、国务院的精神，国家民委倡导发起了旨在加快边境地区发展的兴边富民行动，该行动得到了党中央、国务院的高度重视和充分肯定[1]。作为新形势下我国民族工作的另一项重要创举，兴边富民行动在保障和改善边境地区各族群众民生方面起到了积极的促进作用[2]。

1. 兴边富民行动缘起

实施兴边富民是新世纪边境地区发展形势的客观要求。在我国2.2万公里的陆地边界线中，有近1.9万公里区域属于民族地区。规划内的136个边境县（旗、市）中，其中107个属于民族自治地方。2300多万边境地区人口中，有近一半是少数民族。边境地区国土面积约194.6万平方公里，其中民族自治地方占91.3%。有30多个民族与境外民族毗邻而居，其中8个建有独立的民族国家，4个民族在

---

[1] 朱玉福：《"兴边富民行动"的意义》，载《广西民族研究》2007年第4期，第16～21页。

[2] 朱玉福：《兴边富民行动10周年：成就、经验及对策》，载《广西民族研究》2011年第1期，第161～168页。

邻国建有一级行政区①。在我国陆地边境线上分布着广西、云南、西藏、新疆、甘肃、内蒙古、辽宁、吉林、黑龙江 9 各省区,其中广西、云南、西藏、新疆、内蒙古属于民族地区,大都为老、少、边、穷地区,由于历史、地理等原因,文化事业一直相对落后②。由于历史、地理、自然等因素的制约,我国边境地区经济社会发展相对滞后,成为新世纪全面建设小康社会中的难点和重点。面临复杂的国内外形势,边境地区的安全稳定对于小康社会建设有着重要意义。2000年年初,国家民委下发了《关于进一步推进"兴边富民行动"的意见》③的通知,对兴边富民行动工作做了全面部署与安排。同年 2 月,国家民委召开了兴边富民行动新闻发布会,宣布兴边富民行动全面正式启动,将兴边富民行动纳入西部大开发重点工作。

2. 兴边富民行动发展

实施兴边富民行动,对于推动边境地区经济社会快速发展,提高各族群众生活水平,加强民族团结,巩固祖国边防,维护国家统一,增进中外睦邻友好具有特殊的重要意义。自从 2000 年该行动启动以来,至今已经成为一项重要的治国方略。2004 年,国家民委又下发了《关于继续推进兴边富民行动的意见》,国务院办公厅于 2007 年编制了《兴边富民行动"十一五"规划》,对兴边富民的发展目标、主要任务、政策措施等进行了全面部署。《兴边富民"十一五"规划》是该行动实施以来国家制定的第一个专项计划,具有里程碑意义④。此后,2011 年国家接着发布了《兴边富民行动"十二五"规划》。2017 年,国务院办公厅印发了《兴边富民行动"十三五"规划》,国家发展改革委"十三五"继续设立中央预算内投资兴边富民

---

① 王正伟:《将兴边富民行动一任接着一任干下去》,载《中国民族报》,2014 年 9 月 28 日。
② 李资源、詹全友、刘连银、孔定芳:《中国共产党少数民族文化建设研究》,人民出版社 2011 年版,第 425 页。
③ 史睿:《国家"兴边富民行动"研究》(硕士学位论文),中央民族大学管理学院 2010 年,第 32~94 页。
④ 朱玉福:《兴边富民行动 10 周年:成就、经验及对策》,载《广西民族研究》2011 年第 1 期,第 161~168 页。

行动专项,加大边境地区基础设施、基本公共服务设施、生态环境保护和人居环境整治以及民族文化传承等4个领域的建设力度。

3. 少数民族地区图书馆发展的契机

兴边富民行动也是一项针对边境少数民族地区经济社会的发展方针,在促进边境少数民族地区经济社会发展的同时,也给边境少数民族地区公共图书馆带来了新的发展契机,主要体现在以下三个方面。

第一,为边疆少数民族地区公共图书馆的发展提供了资金保障。兴边富民行动实施以来,中央财政在少数民族发展资金中专门设立了兴边富民补助资金。从2000年的每年1500万元,增至2014年的18.8亿元。2011年至2014年间,中央财政共安排兴边富民补助资金61亿元,比"十一五"总投入增加了43亿元;"十二五"期间,国家发改委又新增设了兴边富民中央预算内投资专项①。随着该行动资金投入力度的逐步增大,其中有相当一部分用于少数民族文化事业,为少数民族地区公共图书馆的发展提供了有力的资金保障。

第二,扩大了民族地区公共图书馆文化服务基础设施的覆盖范围。《兴边富民行动"十一五"规划》(2011)提出要实现"县县有图书馆"的目标②,不仅使这些地区的公共图书馆有了数量上的增长,也使民族地区图书馆的公共文化服务覆盖范围得到进一步扩展。

第三,促进了少数民族地区公共图书馆信息资源共建共享。兴边富民行动加快了全国文化信息资源共享工程边境基层服务网站建设,有利于少数民族地区公共图书馆信息资源共建共享,有利于进一步提高公共图书馆的信息资源保障能力。

兴边富民行动是一项计划性和组织性很强、扶持力度和投入力度极大的国家边境建设系统工程,为民族地区公共图书馆的发展提供了良好的机遇。随着兴边富民行动对民族地区文化发展的不断支持,客观上带动了少数民族地区图书馆事业的进一步向前发展。

---

① 《兴边富民行动为边境地区同步小康添动力——专访国家民委副主任罗黎明》,载《中国民族报》2015年12月17日。
② 《兴边富民行动"十一五"规划》,2016年2月15日,见国家民委网(http://www.seac.gov.cn/art/2011/1/19/art_149_108605.html)。

(三) 公共文化服务体系建设

为了进一步推动社会主义文化大发展大繁荣，增强国家文化软实力，进一步推动公共文化服务体系建设，我国政府将公共文化服务体系建设作为新时期文化发展的重要措施，通过不断完善公共文化服务网络建设，保障人民的基本文化权益。所谓公共文化服务体系，是指"以保障人民群众基本文化权益、满足人民群众基本文化需求为目的，以政府为主导，以公共财政为支撑，以公益性文化单位为骨干，向全社会提供公共文化设施、产品、服务的总和"①。

1. 发展历程

2005年10月，党中央在"十一五"规划中提出："加大政府对文化事业的投入，逐步形成覆盖全社会的比较完备的公共文化服务体系。"② 这是"公共文化服务体系"在国家发展规划文件中的首次出现，标志着我国公共文化服务体系建设正式在国家层面拉开了序幕。2006年9月，公共文化服务被正式纳入《国家"十一五"时期文化发展规划纲要》（以下简称《纲要》）当中。该《纲要》指出："要从现阶段经济社会发展水平出发，以实现和保障公民基本文化权益、满足广大人民群众基本文化需求为目标，坚持公共服务普遍均等原则，兼顾城乡之间、地区之间的协调发展，统筹规划，合理安排，形成实用、便捷、高效的公共文化服务网络。"③ 这表明政府职能从办文化到社会管理和公共服务的转变。2007年10月，党的十七大将"覆盖全社会的公共文化服务体系基本建立"作为全面建设小康社会

---

① 于群、李国新：《中国公共文化服务发展报告（2012）》，社会科学文献出版社2012年版，第1页。
② 丁伟：《对构建农村公共文化服务保障机制的思考》，载《剧影月报》2016年第2期，第96~98页。
③ 《国家"十一五"时期文化发展规划纲要（全文）（2006年09月13日）》，2016年2月15日，见中国政府网（http://www.gov.cn/jrzg/2006-09/13/content_388046_5.htm）。

的重要奋斗目标①。2011年10月,党的十七届六中全会审议并通过了《中共中央关于深化文化体制改革推动社会主义文化大发展大繁荣若干重大问题的决定》②,着重指出"完善覆盖城乡、结构合理、功能健全、实用高效的公共文化服务体系"③。将公共文化服务体系建设作为文化体制改革的重要内容不断推进,从"加强"到"完善"的转变,体现了我国公共文化服务体系建设的阶段性与持续性。2012年7月11日,国务院正式印发了《国家基本公共服务体系"十二五"规划》,为我国公共文化服务体系建设制定了第一部总体性的规划④。

为了进一步完善深化公共文化服务体系建设,2013年1月,国家发布了《文化部"十二五"时期公共文化服务体系建设实施纲要》⑤,提出"到'十二五'期末,全国60%以上文化馆、公共图书馆达到部颁三级以上评估标准……全国人均拥有公共图书馆藏书达到0.7册,各级文化馆(站、室)、公共图书馆和文化共享工程基层服务点基本建有公共电子阅览室。"⑥;强调要"加强少数民族和民族地区公共文化服务体系建设",以全面提升少数民族和民族地区公共文化服务水平。为了进一步促进基本公共文化服务标准化、均等化,满足人民群众日益增长的精神文化需求。2015年1月14日,中共中央办公厅、国务院办公厅印发了《关于加快构建现代公共文化服务体

---

① 《胡锦涛在中国共产党第十七次全国代表大会上的报告》,2016年2月15日,见人民网(http://cpc.people.com.cn/GB/64093/67507/6429846.html)。

② 李爱玲:《中共中央关于深化文化体制改革推动社会主义文化大发展大繁荣若干重大问题的决定》(2011年10月18日中国共产党第十七届中央委员会第六次全体会议通过),载《求是》2011年第21期,第111~119页。

③ 李爱玲:《中共中央关于深化文化体制改革推动社会主义文化大发展大繁荣若干重大问题的决定》(2011年10月18日中国共产党第十七届中央委员会第六次全体会议通过),载《求是》2011年第21期,第111~119页。

④ 高迎刚:《当代中国公共文化建设的历史回顾与现状分析》,载《艺术百家》2013年第6期,第19~30页。

⑤ 《文化部"十二五"公共文化服务体系建设纲要发布》,2016年2月15日,见中国政府网(http://www.gov.cn/gzdt/2013-01/23/content_2318196.htm)。

⑥ 《文化部"十二五"公共文化服务体系建设纲要》发布[EB/OL].[2016-02-15].http://www.gov.cn/gzdt/2013-01/23/content_2318196.htm

系的意见》①（以下简称《意见》），同时发布了《国家基本公共文化服务指导标准（2015—2020年）》②，明确了新形势下公共文化服务建设的总体目标、基本原则、重点任务及保障措施等。《意见》突出了"现代"二字，强调了公共文化服务从理念到指导方针的时代性、创新性和开放性。2015年12月9日，文化部、国家发改委、国家民委、财政部、国家新闻出版广播总局、国家体育总局、国务院扶贫办七部委联合印发了《"十三五"时期贫困地区公共文化服务体系建设规划纲要》（简称《纲要》）。该《纲要》突出补短板、兜底线、建机制、畅渠道、促发展五大特点，提出到2020年，贫困地区基本公共文化服务主要指标接近全国平均水平，扭转发展差距扩大的趋势。针对贫困地区公共文化建设存在的突出问题，按照"补齐短板、巩固提高、全面推进、协调发展"的建设思路，《规划纲要》从完善设施网络、推动均衡发展、增强发展活力、提高服务效能、推进数字文化、加强队伍建设、加大文化帮扶、推动脱贫致富8个方面提出具体要求，重点突出"保障基本、促进均等，增强活力、提高效能，科技提速、人才支撑，加大帮扶、推动发展"四个方面。其中实施特殊政策的西藏、四省藏区、新疆南疆四地州，以及连片特困地区以外的国家扶贫开发工作重点县，共计839个县，含民族自治地方426个、革命老区县357个、陆地边境县72个③。2016年12月25日，十二届全国人大常委会第二十五次会议表决通过了《中华人民共和国公共文化服务保障法》（以下简称《保障法》）④，并自2017年3月

---

① 《关于加快构建现代公共文化服务体系的意见》，载《人民日报》2015年1月15日第9版。

② 中共中央办公厅、国务院办公厅：《关于加快构建现代公共文化服务体系的意见》，2016年2月15日，见中国政府网（http://www.gov.cn/xinwen/2015-01/14/content_2804250.htm）。

③ 《文化部等七部委联合印发〈"十三五"时期贫困地区公共文化服务体系建设规划纲要〉》，2016年2月15日，见中国共产党新闻网（http://politics.people.com.cn/n/2015/1209/c70731-27907466.html）。

④ 中华人民共和国中央人民政府：《中华人民共和国公共文化服务保障法》，2016年2月15日，见中国政府网（http://www.gov.cn/xinwen/2016-12/26/content_5152772.htm）。

1日起正式施行。该法案的内容包括总则、公共文化设施建设与管理、公共文化服务提供、保障措施、法律责任、附则等6个章节，共计65条法律条文。《保障法》为公共文化服务体系建设构筑了基本法律制度框架，创造了良好的法律环境和制度环境。该部法律是我国第一部有关公共文化服务的国家法律，也是我国第一部与公共图书馆有关的国家法律。其立法的基本精神源于国际公认的公共文化服务责任主体，更是改革开放以来、特别是进入21世纪以来党和国家公共文化服务政策不断发展和完善的结晶[1]。《保障法》第40条规定："国家加强民族语言文字文化产品的供给，加强优秀公共文化产品的民族语言文字译制及其在民族地区的传播，鼓励和扶助民族文化产品的创作生产，支持开展具有民族特色的群众性文化体育活动。"这是对民族地区公共文化服务提供的具体规定，体现了对少数民族文化权利的保护，有利于实现公共文化服务与少数民族需求的有效对接，提升少数民族地区公共文化服务效能[2]。

2．影响

新世纪以来，公共文化服务体系的构建对少数民族地区公共图书馆事业的全面发展产生了极其重要的影响，主要有以下几个方面。

第一，进一步完善少数民族地区公共图书馆基础设施建设。"十一五"时期，我国民族地区基本上完成了图书馆基础设施建设，但是还有许多需要完善的地方。为此，"十二五"时期的工作重点转变为"完善民族地区公共文化设施网络"，在获得足够技术、资金和人员方面支持的基础上，对民族地区图书馆进行了进一步的改建和扩建，特别是一些沿边地区、偏远山区和广大农牧区未达标的县级公共图书馆也得到进一步扩充。

第二，少数民族地区公共图书馆的服务范围和内容进一步扩大和丰富。国家不断支持提升少数民族地区公共文化服务水平。中央补助

---

[1] 程焕文：《论〈公共文化服务保障法〉立法精神——国家和政府的公共文化服务责任解析》，载《图书馆论坛》2017年第6期，第1～9页。

[2] 冯云：《区域协调发展——对〈公共文化服务保障法〉老少边穷地区条款的解读》，载《图书馆论坛》2017年第6期，第22～26页。

地方公共文化服务体系建设专项资金重点向民族地区倾斜，集中实施了流动舞台车工程、民族自治县边境县综合文化服务中心覆盖工程广播器材配置、中西部地区"送戏下乡镇"等一批文化惠民项目，推动改善基层公共文化体育设施条件，加强基层公共文化服务人才队伍建设，保障少数民族地区广大群众收听广播、观看电视、观赏电影、开展文体活动等基本文化权益。在公共文化服务全覆盖目标的要求下，随着服务重心的下移，根据少数民族地区的特点，各种形式的"流动"服务得到推广，进一步消除了少数民族地区公共文化服务的"盲区"。特别是数字图书馆的建设，扩大了公共文化服务在少数民族地区的覆盖范围，提高了公共文化服务的信息化和数字化水平。

第三，加强了发达地区对少数民族地区公共图书馆的帮扶力度。以"春雨工程"为主要代表的地区全国文化志愿者边疆行工作得到进一步开展，"文化援疆""文化援藏"效果显著，不仅促进了图书馆的双向互动交流，而且加强了民族地区与其他地区的文化交流与合作，使边疆少数民族地区的公共文化水平得到进一步提高。例如，2013年9月，福建省文化厅组织福建文化志愿者服务团到青海省开展"春雨工程"大讲台、大交流文化服务活动，并在青海省图书馆开展系列讲座，不仅增强了两省之间的文化交流，而且也推动了青海省地区的文化繁荣发展。①

3. 取得的成效

随着构建公共文化服务体系实践在我国的不断推进，少数民族地区作为公共文化服务体系建设的重点和难点，国家对其实施了各项优惠政策和针对性的措施，使得少数民族地区公共图书馆事业取得了新的发展成绩。具体表现在以下方面。

第一，图书馆基础设施得到有效扩充。据统计，截至"十一五"末，国家共补助了9.13亿元用于少数民族地区乡镇综合文化站的建

---

① 《春雨工程2013年福建省文化志愿者青海行系列文化讲座在青海省图书馆举办》，见中国图书馆学会、国家图书馆《中国图书馆年鉴（2014）》，国家图书馆出版社2015年版，第194页。

设，经过不断建设，其中8个民族省区每10万人拥有的文化单位数量高于全国平均水平，开展了形式多样、内容丰富的富有民族特色的群众文化活动①。

第二，少数民族地区公共文化覆盖能力不断增强。以西藏自治区为例，目前已建立农家书屋5451个，寺庙书屋1787个，截至2015年年底，以形成了自治区、地（市）、县、乡、村的五级公共文化服务体系，对所有公共图书馆实施了免费开放②。

第三，公共文化服务效能得到了提升。少数民族地区公共图书馆勇于创新服务手段和管理模式，不断延伸和深化公共图书馆的服务职能。例如，广西壮族自治区积极打造城市"不夜书房"，在南宁市设置数所室外雨棚式社区24小时自助图书馆，以先进的理念将图书馆打造为集学习、文化休闲于一体的综合空间，以方便社区居民随时随地享受阅读的乐趣，使图书馆延伸服务和高新技术在公共图书馆的应用实现了重大突破③。

第四，少数民族地区公共文化建设水平不断提升。在全国公共文化服务体系建设的推动下，少数民族地区公共文化建设水平得到显著提升。在2011年5月，由文化部、财政部公布的第一批创建国家公共文化服务体系示范区（项目）名单中④，内蒙古自治区鄂尔多斯市、广西壮族自治区来宾市、西藏自治区林芝地区、新疆维吾尔自治区喀什等地成为第一批公共文化服务体系示范区⑤；广西壮族自治区河池市的《罗城仫佬族自治县乡镇文化站规范管理》、云南楚雄彝族

---

① 《全国少数民族和民族地区公共文化服务体系建设座谈会召开》，载《中国民族报》2012年7月30日第1版。
② 《西藏所有公共文化设施免费开放公共文化服务惠及农牧民》，2016年2月19日，见中国西藏网（http://www.tibet.cn/news/china/1455506752972.shtml）。
③ 《广西公共文化设施建设加强打造不夜书房》，2016年2月19日，见国家数字文化网（http://www.ndcnc.gov.cn/shifanqu/zixun/201601/t20160125_1183824.htm）。
④ 李国新：《示范区（项目）创建与公共图书馆发展》，载《中国图书馆学报》2012年第3期，第4~11页。
⑤ 《关于公布第一批创建国家公共文化服务体系示范区（项目）名单的通知》，2016年2月19日，见中华人民共和国财政部网（http://www.mof.gov.cn/zhengwuxinxi/bulinggonggao/tongzhitonggao/201106/t20110602_556575.html）。

自治州的《农民素质教育网络培训学校建设》、西藏山南地区的《民族地区公共文化服务体系建设机制》、新疆克拉玛依市的《图书馆联建、共享一体化服务体系》与乌鲁木齐市的《"新疆情"文化讲坛的拓展与创新》成为全国第一批公共文化服务体系示范项目等①。

（四）全国文化信息资源共享工程

2002年4月，为了解决基层民众特别是西部偏远地区农民看书难、看电影难、文化相对落后的现状，国家文化部、财政部联合发布了《关于实施全国文化信息资源共享工程的通知》②（以下简称"文化共享工程"）。文化共享工程是"采用现代信息技术手段，对中华优秀文化信息资源进行数字化加工和整合，依托各级公共图书馆、文化馆（站）等公共设施，通过互联网、广播电视网、无线通信网等新型传播载体，实现文化信息资源在全国范围内的共建共享"③。

文化共享工程自启动以来，受到党中央和地方各级政府的高度重视，连续3年被写入政府工作报告，并先后被纳入国家"十一五""十二五"发展规划当中。2013年1月，国家制定了《全国文化信息资源共享工程"十二五"规划纲要》，提出"继续以农村和中西部为重点""加强少数民族文化产品译制工作……到2015年，建成藏汉、维汉、哈汉、蒙汉、朝汉等文化共享工程双语网站"④。

文化共享工程是一项旨在繁荣社会主义先进文化的创新工程，推动了数字图书馆服务在全国范围的开展，加快了少数民族地区数字图书馆的建设，促进了少数民族地区数字信息资源共建共享保障体系的

---

① 《关于公布第一批创建国家公共文化服务体系示范区（项目）名单的通知》，2016年2月19日，见中华人民共和国财政部网（http://www.mof.gov.cn/zhengwuxinxi/bulinggonggao/tongzhitonggao/201106/t20110602_556575.html）。

② 苏超：《"文化共享工程"可持续发展研究》（博士学位论文），南开大学商学院2014年。

③ 《全国文化信息资源共享工程介绍》，2016年2月19日，见国家数字文化网（http://www.ndcnc.gov.cn/gongcheng/jieshao/201212/t20121212_495375.htm）。

④ 《全国文化信息资源共享工程"十二五"规划纲要》（全文），2016年2月19日，见国家数字文化网（http://www.ndcnc.gov.cn/gongcheng/dongtai/201303/t20130307_589025.htm）。

建设①。通过文化共享工程,少数民族地区现已完成对藏、蒙、朝、维、哈等少数民族语言资源译制共计 1341 小时,征集 291 小时。在庆祝西藏和平解放 60 周年之际,向西藏地区加大服务力度,完成西藏自治区图书馆双语网站建设,填补了我国省级公共图书馆最后一个没有互联网网站的空白②。截至 2013 年年底,文化共享工程建成各级服务中心/服务站点共计 632432 个,累计向 12.6 亿人提供了公共数字文化服务③。截至 2014 年,国家通过文化共享工程已初步形成国家、省、市、县、乡镇(街道)、村(社区)六级服务网络,已建成 1 个国家中心、33 个省级分中心、2843 个市县支中心,29555 个乡镇(街道)基层服务点,60.2 万个村(社区)基层服务点,数字资源总量达 200.29TB④。文化共享工程为少数民族地区公共图书馆的文化信息资源共建共享提供了体制机制保障,有助于少数民族地区之间以及全国范围内的少数民族文化资源的共建、共知、共享,有助于消弭"数字鸿沟",进一步保障少数民族地区群众的基本文化权益。

(五)农家书屋工程

农家书屋工程是由政府统一规划、组织实施的一项惠及广大农民群众、推动农村社会文化建设的重大工程,是着重解决我国广大农村地区人民群众"买书难、借书难、看书难"的重大文化民生工程⑤。2006 年 9 月,我国颁布的《"十一五"时期文化发展规划纲要》做出了"按照政府资助建设,鼓励社会捐助,农民自我管理,市场运作

---

① 民族事务委员会文化宣传司、中国社会科学院文化研究中心等:《中国少数民族文化发展报告(2012)》,社会科学文献出版社 2013 年版。
② 《2012 年文化共享工程发展概况》,2016 年 2 月 19 日,见国家数字文化网(http://www.ndcnc.gov.cn/gongcheng/jishi/201309/t20130924_ 765112.htm)。
③ 苏超:《"文化共享工程"可持续发展研究》(博士学位论文),南开大学商学院 2014 年。
④ 《以重点项目建设为依托,全国公共文化服务共建共享加快推进》,见中华人民共和国文化部《中国文化年鉴(2014)》,新华出版社 2014 年版,第 89 页。
⑤ 袁晞:《八部委发布〈农家书屋工程实施意见〉》,载《人民日报》2007 年 3 月 16 日,第 9 版。

发展的要求,支持农民群众开办'农家书屋'"①的重要指示。2007年,全国人大十届五次会议政府工作报告将突出抓好农家书屋工程作为重要内容。2007年,新闻出版总署会同中央文明办、国家发改委、科技部、民政部、财政部、农业部、国家人口计生委八部委联合发出了《关于印发〈农家书屋工程实施意见〉的通知》②,进一步推进社会主义新农村建设,加强农村文化建设,农家书屋工程开始在全国范围内得到广泛开展。

"十一五"以来,中央政府不断加大对农家书屋建设的财政支持力度,使农家书屋工程建设得到蓬勃发展。根据新闻出版总署官方统计,截至2012年6月,国家累计投资100亿元,在全国25个省(区、市)完成农家书屋建设③。至此,全国农家书屋工程基本竣工,提前3年完成了"农家书屋村村有"的任务。截至2012年年底,全国已建成农家书屋60余万家,基本覆盖所有行政村。10余年来,农家书屋从无到有,向农村配送图书的数量甚至已经超过全国公共图书馆,农家书屋已经累计向广大农村配送图书10亿多册,甚至超过2016年全国公共图书馆9.01亿册的馆藏总量④。农民人均图书拥有量从农家书屋实施前的人均0.13册增长到人均1.25册,增长近10倍;农民图书阅读率从43%增长到2016年的49.7%⑤。可以说,农家书屋在缓解农村群众看书难、借书难问题上已取得了初步成效。

少数民族地区农家书屋取得了较大的建设成效。截至2010年,在我国5个少数民族自治区中,西藏自治区共建成了约2000个农(牧)家书屋,新疆维吾尔自治区共建成农家书屋3000个,广西壮

---

① 《国家"十一五"时期文化发展规划纲要(全文)》,2016年2月25日,见中国政府网(http://www.gov.cn/jrzg/2006-09/13/content_388046_5.htm)。
② 袁晞:《八部委发布〈农家书屋工程实施意见〉》,载《人民日报》2007年3月16日,第9版。
③ 中华人民共和国国家统计局:《科学发展谱新篇:从十六大到十八大》,中国统计出版社2012年版,第200页。
④ 国家图书馆研究院:《2016中国公共图书馆事业发展基础数据概览》(内部资料),国家图书馆研究院2017年版。
⑤ 《农家书屋工程:助力文化扶贫 增强文化自信》,2017年9月29日,见(http://news.cctv.com/2017/07/15/ARTIlSlosKvteYassICVQwUR170715.shtml)。

族自治区建成农家书屋 6314 个，内蒙古自治区建成"草原书屋"5700 个。其中汉文书屋配置图书 1228 种、1766 册，音像制品 100 种，报刊 20 种；蒙文书屋配置图书 1223 种、1561 册，音像制品 100 种，报刊 20 种，蒙文书屋中蒙古文出版物配置率达到 45%①。宁夏回族自治区建成农家书屋 1311 个，并将农家书屋的建设延伸至林场、农场、监狱等，使农家书屋的覆盖范围进一步扩大，使特殊群体和弱势群体的基本文化权益得到保障②。新疆维吾尔自治区的农家书屋工程稳步推进，并取得了一定的建设成效。截至 2012 年，包括维吾尔文在内的 6 种语言文字共 162.6 万册图书、10.84 万盒音像制品、2168 个书架、1084 个报刊架被送入基层，着力解决少数民族群众看书难、读报难的问题③。

进入"十二五"时期，农家书屋建设不断推进，少数民族地区公共图书馆事业取得了更为显著的建设成效。图书馆事业一直较为落后的西藏自治区，在农家书屋工程的实施下，也取得了良好的成效。截至 2014 年年底，西藏已经建成农家书屋 5451 个，实现所有行政村全覆盖，每个书屋平均有期刊、音像制品及图书等读物 2000 多册，丰富了当地农牧民的精神文化生活④。此外，以农家书屋为载体，当地的驻村工作队还帮助西藏牧民开展相应阅读活动，同时鼓励中小学生"小手拉大手"帮助父母阅读，有效促进了阅读推广活动在西藏地区的开展。

在硬件基础设施建设基本完成的前提下，如何进一步推进农家书屋提质增效，解决农家书屋服务"最后一公里"，已经成为新形势下实现农家书屋可持续发展的新课题。2017 年 6 月 9 日，国家新闻出

---

① 国家民族事务委员会文化宣传司、中国社会科学院文化研究中心：《中国少数民族文化发展报告 (2012)》，社会科学文献出版社 2013 年版，第 4 页。
② 国家民族事务委员会文化宣传司、中国社会科学院文化研究中心：《中国少数民族文化发展报告 (2012)》，社会科学文献出版社 2013 年版，第 4 页。
③ 郝时远、王延中、王希恩：《中国民族发展报告 (2015)》，社会科学文献出版社 2015 年版，第 135 页。
④ 中国图书馆学会、国家图书馆：《中国图书馆年鉴 (2014)》，国家图书馆出版社 2015 年版，第 180 页。

版广电总局下发了《关于深化农家书屋延伸服务的通知》①，要求农家书屋开展并深化延伸服务，让农家书屋更好地满足广大农民群众的精神文化需求，少数民族地区对延伸农家书屋服务进行了有益的探索，利用互联网+，等等信息技术打造"数字"农家书屋，使服务方式与范围得到进一步延伸。

（六）"春雨工程"

"春雨工程"全国文化志愿边疆行，是一项旨在调动社会力量参与少数民族地区文化事业建设，加强各族人民文化交流的文化惠民活动②。2011年，中央文明办与文化部共同印发了《文化部中央文明办关于组织开展"春雨工程"——全国文化志愿者边疆行工作的通知》③，对"春雨工程"进行了总体的安排与部署，标志着该项文化惠民活动正式拉开帷幕。2012年4月10日，文化部制订了具体的实施方案，对"春雨工程"的指导思想、基本原则、主要内容、目标任务、实施步骤等做了具体安排和部署④。2013年，"春雨工程"作为少数民族文化事业发展的重点项目，被正式纳入《文化部"十二五"时期公共文化服务体系建设实施纲要》，通过开展各省、区、市对边疆民族地区文化志愿服务活动，打造志愿文化团队，建立文化志愿机制，在一定程度上提高了边疆民族地区公共文化服务水平⑤。

"春雨工程"使少数民族地区公共图书馆焕发出了新的发展活

---

① 《关于深化农家书屋延伸服务的通知》，2017年9月29日，见（http://www.sapprft.gov.cn/sapprft/contents/6588/336899.shtm）。

② 常健：《中国人权在行动（2012）》，五洲传播出版社2013年版，第256页。

③ 《文化部中央文明办关于组织开展"春雨工程"——全国文化志愿者边疆行工作的通知》，2016年2月25日，见国家数字文化网（http://www.ndcnc.gov.cn/zhuanti/2014zt/zhiyuanzhe/tongzhi/201407/t20140704_955461.htm）。

④ 《文化部关于印发〈"春雨工程"——全国文化志愿者边疆行工作实施方案〉的通知》，2016年2月25日，见（http://www.ndcnc.gov.cn/zhiyuanzhe/tongzhi/201407/t20140704_955458_6.htm）。

⑤ 《文化部关于印发〈文化部"十二五"时期公共文化服务体系建设实施纲要〉的通知》，2016年3月5日，见（http://zwgk.mcprc.gov.cn/auto255/201301/t20130121_29512.html）。

力，许多图书馆界专家学者也纷纷加入到文化志愿服务的队伍当中，对少数民族地区公共图书馆的建设与发展提供帮助与扶持。2011年7月，由国家文化部、中央文明办等部门联合开展的全国"春雨工程"文化志愿边疆行活动之"2011年广东文化志愿者宁夏行活动"来到宁夏银川，在宁夏学术报告厅举办了"大讲台——公共文化公益讲座"①。2012年8月22日，由上海社科院信息所所长、《全国公共图书馆服务标准》主要执笔人王世伟，华东师范大学图书馆学教授范并思和浙江大学公共管理学院副教授李超平等国内图书馆界知名学者组成的图书馆文化志愿者团队，来到新疆克拉玛依市图书馆，开办了新疆公共图书馆免费开放培训班，对全疆图书馆负责人及部分业务骨干进行了为期3天的培训②。2015年8月4日，"春雨工程——文化志愿者边疆万里数字文化长廊行"在新疆昌吉州图书馆举办了南北疆技术骨干培训活动，文化部全国公共文化发展中心副主任李建军，自治区文化厅公共文化处处长李强、副处长李朝阳，昌吉州党委宣传部部长、文化体育广播影视新闻出版局局长吴勇，自治区图书馆馆长历力、副馆长王曙光以及来自北疆、东疆片区的96名学员参加开班仪式。李建军做了题为"公共数字文化服务的发展与创新"的培训报告。新疆分中心针对学员们日常工作的需要，特别为本次培训设置专门的课程，包括公共数字文化服务的发展与创新、公共电子阅览室的建设与维护、资源采集应用与技巧、单反及手机拍摄技巧等，力求让各位学员无论在技术上还是业务上都能学有所成。"春雨工程"开启了少数民族地区图书馆事业发展的新模式，通过"春雨工程"文化志愿服务，现代图书馆理念被广泛地撒播在边疆少数民族地区，这对少数民族地区图书馆理念的更新，以及管理与服务水平的提高起到了积极的促进作用。

除此之外，近年来国家实施"一带一路"倡议，为西部地区、

---

① 辛亦：《"春雨工程"文化志愿者边疆行公益文化讲座在宁夏图书馆举办》，载《图书馆理论与实践》2011年第7期，第5页。
② 《"春雨工程"助力新疆图书馆事业》，2016年3月9日，见（http://www.xjkunlun.cn/xinwen/szyw/jiangneixw/2012/2503810.htm）。

民族地区从边缘地带晋升为辐射中心位置提供了飞跃发展的机遇。总之，国家在各项发展方针政策的制定以及各项发展战略规划的制定和实施中，体现出向少数民族地区倾斜的政策导向。上述重大政策的贯彻与落实，不仅为少数民族地区公共图书馆事业发展提供了制度保障，而且也带动了少数民族地区民众对图书馆的需求，推动了公共图书馆事业的全面发展。

第二节 少数民族地区公共图书馆全面发展的主要内容

一、基础设施建设

进入新世纪以来，在全面建设社会主义小康社会、构建普遍均等的公共文化服务体系背景之下，党中央加强了对少数民族地区发展的支持力度，以推动全国公共文化服务体系建设的协调均衡发展。党中央高度重视少数民族文化事业建设，加大了对少数民族地区的财政转移支付力度，特别是增加了中央财政对西部困难地区、少数民族地区、边疆地区基层文化设施建设的专项补助，少数民族地方政府也逐渐将图书馆建设纳入地方发展规划之中。四川省图书馆新馆于2015年12月26日正式开馆。"十二五"期间，国家投资1800万用于对西藏自治区图书馆的改扩建，改扩建后的西藏自治区图书馆建筑面积达到13500平方米，并于2016年6月重新开馆接待读者。新疆维吾尔自治区图书馆二期改扩建工程稳步推进。随着对图书馆建设的重视，经费投入的逐渐增长，少数民族地区公共图书馆基础设施建设取得了较为显著的成绩。

（一）机构数量变化分析

根据《中国图书馆年鉴》中有关全国公共图书馆机构数量的统

计，2000—2016 年，全国各地公共图书馆机构数量变化情况见表 5-1。从全国范围来看，通过对各地公共图书馆的增长率进行统计，截至 2000 年末，全国公共图书馆总数为 2675 个，5 个民族自治区公共图书馆总数占全国总数的比重约为 11%。2016 年末，全国共有公共图书馆 3153 个，2000 年以来的增长率为 16.52%。5 个民族自治区中，内蒙古自治区 117 个，广西壮族自治区 114 个，西藏自治区 81 个，宁夏回族自治区 26 个，新疆维吾尔自治区 107 个，民族自治区公共图书馆总数为 445 个，占全国比重约为 14%，增长了 3 个百分点①。这表明：近年来民族地区图书馆事业基础设施建设有了较快的发展，在全国图书馆事业体系中所占的比重越来越大。

表 5-1　2000—2016 年全国各地区公共图书馆机构数量（单位：个）

年份 地区	2000	2005	2009	2010	2011	2012	2013	2014	2015	2016	增长率（%）
总计	2675	2672	2850	2884	2952	3076	3112	3117	3139	3153	17.87
北京	24	25	24	24	24	24	24	24	24	24	0
天津	31	32	31	31	31	31	31	31	31	31	0
河北	145	153	164	165	166	172	173	172	172	172	18.62
山西	121	122	126	126	126	126	127	126	126	127	4.96
内蒙古	108	110	113	113	114	114	116	116	117	117	8.3
辽宁	128	126	128	128	128	129	129	129	126	130	1.56
吉林	60	63	66	65	65	66	66	66	66	66	10
黑龙江	97	96	100	107	107	106	107	107	107	108	11.34
上海	31	28	29	28	25	25	25	25	25	24	↓22.58
江苏	101	103	109	111	112	112	113	114	114	114	12.87
浙江	83	90	96	97	97	97	98	98	100	102	22.89
安徽	84	88	89	88	100	102	107	113	122	123	46.42

---

① 中国图书馆学会、国家图书馆：《中国图书馆年鉴（2016）》，国家图书馆出版社 2017 年版，第 422 页。

续表 5-1

年份 地区	2000	2005	2009	2010	2011	2012	2013	2014	2015	2016	增长率（%）
福建	81	84	85	86	86	87	91	88	90	90	11.11
江西	104	104	108	108	114	114	114	114	114	113	8.65
山东	133	145	150	149	150	150	153	153	154	154	15.79
河南	134	136	142	142	152	156	157	157	158	158	17.91
湖北	103	102	107	107	109	111	112	112	112	112	8.73
湖南	115	120	120	124	130	136	136	136	137	137	19.13
广东	124	129	133	132	134	137	137	138	140	142	6.45
广西	94	95	100	108	108	112	112	112	112	114	21.27
海南	19	20	20	20	20	20	21	21	21	23	21.05
重庆	–	42	43	43	43	43	43	43	43	43	2.38
四川	129	141	156	161	169	188	197	198	203	203	57.36
贵州	89	91	92	93	93	93	94	95	96	98	10.11
云南	148	149	150	150	152	152	151	151	151	151	2.02
西藏	1	4	4	4	4	77	78	78	79	81	8000
陕西	114	111	112	112	112	112	114	114	110	110	↓3.5
甘肃	91	92	93	94	100	103	103	103	103	103	13.19
青海	38	43	44	44	49	49	49	49	49	49	28.95
宁夏	22	20	20	20	27	26	26	26	26	26	18.18
新疆	80	96	94	103	103	105	106	107	107	107	33.75

数据来源：根据《中国图书馆年鉴2016》《中国统计年鉴2017》相关数据整理。

从各地情况来看，增长水平超过全国总体水平的地区依次为西藏（80倍）、四川（57.36%）、安徽（46.42%）、新疆（33.75%）、青海（28.95%）、浙江（22.89%）、广西（21.27%）、海南（21.05%）、湖南（19.13%）、河北（18.62%）、宁夏（18.18%）、河南（17.91%）。其中，西藏地区出现异常值，这主要和该地区图书馆初始基数较小有关。在这些地区当中，除了安徽、河北、浙江、河南 4 个省份之外，其余 7 个地区均为少数民族地区或多民族省份，除湖南之外，其余地区均属于我国经济欠发达的西部地区。尤其是一直以来公共图书馆事业最为落后的西藏地区，2016 年，公共图书馆机构数量从 2005 年的 4 所增长到 81 所，呈现出较为显著的增长态势。图书馆机构数量的增加在一定程度上缓解了图书馆事业发展基础薄弱的困境，扭转了西藏地区图书馆事业落后的局面。这表明，新世纪以来，少数民族地区公共图书馆机构增长速度正在逐步追赶东部经济发达地区，这将有利于缓解我国公共图书馆事业地区发展不平衡的困境，同时有利于公共图书馆资源与服务的均衡提供与获取。虽然公共图书馆机构数量的单纯增加并不能直接表明图书馆事业的内在发展，但是反映出少数民族地区对图书馆事业观念的转变以及对图书馆事业建设的重视。而这主要得益于公共文化服务理念的传播，以及国家重大文化战略工程的实施，如全国文化信息资源共享工程、农家书屋工程等都在一定程度上增强了少数民族地区发展图书馆的意识。

（二）建筑面积变化分析

为了能够较为准确地反映图书馆建筑的覆盖能力，通常以每万人公共图书馆建筑面积作为统计标准来进行衡量。根据《中国图书馆年鉴（2016）》[①] 和《中国统计年鉴（2017）》[②] 相关数据整理，表 5-2 反映了新世纪以来主要少数民族地区平均每万人公共图书馆建筑面积情况。从各少数民族地区逐年发展变化可以看出，各自治区或多民族省份人均建筑呈稳步增长趋势，说明图书馆基础设施建设有所加强。从全国范围来看，宁夏回族自治区（183 平方米）、内蒙古自治区（154.3 平方米）、西藏自治区（163.1 平方米）、新疆维吾尔自治区（105.2 平方米）均超过了全国人均 90 平方米的水平，说明少数民族地

---

① 中国图书馆学会、国家图书馆：《中国图书馆年鉴（2016）》，国家图书馆出版社 2017 年版，第 435 页。

② 中华人民共和国国家统计局：《中国统计年鉴（2017）》，中国统计出版社 2017 年版，第 763~764 页。

区公共图书馆馆舍较为充足,初步具备了开展各项活动的条件。

表5-2 民族自治区与多民族省份平均每万人公共图书馆建筑面积

(单位:平方米)

年份 地区	2000	2005	2010	2011	2012	2013	2014	2015	2016
全国总计	47.3	51.8	67.2	73.8	78.2	85.1	90.0	94.7	103.0
内蒙古	53.0	65.8	90.4	94.6	105.0	131.5	137.0	135.5	154.3
广西	46.8	45.1	55.8	55.5	60.9	59.6	70.3	72.0	80.8
四川	27.3	34.2	42.1	48.1	55.4	59.5	61.4	68.5	72.3
贵州	39.7	35.7	44.5	49.3	46.7	59.9	62.3	63.7	64.6
云南	48.5	78.4	65.5	72.2	71.0	73.2	72.6	75.1	77.1
西藏	61.1	104.7	89.6	80.4	88.0	120.6	134.2	156.2	163.1
青海	73.4	68.1	78.9	81.7	93.7	79.5	77.8	105.9	107.8
宁夏	78.3	68.8	133.9	177.1	160.9	163.7	167.1	158.8	183.0
新疆	44.7	54.7	82.0	80.5	82.4	90.9	97.5	100.6	105.2

数据来源:根据《中国民族统计年鉴(2016)》《中国统计年鉴(2017)》相关统计数据整理。

(三)阅览室座席数分析

从民族自治区公共图书馆阅览室座席数的变化来看(表5-3),2000年至2016年,少数民族地区公共图书馆阅览室座席数量相较2000年总体上均有所增加。然而,各少数民族地区之间也存在着阅览室座席数的不均衡,其中广西、内蒙古、新疆地区阅览室座席数较为充裕,而宁夏、西藏地区阅览座席数相对较少。特别是西藏地区,2016年阅览室座席只有0.3万个,实际上难以满足读者的阅读需求。从全国来看,民族地区阅览室建设相较东部经济发达地区处于落后局面。2016年,全国公共图书馆阅览室座席数排在前三位的分别是广东省(9.4万个)、浙江省(6.5万个)、山东省(6.1万个),这些地区均属于东部经济发达地区,阅览室座席数极大地超过了少数民族地区。阅览室是读者实现阅读权利的重要空间资源，阅览室座席数则反映了满足读者阅读空间需求的能力，也是图书馆以读者需求为导向的服务能力的反映。这说明少数民族地区图书馆急需加强空间资源的效能建设，以切实满足读者的阅读所需。

表5-3 2000—2016年少数民族地区公共图书馆阅览室座席数（单位：万个）

年份 地区	2000	2005	2009	2010	2011	2012	2013	2014	2015	2016
总计	41.6	48.0	60.2	63.1	68.1	73.5	81.0	85.6	91.1	98.6
内蒙古	1.3	1.4	1.7	1.7	1.7	1.9	2.4	2.6	2.6	2.8
广西	2.0	1.8	2.3	2.5	2.4	2.6	2.7	2.7	2.8	2.9
西藏	—	—	0.1	—	0.1	0.1	0.2	0.2	0.2	0.3
宁夏	0.4	0.5	0.5	0.5	0.7	0.7	0.7	0.8	0.8	0.9
新疆	0.7	1.0	1.1	1.4	1.6	1.7	2.0	2.2	2.3	2.4

数据来源：根据《中国图书馆年鉴》相关数据统计整理。

公共图书馆基础设施建设受当地人口、经济、教育、文化等因素的影响，不同地理位置、各少数民族特性以及不同政策导向也使其呈现出发展的不平衡状态。单纯的基础设施建设情况难以全面反映出图书馆事业发展水平，因此，还需进一步结合公共图书馆文献资源建设、服务水平和人员结构等其他指标进行综合衡量。

（四）经费情况变化分析

进入新世纪以来，随着国家对少数民族地区文化事业发展各项优惠政策和倾斜政策的实施，少数民族地区各级地方政府提高了建设图书馆的意识，将图书馆事业建设纳入当地文化事业发展的重要战略当中，在经费上适当增加了投入比例，使少数民族地区公共图书馆发展获得了较为充足的物质保障。

1. 公共图书馆财政拨款情况分析

表5-4反映了2000—2016年少数民族地区公共图书馆财政拨款

情况。进入新世纪以来，主要少数民族地区公共图书馆财政拨款均有所增加。其中，内蒙古自治区 2000 年公共图书馆财政拨款为 2452 万元，2016 年为 35753 万元，公共图书馆财政拨款增加 13.6 倍；广西壮族自治区 2000 年为 2851 万元，2016 年为 29939 万元，增加了 9.5 倍；西藏自治区 2000 年仅为 111 万元，2016 年为 6095 万元，增加了约 53.9 倍，特别是 2015 年为近年来增幅最快的一年，然而西藏仍是 5 个民族自治区中公共图书馆财政拨款最少的地区；宁夏回族自治区 2000 年为 786 万元，2016 年为 10483 万元，增加了 12.3 倍；新疆维吾尔自治区 2000 年为 1476 万元，2016 年为 30234 万元，增加了 19.5 倍。

表 5-4　2000—2016 年少数民族地区公共图书馆财政拨款（单位：万元）

年份 地区	2000	2005	2010	2011	2012	2013	2014	2015	2016
内蒙古	2452	5086	17898	20954	47688	30656	34286	38852	35753
广西	2851	5469	12191	13425	22675	23491	23347	32734	29939
西藏	111	336	1145	1322	1366	1718	1820	6932	6095
宁夏	786	1504	5067	6868	9264	9556	13063	12731	10483
新疆	1476	3360	8089	11518	17552	20343	22540	21635	30234

数据来源：根据《中国图书馆年鉴（2016）》《2016 年全国公共图书馆事业发展基础数据概览》统计整理。

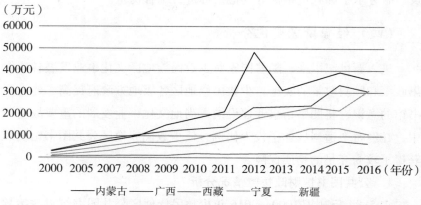

图 5-1　2000—2016 年我国少数民族地区公共图书馆财政拨款增长情况

从图 5-1 来看，2005 年以后呈现平稳增长的局面，特别是 2011 年以来的近几年，5 个少数民族地区增幅均比较快，说明近年来随着国家对少数民族文化事业资金投入力度不断加强，为少数民族地区图书馆事业提供了发展所需的经费保障。

2. 年度购书经费变化分析

从年度购书经费支出占总支出的比重来看，西藏地区公共图书馆购书经费支出占总支出的比例为 22.8%，为全国最高，说明了西藏自治区公共图书馆在馆藏建设方面正在加快追赶的步伐。而其他民族地区，内蒙古自治区公共图书馆购书经费占总支出的比例为 8%，广西壮族自治区为 14%，宁夏回族自治区为 10.6%，新疆维吾尔自治区为 5.5%，相较 20 世纪初，近年来购书经费均有了不同程度的增长（见表 5-5）。

表 5-5　少数民族自治区公共图书馆购书经费支出占总支出的比重（单位:%）

年份 地区	2000	2005	2009	2010	2011	2012	2013	2014	2015
全国	23.6	19.1	17.2	17.3	15.9	15.1	14.7	14.6	14.7
内蒙古	6.5	3.4	5.5	6.2	9.3	5.7	10.0	7.7	8.0
广西	16.9	10.7	13.8	13.9	14.9	13.2	13.2	10.8	14.0
西藏	14.5	12.8	17.6	17.2	13.0	16.1	6.9	8.1	22.8
宁夏	8.7	8.6	10.5	8.7	7.9	4.7	5.8	6.1	10.6
新疆	8.1	8.7	9.8	10.4	9.9	8.7	6.1	9.1	5.5

数据来源：根据《中国图书馆年鉴（2016）》相关数据统计整理。

各少数民族地区公共购书经费比重年度变化则呈现出较大的波动，有的阶段出现持续走低的现象，说明受到图书馆发展规划、馆藏建设规划等影响，购书经费所占总支出的比重并不是平稳发展。其中，内蒙古、广西、宁夏、新疆地区公共图书馆购书经费比例均低于全国 14.7% 的平均值，亟待进一步提升。

3. 人均购书经费变化分析

图书馆购书经费的保障效能可以进一步从人均购书经费状况中进行考察，表5-6反映了5个少数民族地区2000—2015年公共图书馆人均购书经费情况。

表5-6 2000—2015年主要少数民族地区公共图书馆人均购书费（单位：元）

年份 地区	2000	2005	2009	2010	2011	2012	2013	2014	2015
全国	0.293	0.457	0.782	0.829	0.917	1.091	1.220	1.224	1.434
内蒙古	0.070	0.071	0.343	0.380	0.807	1.140	1.261	1.054	1.278
广西	0.116	0.145	0.349	0.405	0.452	0.531	0.709	0.600	1.051
西藏	0.061	0.155	0.369	0.396	0.383	0.643	0.471	0.555	3.629
宁夏	0.121	0.228	0.773	0.796	0.930	0.588	0.890	1.154	2.029
新疆	0.071	0.173	0.356	0.424	0.539	0.614	0.463	0.899	0.627

数据来源：根据《中国图书馆年鉴（2016）》（431页）相关数据统计整理。

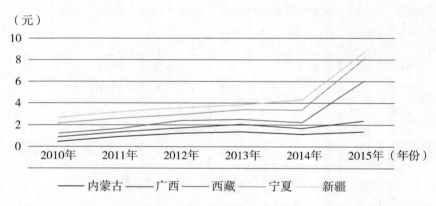

图5-2 2010—2015年我国少数民族地区公共图书馆人均购书经费增长情况

根据统计数据来看，新世纪以来，少数民族地区公共图书馆人均购书经费总体上在逐年增加。其中，内蒙古增长了17.26倍，西藏增长了58.49倍，宁夏增长了15.77倍，新疆增长了7.83倍，广西增长了8.06倍，西藏为购书经费增长最快的地区，排名全国第二（北京为第一，3.886元）。从全国范围来看，目前，西藏、宁夏公共图书馆人均购书费均超过了全国1.434元的平均水平，表明近年来这两个民族地区在购书经费的投入上不断加大，为满足当地民众基本文化需求提供了保障。然而，内蒙古、广西与新疆地区购书经费还与全国平均水平存在较大差异，尤其是新疆地区，人均购书经费不足1元，在民族自治区中排名最后，说明了民族地区之间在经费投入上也存在着一些差异，导致了发展的不平衡。

4. 新增藏量购置费分析

新增藏量购置费的多少体现了图书馆馆藏资源的更新能力。表5-7反映了从2000至2015年5个少数民族地区公共图书馆新增藏量购置费变化情况。

表5-7 2000—2015年少数民族地区公共图书馆新增藏量购置费

（单位：万元）

年份 地区	2000	2005	2009	2010	2011	2012	2013	2014	2015
内蒙古	166	169	830	939	2004	2838	3149	2640	3209
广西	520	674	1697	1863	2099	2484	3346	2851	5043
西藏	16	43	107	119	116	198	147	176	1176
宁夏	68	136	483	501	594	381	582	763	1355
新疆	136	347	769	925	1190	1371	1049	2066	1480

数据来源：根据《中国图书馆年鉴（2016）》相关数据统计整理。

截至2015年，各民族地区购置馆藏新资源总体上比2000年均有大幅增长，其中，内蒙古增幅为18.33倍，西藏增长了72.5倍，宁夏增长了18.93倍，新疆增长了9.88倍，广西增长了8.70倍。西藏出现了异常值，其增幅远高于其他4个自治区，说明了西藏自治区近年来对图书馆馆藏资源更新极其重视，经费投入较大，馆藏资源建设正在努力追赶其他地区。此外，各少数民族地区之间存在着较大的差异。据2015年的统计数据显示，新增藏量购置费由多到少依次排列为广西、内蒙古、新疆、宁夏、西藏。新增藏量购置费的差异，取决于不同少数民族地区的经济状况、图书馆发展观念和政策倾向等，其中，广西和内蒙古地区图书馆事业较为发达，用于购置新增馆藏资源的投入较多；而新疆、宁夏和西藏因地处经济欠发达的西部地区，用于购置馆藏新资源的投入相对较少。与全国其他地区相比较，少数民族地区新增藏量购置经费投入还相对不足。2015年，公共图书馆新增藏量购置经费投入前5位分别为：广东（23670万元）、上海（19127万元）、浙江（17781万元）、江苏（15421万元）、湖北（8752万元）。这些地区都属于经济较为发达的东部地区，从数值上看远高于民族地区。截至2015年，西藏地区新增藏量购置费甚至不到广东地区的5%，可见经济发达地区与贫困的少数民族地区之间在文献资源更新能力上还存在着较为显著的两极分化。

二、文献信息资源建设

新世纪以来，少数民族地区公共图书馆文献资源建设取得了较大的进步，馆藏资源总量不断扩充，人均拥有馆藏量有所提升，并在特色馆藏建设、信息资源共建共享、少数民族古籍保护等方面取得了新的发展成就。

（一）馆藏资源数量变化分析

1. 馆藏资源总量变化分析

表5-8反映了2000—2016年我国5个少数民族地区公共图书馆总藏量的变化，图5-3反映了2000—2016年少数民族地区公共图书馆总藏量增长情况。

表5-8　2000—2016年少数民族地区公共图书馆总藏量（单位：万册/件）

年份 地区	2000	2005	2009	2010	2011	2012	2013	2014	2015	2016
内蒙古	683	744	870	940	1056	1157	1325	1449	1513	1704

续表 5-8

年份 地区	2000	2005	2009	2010	2011	2012	2013	2014	2015	2016
广西	1312	1491	1760	1881	1868	1942	2110	2482	2606	2720
西藏	60	42	50	53	55	67	100	125	162	177
宁夏	380	378	435	462	497	505	595	690	706	687
新疆	579	817	934	1113	999	1084	1242	1292	1303	1418

数据来源：根据《中国图书馆年鉴（2016）》与《中国统计年鉴（2017）》相关数据统计整理。

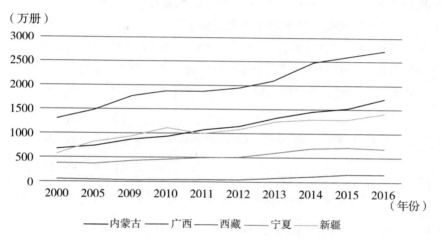

图 5-3 2000—2016 年少数民族地区公共图书馆总藏量增长曲线

从表 5-8、图 5-3 可以看出，自 2000 年以来，在对原有馆藏资源进行不断丰富和扩充的基础上，各个少数民族自治区馆藏总量均得到不同幅度的增长。从 2000 年到 2016 年，西藏自治区从 60 万册（件）增长至 177 万册（件），增长了 1.95 倍；内蒙古自治区从 1312 万册（件）增至 2720 万册（件），增长了 1.94 倍；新疆维吾尔自治区从 579 万册（件）增长至 1418 册（件），增长了 1.45 倍；广西壮族自治区从 1312 万册（件）增至 2482 万册（件），增长了 1.07 倍；宁夏回族自治从 380 万册（件）增至 687 万册（件），增长了 0.81

倍。其中，西藏和内蒙古自治区出现了相对较高的增长值。

虽然少数民族地区公共图书馆整体馆藏量不断增加，但是，与国内其他地区相比较，馆藏总量还存在一定的差距。2016年，全国馆藏总量前5位的地区依次为广东（93915万册/件）、浙江（64909万册/件）、山东（61482万册/件）、江苏（54037万册/件）、四川（49983万册/件），以上地区拥有的馆藏总量远远高于主要民族自治区，尤其是西藏和宁夏回族自治区，馆藏总量处于全国落后地位。馆藏总量在一定程度上反映出某个地区公共图书馆资源的累积程度，同时也可以反映出地方政府对文献资源建设的重视程度。然而，从所分析的结果来看，少数民族地区馆藏量总体偏低。

2. 人均拥有公共图书馆总藏量分析

考虑到我国各地区人口分布不均的情况，人均拥有公共图书馆总藏量更接近于反映公共图书馆事业发展水平。2000—2016年，少数民族地区人均拥有公共图书馆总藏量在总体上逐年增加（见表5-9）。

表5-9 2000—2016年少数民族地区人均拥有公共图书馆总藏量

（单位：册/件）

年份 地区	2000	2005	2009	2010	2011	2012	2013	2014	2015	2016
全国	0.32	0.37	0.44	0.46	0.47	0.51	0.55	0.58	0.61	0.65
内蒙古	0.29	0.31	0.36	0.38	0.43	0.46	0.53	0.58	0.60	0.68
广西	0.29	0.32	0.36	0.41	0.40	0.41	0.45	0.52	0.54	0.56
西藏	0.23	0.15	0.17	0.18	0.18	0.22	0.32	0.39	0.50	0.53
宁夏	0.68	0.63	0.70	0.73	0.78	0.78	0.91	1.04	1.06	1.02
新疆	0.30	0.41	0.43	0.51	0.45	0.49	0.55	0.56	0.55	0.59

数据统计来源：《中国统计年鉴（2017）》《中国图书馆年鉴（2016）》相关数据统计。

截至2016年末，全国人均拥有公共图书馆总藏量为0.65册，宁夏回族自治区为1.02册，内蒙古自治区为0.68册，均超过全国平均水平，而西藏、广西和新疆等民族地区人均拥有公共图书馆总藏量尚未达到全国平均水平。不仅如此，从国际标准来看，我国公共图书馆人均藏书量尚未达到国际图联《公共图书馆服务发展指南》中规定的"公共图书馆人均藏书量应达到1.5～2.5册"的要求，而民族地区更是相差甚远。人均拥有藏书量的多少取决于当地馆藏资源总量和当地人口数量，目前的状况显示绝大部分少数民族地区公共图书馆总藏量难以满足当地人口增长的需求，这也是全国的普遍情况。因此，应根据当地人口的具体情况对馆藏资源进行合理的布局、建设与发展。

（二）特色数据库建设

新世纪以来，少数民族地区公共图书馆事业开始迈向数字化、网络化时代。日益发达的信息网络技术为民族文献的数字化处理与开发提供了所需的技术条件，传统文献资源在类型与形式上的转变，也在一定程度上引发了民族地区特色文献资源组织方式和提供服务方式的转变。公共图书馆的特色数据库，通常是指公共图书馆依托馆藏特色文献信息资源，针对当地用户的信息需求，对某一专题或某一学科的信息资源进行收集、分类、整理，按照一定的标准与规范对其进行加工处理、标引、组织与存储，并向用户提供检索与利用的文献信息资源库。在当前数字化语境下，民族地区公共图书馆特色数据库的建设发挥着越来越重要的作用。一方面，特色数据库建设是民族地区公共图书馆数字化发展的核心内容，也是民族地区公共图书馆在数字化时代提升核心竞争力的重要途径；另一方面，特色数据库的建设有利于将民族文化进行数字化保存，促进优秀少数民族文化的数字化共享与传播，为少数民族数字文化资源的整合奠定良好基础。近几年来，在全国文化信息资源共享工程、数字图书馆推广工程等项目的有力推动下，民族地区公共图书馆逐步建成了一批兼具民族特色与地方特色的数据库。

鉴于当前学界对民族地区划分"八省区"的说法，笔者选取内蒙古、广西、宁夏、新疆、西藏5个民族自治区以及贵州、云南、青海3个多民族省份的9个省级公共图书馆（其中广西壮族自治区包括广西壮族自治区图书馆和广西壮族自治区桂林图书馆2个省级馆）作为调研对象，于2017年2月采用网络调研、电话访谈与实地调研的方式，对以上公共图书馆特色数据库建设情况进行了调查，具体结果见表5-10。

表5-10 我国民族地区省级公共图书馆特色数据库统计情况（单位：个）

序号	图书馆名称	特色数据库名称	数量
1	内蒙古图书馆	蒙古族文化艺术资源库、内蒙古文物博览资源库、文化名人作品集、农牧业实用技术、内蒙古草原风情、内蒙古历史文化、内蒙古红色革命、达斡尔族资源库、蒙古族传统医药	9
2	广西壮族自治区图书馆	历史文化（文物博览、广西民国照片）、舞台艺术（广西戏剧、广西音乐、广西群艺）、壮乡广西（广西游记、农村科技、农业视频、广西政策法规）、民族民俗（非物质文化遗产保护、广西少数民族民俗）、广西文坛、农民进城务工、八桂诗词库、幼教故事视频资源、广西新农村建设、广西民国人物	17
3	广西壮族自治区桂林图书馆	特色视频、广西抗战文化、广西农业、广西红色历史文化、广西旧方志、刘三姐文化、桂林旧影、桂林石刻、科普动画	9
4	宁夏图书馆	红色记忆多媒体资源库、回族暨伊斯兰教文献、西夏春秋多媒体、宁夏非物质文化遗产	4
5	新疆维吾尔自治区图书馆	千里马资源库、农牧区实用技术库、新农村社会主义文明建设库、少数民族爱国主义题材影视库、少数民族表演艺术库、非物质文化遗产库、少数民族少儿双语及基础教育库、新疆印象资源库、红色资源	9

续表 5-10

序号	图书馆名称	特色数据库名称	数量
6	西藏自治区图书馆*	国家级非遗传承人系列专题片、十八军进藏口述史、藏族手工艺大全专题资源库、西藏少数民族文化系统专题片、格萨尔艺人独家说唱资源库、藏族手工艺大全资源库、西藏抗英历史文化多媒体资源库、西藏舞蹈艺术专题资源库、八大藏戏专题资源库、西藏红色歌舞多媒体资源库等	10
7	青海省图书馆	青海地方期刊全文数据库、青海地方图书全文数据库、青海地方报纸全文数据库、青海影视库、青海图片库、青海书画家作品库、青海法律法规数据库、青海藏语影视库（正在建设中）	8
8	云南省图书馆	云南独有少数民族多媒体资源库、云南红色资源库、云南重彩画、云南版画、云南旅游、云南普洱、禁毒防艾、云南花卉、云南青铜器、少数民族、农业信息、他留人、非物质文化遗产、东巴文化	14
9	贵州省图书馆	缩微品目录、贵州省古籍联合目录、贵州府县志辑数据库、贵州府县志辑图片库、民国图书书目库、贵州名人数据库	6

注：统计时间为 2017 年 2 月。

1. 数量分析

调查结果的统计发现，所调研的 9 个公共图书馆共建立了 86 个特色数据库。其中，数量最多的为广西壮族自治区图书馆，共建有特色数据库 17 个；其次为云南省图书馆，共计 14 个；西藏自治区图

---

* 特色数据库建设情况数据来源于 2016 年 8 月对西藏自治区图书馆的实地调研以及西藏数字文化网调研。

馆，共计10个；内蒙古图书馆、广西壮族自治区桂林图书馆和新疆维吾尔自治区图书馆，分别有9个；青海省图书馆共建有8个，贵州省图书馆6个，宁夏图书馆4个。从总体上看，不同民族地区都构建了能够反映所在地区民族特色、地方特色的数据库，但数量上的差异反映了不同民族地区公共图书馆特色数据库在建设与开发的程度不同，这不仅取决于民族地区公共图书馆对特色数据库建设的重视程度，也反映了经费、人员、技术等数据库构建要素在不同民族地区之间的分配不均衡。

2．选题

选题决定了特色数据库开发的方向与使用对象。特色数据库选题一般要求应遵循需求第一、特色为重、优势互补、先易后难、不重复建设的总原则①。通过对所调研的民族地区省级公共图书馆特色数据库的分析，可将已建成的特色数据库选题分为五种类型。

第一，馆藏特色数据库。馆藏特色数据库是以图书馆的馆藏文献优势为依托而构建的能够反映馆藏特色的资源库，其中的"特色"体现于"人无我有，人有我全"，即所建的是其他馆所不具备或只是少数图书馆具备的数据库。少数民族地区公共图书馆长期致力于对民族文献、地方文献的收集，在文献收集类型上日趋广泛，近年来逐渐重视对手稿、地方志、口述资料等文献资料的收集，形成了独具特色的馆藏优势，如广西壮族自治区图书馆的广西民国照片数据库，宁夏图书馆的回族暨伊斯兰教文献数据库，贵州省图书馆缩微品目录、贵州省古籍联合目录、贵州府县志辑数据库、贵州府县志辑图片库、民国图书书目库等，这些特色数据库均具有一定的民族特色与地方特色。

第二，地方文化特色数据库。地方文化特色数据库是以民族地方特有的历史文化遗产、语言习惯、民俗习惯、独特的风景名胜为数据来源而构建的用以反映地方文化特色的数据库。少数民族地区由于特

---

① 陈全平：《我国特色数据库建设问题与对策》，载《图书馆理论与实践》2010年第12期，第14~17页。

殊的地理环境、语言习惯以及宗教信仰等,在长期的发展中积淀了具有较为浓郁民族风情的文化资源,为地方特色文化数据库的建立奠定了良好的基础。内蒙古图书馆的蒙古族文化艺术资源库、内蒙古文物博览资源库、文化名人作品集、内蒙古草原风情、内蒙古历史文化数据库,以及广西壮族自治区图书馆的文物博览,广西戏剧、音乐、群艺数据库,广西壮族自治区桂林图书馆的桂林石刻、刘三姐文化、广西抗战文化资源库,新疆维吾尔自治区图书馆的新疆印象资源库,青海图书馆的青海影视库、青海图片库、青海书画家作品库,西藏自治区图书馆的西藏舞蹈艺术专题资源库、八大藏戏专题资源库等,这些地方文化特色数据库基本上反映了不同民族地区的文化以及风土人情,成为展示与传播民族文化的重要窗口。

第三,专题特色数据库。专题特色数据库是根据用户的特定需求,结合图书馆实际情况,围绕某一特定的研究专题而建立的数据库,旨在为特定用户和特定任务提供有针对性的专题信息服务①。从所调研的数据库来看,民族地区公共图书馆特色数据库可分为两类。一是少数民族专题资源库。民族地区公共图书馆依据所在民族地区少数民族分布特点,建设了一批反映当地少数民族文化的数据库。如内蒙古图书馆的达斡尔族资源库、广西少数民族民俗以及云南省图书馆的云南独有少数民族多媒体资源库。其中,云南独有少数民族多媒体资源库是少数民族专题特色资源库的典型代表,共有傣族、白族、纳西族、傈僳族、普米族、德昂族、哈尼族、布朗族、阿昌族、怒族、佤族、拉祜族、景颇族、独龙族、基诺族等15个资源栏目,每个少数民族资源栏目内包含了有关各少数民族的语言文字、宗教信仰、风俗习惯、民族节日、天文历法、文学、艺术、建筑名胜、手工业、民族医药以及民族音乐、舞蹈等资源内容。二是红色专题资源库。为了进一步增进各民族团结,增强爱国意识,一些公共图书馆专门建设了红色专题资源库。如内蒙古图书馆的内蒙古红色革命,广西壮族自治

---

① 赵学敏、田生湖、金航:《云南地区公共图书馆特色数据库建设调查分析》,载《图书馆学研究》2015年第7期,第59~62页。

区桂林图书馆的广西抗战文化，宁夏图书馆的红色记忆多媒体资源库，云南省图书馆的云南红色资源库，西藏自治区图书馆的西藏抗英历史文化多媒体资源库、西藏红色歌舞多媒体资源库等。这些红色专题资源具有较为鲜明的文化传播的时代特色，反映了红军长征在不同民族地区的足迹，内容包括行军概况、重大事件、重要人物、长征故事等，以图文并茂的形式再现红军在少数民族地区长征的历史。

第四，非物质文化遗产数据库。民族地区是非物质文化遗产较为集中的地区，少数民族在特定的地理环境下形成了独具特色的非物质文化遗产，这些文化遗产往往承载了少数民族社会文化发展的历史记忆，通过传承人的"口传心授"世代相传，是少数民族文化存在和延续的根基。2011年2月25日，我国颁布的《中华人民共和国非物质文化遗产法》已明确规定："文化主管部门应当全面了解非物质文化遗产有关情况，建立非物质文化遗产档案及相关数据库。除依法应当保密的外，非物质文化遗产档案及相关数据信息应当公开，便于公众查阅。"① 民族地区公共图书馆为非物质文化遗产的保存以及为优秀民族民间文化弘扬、展示与传播提供了平台，不少民族地区公共图书馆将本地区非物质文化遗产资源进行收集与数字化保存，构建了具有鲜明地方特色与民族特色的非物质文化遗产资源库。例如，广西壮族自治区图书馆的非物质文化遗产保护资源库，将广西非物质文化遗产分为了12大类，分别为：①民间文学；②民间音乐；③民间信仰；④戏曲；⑤人生礼俗；⑥消费习俗；⑦曲艺；⑧游艺、传统体育与竞技；⑨民间手工艺；⑩民间知识；⑪民间舞蹈；⑫岁时节令②。并提供题名、作者、关键词与任意检索词的检索。新疆维吾尔自治区图书馆的新疆非物质文化遗产库以视频、音频和图片的形式展示了新疆维吾尔族特有的木卡姆艺术、哈萨克族阿肯弹唱、草编（哈萨克芨芨草编织技艺）、维吾尔族鼓吹乐等新疆不同民族的非物质文化遗产，

---

① 《中华人民共和国非物质文化遗产法》，2016年3月6日，见中央政府门户网站（http://www.gov.cn/flfg/2011-02/25/content_1857449.htm）。

② 《广西壮族自治区图书馆非物质文化遗产》，2016年3月6日，见（http://gxwh.gxlib.org.cn/fwz/index.asp）。

并分为维吾尔语、哈萨克语、汉语等不同语言版本，以满足不同语言用户群体的需求①。

第五，面向特定用户的特色数据库。特定用户的特色数据库通常是为了满足特定用户群体的特殊需求而构建的数据库。在所调研的数据库中，有的民族地区省级公共图书馆针对少儿、农牧民等不同群体专门构建了数据库。其中，面向少儿的如广西壮族自治区桂林图书馆的"少儿天地"以及新疆维吾尔自治区图书馆的少数民族少儿双语及基础教育库等，面向农牧民群体的如内蒙古图书馆的农牧业实用技术资源库、广西壮族自治区图书馆的农村科技、农业视频数据库等。

3. 资源类型

民族地区公共图书馆特色数据库资源类型多样，除了图书、期刊、报纸、会议等传统文献之外，图书馆在特色数据库的建设中更加重视对非传统文献信息资源的收集，如地方志、舆图、古籍等实物资料以及口述资料等，形成了以文本、音频、视频等多种类型的特色资源集合库，全方位、多角度地展示少数民族优秀的文化遗产以及风土人情。例如，宁夏图书馆的回族暨伊斯兰教文献以图片、期刊、视频的形式对回族历史、文化、民俗风情以及中国回族穆斯林文化予以全面展示，使回族历史文化得到较好的展示、弘扬与传播②；广西壮族自治区桂林图书馆以动漫、音频、视频等形式展示了当地的刘三姐山歌文化。

综上，新世纪以来，民族地区公共图书馆特色数据库建设卓有成效，选题丰富，资源类型多样，逐渐构建起具有民族特色和地方特色的文献资源保障体系，促进了优秀少数民族文化的数字化传播、弘扬与利用。

---

① 《新疆图书馆非物质文化遗产库》，2016年3月6日，见（http://www.xjlib.org/000001950009000100060001_9.html）。

② 《宁夏图书馆特色库资源》，2016年12月28日，见（http://www.nxlib.cn/node/403.jspx）。

（三）民族地区信息资源共建共享

信息技术、数字技术和网络技术的发展，在客观上打破了信息资源配置的物理空间界限，信息资源流动性的增强，平等、自由、公平等信息资源共享理念成为新世纪以来民族地区信息资源建设共识。在全国信息资源共建共享实践的影响和推动下，随着理念认识的不断提升，各图书馆之间加强了相互协作，促进了信息资源共建共享的模式日趋多样化，内容日趋多元化，民族地区信息资源共建共享进入了一个新的历史阶段。

1. 新世纪以来我国信息资源共建共享进展

新世纪之初，公共、公开、共享的图书馆理念对我国图书馆事业的发展进行了一次精神上的洗礼，共建共享成为图书馆界孜孜以求的理想与目标。信息技术所变革的信息资源建设使得单独的图书馆难以应付日益增长的信息需求，合作和共享愿望变得日益紧迫。2005年7月8日，在武汉大学举办的中国大学图书馆馆长论坛上，与会代表签署了《图书馆合作与信息资源共享武汉宣言》[1]（以下简称《武汉宣言》）。其中，少数民族地区图书馆，如内蒙古大学图书馆、赤峰学院图书馆、广西师范大学图书馆、广西工学院图书馆、西南民族大学图书馆、中南民族大学图书馆等少数民族地区图书馆也加入其中[2]。《武汉宣言》明确指出："消弭信息鸿沟、实现信息公平，是消除贫困、促进经济发展、构建和谐社会的重要条件之一。"[3] 基于以上认识，进一步提出要"鼓励经济发达地区的图书馆帮助欠发达地区的图书馆，大型图书馆帮助中小型图书馆，以逐步缩小图书之间的

---

[1] 《中国大学图书馆馆长论坛：图书馆合作与信息资源共享武汉宣言》，载《大学图书馆学报》2005年第6期，第2～3页。
[2] 《中国大学图书馆馆长论坛：图书馆合作与信息资源共享武汉宣言》，载《大学图书馆学报》2005年第6期，第2～3页。
[3] 《中国大学图书馆馆长论坛：图书馆合作与信息资源共享武汉宣言》，载《大学图书馆学报》2005年第6期，第2～3页。

'信息鸿沟'"①。《武汉宣言》在许多方面反映了国际图书馆界平等、开放、合作、共享的精神，表明了我国图书馆界信息资源共建共享由自发阶段开始上升到自觉阶段②，为少数民族地区信息资源共建共享提供了指导思想和行动指南。

2. 民族地区公共图书馆信息资源共建共享模式

图书馆实现信息资源共享一般通过图书馆合作或组建图书馆联盟来实现。新世纪以来，我国少数民族地区公共图书馆通过全国文化信息资源共享工程、区域合作和行业合作不断加强了信息资源共建与共享。

文化共享工程是我国少数民族地区公共图书馆系统参与图书馆合作和信息资源共享的主要途径。文化共享工程旨在充分利用现代信息技术，依托图书馆、文化馆等公共文化设施，以互联网、卫星网、广播电视网、无线通信网等新兴传播为主要载体，在全国范围内实现中华优秀文化资源的共建共享③。少数民族地区公共图书馆成为各少数民族实现文化信息资源共享的中心枢纽，其主要职能是实现国家级文化信息资源的接收与地方特色资源的上传，资源整合加工、存贮、管理监控和对外服务等。2004年，文化共享工程宁夏分中心在宁夏回族自治区图书馆成立。为实现全国信息资源宁夏全覆盖项目，由宁夏回族自治区有关政府职能部门和自治区图书馆领导成立了领导小组，形成了以各级政府及其相关职能部门为主导、各级公共图书馆事业为主体的公共文化服务管理和运行体制。从2004年开始，宁夏回族自治区财政部门特别设立了每年50万元的宁夏文化共享工程项目专项资金，并在国家文化部、财政部、精神文明办公室和宁夏各级政府支持下，逐渐建立了以市（县）公共图书馆、乡镇文化站为主的共享

---

① 《中国大学图书馆馆长论坛：图书馆合作与信息资源共享武汉宣言》，载《大学图书馆学报》2005年第6期，第2～3页。

② 陆宝益：《以学习〈宣言〉为契机，进一步推动高校图书馆合作与资源共享——论〈图书馆合作与信息资源共享武汉宣言〉的内容特点与发表意义》，载《图书馆建设》2006年第4期，第85～88页。

③ 于群、李国新：《中国公共文化服务发展报告（2012）》，社会科学文献出版社2012年版，第255页。

工程三级中心和站点,并确定贺兰县、盐池县为两个国家级试点县,南部贫困山区彭阳县为宁夏回族自治区级试点县。截至2006年年底,宁夏在全国范围内率先实现了"市市县县有共享工程支中心"的目标,其中,贺兰县图书馆和永兴县图书馆形成了"跨系统+资源深加工+光盘刻录配送"的创新模式①。

根据少数民族地区公共图书馆的地方特色和民族特色,文化共享工程将各地区特色文化资源整合为地方特色精品资源库,其中内蒙古自治区图书馆的民族文化、农牧业实用技术、草原风情旅游,广西壮族自治区图书馆的幼教故事、经典影片、广西游记、民国照片,宁夏回族自治区图书馆的印象宁夏,新疆维吾尔自治区图书馆的新农村社会主义文明建设、少数民族少儿双语及基础教育、少数民族爱国主义题材影视、少数民族表演艺术、农牧区实用技术以及西藏地区的藏戏等具鲜明民族特色的文化资源等成为地方特色精品资源库的重要内容②。

近年来,文化共享工程向中西部地区的建设力度得到加强,为中西部少数民族地区公共图书馆实现信息资源共享带来了发展的契机,使经济欠发达的中西部民族地区群众切实享受到优秀文化成果,这在一定程度上有利于缓解广大民族地区信息资源匮乏和文化发展落后的局面。文化共享工程提供了资源的共建、查询、服务、检索和发送等方面的功能,构建了比较完善的共建共享机制,在一定程度上能够保障少数民族地区图书馆信息资源共建共享的覆盖面和力度。

除此之外,少数民族地区图书馆加强了区域之间的合作与共享。少数民族地区图书馆根据民族特色和地方特色优势,加强彼此之间的横向联系,通过民族地域性的合作,积极构建面向全国的整体性的少数民族信息资源保障体系。2002年8月,在内蒙古呼伦贝尔市召开

---

① 张君超:《探索全国文化信息资源共享工程地方特色省级分中心建设模式——全国文化信息资源共享工程新疆省级分中心建设情况分析》,载《图书馆建设》2008年第2期,第35～37页。

② 《全国文化信息资源共享工程,地方特色精品资源库》,2016年8月8日,见国家数字文化网(http://www.ndcnc.gov.cn/dftsjpzyk/index-1.swf)。

的内蒙古自治区图书馆民族地方文献工作研讨会上，内蒙古自治区图书馆与全区9个盟（市）、35个旗（县）图书馆签了《全区民族地方文献搜集与资源共享合作协议》①。通过地方文献资源合作共享，到2002年年底，内蒙古民族地方文献总量达到10万余册（件），为内蒙古自治区信息资源共享工程的建立打下了基础。

3. 少数民族地区公共图书馆信息资源共建共享成效

目前，文化共享工程在保障广大少数民族地区群众文化基本权益方面取得了良好的成效。2011—2012年间，为庆祝西藏和平解放60周年，文化共享工程向西藏地区加大服务力度，完成了西藏自治区图书馆双语网站建设，实现对国家中心下发资源及西藏自治区本地特色资源的数字化管理和互联网发布，为自治区内外广大藏族群众提供丰富的藏语特色文化信息资源②。2013年7月23日，内蒙古自治区图书馆成立了全国文化信息资源共享工程蒙古语资源建设中心，这是实现少数民族语言资源共建共享的重要措施，有利于各民族之间的文化交流与融合。新疆维吾尔自治区图书馆配合文化厅积极完成新疆少数民族语言译制中心建设方案的论证和申请工作。截至2013年，已完成文化共享工程1300万地方特色资源（5200余幅图片、3万文字、60小时视频）和830小时维、哈文译制的三审，并完成文化共享工程地方特色资源、红色历史资源和维、哈语译制共计1770万元的数字文化资源库建设工作。另外，还充分利用电子阅览室共享工程服务各族人民，积极开展"文化共享夏日风"等优秀资源展播活动③。

（四）少数民族古籍保护稳步推进

进入21世纪以来，在建设社会主义文化强国战略指导思想下，

---

① 中国图书馆学会：《中国图书馆年鉴（2003）》，科学技术文献出版社2004年版，第140页。

② 国家信息中心、中国信息协会：《中国信息年鉴（2012）》，中国信息年鉴期刊社2012年版，第206页。

③ 赵燕：《新疆维吾尔自治区图书馆古籍保护工作》，见中国图书馆学会，国家图书馆：《中国图书馆年鉴（2014）》，国家图书馆出版社2015年版，第197页。

按照中华民族文化大发展大繁荣的要求，党中央、国务院将少数民族古籍保护视为民族工作的重点，进一步加强了对少数民族文化遗产保护和典籍整理工作的重视程度，先后出台多个文件对少数民族古籍工作进行指导和扶持，并加大了对少数民族古籍保护的资金投入力度。同时，为了进一步规范新时期的少数民族古籍工作，国家民委先后制定并组织实施了少数民族古籍工作"七五""八五""九五""十五""十一五""十二五"重点项目出版规划①。在科学合理的规划指导下，新世纪少数民族古籍保护工作持续稳步开展，取得了较为丰硕的成绩。2007年1月，国务院办公厅颁布了《关于进一步加强古籍保护的意见》②，对新时期古籍保护工作的指导思想、基本方针和总体目标做出了指示，提出要大力实施中华古籍保护计划和国家古籍整理重点图书出版规划，提出具备条件的图书馆设立国家文献保护重点实验室，以及对现有古籍收藏与保护状况开展全面普查，以便进一步加强对古籍的管理与监管。为了进一步弘扬和发展民族传统文化，少数民族地区图书馆加强了对少数民族古籍文献的整理、保护与开发利用。2008年10月18—20日，在宁夏举办的第十次全国民族地区图书馆学术研讨会专门以"少数民族古籍整理、研究、保护与开发"为主题，对少数民族古籍进行收集、整理、分类、著录和保护研究，对少数民族古籍展示、开发与利用等问题进行了多方面的研讨③。

1. 全国少数民族古籍总目编制

为了使少数民族优秀传统文化得到有效保护，国家大型重点文化项目《中国少数民族古籍总目提要》（以下简称《总目提要》）工作不断推进。国家对《总目提要》的编纂工作给予高度重视，并将其列入《国家"十一五"时期文化发展规划纲要》《国家"十二五"

---

① 黄建明、邵古：《中国少数民族古籍保护与发展报告（1982—2012）》，民族出版社2013年版，第6页。
② 《国务院办公厅关于进一步加强古籍保护工作的意见》，2016年2月19日，见(http://web.wwpc.net.cn/gjwwjgzw/zcwj01pkg/201411/092fed9accd049c0b6a6df8c1fcbe5a9.shtml)。
③ 《第十次全国民族地区图书馆学术研讨会》，见国家民族事务委员会，国家文化宫《中国民族年鉴（2009）》，中国民族年鉴社出版2009年版，第281页。

时期文化改革发展规划纲要》和《少数民族事业"十二五"规划》当中。《总目提要》将收录我国55个少数民族以及古代民族文字的现存全部古籍目录、内容提要，也是对20多年来少数民族古籍工作成果的一次汇总①。在少数民族地区图书馆和各文化机构的共同努力下，当前，该项工作已经产生了较为丰硕的成果。中国大百科全书出版社从2003年开始已经陆续出版了各少数民族总目提要分卷：《纳西族卷》（2003）、《白族卷》（2004）、《东乡族·裕固族·保安族卷》（2006）、《土族·撒拉族卷》（2007）、《锡伯族卷》（2007）、《哈尼族卷》（铭刻类）（2008）、《柯尔克孜族卷》（2008）、《羌族卷》（2009）、《仫佬族卷》（2009）、《毛南族·京族卷》（2009）、《达斡尔族卷》（2009）、《土家族卷》（2010）、《鄂温克族卷》（2010）、《鄂伦春族卷》（2010）、《苗族卷》（2010）、《侗族卷》（2010）、《赫哲族卷》（2010）、《黎族卷》（2010）、《维吾尔族卷》（铭刻类·文书类·讲唱类）（2011）、《哈萨克族卷》（2011）、《塔吉克族卷》（2011）、《乌孜别克族卷·塔塔尔族卷·俄罗斯族卷》（2011）、《柯尔克孜卷》（2010）、《回族卷》（铭刻类）（2010）、《朝鲜族卷》（2012）、《畲族卷》（2013）、《蒙古族卷》（书籍类·综合）（2013）、《瑶族卷》（2013）、《藏族卷》（铭刻类）（2014）、《布依族卷》（2014）、《回族卷》（文书类·讲唱类）等30余卷。《总目提要》作为中国第一部全国少数民族古籍解题书目套书，是一项"盛世修典"的壮举，不仅体现了新时期党和政府对少数民族文化传承与保护的重视，也为中华民族世世代代留下了一份极其宝贵的文化遗产。

2. 少数民族古籍普查

为了全面了解我国少数民族古籍的分布以及保护情况，进一步加强对民族古籍资源的整合与管理，在国家的号召下，少数民族地区公共图书馆对少数民族古籍开展了普查工作。2007年8月至11月，中国民族图书馆按照文化部全国古籍普查登记工作的统一部署，建立了

---

① 梁黎：《中国少数民族古籍总目提要》，载《中国民族》2009年第10期，第78～79页。

馆藏古籍普查平台，开展馆藏古籍普查，完成全部馆藏汉文古籍普查2125种1.34万册的填报工作①。内蒙古自治区图书馆高度重视全国古籍普查工作，2017年，内蒙古图书馆根据有关要求及时成立了内蒙古自治区古籍保护中心，将此项工作视为古籍保护重点工作，对逐种申报文献填写了"全国古籍普查电子登记表""全国古籍保护督导工作调研表""国家珍贵古籍名录申报书"等材料。经过筛选和鉴定，初步评定蒙汉文一级古籍32册（件），蒙汉文二级古籍48册（件），实现了对内蒙古地区古籍的全面普查②。2008年8月19日，西藏自治区文化厅召开西藏古籍保护工作会议，制订西藏自治区古籍普查工作方案，对藏区公共图书馆、文博单位、高校图书馆、科研单位图书馆、寺庙及个人所收藏的古籍进行全面普查③。2013年，广西壮族自治区图书馆基本完成馆藏古籍普查登记工作，著录数据4739条，并先后赴玉林、岑溪、梧州等市级图书馆及下属县级图书馆等古籍收集单位，进行古籍普查的督导和指导工作，至该年年底已基本完成对全区馆藏的普查工作④。新疆维吾尔自治区图书馆古籍普查工作在2013年取得突破性进展，组织全区开展古籍普查登记及数据审核工作；完成对新疆维吾尔自治区图书馆古籍普查的审校工作，已由国家图书馆出版社出版印制成绿皮书⑤。

3. 少数民族古籍数字化保护与研究

随着现代科学技术的飞速发展，现代计算机、电子、影印、缩微等技术为古籍保护带来了新的机遇，促进了少数民族古籍的抢救性与再生性保护，成为少数民族古籍实现永久保护和长效利用的重要手段。2007年，《国务院办公厅关于进一步加强古籍保护工作的意见》对制定古籍数字化标准、规范古籍数字化工作、建立古籍数字资源库

---

① 董文良：《中国民族年鉴（2008）》，中国民族年鉴社2008年版，第222页。
② 董文良：《中国民族年鉴（2008）》，中国民族年鉴社2008年版，第222页。
③ 《西藏将开展首次大规模古籍普查工作》，载《西藏日报》2008年9月17日。
④ 《广西壮族自治区图书馆古籍保护工作》，见中国图书馆学会、国家图书馆《中国图书馆年鉴（2014）》，国家图书馆出版社2015年版，第161页。
⑤ 《新疆维吾尔自治区图书馆古籍保护工作》，见中国图书馆学会、国家图书馆《中国图书馆年鉴（2014）》，国家图书馆出版社2015年版，第197页。

做出了明确要求。各少数民族地区图书馆对如何运用数字化技术加强对少数民族古籍的保护进行了积极努力的探索。为更好地开发利用蒙古文文献，2005年，内蒙古大学图书馆开始利用电子扫描技术，对《甘珠尔》等馆藏蒙古文古籍文献进行全文数字化处理，开发蒙古文文献检索与利用平台，实现了蒙古文文献检索、网上全文阅读[①][②]。西藏藏文古籍也在逐渐步入数字化时代，在对藏文古籍进行全面普查的基础上，通过数字化方式着手建立《西藏古籍联合目录》[③]。

此外，少数民族地区图书馆还以申请各种类型研究项目的方式，在古籍保护理论研究上实现了重大的突破。中国民族图书馆与西北民族大学图书馆联合申请了国家科技部重点项目"民族文字古籍文献数字化保护技术应用研究"（已于2008年结项），对应用数字化加工技术搭建民族文字古籍数字化保护网络平台进行了探索[④]。2013年7月，国家民委研究项目"CNMARC藏文文献机读目录规范控制与使用"正式结项。该项目于2010年12月立项，由中国民族图书馆先巴主持。项目主要在中国机读目录格式的基础上，参照《藏文文献目录学》《中国机读目录格式使用手册》以及藏文文献编目的实践和经验，选用适合于藏文文献的字段和子字段，并增加有关的内容说明和应用案例，为藏文文献机读目录数据著录提供规范化参考。此项研究开了藏文文献机读目录格式及规范使用研究之先河，在推动藏文书目数据实现自动化处理方面具有重要意义[⑤]。同年8月，由中国民族图书馆参与承担的国家科技支撑计划"少数民族语言文字信息处理共性关键技术研究与示范应用"的子课题"藏文数字图书馆关键技术

[①] 宝音：《中国少数民族古籍文献的保护与开发利用》，载《内蒙古民族大学学报（社会科学版）》，2008年第4期，第19～22页。

[②] 《内蒙古大学图书馆御制蒙古文《甘珠尔经》等古籍珍品数字化建设》，见中国图书馆学会《中国图书馆年鉴（2006）》，现代出版社2008年版，第204页。

[③] 边巴次仁、德吉：《西藏藏文古籍保护将步入"数字化"时代》，载《西藏日报》2008年11月1日第7版。

[④] 史桂玲，《藏文古籍的保护与开发利用——以中国民族图书馆为例》，载《图书馆理论与实践》2012年第10期，第106页。

[⑤] 《CNMARC藏文文献机读目录规范控制与使用研究结项》，见中国图书馆学会、国家图书馆《中国图书馆年鉴（2014）》，国家图书馆出版社2015年版，第271页。

研究与示范应用"顺利结项。该项目在2013年3月立项,提出了一个完整的藏文数字图书馆整体应用解决方案,并建成包括3000多册藏文图书的藏文数字图书馆,制定藏文图书的加工标准和规范、元数据标准、著录规范等,同时在民族地区建立4个示范应用基地,使研究成果得到推广应用①。自2011年中国民族图书馆引进方正阿帕比古籍数字化平台以来,尝试性地展开了馆藏古籍数字化工作。截至2014年,馆藏古籍数字资源已达12TB,为民族研究者提供了较好的民族古籍信息资源保障。②

4. 少数民族古籍保护所取得的成效

经过不断努力,少数民族地区图书馆对少数民族古籍进行整理与保护方面取得了一定的成效。

西藏自治区通过征集和访求等方式,搜集了大量流传在民间和寺庙的藏文古籍,并对这些藏文古籍进行整理和出版,取得了良好的社会效应。《中华大藏经·甘珠尔》《布达拉宫典籍目录》等261部文献典籍得到及时抢救、整理,古籍保护工作取得显著成效③。2008年3月,国务院公布的第一批国家珍贵古籍名录中,西藏图书馆收藏的《因明正解藏论》(元写本)和《苯教经咒集要》(明写本),西藏博物馆收藏的《旁唐目录》(14世纪写本),布达拉宫收藏的《大藏经·甘珠尔》(明永乐刻版)和《白琉璃》(清抄本),西藏藏医学院图书馆收藏的《四部医典·后续医典部注释》(明写本)6部古籍入选④。2009年,西藏自治区又有16种古籍善本入选第二批《国家珍贵古籍名录》,其中包括12世纪写本、山南地区乃东县收藏的《般若波罗蜜多八千颂》等重要古籍善本。截至2009年年底,西藏

---

① 中国图书馆学会、国家图书馆:《中国图书馆年鉴(2014)》,国家图书馆出版社2015年版,第271页。

② 李春:《民族图书馆集成系统平台的选择与特色数据库建设——以中国民族图书馆为例》,载《内蒙古民族大学学报(社会科学版)》2014年第4期,第115~118页。

③ 边巴次仁、德吉:《西藏藏文古籍保护将步入"数字化"时代》,载《西藏日报》2008年11月1日第7版。

④ 中国民族年鉴社:《中国民族年鉴(2009)》,中国民族年鉴社2009年版,第377页。

拥有的《布达拉宫典籍目录》等261部共计1.3亿多字的古籍文献典籍得到了及时抢救、整理和出版①。

内蒙古图书馆成立了古籍部、蒙文部、民族与地方文献等部门，专门对少数民族古籍进行整理与研究。目前，内蒙古自治区图书馆收藏有蒙文、藏文、满文和鄂伦春族、达斡尔族及鄂温克族等古籍。其中，蒙文古籍达2100种，内容涉及政治、经济、军事、宗教、医药、历史和教育等领域②。在古籍保护方面，加强了与国内外图书馆的合作，将古籍文献保护工作进一步提升到国际的高度。2006年6月19日，在蒙古国国家代表团访问内蒙古图书馆之际，内蒙古图书馆与蒙古国图书馆就联合对全世界蒙古文进行整理调研达成了合作共识，并签订了关于共同编制全球蒙古文文献联合目录的《编制联合目录协议书》，内蒙古图书馆将派业务专家对蒙古国国家图书馆馆藏的4万册汉文文献和近8000册中国古籍线装本进行协助编制整理③。2007年，内蒙古自治区古籍保护中心成立后，内蒙古图书馆成为文化部公布的全国首批51家重点古籍保护单位之一。内蒙古图书馆结合馆藏古籍特色在古籍普查、编目、整理等方面都取得了显著的成果，形成了良好的工作态势。从20世纪90年代开始，历时15年完成了对全区50余家古籍收藏单位近50万册古籍的普查工作，并于2004年出版了全国第一部省级古籍目录——《内蒙古自治区线装古籍联合目录》（北京图书馆出版社出版），开发了《内蒙古自治区线装古籍联合目录》数据库，实现了古籍书目数据资源的共建共享④。截至2013年6月，内蒙古图书馆已向古籍普查平台上传古籍普查数据21716条，

---

① 程结晶、朱逊贤：《西南地区图书馆古籍文献保护的现状分析》，载《新世纪图书馆》2012年第3期，第71～76页。

② 张玉祥：《西北边疆地区濒危少数民族古籍保护研究》，载《图书馆工作与研究》，2016年第8期，第92～95页。

③ 咏梅：《内蒙古图书馆与蒙古国国家图书馆签订合作协议》，载《内蒙古日报》（汉）2006年6月20日第1版。

④ 《内蒙古图书馆古籍保护工作概况》，2016年4月29日，见（http://www.nmglib.com/fsjg/gjbhzx/xwdt/201409/t20140902_45030.htm）。

涵盖全区50家古籍收藏单位的普查数据①。

广西壮族自治区的民族古籍整理与保护工作也在稳步推进。2011年，广西壮族自治区图书馆、广西壮族自治区桂林图书馆、广西师范大学图书馆、广西壮族自治区博物馆等4家全国古籍重点保护单位和自治区古籍重点保护单位设立了广西壮族自治区古籍修复中心，并召开广西古籍保护工作厅际联席会议和全区古籍工作会议暨《中华古籍总目·广西壮族自治区卷编纂工作》协调会，对相关工作进行了安排部署②。截至2013年，广西已有6部古籍入选第四批《国家珍贵古籍名录》。2013年4月12日，广西壮族自治区图书馆与广西古籍保护中心联合推出了"品味古籍传承经典：话说古籍保护点滴"的古籍展览，通过普及古籍保护知识，提高了公众的古籍保护意识；同年12月17日，广西壮族自治区图书馆联合广西古籍保护中心、中国民族图书馆共同举办了中国少数民族古籍珍品展，展厅设置在广西壮族自治区图书馆，展品来自汉文、蒙古文、藏文、满文、察合台文、彝文、东巴文、傣文、水文、古壮字、布依文、朝鲜文等12个民族文种的68件珍贵古籍实物③。

新疆现存丰富的古籍文献，总量在3万～5万册之间④。比如，有现存我国最早的一部话剧——唐代《焉耆文弥勒会见记剧本》残页，最早的一部回鹘文佛教文学巨著——唐代《回鹘文弥勒会见记剧本》和现知唯一的粟特文摩尼教经卷——《粟特文摩尼教经卷》抄本，等等⑤。截至2008年，在各方的通力合作下，新疆维吾尔自治区共搜集察合台文、波斯文、阿拉伯文、哈萨克文、蒙古文、藏

---

① 《内蒙古图书馆古籍保护工作概况》，2016年4月29日，见（http://www.nmglib.com/fsjg/gjbhzx/xwdt/201409/t20140902_45030.htm）。
② 国家图书馆：《中国图书馆事业发展报告：蓝皮书（2012）》，国家图书馆出版社2012年版，第291页。
③ 《中国少数民族古籍珍品展在广西壮族自治区图书馆举办》，载《图书馆界》2014年第1期，第2页。
④ 易雪梅、金颐：《西北地区古籍文献资源存藏现状概述》，载《社科纵横》2008年第9期，第107～110页。
⑤ 张玉祥：《西北边疆地区濒危少数民族古籍保护研究》，载《图书馆工作与研究》2016年第8期，第92～95页。

文、柯尔克孜文、锡伯文、满文、乌孜别克文、塔塔尔文等少数民族古籍7000册（件），整理出版了400多部古籍图书。目前，全区已登录的少数民族各文种古籍18500册①。新疆维吾尔自治区图书馆于2013年开始筹建古籍修复室，促进了古籍修复工作的稳步开展；并加入"中华珍贵古籍文献数字化"工程，成为成员馆之一，协助扫描古籍，完成了国家古籍保护中心第一批国家珍贵古籍数字化样书。②

贵州省近年来在清水江文书（亦称"锦屏文书"）的整理与研究方面取得了较大的成绩。清水江文书是指广泛遗存于贵州省东南州清水中下游地区苗族、侗族林农为了经营混林农业和木商贸易而形成的大量民间原始契约文献及相关文书③。清水江文书数量庞大，盛载了明末清初至20世纪50年代西南少数民族地区苗族、侗族等少数民族社会生活和文化变迁的历史记忆。清水江文书被认为是继甲骨文、汉晋木简、帛书、敦煌文书之后，中国历史文化上的又一重大文献成果，也是继徽州文书之后，目前中国第二大民间契约文书系统，改变了少数民族长期以来缺乏典籍文本的失语状态，为研究中国民事法、经济史、民族融合交流史提供了极其宝贵的第一手资料。④ 进入21世纪以来，随着清水江文书的大量发现，收集、整理、出版与研究有了较大的推进。在收集方面，形成了政府、图书馆、档案馆、高校、科研机构等多方合力，共同抢救与保护贵州少数民族文献遗产。贵州民族图书馆仅在开馆4年的时间里，已收集清水江文书近千份，水书、彝文古籍1000多册⑤，目前正在着手对清水江文书进行数字化

---

① 宝音：《中国少数民族古籍文献的保护与开发利用》，载《内蒙古民族大学学报（社会科学版）》2008年第4期，第19～22页。
② 《新疆维吾尔自治区图书馆古籍保护工作》，见中国图书馆学会、国家图书馆《中国图书馆年鉴（2014）》，国家图书馆出版社2015年版，第197页。
③ 魏郭辉：《古文书整理的学术标准——以敦煌文书、徽州文书、清水江文书整理为例》，载《贵州师范学院学报》2013年第8期，第25～28页。
④ 张新民、朱荫贵等：《共同推动古文书学与乡土文献学的发展——清水江文书整理与研究四人谈》，载《贵州大学学报》（社会科学版），2012年第3期，第73～79页。
⑤ 韦建丽：《网络信息时代民族图书馆的文献信息资源建设》，载《中共贵州省委党校学报》2012年第4期，第73～74页。

处理。2011年,凯里学院向国家申报题为"锦屏文书数据库建设与村寨原地保护模式研究"的课题,成功获得了国家社科基金的立项资助,凯里学院图书馆还建立了苗族侗族文化研究论文全文数据库①。新世纪以来已整理出版的契约、文书汇编主要有2003年日本国立亚洲非洲语言文化研究所编辑出版的《贵州苗族林业契约文书汇编(1736—1950年)》(1~3卷),中山大学张应强教授和锦屏县王宗勋主编的《清水江文书》②1~3辑共计13册已由广西师范大学出版社分别于2007、2009、2011年采用原件照片影印方式加以系统整理出版③;2008年,人民出版社出版了陈金全、杜万华等主编的《贵州文斗寨苗族契约法律文书汇编——姜元泽家藏契约文书》;2011年,贵州民族出版社出版了潘成志等主编的《土地关系及其他事物文书》;等等。④ 21世纪以来,学界对清水江文书的研究,已经渗透到民族习惯法、社会经济史、人工林业史、村落史等多个专门领域。

云南省图书馆加强了对水书、彝族文献、纳西东巴文献等少数民族文献的整理与保护。水书泛指水族古文字及用其所记录的水族典籍,是水族先民创制的一种独具一格的雏形文字,被称为活着的象形文字⑤,集传统抄本和口述文献为一体。黔南州制订了专门的黔南州抢救水书工作计划,对全州水书文献进行全面搜集、科学保护与分类整理,翻译整理水书近50卷,完成审稿14卷,《水书·密集卷》《水书与水族历史研究》相继出版,《万年经镜》《金银》等61本水

---

① 韦建丽:《清水江文书的分布式保存与数字化管理》,载《贵州民族大学学报》(哲学社会科学版)2012年第2期,第12~15页。
② 张应强:《清水江文书》(第1辑),广西师范大学出版社2007版。
③ 徐晓光、龙泽江:《贵州"锦屏文书"的整理与研究》,载《原生态民族文化学刊》2009年第1期,第51~59页。
④ 吴才茂:《近五十年来清水江文书的发现与研究》,再《中国史研究动态》2014年第1期,第39~52页。
⑤ 何丽:《少数民族古籍保护现状及对策》,载《图书情报工作》2004年第6期,第64~66页。

书原件已经入选《国家珍贵古籍名录》①。在研究方面，贵州民族大学已成立了水书文化研究院，黔南民族师范学院成立了黔南州水书研究专家组、水书博物馆及贵州省水家学会等机构②。在数字化保存方面，云南大学宋光淑于2002年已完成所主持的项目"纳西东巴文化研究数据库"。云南省现已查明的少数民族古籍文献已达到十余万册（卷），口碑古籍上万种。其中进行抢救保护的少数民族有2万余册（卷），口碑古籍3000多种。前后整理出版了《大理丛书》《金石篇》《彝文古籍译丛》《玉溪地区彝文古籍译丛》《红河民族古籍译丛》《石林民族古籍书丛》《民间歌谣集成丛书》《民间故事集成丛书》《民间谚语集成丛书》等古籍文献③。

自"十五"以来，四川省古籍整理保护中心对藏、彝、羌等少数民族古籍实施了重点抢救与整理，并将保护范围扩展到全省14个少数民族，截至2010年3月，所搜集、整理、出版的少数民族古籍已达到200余种。其中，在藏文古籍方面，《藏族历算大全》《显密文库》《德格印经院藏传木集》分别获得国家第四、第五、第六届国家图书奖，《嘉绒藏族历史明镜》《古译文献宝典》等相继出版问世。在彝族古籍方面，《彝文典籍目录》《彝族尔比词典》获得国家图书提名奖，《中国彝族谱牒选编·四川卷》（彝汉文对照版1~4集）荣获中国版协科技出版工作委员会和中国西部地区优秀科技图书评委会颁发的第十六届中国西南地区优秀科技图书一等奖，《彝族习惯法》《彝族典籍丛书》相继出版。在羌族文献方面，2009年由国家民委与省民委组织实施的国家"十一五"重点文化项目《中国少数民族古籍总目提要·羌族卷》和全国少数民族古籍重点出版项目《羌

---

① 樊敏：《抢救"水书"古籍　促进民族文化多元发展》，载《贵州民族报》，2015年6月3日第4版。

② 文毅：《从水书研究看民族高校图为馆的特色馆藏建设》，载《图书馆工作与研究》，2008年第3期，第28~30页。

③ 宝音：《中国少数民族古籍文献的保护与开发利用》，载《内蒙古民族大学学报》（社会科学版），2008年第4期，第19~22页。

族释比经典》出版问世①。此外，近年来，四川凉山彝族自治州的毕摩文献亦成为少数民族古籍保护的重点。毕摩，是指凉山诺苏社会中从事宗教仪式活动的神职人员，毕摩文献掌握在毕摩手中。毕摩文献是主要用于仪式活动的经书，分为"尼素""斯吉""枯色"三大部类，因其真实性、独特性、原始性被奉为原始宗教的"活化石"②。2007年由西昌学院图书馆主持的四川省重点课题"凉山珍贵彝族文献的抢救与开发"通过立项，对凉山州彝族毕摩文献的收集、整理以及数字化方面进行了理论探讨，并开发了数字化平台，建成了凉山彝族毕摩文献特色数据库，使少数民族文化得到进一步的展示与弘扬。③

2018年，北京市民族古籍整理出版规划小组办公室和中国民族图书馆共同主办了中国民族古籍文化展。本次展览采用50余幅民族文字古籍书影，34个展板，分为汉文古籍、少数民族文字古籍、少数民族文字古籍专家学者、少数民族造纸与印刷技艺等4个部分，以图文并茂的形式向市民展示了包括汉文、藏文、蒙古文、满文、彝文、东巴文、傣文等近30个文种的古籍，集中反映了各民族在不同历史时期古籍书写、印刷及装帧形式、造纸印刷技艺等，使中华民族古籍文化遗产在民众中得到展示、传播与弘扬，同时也增强了中华民族传统文化的归属感和自豪感④。

三、读者服务

新世纪以来，对现代图书馆基本精神和核心价值孜孜不断的探索和追求，使得"平等、开放、免费"的现代图书馆服务理念引领了

---

① 程结晶、朱逊贤：《西南地区图书馆古籍文献保护的现状分析》，载《新世纪图书馆》2012年第3期，第71～76页。
② 李红琴：《凉山彝族毕摩文献的抢救与开发》，载《四川图书馆学报》2010年第5期，第38～40页。
③ 李红琴：《凉山彝族毕摩文献的抢救与开发》，载《四川图书馆学报》2010年第5期，第38～40页。
④ 《"中国民族典籍文化展"开幕》，2018年3月28日，见国家民委网（http://www.seac.gov.cn/art/2018/3/26/art_34_300629.htm）。

我国图书馆服务的一场新变革,不仅使现代公共图书馆保障公民信息平等与自由的价值得以彰显,并且成为保障公民基本文化权益的一种重要实践。与此同时,信息技术成为图书馆服务升级的重要推动力。在公共文化服务体系建设的社会语境下,随着现代公共图书馆理念渗透力的增强,少数民族地区公共图书馆服务水平得到进一步提高,保障少数民族和民族地区群众的基本文化权益的价值得到进一步彰显。

(一)读者服务总体状况分析

1. 总流通人次变化

表5-11 2000—2016年少数民族地区公共图书馆总流通人次

(单位:万人次)

年份 地区	2000	2005	2010	2011	2012	2013	2014	2015	2016
全国	18854	23332	32167	32823	37423	43437	49232	53036	66037
内蒙古	270	380	310	312	373	417	575	649	743
广西	927	896	1100	1343	1231	1366	1471	2065	2067
西藏	2	2	2	3	3	4	11	20	25
宁夏	142	167	147	163	233	210	221	282	319
新疆	263	212	364	350	425	645	502	474	529

数据来源:根据《中国图书馆年鉴(2016)》《中国统计年鉴(2017)》相关统计数据整理。

进入新世纪以来,少数民族地区公共图书馆总流通人次总体上有所提高。从全国范围来看,截至2016年,内蒙古自治区总流通人次达到743万人次,相较2000年的270万人次提高了1.75倍;广西总流通人次达到2067万人次,相较2000年提高了1.23倍;宁夏总流通人次为319万人次,相较2000年的142万人次提高了1.25倍;新疆总流通人次为529万人次,相较2000年263万人次提高了1.01倍。西藏总流通人次25万人次,虽然属于我国总流通人次最少的地区，但相较2000年的2万人次流通量增加了11.5倍，为总流通量增幅最大的民族自治区。而2016年在我国经济发达的东部沿海地区，浙江省为9788万人次，为我国公共图书馆总流通人次最多的省份；广东为8335万人次，排名全国第二；江苏为6489万人次，排名全国第三。这些地区总流通人次大大高于民族地区公共图书馆。可见，东部经济发达地区公共图书馆总流通次数远远高于西部贫困的少数民族地区，说明东部沿海经济发达地区公共图书馆对公众具有更多的吸引力。

2. 图书外借册次变化

表5–12显示了2000—2014年我国少数民族自治区公共图书馆图书外借册数年度变化，从中得知，进入新世纪以来，我国主要少数民族地区公共图书馆图书外借册数总体上有所增加。从2000年到2014年的公共图书馆图书外借册数，内蒙古从233万册次增至571万册次，增长了1.45倍；广西从688万册次增至1099万册次，增长了0.59倍；西藏从11万册次减少到9万册次，减少了18.2%；宁夏从265万册次增至282万册次，增长了0.06倍；新疆从251万册增至407万册次，增长了0.62倍。其中增长速度由大到小依次排列为内蒙古、新疆、广西、宁夏、西藏。5个少数民族自治区之间发展水平也存在着差异，其中，广西壮族自治区公共图书馆外借册数遥遥领先，其次为内蒙古自治区、新疆维吾尔自治区、宁夏回族自治区和西藏自治区。

表5–12 2000—2016年我国少数民族自治区公共图书馆图书外借册次

单位：万册次

年份 地区	2000	2005	2009	2010	2011	2012	2013	2014	2015	2016
全国总计	16913	20269	25857	26392	28452	33191	40868	46734	50896	54725
内蒙古	239	243	242	312	357	446	578	571	574	705
广西	528	761	774	733	668	806	854	1099	1155	1142

续表 5-14

年份 地区	2000	2005	2009	2010	2011	2012	2013	2014	2015	2016
西藏	-	4	2	4	2	3	9	9	7	8
宁夏	125	212	156	182	205	163	253	282	302	295
新疆	91	175	354	317	366	396	419	407	440	486

数据来源：根据《中国图书馆年鉴（2016）》《中国统计年鉴（2017）》相关统计数据整理。

截至 2016 年，全国总计图书外借册数为 54725 万册次，比 2000 年增长了约 2.24 倍。从各民族自治区来看，21 世纪以来，公共图书馆图书外借册数均有了不同程度的增长。其中，内蒙古自治区增长为 1.95 倍；广西壮族自治区增长 1.16 倍；宁夏回族自治区增长 1.36 倍；新疆维吾尔自治区增长 4.43 倍；西藏自治区比 2005 年增长约 1 倍。其中增幅最快的为新疆维吾尔自治区，最慢的为西藏自治区。而从全国范围来看，即使是在 5 个少数民族自治区中外借册数最多的广西壮族自治区，目前图书外借册数在全国也只处于第 12 位，全国前 11 位分别为：上海（8624 万册次），浙江（6520 万册次），广东（5219 万册次），江苏（5088 万册次），山东（2810 万册次），福建（2659 万册次），湖北（1882 万册次），河南（1862 万册次），辽宁（1795 万册次），四川（1751 万册次），湖南（1701 万册次），安徽（1682 万册次）。而西藏自治区则位列全国倒数第一，宁夏回族自治区位列倒数第四，新疆维吾尔自治区为倒数第五，说明民族地区公共图书馆整体上图书外借次数偏少。截至 2016 年，西藏自治区公共图书馆外借册数仅为 8 万册次，与其他省区存在着极为显著的差距，说明我国少数民族地区公共图书馆的藏书利用率在全国属于相对落后的水平，这不仅和当地民众的信息获取意识、阅读习惯以及利用图书馆的意识有关，也和当地公共图书馆的服务宣传不到位有很大关系。由于受到传统意识的影响，少数民族地区很多民众没有阅读习惯，更缺乏浓厚的阅读意愿。

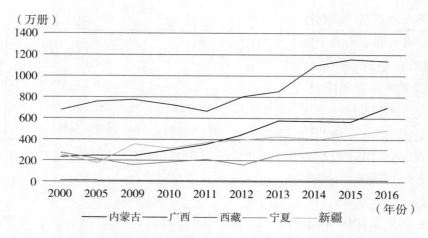

图5-4　2000—2016年我国少数民族自治区公共图书馆图书外借册数增长曲线

图5-4显示了2000—2016年我国少数民族自治区公共图书馆图书外借册数年度增长变化情况。从各民族自治区公共图书馆外借册数年度变化来看，较为明显的转折点是在2011年，其后各少数民族自治区外借册数总体上有了显著的提升。2011年正是我国全面构建公共文化服务体系的重要时期，也是我国全面进行阅读推广的关键时期，最为重要的是2011年，同时随着免费开放政策的贯彻实施，少数民族地区公共图书馆实现了向所有民众无门槛的开放，也在客观上促进了图书外借册数的增加。

（二）服务理念

随着新世纪以来"公平、免费、公开"的现代公共图书馆服务理念在我国图书馆界的兴起和蔓延，少数民族地区公共图书馆服务理念在一定程度上发生了转变，由传统的被动服务开始转向主动服务，由"以书为本"开始转向"以人为本"，更加注重公共图书馆在保障少数民族群体基本文化权益和阅读权利中的职能与作用。

1. 服务理念因素分析

（1）人权理念。人权是公民的基本权利，人权理念是保护社会弱势群体的价值基础，现代社会的法律实践就是以人权理论为价值指导，通过法律权利将人权的应然性理想落实为实然的存在。对民族、宗教和语言上的少数人群体及其成员权利的确认与保护是国际人权保护的一个重要组成部分①。以联合国为中心的国际组织以及世界各国制定了各种国际宣言、公约、规则等文件声讨对人权的保障，如《世界人权宣言》《消除一切形式种族歧视国际公约》《经济、社会和文化权利国际盟约》《在民族或族裔、宗教和语言上属于少数群体的人的权利宣言》《欧洲人权公约》《欧洲区域性或少数人语言宪章》《少数民族保护框架公约》《美洲人权公约》《关于少数民族教育权利的海牙建议书》《关于少数民族语言权利的奥斯陆建议书》《关于少数民族有效参与公共生活的隆德建议书》等②。这些关于人权的宣言公约文件代表了国际人权保护的基本立场。联合国通过的《世界人权宣言》与《公民权利和政治权利国际公约》所提出的人权主要包括三类权利：一是基本人权和人身自由，如生命健康、人身安全、人格尊严等方面权利；二是政治权利，如个人信仰自由；三是经济文化权利，如个人所有权、劳动权、社会保障权、受教育权等③。人权基本内容既具有广泛性，涉及社会、政治、经济、文化、教育等各个领域，同时又具有不可分割性。这主要体现在："公民的经济、社会、文化权利与政治权利同样重要，它们不是互相排斥的，而是互相依存的。在一定程度上，公民的政治权利取决于经济、社会、文化权利，没有充分的经济、社会、文化权利作保障，政治权利也不能充分实现。"④

少数民族属于少数群体，对少数人权的关注也成为国际人权的重要内容。《世界人权宣言》第 27 条规定："人人有权自由参加社会的

---

① 周勇：《少数人权利的法理：民族、宗教和语言上的少数人群体及其成员权利的国际司法保护》，社会科学文献出版社 2002 年版，第 1 页。
② 周丽莎：《少数民族文化权保护立法研究》（博士学位论文），中央民族大学经济学院 2013 年。
③ 司马俊莲：《论少数民族文化权利与国家义务》，载《太平洋学报》2009 年第 3 期，第 1～7 页。
④ 郑勇：《国际人权问题的起源与发展——兼论人权国际保护与不干涉内政的关系》，载《中国法学》1990 年第 4 期，第 18～23 页。

文化生活，享受艺术，并分享科学进步及其产生的福利"①，这为少数群体的权利保护奠定了法理基础。1992 年，《少数人权宣言》重申了对少数群体权利保护的立场："《联合国宪章》所宣布的联合国的基本宗旨之一是不分种族、性别、语言或宗教，促进并鼓励对于全体人类之人权及基本自由之尊重。"② 对少数人权利的保护旨在实现联合国宪章的基本原则和宗旨，促进和保护在民族或种族、宗教和语言上属于少数群体的人的权利，寻求政治和社会的稳定，实现国际和平③。

我国政府一贯支持联合国为普遍促进人权和自由所做出各项工作，将维护和实行社会主义人权作为中国人权事业的重要内容。随着国际人权事业的发展，进入 21 世纪，我国开始迈向公民社会的权利时代。在建设社会主义民主社会的进程中，我国将切实维护好、保障好最广大人民的根本利益作为一切工作的根本点和出发点。政府进一步加强了公共服务的主体地位，将保障公民基本文化权益、满足公民基本文化需求作为新时期需要切实履行的文化职责。为此，通过统筹构建现代公共文化服务体系，最大限度地保障人民群众的基本文化权益，促进公民更加平等地共享文化资源。在人权保护的不断推进下，全面保障少数民族文化权利也成为新时期民族工作的重心。2009 年，国务院发布的《关于进一步繁荣少数民族文化事业的若干意见》指出："坚持基本公共服务均等化，优先发展少数民族和民族地区文化事业，保障少数民族和民族地区各族群众的基本文化权益。"④《少数民族事业"十二五"规划》也明确指出少数民族基本文化权益得到

---

① 《世界人权宣言》，2016 年 5 月 15 日，见联合国网站（http://www.un.org/zh/universal‑declaration‑human‑rights/index.html）。
② 谢波华：《在民族或种族、宗教和语言上属于少数群体的人的权利宣言》，载《世界民族》1995 年第 1 期，第 74～75 页。
③ 周勇：《少数人权利的法理：民族、宗教和语言上的少数人群体及其成员权利的国际司法保护》，社会科学文献出版社 2002 年版，第 39 页。
④ 《国务院关于进一步繁荣发展少数民族文化事业的若干意见〔国发〔2009〕29 号〕》，2016 年 3 月 15 日，见中国政府网（http://www.gov.cn/gongbao/content/2009/content_1383261.htm）。

切实保障。新时期,党中央始终将保障少数民族基本文化权益贯穿于民族文化工作的始终。

（2）图书馆权利。新世纪以来,我国图书馆逐渐走入权利的时代。2003年11月17日,中国图书馆学会以"回顾与展望——中国图书馆事业百年"为征文主题,带领图书馆界开始追寻"百年图书馆精神",并于2004年正式出版《中国图书馆事业百年》①。对"图书馆精神"的追求引起了图书馆界对20世纪80年代以来由社会主义经济市场经济催生的"以文养文""以文补文"等有偿服务的反思,重新构筑新时期符合公共图书馆精神的合乎"理性"的服务理念。我国图书馆界由此开始进入图书馆权利觉醒时代,图书馆权利开始焚化中国图书馆发展的"整体非理性"②,并经过不断历练开始进入权利发展的崭新时代。程焕文教授是我国最先提出图书馆权利的首倡者。2004年,程焕文教授在《信息资源共享》一书中,提出"人人享有自由平等利用信息资源的权利"的理念,并从"利用信息资源是用户的基本权利""自利用信息资源是用户的基本权利""免费服务是自由平等利用的保障"三个方面对图书馆权利进行了阐述③,这是对图书馆权利基本内容的首次阐释。随着对现代公共图书馆精神的追求,图书馆权利在我国得到不断的宣传与普及,并成为重塑公共图书馆价值体系的重要元素。2004年,中国图书馆学会正式将图书馆权利列入年会分主题征文当中,将其阐释为:"平等利用图书馆的权利,自由利用图书馆的权利,免费图书馆服务,弱势群体图书馆服务。"④ 2005年,在中国图书馆学会策划组织的首届新年峰会上,将图书馆权利作为首项议题,这是图书馆权利这一概念在中国图书馆业

---

① 中国图书馆学会:《中国图书馆事业百年》,北京图书馆出版社2004年版。
② 程焕文:《权利的觉醒与庶民的胜利——图书馆权利思潮十年回顾与展望》,载《图书馆建设》2015年第1期,第26~38页。
③ 程焕文、潘燕桃:《信息资源共享》,高等教育出版社2004年版,第28~32页。
④ 引自《中国图书馆学会2005年年会征文通知》,2016年3月18日,中国图书馆学会网站（http://www.csls.org.cn/academic/2005yearmeet1.html）。

界正规会议中的首次公开出现①。同年7月,在中国图书馆学会年会上,图书馆权利成为年会热议的问题。随后,图书馆学术期刊界掀起了研究图书馆权利的高潮,以《图书馆建设》的"走向权利时代"、湖南省图书馆学会《图书馆》的"21世纪新图书馆运动"以及武汉大学信息管理学院《图书情报知识》的"弱势群体与知识公平"专栏为主要代表②。2005年之后,"百县馆长论坛"相继达成了《林州共识》《常熟共识》《江阴共识》《神木共识》,就实现普遍均等、惠及全民的公共文化服务达成共识,使图书馆界公共图书馆精神与图书馆权利思想认识进一步深化③。此后,历时6年的图书馆志愿者行动在全国范围内对公共图书馆理念和图书馆权利理念进行了宣传与普及。2008年,中国图书馆学会《图书馆服务宣言》诞生,标志着新世纪图书馆权利思潮达到高潮,我国从此进入全面的图书馆权利实践当中。2011年,国家正式发布《关于推进全国美术馆、公共图书馆、文化馆(站)免费开放工作的意见》④,将"免费开放"的图书馆思想灌输到公共服务理念当中,证明了图书馆权利思想的科学性与实践性。正如程焕文教授所言:"图书馆权利思想的胜利,更是庶民的胜利,是构建覆盖城乡的公共图书馆服务体系,实现和保障民众基本公共图书馆权利的胜利。"⑤

当前,图书馆权利思想已经通过国家公共文化服务政策上升为国家意志的层面。公共文化服务体系的理念思想与现代图书馆理念高度契合。《国家"十一五"时期文化发展规划纲要》(2006)提出"公共服务均等原则"。《关于加强公共文化服务体系建设的若干意见》

---

① 李国新:《21世纪初年的"图书馆权利"研究与传播》,载《中国图书馆学报》2014年第6期,第4~11页。
② 程焕文:《权利的觉醒与庶民的胜利——图书馆权利思潮十年回顾与展望》,载《图书馆建设》2015年第1期,第26~38页。
③ 程焕文:《权利的觉醒与庶民的胜利——图书馆权利思潮十年回顾与展望》,载《图书馆建设》2015年第1期,第26~38页。
④ 文化部:《文化部、财政部关于推进全国美术馆、公共图书馆、文化馆(站)免费开放工作的意见》,载《群文天地》2011年第7期,第4~7页。
⑤ 程焕文:《权利的觉醒与庶民的胜利——图书馆权利思潮十年回顾与展望》,载《图书馆建设》2015年第1期,第26~38页。

（2007）提出"维护好、实现好、发展好人民群众基本文化权益"的目的，实现公共文化服务均等化的目标，以及坚持发展均衡、惠及全民的原则。《"十二五"时期公共文化服务体系建设实施纲要》①（2013）提出了"公益性、基本性、均等性、便利性"的要求，并将"保障基本、促进公平"作为基本原则之一。《关于加快构建现代公共文化服务体系的意见》（2015）提出的保障和改善民生，推动实现基本公共文化服务均等化，切实保障人民群众基本文化权益，促进社会公平，保障特殊群体基本文化权益②。《中华人民共和国公共文化服务保障法》（2016）更是以法律条文的形式明确指出："县级以上人民政府应当将公共文化服务纳入本级国民经济和社会发展规划，按照公益性、基本性、均等性、便利性的要求，加强公共文化设施建设，完善公共文化服务体系，提高公共文化服务效能。"③《中华人民共和国公共图书馆法》规定："公共图书馆应当按照平等、开放、共享的要求向社会公众提供服务。"④ 公共文化服务体系政策的演进所体现出来的理念思想和现代图书馆理念所倡导的公平、平等的实现与图书馆权利思想不谋而合，现代公共图书馆成为伸张社会正义的一种制度安排。

（3）少数民族文化权利。随着现代化进程的加快，少数民族从一种特定社会形态与文化形态有机统一的共同体演变为一种特定文化形态的共同体⑤。作为统一的多民族国家，一方面国家需要整合统

---

① 《文化部关于印发〈文化部"十二五"时期公共文化服务体系建设实施纲要〉的通知》，2016年5月15日，见（http://zwgk.mcprc.gov.cn/auto255/201301/t20130121_29512.html）。

② 《中共中央办公厅、国务院办公厅印发〈关于加快构建现代公共文化服务体系的意见〉》，2016年5月15日，见（http://www.gov.cn/xinwen/2015-01/14/content_2804250.htm）。

③ 《中华人民共和国公共文化服务保障法》，2018年3月9日，见中国人大网（http://www.npc.gov.cn/npc/xinwen/2016-12/25/content_2004880.htm）。

④ 《中华人民共和国公共图书馆法》，2018年3月9日，见中国人大网（http://www.npc.gov.cn/npc/xinwen/2017-11/04/content_2031427.htm）。

⑤ 付春、任勇、王玥：《中国少数民族文化权利的挑战及回应：全球化的视野》，载《贵州社会科学》2011年第3期，第19～24页。

一；另一方面，各少数民族需要寻求各自民族的生存与发展①。如何解决好统一性与多元性，是多民族国家在发展中面临的基本问题。对于一个多民族国家来讲，民族治理的核心体现在对少数民族文化权利的认同上，以及对少数民族文化多样性的承认和尊重上。

我国是典型的多民族国家，解决好民族问题对于国家的发展至关重要。在现代化浪潮的冲击之下，相对于汉族文化的主体地位，少数民族文化处于弱势地位，在强势文化的冲击之下，出现对本民族文化的认同危机和文化归属感的丧失。中华文明是各民族文化共同融合发展的结果，少数民族所体现出来的多元文化形成了中华文化的多元统一的格局。多元文化是一个真正民主社会不可或缺的东西②。多元文化只有在民主社会中才能存在，是民主社会的主要特征。在当前民主社会的进程中，对于少数民族文化权利的保障至关重要。这不仅关系到维护祖国统一和民族团结，更关系到各民族对中华民族及中华文化的认同。在当前的社会转型期，对少数民族文化权利的保护关乎社会主义和谐社会的构建，关乎民族团结与稳定，也关乎社会主义民主社会的建设目标的实现。

少数民族文化权利的含义有广义和狭义之分。广义上是指多民族国家或国际社会通过国内立法或国际约法形式确认和保障少数民族权利主体，按照自己的民族文化方式生活、学习或工作的权利③；狭义上是指少数民族传统文化、风俗习惯、语言使用等受到尊重并在法律上获得保护和发展的权利④。

我国政府将少数民族文化权利作为一项基本人权来保护，并通过

---

① 付春、任勇、王玥：《中国少数民族文化权利的挑战及回应：全球化的视野》，载《贵州社会科学》2011 年第 3 期，第 19～24 页。
② 周少青：《多元文化主义视阈下的少数民族权利问题》，载《民族研究》2012 年第 1 期，第 1～3 页。
③ 屈学武：《简论少数民族的文化权利》，载《理论与改革》1994 年第 6 期，第 44 页。
④ 司马俊莲：《论少数民族文化权利与国家义务》，载《太平洋学报》2009 年第 3 期，第 1～7 页。

确立民族区域自治制度来进行保障①。政府在少数民族文化权利保障方面的积极作为，包括对少数民族语言文字的保护、文化教育以及充分有效地参与社会公共生活方面的立法和具体措施保障，并采取优惠政策和特别措施，以确保事实上的平等，促进少数民族群体及其成员最大限度地实现社会公正和真正的自由，切实保障少数民族民众享有基本人权和自由。少数民族文化权利保障已经上升为国家发展战略之一，我国政府连续出台了《关于进一步加强少数民族文化工作的意见》（2000）、《关于加强文化遗产保护工作的通知》（2005）、《关于少数民族事业"十一五"规划的通知》（2007）、《国务院关于进一步繁荣发展少数民族文化事业的若干意见》（2009）、《少数民族事业"十二五"规划》（2012）、《"十三五"促进民族地区和人口较少民族发展规划》（2016）等一系列保障少数民族文化权利的政策文件，旨在保障少数民族群体能够充分享有平等参与社会公共文化生活的权利，同时享有共建多元一体的民主社会的权利。

在人权、图书馆权利以及少数民族文化权利理念的影响下，我国少数民族地区公共图书馆服务理念发生了新的变化，进一步推动了民族地区图书馆服务实践的开拓和创新。

2. 少数民族地区公共图书馆理念

在全国图书馆权利思想的影响下，21世纪以来，公共、公开、共享的图书馆理念对少数民族地区公共图书馆服务方式和内容产生了重大的影响，使少数民族地区公共图书馆的社会职能得到不断完善。总体来讲，新世纪以来少数民族地区公共图书馆的服务理念主要有以下几个方面。

（1）普遍均等。新世纪以来，随着我国对公民文化权利认识和实践的不断加强，文化服务供给的普遍均等理念深入人心，我国公共图书馆走进了普遍均等服务时代。"普遍均等"引起我国图书馆界的广泛关注，缘于2006年9月国家发布的《国家"十一五"时期文化

---

① 司马俊莲：《中国少数民族文化权利法律保护的特点、问题及完善对策探讨》，载《中南民族大学学报》（人文社会科学版）2013年第1期，第130页。

发展纲要》，其指出："要从现阶段经济社会发展水平出发，以实现和保障公民基本文化权益、满足广大人民群众基本文化需求为目标，坚持公共服务普遍均等原则，兼顾城乡之间、地区之间的协调发展，统筹规划，合理安排，形成实用、便捷、高效的公共文化服务网络"①。这是"普遍均等"作为一项公共服务原则在国家政策文件中首次正式提出，标志着我国文化治理的新思想、新理念的出现。这正与当时我国公共图书馆理念的理性复归不谋而合，体现了公共图书馆的本质与使命②，强化了公平、平等理念在图书馆行业中的认识，引领了中国图书馆事业走向更加理性的发展道路。之后，"普遍均等"成为我国图书馆事业的重要行业准则。2008年3月21日，"普遍均等"被正式写入中国图书馆学会制定的《图书馆服务宣言》③（以下简称《宣言》）中，具体表述为："各级各类图书馆共同构成图书馆体系，保障全体社会成员普遍均等地享有图书馆服务。"④《宣言》强调了"普遍均等"的服务理念，包括对全社会开放，维护读者权利，对所有人平等服务，对弱势群体人文关怀，消弭数字鸿沟或信息鸿沟，等等⑤。2012年6月，我国发布的《国家人权行动计划（2012—2015年）》明确规定："保障少数民族均等享受公共服务的权利。"⑥这表明我国将少数民族公共服务享有权作为少数民族人权的基本内容。结合公共图书馆的"普遍均等"和新时期对少数民族文化权利保障的时代要求，对少数民族地区公共图书馆服务提出了新的要求：

---

① 《国家"十一五"时期文化发展规划纲要》，2016年2月28日，见（http://news.xinhuanet.com/politics/2006 - 09/13/content_ 5087533_ 6. htm. ）。
② 程焕文：《普遍均等惠及全民——关于公共服务普遍均等原则的阐释》，载《图书与情报》2007年第5期，第4～7页。
③ 中国图书馆学会：《图书馆服务宣言（2008）》，载《图书馆建设》2008年第10期，第1页。
④ 中国图书馆学会：《图书馆服务宣言（2008）》，载《图书馆建设》2008年第10期，第1页。
⑤ 中国图书馆学会：《图书馆服务宣言（2008）》，载《图书馆建设》2008年第10期，第1页。
⑥ 《国家人权行动计划（2012—2015年）》，2016年7月19日，见新华网（http://news.xinhuanet.com/2012 - 06/11/c_ 112186461_ 4. htm）。

一方面，要坚持"普遍均等"的公共图书馆服务理念，使所有少数民族地区民众和少数民族群体均有获取图书馆资源与服务的机会均等；另一方面，要从保障各民族群众基本文化权益的基本立场出发，为实现全体社会普遍均等采取必要的措施，既表现在提供位置便利的馆舍、人性化的阅读环境以及充足的开馆时间，也表现对不能到图书馆阅读民众的人文关怀，通过开展延伸服务保障难以享用馆舍的民众获取知识的权利。

（2）免费服务。免费服务是服务公益化的要求，也是自由、平等利用图书馆的保障①。我国公共图书馆免费服务理念被广泛认可，集中体现在公共图书馆免费开放政策的颁布。2006年，杭州图书馆成为图书馆免费开放的试点单位，继2008年全国博物馆、纪念馆实行免费开放之后，2011年1月26日，文化部、财政部正式印发了《关于推进全国美术馆、公共图书馆、文化馆（站）免费开放工作的意见》②，标志着我国公共图书馆设施全面免费开放时代的到来。考虑到中西部地区实际情况，中央在免费服务经费保障上对中西部予以倾斜，通过对中西部地区公共图书馆发展设立专项资金，补助中西部公共图书馆的基本服务项目的开支，从而对广大中西部少数民族地区公共图书馆实施免费开放提供了制度保障。2014年，政府在文化系统体制改革工作要点中进一步强调："深化全国公共图书馆、博物馆、美术馆、文化馆（站）免费开放工作，建立和完善长效经费保障机制，加强监督管理和绩效评价，切实保障人民群众享有基本公共文化服务的权益。"③ 政府对公共图书馆免费服务工作做出了进一步的指示。

免费服务是少数民族文化权利和基本文化权益保障的重要实现途

---

① 程焕文、潘燕桃：《信息资源共享》，高等教育出版社2004年版。
② 《关于推进全国美术馆、公共图书馆、文化馆（站）免费开放工作的通知》，2016年5月15日，见中央政府门户网站（http://www.gov.cn/zwgk/2011-02/14/content_1803021.htm）。
③ 文化部文化体制改革领导小组：《2014年文化系统体制改革工作要点》及其《分工实施方案》，2016年5月15日，见中华人民共和国文化和旅游部网（http://zwgk.mcprc.gov.cn/auto255/201404/t20140409_30282.html）。

径,更是对作为弱势群体的少数民族群体的一种人文关怀。根据公民文化权利的内涵表达,少数民族文化权利是指少数民族成员作为一个普通公民所享有的享受文化成果的权利、参与文化活动的权利、开展文化创造的权利以及对个人进行文化艺术创造所产生的精神上和物质上的利益享有受保护权①;少数民族文化权益主要是指少数民族的文化权利以及因其对文化的享有而带来的利益②。免费服务的根本目的是保障公众的基本文化权益,实质上是保障社会弱势群体文化权益的一项制度安排。长期以来,汉族文化在与少数民族文化的共生过程中自然而然占据主体地位,而少数民族文化也就成为一种客体身份,处于相对弱势地位③。少数民族地区经济发展相对落后,少数民族群体整体的文化素养亟待提高,而相对于通用的汉语,习惯本民族语言的少数民族在语言文化上也处于弱势地位。因此,少数民族群体属于弱势群体的范畴,免费服务的实施则保障了少数民族弱势群体基本文化权益的实现。

免费开放政策一经推出,得到全国各地的积极响应。根据不完全统计,免费开放政策落实后,截至 2011 年 10 月,全国各级公共图书馆到馆人次 4.27 亿,比 2010 年全年 3.28 亿人次的数量增长了 30%④。截至 2011 年年底,全国共有县级以上的公共图书馆 2952 个,基本上实现了无障碍、零门槛的开放,公共空间设施场地全部免费开放,基本服务项目实现了全部免费⑤。公共图书馆向惠及全民、普遍均等服务迈出了实质性的一步。少数民族地区公共图书馆积极推行免费服务,云南省文化厅和财政厅联合印发了《关于下达 2011 基层公

---

① 田艳:《中国少数民族文化权利法律保障研究》(硕士学位论文),中央民族大学 2007 年。
② 徐中起:《中国少数民族文化权益保障研究》,中央民族大学 2009 年版,第 43 页。
③ 邱仁富:《少数民族地区多样性文化共生发展的传统模式》,载《前沿》2010 年第 1 期,第 77 页。
④ 于群、李国新:《中国公共文化服务发展报告(2012)》,社会科学文献出版社 2012 年版,第 223 页。
⑤ 《国有三馆一站年内全免费》,2016 年 3 月 16 日,见人民网(http://culture.people.com.cn/GB/18175394.html)。

共文化体系保障经费的通知》，对省州（市）级及以下公共图书馆、文化馆（站）免费开放工作经费地方配套资金额度进行了明确的规定。新疆将免费开放工作列入 2011 重大民生项目之一，成立专门领导小组，对全区免费开放进行督导检查①。2011 年以来，西藏自治区全面启动公共图书馆免费开放工作，不断增加服务内容，提高服务水平，扩大服务覆盖面。仅 2012 年，包括公共图书馆、群艺馆、县综合文化活动中心和乡镇综合文化站在内的各级公共文化设施开展免费活动共计 7700 余次，受益群众达到 206 万人次，极大地丰富了当地少数民族群众的精神文化生活。2013 年，西藏自治区专门制定了《西藏自治区公共文化服务基层设施免费开放工作准则（试行）》，提出推进包括公共图书馆在内的基础文化设施免费开放的主要措施，对免费开放工作进行进一步规范和加强。截至 2013 年 8 月底，西藏全区现有的 8 个群众艺术馆、4 个公共图书馆、74 个县级综合文化活动中心以及 216 个乡镇综合文化站已经全面实现免费开放。② 2012 年，新疆维吾尔自治区 107 所公共图书馆、108 个文化馆以及 1097 各乡镇（街道）文化站全部免费向社会开放③。

（4）以人为本。以人为本，概括起来就是一切以人为出发点与落脚点，图书馆以人为本是指一切以读者的需求为出发点与落脚点。以人为本的重要体现是极具人文色彩的关怀主义，即在图书馆服务与管理中给予弱势群体以周全的人文关怀，消除信息不平等，切实保障民众的信息公平与自由。

无论是国际图书馆界的立场，还是我国图书馆界的行业自律，都彰显了以人为本的核心价值观。1994 年，联合国教科文组织通过的《公共图书馆宣言》开明宗义地提到："人类的根本价值的实现取决

---

① 于群、李国新：《中国公共文化服务发展报告（2012）》，社会科学文献出版社 2012 年版，第 223 页。

② 《西藏公共文化设施全部免费开放》，见中国图书馆学会、国家图书馆：《中国图书馆年鉴（2014）》，国家图书馆出版社 2015 年版，第 180 页。

③ 郝时远、王延中、王希恩：《中国民族发展报告（2015）》，社会科学文献出版社 2015 年版，第 134 页。

于公民在社会中行使民主权利和发挥积极作用的能力。公民对社会的建设性参与民主的发展，取决于公民所受良好教育的知识、思想、文化和信息的自由开放程度。"① 这体现了公共图书馆对人类实现其根本价值的重要性。1996年，美国图书馆协会通过的《图书馆权利法案》中对图书馆服务的指导政策提到："图书与其他图书馆自由应该为图书馆服务范围内所有人的兴趣、信息和教化而提供。资料不应因为创作贡献者的出身、背景，或者观点的原因而被排斥。"② 这说明图书馆服务应该根据读者的兴趣出发，致力于促进信息能力和发挥教育功能，同时也强调了公民的言论自由权利。2002年，由国际图书馆协会联合会通过的《图书馆、信息服务机构与知识自由格拉斯宣言》（简称《格拉斯宣言》）声明："国际图书馆协会联合会宣明不受限制地利用和表达信息是人类的基本权利"③，实质上是对公民自由表达权利的声张，又确认"图书馆和信息服务机构致力于发展和维护知识自由，致力于捍卫民主价值和普遍人权。因此，他们致力于为用户无限制地提供相关自由的利用和服务，并反对任何形式的审查"④。其实质上是对自由、公平、正义核心价值的伸张。2002年通过的《图书馆可持续发展声明》提到了与之前《格拉斯宣言》类似的提法，认为"图书馆和信息服务机构致力于发展并保障知识自由，捍卫基本民主价值和普遍人权。它们无差别地尊重用户身份及其独立选择权和自主决策权，并尊重用户的隐私"⑤。它在自由、公平权利的基础上体现了对公民自主决策权与个人隐私权的保护。此外，我国

---

① 冯云：《现代公共图书馆使命的再认识——以社群信息学理论为视角》，载《图书馆建设》2014年第12期，第1～4页。

② 《图书馆权利法案》，见程焕文、潘燕桃、张靖《图书馆权利研究》，学习出版社2011年版。

③ 《图书馆、信息服务机构与智识自由格拉斯宣言》，见程焕文、潘燕桃、张靖《图书馆权利研究》，学习出版社2011年版，第411页。

④ 《图书馆、信息服务机构与智识自由格拉斯宣言》，见程焕文、潘燕桃、张靖《图书馆权利研究》，学习出版社2011年版，第411页。

⑤ Statement on Libraries and Sustainable Development，2016年5月15日，见（http://portal.unesco.org/ci/en/ev.php-URL_ID=3787&URL_DO=DO_TOPIC&URL_SECTION=201.html）。

图书馆行业自律性文件也体现了以人为本的人文关怀。2008年通过的《图书馆服务宣言》提到："图书馆是一个开放的知识与信息中心。图书馆以公益性服务为基本原则，以实现和保障公民基本阅读权利为天职，以读者需求为一切工作的出发点"；"图书馆在服务与管理中体现人文关怀。图书馆致力于消除弱势群体利用图书馆的困难，为全体读者提供人性化、便利化的服务"①；并将"以人为本"作为现代图书馆服务的重要理念，使其作为行业自律的重要服务原则。

新世纪以来，少数民族地区公共图书馆服务更加突出以人为本的原则，在保障某原有职能的基础上，进一步延伸图书馆服务，保障弱势群体的文化权利。例如，内蒙古自治区图书馆积极建立馆外流通服务站，将图书馆服务延伸到学校、社区、军营、牧区、劳教所等不同群体，并与内蒙古自治区残联进行合作建成了西部省区最大的残疾人图书馆——内蒙古残疾人图书馆，为残疾人弱势群体的阅读权利提供了保障②。2013年1月1日起，西藏自治区图书馆进一步加大免费开放力度，通过招收部分公益性岗位人员，确保一线服务力量，并根据当地读者的需要适当延长了服务时间，实现了全天候免费开放服务。随着读者对图书馆需求的增加，从2016年11月1日起，西藏图书馆再次调整开放时间，从以往的9：30—18：30，改为冬季9：30—20：00，夏季延长了免费开放时间9：30—21：00，更加满足了当地民众的阅读需求。同时还在馆内增设了视障阅览室，购买和补充了盲文图书和无障碍电影等资源，使弱势群体的阅读权益得到较为充分的保障。

（三）服务内容

1. 多元文化

多元文化（multiculture）一词源于西方，1922年由加拿大最早

---

① 《图书馆服务宣言》，见程焕文、潘燕桃、张靖《图书馆权利研究》，学习出版社2001年版，第425页。
② 国家图书馆：《中国图书馆事业发展报告：（蓝皮书. 2012卷）》，国家图书馆出版社2012年版，第210页。

提出，20世纪70年代，在现代化带来的移民文化语境下，该词被再度强调，成为颠覆"同化"移民文化的一种新观念，并发展为现今世界主流的价值观。多元文化主义（multiculturalism）是一种基于文化多样性的客观存在的考虑，由美国哲学家霍雷斯·卡伦在文化相对主义（cultural relativism）理论基础上提出的文化多元主义（cultural pluralism）演变而来①。其本质是文化相对主义的制度化体现，是在反对文化一元论（cultural monism）基础上诞生的一种社会思潮与理论②。多元文化宏观上是指一个社会、国家或民族中所存在的多种文化的总称，微观上是指承认人类群体之间价值规范、思想观念乃至行为方式上的差异③。在多元文化概念框架下，文化多样性即是身份认同的多元化，正如英国学者康纳德·沃特森所言："多元文化主义首先是一种文化观。多元文化主义认为没有任何一种文化比其他文化更为优秀，也不存在一种超然的标准可以证明这样一种正当性，可以把自己的标准强加于其他文化。多元文化主义的核心是承认文化的多样性，承认文化之间的平等和相互影响。"④

在文化日益融合发展的趋势下，作为一种彰显民主的普世价值观，多元文化主义现已成为全球及多民族国家处理民族关系的重要政策依据。作为一种人类共同的文化遗产，对丰富性的不断追求是人类发展的共性，多元文化不仅是弱势文化实现地位合法性的一种张扬，也是强势文化发展的现实需求。承认文化的多样性，是基于将人类发展作为一个在不同文化与文明进行对话与交流合作基础上的统一体进行考虑，具有更为积极的内涵。正如联合国教科文组织通过的《世界文化多样性宣言》所言："文化在不同的时代和不同的地方具有各

---

① 张序：《民族地区特殊公共文化服务的作用》，载《中华文化论坛》2015年5期，第117～122页。
② 张序：《民族地区特殊公共文化服务的作用》，载《中华文化论坛》2015年5期，第117～122页。
③ 韩家炳：《多元文化、文化多元主义、多元文化主义辨析——以美国为例》，载《史林》2006年第5期，第185～188页。
④ ［英］C. W. 沃特森（Conrad William Watson）著：《多元文化主义》，叶兴艺译，吉林人民出版社2005年版。

种不同的表现形式。这种多样性的具体表现是构成人类的各群体和各社会特性所具有的独特性和多样化。文化多样性是交流、革新和创作的源泉，对人类来讲就像生物多样性对维持生物平衡那样必不可少。从这个意义上讲，文化多样性是人类的共同遗产，应当从当代人和子孙后代的利益考虑予以承认和肯定。"①

少数民族文化权利保护的主旨是在充分尊重基本人权和自由的基础上创立一种建设性地接纳和整合多元文化的社会②。在一个多民族国家里，随着现代化进程的加快，在强势文化的冲击下，少数民族极易出现对本民族文化的认同危机以及造成民族文化归属感的丧失。少数民族群体寻求族群自我认同的需求日益紧迫，各种差异性文化的存在亟待更多的社会包容对其进行调节。面对多元文化主义的挑战，文化之间的平等对话和沟通就显得尤为重要，强调各民族文化本身享有平等的话语权利，需要由社会公共权威机构对异质性文化群体成员需求进行有机调试和整合，从而维护良好的国家秩序和社会稳定，并促进民族地区健康可持续发展。

2. 图书馆多元文化服务

（1）图书馆多元文化服务的起源。在多元文化社会语境下，如何公正、公平地为多民族、多语种、多文化背景的读者群体提供无差别的服务，促进多元文化的少数民族读者群体之间的相互理解和文化认同，成为衡量公共图书馆价值的一个指标。图书馆多元文化服务，主要是指图书馆为适应多元文化社会的需要，向不同民族、语言和文化的群体所提供的服务，包括两个方面，一是为所有类型的用户提供多元文化服务，二是为少数民族、语言和文化的群体提供的特殊服务③。但值得注意的是，由于国内外政治、经济、文化差异所导致的

---

① 范俊军：《联合国教科文组织关于保护语言与文化多样性文件汇编》，民族出版社2006年版，第99～100页。

② 周勇：《权利的法理：民族、宗教和语言上的少数人群体及其成员权利的国际司法保护》社会科学文献出版社，2002年版，第52页。

③ 刘雅琼：《论图书馆多元文化服务》，载《图书情报工作》2009年第8期，第92～95页。

多元文化环境的不同，国外图书馆多元文化服务对象主要为移民、劳务移民、国内少数群体、难民等，而我国则主要为少数民族和弱势群体，如残疾人、智障人士、下岗失业人员、城市外来人口、移民、外国人等①。

（2）图书馆多元文化服务的发展。图书馆开展多元文化服务最初源于对文化整合的需要，以对各种文化持宽容和理解的态度，将少数民族群体文化等非主流文化整合到社会主流文化中，以避免种族冲突，维护社会安定②。随着多元文化图书馆在加强社会合作、促进社会和谐稳定方面的价值日益凸显，对少数族群图书馆权利的保障成为社会的关注点。经过两次世界大战之后，20世纪60～70年代，经济重建、劳动力短缺使得一些国家陷入发展困境。为了扭转发展的不利局面，人口的跨国流动在这一时期得到增强，客观上促进了各国之间的文化交流，大批新兴移民的出现引发了生活方式、生活习惯和价值观念的改变，从而也促进了本土文化的发展。国家实施的文化政策的调整和人们观念的变迁，在新的文化背景下，图书馆多元文化服务理念悄然而生，并得到不断完善③。这一时期图书馆多元文化包含的主要内容为：其一，维护每个人的兴趣和价值观念的自由主义理想；其二，以民主、宽容和理解为核心理念，与少数族群的文化和谐共存；其三，图书馆是一个文化交汇场所理念下的融合与交流；其四，不分种族、肤色、国籍、性别等的平等服务的提供；其五，及时、迅速地服务社区民众，反映多样化文化的社区焦点④。1986年，在日本东京举行的第52届国际图联大会上，"为民族和语言上是少数全体者

---

① 刘雅琼：《论图书馆多元文化服务》，载《图书情报工作》2009年第8期，第92～95页。

② 冠军、陈永平、李高峰、王岚霞：《少数民族地区图书馆多元文化服务探析》，载《图书馆建设》2010年第2期，第68～71页。

③ Audunson R, Brunelli M, Goulding A.: The Library in the MultiCultural Information Society, 2016年7月18日，见http://netfiles.uiuc.edu/weech/Multi－Culturalism－Ch8EuclidRpt.htm。

④ 李高峰、陈永平、王岚霞：《国外图书馆多元文化服务：理念、实践与模式》，载《图书馆建设》2009年第11期，第69～72页。

服务的圆桌会议"正式被"多元文化服务的图书馆分委员会（Section of Library Services of Multicultural Population）"所替代，并陆续发布了一系列旨在加强图书馆多元文化服务的方针①。1987年，《多元文化社会：图书馆服务方针》（以下简称《方针》）承认了民族、语言、文化的多样性，确认以民族、语言、文化的多样性为对象的少数群体为三种人：移民、劳务移民、国内少数群体②。《方针》明确了图书馆多元文化服务的责任，指出："在一个地区，某一语言或少数民族人数达到300人以上，应建立自成体系的藏书与服务，使该群体享受到与社会公众同等的服务"；在馆藏方面要求提供每一个读者需要的语种以及相关文化的资料③；图书馆应配备用少数语种的语言或者这些少数群体能够接受的语言书写的资料、反映少数群体文化的资料、为学习通用语言或母语所必需的资料以及相关的视听资料，除了传统的借阅服务外，还应为少数群体提供必要的诸如介绍当地情况、学习和掌握当地语言以及上门服务等④。1998年，国际图联对《方针》进行了修订，内容包括：首先，将服务对象确定为4种，新增了难民群体为图书馆服务对象；其次，删除少数群体人数300的数字规定；再次，针对数字化和互联网语境，在资料类型方面新增了CD-ROM、WEB联机数据库等；最后，提出了重视演讲等口头表达以及土著人问题等⑤。2006年8月，国际图联管理委员会通过了由图

---

① 深井耀子、鲍延明：《图书馆多元文化服务的目标和策略——从〈澳大利亚规则〉到IFLA〈多元文化社会：图书馆服务指导方针〉（1998年版）》，载《图书馆杂志》2000年第4期，第13～15页。

② Audunson R, Brunelli M, Goulding A.：The Library in the MultiCultural Information Society, 2016年7月18日，见 http://netfiles.uiuc.edu/weech/Multi-Culturalism-Ch8EuclidRpt.htm。

③ 深井耀子、鲍延明：《图书馆多元文化服务的目标和策略——从〈澳大利亚规则〉到IFLA〈多元文化社会：图书馆服务指导方针〉（1998年版）》，载《图书馆杂志》2000年第4期，第13～15页。

④ 吴建中：《转型与超越：无所不在的图书馆》，上海大学出版社2012年版，148页。

⑤ 深井耀子、鲍延明：《图书馆多元文化服务的目标和策略——从〈澳大利亚规则〉到IFLA〈多元文化社会：图书馆服务指导方针〉（1998年版）》，载《图书馆杂志》2000年第4期，第13～15页。

书馆多元文化专业委员会起草的《多元文化图书馆宣言》；2007年9月，《国际图联多元文化图书馆宣言》正式出台；2009年，国际图联发布了经过修订的第三版《多元文化社区：图书馆服务指南》，重申了向多元文化和多语种成员提供平等服务的图书馆立场："各类型图书馆应反映、支持和促进国际、国家和地方各个层面上的文化和语言的多样性，并为跨文化对话和公民积极参与公共生活做出贡献。"① 同年10月，在巴黎举行的联合国教科文组织（UNESCO）大会上，国际图联通过了《多元文化图书馆宣言》，指明了多文化图书馆的重要性、使命、管理与运营、核心行动、人员、资金、立法与网络、宣言的落实等内容②。

总之，图书馆多元文化服务体现了对文化多样性的承认和尊重，对于以多元文化为主要特征的少数民族地区公共图书馆来说，提供多元文化服务就显得尤为重要。这不仅有利于民族团结和社会稳定，也有利于少数民族地区公共图书馆服务效能的提升。

（3）我国图书馆多元文化服务进展。目前，我国图书馆界多元文化服务无论是实践还是理论研究均处于相对滞后状态，尚未有系统完备的图书馆多元文化服务发展纲要性文件或法规出台。但是，已出台的图书馆文件法规中已有涉及多元文化服务的内容。2008年出台的《图书馆服务宣言》提到："图书馆向读者提供平等服务。各级各类图书馆共同构成图书馆体系，保障全体社会成员普遍均等地享有图书馆服务。图书馆在服务与管理中体现人文关怀。图书馆致力于消除弱势群体利用图书馆的困难，为全体读者提供人性化、便利化的服务。"③ 这份宣言为我国图书馆多元文化服务制度的建立提供了可供参考的行业规范与依据。2012年5月1日颁布的《公共图书馆服务

---

① 《多元文化社区：图书馆服务指南》，2016年5月18日，见http://www.nlc.gov.cn/newtsgj/iflaygt/gjtlzwyyzx/tlzlby/201011/P020101130491211528489.pdf。

② 靳红、程宏：《图书馆知识服务研究综述》，载《情报杂志》2004年第8期，第8~10页。

③ 《图书馆服务宣言》，见程焕文、潘燕桃、张靖《图书馆权利研究》，学习出版社2001年版，第425页。

规范》针对少数民族公众和少数民族公共图书馆事业做出了相关规定。如在对人员配备要求中提到:"少数民族自治地区公共图书馆要配备熟悉少数民族语言文字的专业技术人员。"① 在对图书馆馆藏资源要求中提到:"少数民族集聚地区的各级公共图书馆应承担该地区少数民族文字文献资料的收藏和服务的职能。其他地区各级公共图书馆也应收藏与本地少数民族状况相适应的少数民族语言文献。"② 从多元文化馆员的配备、多元民族语言馆藏资源建设等方面为新时代少数民族民众基本文化权益保障做出了新的要求。

(4) 我国少数民族地区公共图书馆多元文化服务。少数民族文化多样性以及公共图书馆普遍均等价值观决定了少数民族地区公共图书馆提供多元文化服务,少数民族地区公共图书馆是开展多元文化服务的重要阵地,公共图书馆多元文化服务理念对于我国少数民族地区图书馆建设具有极其重要的现实意义。文化是民族存在的重要根基。我国少数民族聚集区,在文化教育上实行双语制,以位于我国西南角的云南省为例,全国55个少数民族当中,52个少数民族在云南均有分布。其中,人口超过5000的民族有26个,包括汉族、彝族、白族、哈尼族、壮族、傣族、苗族、回族、纳西族和藏族等③,构成了中原文化、青藏高原文化、东南亚文化、南亚文化的多元文化格局。我国新疆维吾尔自治区共有49个民族,其中有维吾尔族、哈萨克族、蒙古族等13个世居民族,新疆自古以来便是突厥文化、唐代汉文化、吐蕃文化、粟特文化等文化的交融中心,多民族聚集的格局逐渐形成了多元的民族文化特色④。处于西部地区的宁夏回族自治区是一个多

---

① 国家质量监督检验检疫总局、国家标准化管理委员会:《公共图书馆服务规范》,中国标准出版社2012年版。
② 国家质量监督检验检疫总局、国家标准化管理委员会:《公共图书馆服务规范》,中国标准出版社2012年版。
③ 徐琨玲、张龙:《文化多样性与民族地区图书馆的多元文化服务》,见中国民族图书馆《民族图书馆学研究(六):第十二次全国民族地区图书馆学术研讨会论文集》2012年版,第288~289页。
④ 王天丽:《新疆多元文化背景下的公共图书馆文献信息资源建设》,载《图书馆理论与实践》2013年第10期,第61~63页。

民族聚集的地方，回族、汉族、维吾尔族、东乡族、哈萨克族、撒拉族和保安族等民族在这里长期交融发展，形成了宁夏文化、伊斯兰文化、移民文化、边塞文化、黄河文化、丝路文化、游牧文化等多元文化的融合发展。① 学者邱仁富认为："少数民族地区由于民族文化的特殊性、边疆多元文化的交互性以及传统与现代、主流与亚文化之间共生的时代性，使得少数民族地区多样性文化凸显其自身的共生模式。"② 针对我国的多民族国情，民族区域自治制度成为我国解决民族问题的重要政策，民族区域自治可与多元文化进行借鉴。此外，全球化、通信速度的加快、交通的便捷等使民族交往日益频繁，随着各民族之间文化交流的加强，大量的移民活动也极大地丰富了少数民族地区的文化多样性。从我国少数民族多元文化的特殊性与实际情况出发，提供多元文化服务是少数民族地区公共图书馆的神圣使命。尤其是本民族语言的少数民族地区公共图书馆，通过发展多元文化馆藏、开设民族语言咨询服务，对少数民族特殊用户群体提供具有针对性的服务，加强少数民族地区公共图书馆多元文化服务的信息化建设，增加少数民族馆员的比例以促进人员的多元化，从而提升少数民族地区图书馆的多元文化服务效能。总之，在当前的文化多样性背景下，少数民族地区公共图书馆多元文化服务是尊重少数民族文化平等以及文化多样性的重要体现。

2. 阅读推广服务

公共图书馆阅读推广是指"由公共图书馆独立或者参与发起组织的，普遍地面对读者大众的，以扩大阅读普及度、改善阅读环境、提高读者阅读数量和质量等为目的的，有规划有策略的社会活动"③。2017年11月4日第十二届全国人民代表大会常务委员会第三十次会

---

① 尹光华、李海燕：《文化多样性与民族地区图书馆的多元文化服务——以宁夏回族自治区图书馆为例》，载《图书馆理论与实践》2012年第10期，第73页。

② 邱仁富：《少数民族地区多样性文化共生发展的传统模式》，载《前沿》2010年第1期，第76～79页。

③ 王余光：《图书馆阅读推广研究的新进展》，载《高校图书馆工作》2015年第2期，第3～6页。

议通过的《中华人民共和国公共图书馆法》以法律条文的形式明确规定："公共图书馆是社会主义公共文化服务体系的重要组成部分，应当将推动、引导、服务全民阅读作为重要任务。"① 随着阅读推广逐渐上升为国家文化战略，我国公共图书馆阅读推广服务活动在全国范围内如火如荼地开展，少数民族地区公共图书馆阅读推广服务在内容与形式上均取得了较为全面的发展。

（1）阅读推广活动在我国图书馆界的兴起与发展。公共图书馆阅读推广最先由处于我国少数民族地区的广西壮族自治区图书馆界发起。1994 年，广西壮族自治区图书馆界率先发起"知识工程"活动，在具体实施中，以广大农村为重点，把爱书、读书、传播知识与图书馆建设进行融合发展，受到社会各界广大人民群众的积极支持和参与，收到良好的社会效益，并受到党中央的充分认可。1997 年 1 月，中央宣传部、文化部、国家教委等部门联合发布了《关于在全国组织实施"知识工程"的通知》②，成立了全国"知识工程"领导小组，制订了《全国知识工程实施方案》，决定由文化部图书馆司具体操作执行，从而在全国范围内掀起了实施知识工程的高潮③。知识工程以发展图书馆事业为手段，以倡导读书、传播知识、推动社会文明与进步为目的，对全民阅读起到了良好的推动作用。从 2000 年开始，每年的 12 月被定为"全民阅读月"，国家要求文化企事业单位等要在这本月开展丰富多彩的阅读活动。图书馆界以文化服务的自觉性积极投入到全民阅读推广活动中，成为全民阅读推广的主力军。2003 年，中国图书馆学会将全民阅读推广纳入年度工作范围内；同年 12 月，在第四届"全民读书月"召开之际，中国图书馆学会正式接纳

---

① 《中华人民共和国公共图书馆法》，见中国人大网（http://www.npc.gov.cn/npc/xinwen/2017 – 11/04/content_ 2031427. htm）。
② 《关于在全国组织实施"知识工程"的通知》，载《当代图书馆》1997 年第 2 期，第 60～62 期。
③ 《关于在全国组织实施"知识工程"的通知》，载《当代图书馆》1997 年第 2 期，第 60～62 期。

了全民阅读活项目，全权负责组织实施①。2004年4月23日，中国图书馆学会与国家图书馆首次举办以"倡导全民阅读，建设阅读社会"为主题的世界读书日宣传活动，将"全民阅读月"改为每年4月。至此，中国的"全民读书月"正式与"世界读书日"接轨，中国全民阅读推广活动正式融入国际阅读推广的潮流当中。2005年，中国图书馆学会将"图书馆与社会阅读"作为首次新年峰会的重要议题。至此，图书馆界完成了从阅读推广的主要参与者到引导者的角色转换，成为倡导、引导、推动全民阅读的中坚力量。②

国民阅读率的持续走低，使实施全民阅读活动变得更为紧迫。根据第四次全国国民阅读与购买倾向抽样调查显示，1999年至2005年，我国国民阅读率持续走低，1999年为60.4%，2001年为54.2%，2003年为51.7%，2005年为48.7%③。随着全民阅读需求的日益增长，在政府的倡导以及图书馆行业组织的积极推动下，全民阅读推广活动取得了蓬勃发展，具体表现在如下三个方面。

第一，全民阅读推广成为新时期国家的重要文化战略。在中央和国家政府层面，已经明确将全民阅读作为国家的重要文化战略。党的十六大将建设学习型社会作为全面建设小康社会的目标之一，对全民阅读推广活动进行了宏观指导。2006年，积极推进阅读社会的形成成为《国家"十一五"时期文化发展规划纲要》的重要内容。同年4月，中宣部、中央文明办、新闻出版总署、文化部、教育部、中华全国总工会、共青团中央等11个部委联合发出《关于开展全民阅读活动的倡议书》④，倡导在全国范围内开展"多读书、读好书"的全民阅读活动。2007年3月，中央八部委共同印发了《农家书屋工程

---

① 范并思：《阅读推广与图书馆学：基础理论问题分析》，载《中国图书馆学报》2014年第5期，第4～13页。
② 吴晞：《图书馆阅读推广基础理论》，朝华出版社2015年版，第62页。
③ 姚萍：《国民阅读率下降之我见》，载《出版发行研究》2005年第5期，第29～30页。
④ 刘刚：《十一部委团体倡议开展"全民阅读活动"》，载《党建文汇月刊》2006年第5期，第51页。

实施意见》①，以满足广大农村基层民众的阅读需求。2011年，党的十七届六中全会通过的《中共中央关于深化文化体制改革、推动社会主义文化大发展大繁荣若干重大问题的决定》，提出要"深入开展全民阅读"②。党的十八大报告在扎实推进社会主义文化强国建设中提出全民阅读，并将其作为扎实推进社会主义文化强国的重要举措。2013年，全民阅读立法被列入国家立法工作计划，"全民阅读促进条例"开始进行草拟。随后，根据国家文化治理的需要，全民阅读推广于2014年、2015年和2016年连续3年被列入政府工作报告当中。2014年3月5日，李克强总理在政府工作报告中首次将"倡导全民阅读"列入报告内容③，在2015年的政府工作报告中再次提出"倡导全民阅读，建设书香社会"，并在同年3月15日就全民阅读问题回答有关记者提问时，明确表示书籍和阅读是人类文明传承的主要载体，希望全民阅读能够成为一种无处不在的氛围④；在2016年的政府工作报告中更是提纲挈领地指出："深化群众性精神文明创建活动，倡导全民阅读，普及科学知识，提高国民素质和社会文明程度。"⑤ 全民阅读连续3年被写入政府工作报告，表明已经将全民阅读提高到国家战略的高度，也说明阅读在提高国民素质和社会文明程度中的作用得到广泛认可和高度重视。

第二，图书馆界有力地推动了全民阅读推广服务的开展。图书馆界成为我国全民阅读的中坚力量，通过有计划、有组织地开展各种阅读推广活动，有力地推动了阅读推广服务在全国各地的开展。2006年，中国图书馆学会专门成立了科普与阅读指导委员会，下设阅读文

---

① 袁晞：《八部委发布〈"农家书屋"工程实施意见〉》，载《安徽行政学院学报》2007年第3期，第6页。
② 汤更生、朱莺：《全民阅读活动的背景、特色与推动》，载《国家图书馆学刊》2013年第3期，第60～64页。
③ 《李克强做政府工作报告 首次提到倡导全民阅读》，见人民网（http://culture.people.com.cn/n/2014/0305/c87423-24536148.html）。
④ 吴晞：《图书馆阅读推广基础理论》，《朝华出版社》2015年版，第70页。
⑤ 《"全民阅读"第三次写入政府工作报告》，2016年5月19日，见中国新闻出版广电网（http://book.chinaxwcb.com/2016/0305/45517.html）。

化研究委员会、推荐书目委员会、家庭藏书读书委员会、图书馆与社会阅读委员会、媒体与社会阅读委员会等 5 个专业委员会，成员共计 76 人①。2009 年，该委员会更名为阅读推广委员会，下设 15 个专业委员会，分别为阅读文化研究委员会、推荐书目委员会、藏书文化研究委员会、图书馆与社会阅读委员会、媒体与阅读委员会、青少年阅读推广委员会、大学生阅读委员会、残疾人阅读专业委员会、图书馆与科学普及阅读委员会、经典阅读推广委员会、网络与数字阅读委员会、阅读与心理健康委员会、图书评论委员会、图书馆讲坛推广委员会、社区与乡村阅读委员会，委员扩充至 300 余人②。阅读推广委员会的成立，使全民阅读推广有了更为专业的组织保障，充分发挥了图书馆界在阅读推广活动中的行业指导作用，有力地推动了阅读推广活动学术理论研究与实践的发展。中国图书馆将"图书馆努力促进全民阅读"正式写入《图书馆服务宣言》，明确指出："图书馆努力促进全民阅读，图书馆为公民终身学习提供保障，促进学习型社会的建设"③，将阅读推广视为现代图书馆服务的重要职能。2013 年，中国图书馆学会年会以"书香中国——阅读引领未来"为年会主题，引起了图书馆界以及社会各界对阅读推广的广泛关注。

第三，社会各界合力共筑阅读推广新局面。作为一项社会系统性的文化事业，全民阅读的蓬勃发展离不开社会各界的广泛合作。政府部门、图书馆界、出版发行部门、社会志愿团体、电信商、网络运营商以及新闻媒体机构等不断开展社会合作，使全民阅读推广活动在全社会得到广泛开展。社会力量现在已经成为全民阅读推广的重要补充力量，他们根据社会大众需求，自发组织了多种形式的读书会、阅读会、读书俱乐部、民间阅读基金会等，使全民阅读推广活动开展得更为灵活多样和丰富多彩。近年来，民间阅读团体如雨后春笋般不断涌

---

① 汤更生、朱莺：《全民阅读活动的背景、特色与推动》，载《国家图书馆学刊》2013 年第 3 期，第 60～64 页。
② 吴晞：《十年种木长风烟——纪念中国图书馆学会阅读推广委员会成立十周年》，载《高校图书馆工作》2016 年第 1 期，第 56 页。
③ 《图书馆服务宣言》，载《中国图书馆学报》2008 年第 6 期，第 5 页。

现，较为著名的有中华经典读书会、中国滋根图书室、毛毛虫上书房、红泥巴王、蓝袋鼠王等，特别是 2011 年 6 月，在北戴河成立了中国民间图书馆协会，并组织了中国首届民间图书馆论坛，标志着民间组织已经凝聚成我国全民阅读推广的一支有生力量①。

2006 年以来，在国家和政府的大力支持和推动下，在图书馆界的全力以赴以及社会各界的共同努力下，我国全民阅读推广呈现出蓬勃发展的态势，在一定程度上有效扭转了国民阅读困境的局面。据第十三次全国国民阅读调查数据显示，国民阅读率显著提升，其中数字化阅读、纸质书、电子书主要阅读指标均全面上涨，数字化阅读方式接触率连续 7 年上升，首次超过 60%②。

（2）少数民族地区公共图书馆阅读推广。

第一，少数民族地区公共图书馆在阅读推广中的地位与作用。少数民族地区公共图书馆不仅是少数民族和民族地区阅读推广的重要阵地，也是少数民族阅读权利的重要保障，在阅读文化建设中具有重要的地位。首先，少数民族地区公共图书馆是少数民族地区阅读推广和阅读文化建设的中坚力量。公共图书馆是知识的宝库、没有围墙的大学，秉持免费、平等、开放理念的现代公共图书馆，是永恒的社会阅读服务机构。少数民族地区公共图书馆不仅承担着通过阅读推广提升少数民族和民族地区民众科学文化素质的职能，也承担着保护和传承少数民族文化遗产的职能，更是阅读文化建设中必不可少的主力军。其次，少数民族地区公共图书馆是阅读推广的主要阵地，是少数民族地区最理想的社会阅读场所，而相对丰富的阅读资源、较为完善的服务设施、安静的学习环境和先进的技术设备使少数民族地区公共图书馆成为最为理想的阅读场所。最后，少数民族地区公共图书馆是阅读推广的重要保障。少数民族地区公共图书馆为阅读推广提供必不可少的阅读资源，同时也为阅读推广提供必要的场地设施。特别是公共图

---

① 汤更生、朱莺：《全民阅读活动的背景、特色与推动》，载《国家图书馆学刊》2013 年第 3 期，第 63 页。

② 《调查：国民阅读率上升 专家：纸质书永远不会消亡》，2016 年 6 月 6 日，见未来网（http://news.k618.cn/edus/201606/t20160619_7779093_2.html）。

书馆作为所有民众平等、自由获取信息的制度保障，保障了少数民族群众的阅读权利。

第二，少数民族地区公共图书馆阅读推广活动的特殊性。我国少数民族大多居住在西部经济不发达地区以及交通不便的边疆地区，由于社会经济文化各项事业发展较为滞后，基础文化建设相对薄弱，阅读资源极为有限，少数民族群众看书难的问题十分突出。少数民族和少数民族地区民众是图书馆阅读推广的重点对象，他们的阅读文化呈现出特殊性，主要表现在以下三点：一是民族性。由于民族语言、民族心理、民族习惯和生活方式等原因，少数民族地区阅读文化具有鲜明的民族性，以民族文献为主，阅读方式也倾向于固有的民族传统阅读，非常重视通过民族传统歌舞、口述、舞蹈等方式来传承民族传统文化①。例如，因受到本土少数民族地区语言的限制，有些少数民族民众并不通晓汉语，对于使用本民族语言的少数民族群体来说，难以在以汉语文献为主体的公共图书馆里找到少数民族语言的读物。生活在湖南湘西的土家族和苗族，他们没有本民族的语言文字，在现代生活中多借助汉语进行民族间的文化交流，但在民族内部，有部分土家族和苗族还延续着传统的民族语言交流方式和民俗习惯，民族传统歌舞、节庆等习俗成为日常社交和文化传承的主要载体。据调查，湘西州民众阅读受民族语言影响的读者比例达到33.4%（主要指苗族）②。二是地域性。少数民族地区多处于交通不便、地理环境复杂的边远地区，这些地区大多属于经济欠发达的贫困地区，阅读资源极为匮乏。少数民族因受传统观念、生活习惯等影响，大多缺乏主动阅读的意愿。特别是由于少数民族居住的分散性，不利于集中阅读。从总体上看，少数民族和民族地区民众不仅缺乏必要的阅读意识，而且受教育程度低，导致阅读能力不足。由于受到民族语言、宗教信仰和风俗习惯等因素影响，阅读普及难度较大。三是时代性。少数民族阅读文化

---

① 王月娥：《基于阅读特征的西部阅读文化建设探析》，载《图书情报工作》2013年第5期，第21～25页。

② 王月娥：《西部民族地区大众阅读现状调查与分析——以湘西土家族苗族自治州为例》，载《图书情报工作》2011年第19期，第92～96页。

在不同的时代呈现出不同的特点。民族地区民众的阅读动力主要来自于心理、生活的双重需求，阅读以休闲性和娱乐性为主，阅读层次多为浅阅读，在当前新媒体环境下，阅读形式趋于多样化①。

第三，少数民族地区公共图书馆阅读推广活动的内容与形式。自阅读推广活动在全国普及以来，少数民族地区公共图书馆积极响应，开展了形式多样、效果显著的阅读推广活动，在少数民族阅读推广中发挥了极其重要的作用。首先，积极进行阅读宣传与推广。少数民族和民族地区各族群众阅读难的主要根源来自于阅读意识的淡薄，因此，阅读推广的首要任务是通过积极进行阅读宣传，加深少数民族民众对阅读的认识，在少数民族地区树立并增强阅读意识观念。为此，少数民族地区公共图书馆针对不同阅读群体开展了一系列的阅读宣传与推广活动。如学习系列讲座、图书展览、读书知识竞赛、读书征文、阅读演讲比赛、少儿亲子阅读和少儿绘本阅读，以及成立阅读俱乐部等，努力营造良好的阅读氛围，更好地发挥少数民族地区公共图书馆在阅读推广服务中的阵地作用②。其次，提供形式多样的阅读指导服务。公共图书馆的阅读指导，是指图书馆员针对读者的个人需求，指导读者选择适合的阅读素材及阅读内容，教会他们正确的阅读方法，提升读者阅读能力的过程③。针对少数民族群体阅读需求的民族性与特殊性，一些公共图书馆专门针对少数民族的语言特点，挑选符合当地少数民族语言需求的阅读资源，并且通过讲座、培训班等形式，提升少数民族民众的阅读技能。例如，新疆喀什地区公共图书馆结合全民阅读推广活动，以讲座、培训班、展览、演讲比赛、诗歌朗诵等形式，提高了阅读文化的影响力，也吸引了之前尚未有阅读意识

---

① 王月娥：《西部民族地区大众阅读现状调查与分析——以湘西土家族苗族自治州为例》，载《图书情报工作》2011年第19期，第92～96页。
② 盛小平、刘振华、王月娥：《西部少数民族地区公共图书馆在阅读文化建设中的地位与作用——以湘西自治州公共图书馆为例》，载《图书馆论坛》2011年第6期，第253～258页。
③ 李书梅：《从台湾阅读推广活动之现况谈公共图书馆之阅读指导服务》，载《图书馆建设》2006年第5期，第78～81页。

的少数民族积极参与到阅读推广活动当中①。最后，通过阅读，传承民族文化。保存社会文化遗产是公共图书馆最基本的社会职能，少数民族地区公共图书馆则承担着保护与传承少数民族文化遗产的重要职能。少数民族地区阅读推广为少数民族文化的传播与发展提供了新途径，公共图书馆是两者进行有效融合的黏合剂。地处少数民族地区的内蒙古通辽市科尔沁区图书馆针对当地蒙古族读者的阅读需求，利用蒙语文字进行阅读推广宣传，并以蒙语作为阅读推广沟通的主要渠道。在民族文化普及讲座中，穿插了蒙古族服饰、百年通辽图片等蒙古族元素，成功地将科尔沁民族文化保护和传承与民族文化普及讲座相融合②。广西壮族自治区图书馆在世界读书日、三月三、科技活动周、图书馆服务宣传周、文化遗产日等节庆期间，精心策划具有地方性、民族性的讲座、展览、音乐会、数字文化体验、有奖知识问答、电影沙龙等读者活动，有效地将地方文化与阅读推广进行融合。

第四，少数民族地区公共图书馆阅读推广服务成效。在儿童阅读推广方面，广西桂林图书馆于2007年推出"快乐一小时"亲子阅读活动项目，根据不同类型低幼儿童的心理、生理以及接受能力，策划开展亲子故事会、手工制作、艺术表演等类型丰富的亲子阅读活动，打造未成年人服务品牌。2013年暑假期间，该馆依托"快乐一小时"亲子阅读活动，整合讲座、展览、英语角等活动品牌，策划组织了亲子"玩"阅读，快乐过暑假系列活动，在传统阅读和手工制作等常规性活动基础上，融入参观、绘画、音视频播放、才艺表演、好书分享、书评、讲座等形式多样的亲子阅读活动，为家长、教师和孩子之间搭建相互交流的平台，取得了良好的社会反响，并荣获2013年全国少年儿童阅读年之"亲子共读爱的体验——全国家庭亲子阅读推

---

① 王玉霞：《对边疆少数民族地区公共文化服务体系下图书馆全民阅读推广工作常态化机制构建的几点思考》，载《西域图书馆论坛》2013年第3期，第18～22页。

② 王黎：《谈民族地区图书馆使用民族文字语言开展阅读推广工作》，见中国西部公共图书馆联合会《中国西部公共图书馆联合会第二届（2015）年会暨学术讨论会》（会议论文集），中国西部公共图书馆联合会2015年版，第8页。

广月活动"优秀案例一等奖①。在西藏自治区,为了增强全民阅读意识,2013年,西藏图书馆专门成立了阅读推广委员会,启动了"共享阅读,分享知识"的品牌活动,以专家讲座、学生互动与分享等形式指导青少年寒假共享阅读,编制"阅读·快乐·成长"和亲子阅读宣传手册进行多种形式的阅读推广。2013年11月初,西藏图书馆在拉萨市第一中学成立了青少年阅读推广基地——开放式书架,图书馆捐赠图书1200余册、电子图书5000册,西藏图书馆阅读推广委员会和拉萨市一中先后合作举办了共享阅读——寒假青少年读一本好书和阅读推广走进中学校园等系列阅读推广活动,提升青少年课外阅读的积极性。② 宁夏回族自治区海原县图书馆以"把温暖送给留守儿童"为服务宗旨,将留守儿童作为图书馆的重点服务对象,举办"关爱留守儿童,创建快乐之家"的阅读推广活动。不仅为留守儿童赠送图书,并且利用共享工程基层服务点的网络设备,让留守儿童和远在他乡的父母进行视频聊天,将图书馆的人文关怀切实倾注在对留守儿童的关注上。③ 在倡导推动全民阅读方面,内蒙古通辽市图书馆与通辽市委宣传部共同发起"科尔沁读书计划",在全社会范围内通过组织丰富多彩的阅读活动来倡导全民阅读,提升全民文化素养。

在针对社会弱势群体的阅读推广方面,2013年,广西桂林图书馆启动"阅读1+1"残障儿童阅读推广活动项目。该项目面向社会各界,通过征集志愿者的方式,每月不定期开展2~3次阅读活动,举行故事会、游戏、参观、制作图书、播放多媒体等丰富多彩的活动,为残障儿童提供精神食粮;全年与桂林聋哑学校、培智学校、福利院和象山区残疾人康复训练基地快乐小站等单位和机构进行广泛合

---

① 中国图书馆学会:《广西桂林图书馆启动残障儿童阅读推广活动》,见国家图书馆《中国图书馆年鉴(2014)》,国家图书馆出版社2015年版,第163页。
② 中国图书馆学会:《广西桂林图书馆启动残障儿童阅读推广活动》,见国家图书馆《中国图书馆年鉴(2014)》,国家图书馆出版社2015年版,第181页。
③ 中国图书馆学会、国家图书馆:《中国图书馆年鉴(2014)》,国家图书馆出版社2015年版,第194页。

作。① 新疆维吾尔自治区图书馆在军警监狱系统分馆开展主题征文、讲座活动；举办"爱在冬日——慰问乌鲁木齐市儿童福利院"活动；并继续开展"让爱凝聚，送您回家"为农民工网购火车票活动，为春节返乡农民工及市民成功购票102张，全疆106个公共图书馆积极参与此项工作，11家媒体做现场采访及报道，取得了良好的社会效益；全年策划组织50余场丰富多彩、寓教于乐的少儿活动；在电子阅览室专门设立电脑专区，安装心声·音频馆相关软件及指纹登录机，帮助视障人士收听音频节目，并积极为农民工、中老年人和青少年学生等不同群体开展具有针对性的计算机免费培训。②

（四）创新服务及案例分析

创新是提升图书馆服务质量的核心源泉。随着信息技术、网络技术的广泛应用，人们获取信息的来源与渠道呈现出多元化趋势。图书馆作为信息服务的中介机构，正在面临前所未有的挑战，图书馆在读者和用户心中的地位和作用日益被边缘化。面对现代信息技术的冲击，图书馆只有不断更新服务理念，针对用户发展需求的变化，不断探索创新服务模式，适时地进行现代化服务转型，才能应对新时期的挑战，使图书馆服务焕发出无限的活力。新时期新阶段，少数民族地区公共图书馆在有利的政策文化环境之下，打破传统的藏书模式和传统服务的封闭状态，提高文化传播服务能力，及时更新现代图书馆服务理念，利用自身的优势，依托现代信息技术，拓宽为公众服务的渠道，探索出了极具参考性的成功的创新服务案例，在保障各民族群体特别是少数民族群体文化权益中发挥出了更大的作用。

1．内蒙古图书馆"彩云服务"

供需不对称是长期以来制约图书馆服务效能的主要瓶颈。随着信息技术对信息资源形式与内容的改变，社会的发展催生出新的信息需

---

① 中国图书馆学会：《广西桂林图书馆启动残障儿童阅读推广活动》，见国家图书馆《中国图书馆年鉴（2014）》，国家图书馆出版社2015年版，第162页。

② 中国图书馆学会：《新疆维吾尔自治区图书馆对特殊群体服务工作》，见国家图书馆《中国图书馆年鉴（2014）》，国家图书馆出版社2015年版，第198页。

求，日益多样化、个性化和随机化的阅读需求对现代图书馆服务提出了更大的挑战。由于图书馆现有资源与服务与读者需求相脱节，导致了读者的拒借率不断上涨。为了解决图书流通率低、读者阅读需求难以满足的困境，内蒙古图书馆借鉴国际读者决策采购（Patron Driven Acquisitions，PDA）图书馆资源建设模式，将 PDA 理念成功运用于馆藏采购中，2014 年 5 月，首创了"彩云服务——我阅读你埋单，我的图书馆，我做主"独具特色的"彩云服务"模式①。具体流程为：①读者前往合作书店挑选所需书籍；②读者刷借阅证，输入密码，书店柜台确认读者所购图书符合采购规则，系统自动生成购书订单；③书店工作人员对所购图书盖上馆藏印章，贴上条形码、书标和防盗磁条，通过光笔扫描转换，将图书编目信息由自动化系统上传至图书馆书目数据库，完成图书编目；④读者将图书借走。在所借图书到期之前，可通过图书馆自助还书机归还所借图书。②

"彩云服务"旨在运用云服务理念，打造云图书馆。通过搭建云平台，整合图书馆和出版发行机构的资源与服务，图书馆和出版发行机构成为云图书馆的服务终端，提供联合编目、资源共享、图书外借等动态服务③。"彩云服务"平台成为读者、书店、图书馆之间的桥梁，实现了书店销售数据和图书馆馆藏书目数据、读者信息数据的对接，并集借、采、藏于一体，为读者提供图书查询、借书（售书）、还书和结算服务。自 2014 年 5 月开展"彩云服务"创新实践活动以来，内蒙古图书馆通过综合考察，选择了区内的内蒙古新华书店总店（图书大厦）、新华书店内蒙古图书馆分店（内蒙古图书馆馆内）、内蒙古博物院书店为合作伙伴④。此外，为了让读者在异地享受"彩云服务"，又选择了北京西单图书大厦、北京三联韬奋书店进行合作。

---

① 韩冰、李晓秋：《内蒙古图书馆"彩云服务"探究》，载《图书馆论坛》2016 年第 3 期，第 1～5 页。
② 韩冰、李晓秋：《内蒙古图书馆"彩云服务"探究》，载《图书馆论坛》2016 年第 3 期，第 1～5 页。
③ 《彩云服务》，见内蒙古图书馆网（http://www.nmglib.com/ntzt/cyfwjh/qdcx/）。
④ 《"你看书我买单"以读者为主导资源建设模式研讨实录》，载《公共图书馆》2015 年第 1 期，第 7～16 页。

在当前的移动互联技术环境下,"彩云服务"手机客户端于2015年4月正式上线,具有手机扫码查询、地图寻书、在线下单、彩云传书等多种功能,其中彩云传书功能可实现一本图书在两位读者之间的自动转借,节省了读者的时间①。"彩云服务"的创新服务模式也促进了图书馆管理的创新。关于图书馆经费的分配,在优先考虑读者利益的基础上兼顾馆藏建设的系统性和完整性;对图书的借阅管理,根据持证读者具体状况采用灵活多变的借阅管理制度,制定了科学规范的读者采购规则,并制定了读者信用评级制度予以规范。为了保证所采购图书与读者需求的契合度,"彩云服务"对采购流程进行了较为全面的质量控制:自主采购图书种类的控制、自主采购图书副本的控制、自主采购图书个人采购量的控制以及自主采购图书总量的控制②。此外,"彩云服务"模式对进一步探索建立区域性图书馆"彩云服务"联盟发挥联合采购优势,以及探索"互联网+"新型出版发行传播模式,实现读者网上采购,以满足个性化借阅需求。③对以上探索都有一定的启发意义。

"彩云服务"首创了以用户为导向的图书馆资源采购模式,打破了读者、书店和图书馆之间的数据壁垒,实现了统筹整合、多方共赢,实现了图书馆公共服务效能的提升。"彩云服务"推出后,持证读者从5万人增加到7万人,读者持证率和到馆率显著提高。新购图书流通率达到100%,实现了图书馆服务与用户需求之间的高度对接。据统计,2014年5月到2015年2月,内蒙古图书馆"彩云服务"读者用户已达1万余人,选购图书1.2万册,内蒙古图书馆共支付购书经费40多万元。④

---

① 韩冰、李晓秋:《内蒙古图书馆"彩云服务"探究》,载《图书馆论坛》2016年第3期,第1～2页。
② 杜洁芳:《内蒙古图书馆首创"我阅读,你买单"彩云服务》,载《中国文化报》2015年2月9日第2版。
③ 韩冰、李晓秋:《内蒙古图书馆"彩云服务"探究》,载《图书馆论坛》2016年第3期,第4～5页。
④ 杜洁芳:《内蒙古图书馆首创"我阅读,你买单"彩云服务》,载《中国文化报》2015年2月9日第2版。

内蒙古图书馆首创的"彩云服务"以读者需求为向导。"彩云服务"的成功经验主要有以下几个方面。

第一，倡导"我阅读你埋单，我的图书馆我做主"的以人为本的服务理念。在21世纪新阅读环境下，传统图书馆过于依赖馆员主观判断的图书采购模式难以适应读者阅读需求的多样化发展。"彩云服务"突破了以往以图书馆为采购主体的传统模式，将图书采购权交给读者，实现读者自主采购。这种做法，一方面通过精准把握读者需求，提高了图书馆对读者的文献保障率，提高了图书馆的经费使用效益，避免了资源浪费和重复建设；另一方面也是读者图书馆权利的体现，将以往处于信息服务末端的读者提到最前端，让读者成为图书采购的决策者，真正将读者需求放在第一位，实现了图书采购模式的颠覆性创新。这种做法在本质上充分尊重了读者的自由选择权和参与权，保障了用户自由使用图书馆的权利。

第二，通过延伸服务，促进了阅读推广。"彩云服务"一定意义上使书店成为图书馆的分馆，扩大了图书馆服务范围，提高了图书馆延伸服务效能，不仅为读者提供了更多更好免费借阅的图书，还提供了一个能够自由交换图书和以书会友的读书圈。对于阅读推广来说，也是公共阅读服务网点布局的延伸。[1] 通过服务集成系统盘活现有资源，实现公共阅读网点的增加，在更大范围内促进了公共阅读。

第三，实现了图书馆服务创新与现代科技的融合发展。"彩云服务"运用云技术打造资源服务集成统一平台，并将以读者需求为主导的理念注入其中，切实用科技提升了图书馆服务水平。同时，紧跟科技发展潮流，以移动技术开发"彩云服务"手机客户端，推动了"彩云服务"再一次的升级。

第四，促进了文化事业与文化产业的互动与整合。新世纪以来，我国政府对文化事业和文化产业采用了不同的发展战略。文化产业是社会主义经济建设的重要组成部分，是增强国家经济实力的需要。文

---

[1] 杜洁芳：《内蒙古图书馆首创"我阅读，你买单"彩云服务》，载《中国文化报》2015年2月9日第2版。

化事业是国家文明发展程度的重要标志,是增强国家文化软实力的需要。随着国际国内形势的变化,文化事业和文化产业都脱胎于"文化"的母体,终极目标都是服务社会,追求社会效益的提升,因此具有合作发展的基础。"彩云服务"创新了图书馆服务模式,促进了以图书馆为代表的文化事业和以书店、出版社为代表的文化产业之间的合作,以"竞合"的理念促进了文化事业和文化产业之间合作共赢、互惠互利,使双方各自实现了利益的最大化。

内蒙古图书馆"彩云服务"模式现已成为我国公共文化服务体系建设中服务创新的成功典范,已被全国多个地区图书馆所借鉴。"你选书,我埋单"已成为近期图书馆界的一句流行语。民族地区的内蒙古图书馆则成为当代少数民族图书馆服务创新的成功代言人。这是现代图书馆理念在民族图书馆的重要体现,彰显了少数民族图书馆勇于开拓创新的图书馆精神。

2. 数字文化服务创新模式:"数字文化走进蒙古包"工程

内蒙古自治区是我国经度跨度最大的自治区级行政区,但全区行政人口仅为 2360 万,地广人稀且分布不集中,还有一部分牧民保持着原始的游牧生活习惯,逐水草而居。长期以来,民族地区特殊的地理环境成为图书馆开展服务的难点。改革开放后,随着少数民族地区图书馆的兴建,内蒙古图书馆开创了马背图书馆、乌兰克旗包等流动服务形式,再后来出现了流动服务车,流动服务站。在当今的数字时代,这种流动性的服务方式再次被技术发展所革新。为了解决数字时代基层牧民数字信息资源相对匮乏的状况,扫除网络覆盖的数字信息盲区,消弭数字鸿沟,内蒙古图书馆在"边疆万里数字文化长廊"建设大背景下,结合自治区特殊的人文、地理环境,于 2012 年 8 月推出了"数字文化走进蒙古包"的创新服务工程,充分依托互联网、无线 WIFI 和 3G 网络,在全区构建广覆盖、高效能的公共数字文化服务网络,并通过智能手机、平板电脑、笔记本电脑等移动服务终端,实现信息资源的现代流动,为基层农牧民提供不受时空制约、24

小时免费的蒙汉双语公共数字文化服务①。

"数字文化走进蒙古包"工程针对不同的地理位置和网络条件，构建了三个层级的数字加油站。数字加油即为数据下载、更新之意。首先，通过在互联网可以达到的乡镇（苏木）级支中心，充分利用共享工程已搭建的硬件平台设立大型一级数字加油站，增设一级数字加油站集成一体机和定向式无线 WIFI 设备，实现该区域牧民利用移动设备对内蒙古图书馆主站移动数字资源的直接访问。其次，在距离共享工程各级站点较远、无法连入互联网且牧民相对集中的定居点，设立大型二级数字加油站。如果嘎查（村）与苏木（县）之间距离更远，则增设大型中转数字加油站以实现数字文化资源共享。最后，对于因游牧而居住分散、不固定的牧民，采用一种集无线 WIFI 设备、服务器、存储于一体的便携、可移动的小型移动数字加油站。② 每级加油站都存储有 2-4T 的数字资源，为周边农牧民提供免费的、24 小时不间断的、多样化的数字信息服务。截至 2015 年 10 月，内蒙古累计建设各级数字加油站 1500 个，覆盖区域 50 万公里，200 余万农牧民的公共文化基本权益得到保障。③

数字加油站构建了新型的"互联网+文化"公共服务体系，利用网络环境呈现草原文化，构建了具有鲜明草原文化特色的数字文化资源保障体系。数字资源由电子图书、音频、视频、图片等各种类型构成。目前可提供的资源有视频资源 1 万余部（蒙语视频 2000 余部）1 万小时，电子图书 4 万余册（蒙文图书 2300 册），音频资源 2 万余首 34000 小时，图片 2000 余幅，相当于一个小型的公共图书馆④。

在图书馆数字文化服务方面，内蒙古图书馆研发了操作简单智

---

① 齐迎春：《创新型数字文化服务模式探析——以"数字文化走进蒙古包"》，载《图书馆工作与研究》2015 年第 4 期，第 38 页。
② 《让文化服务与公众零距离——前进中的内蒙古自治区图书馆》，见 http://www.ccdy.cn/xinwen/gongong/xinwen/201601/t20160125_ 1184134.htm。
③ 高平：《数字文化走进蒙古包》，载《光明日报》2015 年 10 月 7 日第 1 版。
④ 齐迎春：《创新型数字文化服务模式探析——以"数字文化走进蒙古包"》，载《图书馆工作与研究》2015 年第 4 期，第 39 页。

能、界面美观简洁的 APP 客户端，基于牧区群众对信息服务的需求，为牧区民众提供农村牧区公共文化服务、农村牧区科技服务、农村牧区信息服务、农村牧区金融服务、农村牧区商品流通服务、农村牧区基础设施服务等多样化服务，并针对服务区域的群体特点，分别提供不同类型的蒙汉双语数字资源的个性化服务①。

内蒙古图书馆将现代互联网技术与民族文化相融合，为牧民打开了一个全新的数字文化体验世界。通过打通农村牧区公共文化服务的"最后一公里"，实现了文化资源共享，使公共文化服务与公众的接触零距离，保障了基层农牧民的基本文化权益②。这种创新服务模式是新时代少数民族图书馆的服务创新，体现了少数民族图书馆的自主创新，也体现了普遍均等的现代图书馆理念，为其他边疆民族地区开展数字文化服务提供了借鉴。

3. 贺兰县图书馆创新服务

贺兰县图书馆位于宁夏回族自治区银川市，始建于 1984 年，2009 年贺兰县政府启动新馆建设工程，于 2012 年竣工落成，2013 年 4 月投入使用。新馆建筑面积 4326 平方米，在编职工 10 余人。图书馆总藏量为 15 万册，共享工程数字资源累计达到 2TB，光盘资源（存档）800 多张③。2004 年，全国文化信息资源共享工程接收系统在该馆安装成功。2008 年 5 月，贺兰县被国家文化部命名为全国文化信息资源共享工程示范县。2009 年，贺兰县新建成 61 家农家书屋，在全区率先实现农家书屋全覆盖。2010 年，国家图书馆和文化共享工程县级数字图书馆推广计划开始全面实施，通过文化共享工程平台，计划将国家图书馆优秀的数字资源推送给全国 2940 个县级图书馆，贺兰县图书馆成为全国首批 320 个县级图书馆之一④，通过采

---

① 高平：《数字文化走进蒙古包》，载《光明日报》2015 年 10 月 7 日第 1 版。
② 《让文化服务与公众零距离——前进中的内蒙古自治区图书馆》，见 http://www.ccdy.cn/xinwen/gongong/xinwen/201601/t20160125_1184134.htm。
③ 《共享文化新资源再上服务新台阶——宁夏贺兰县图书馆新馆落成》，载《图书馆理论与实践》2012 年第 8 期，第 2 页。
④ 韩均：《贺兰县率先实施县级数字图书馆推广计划》，载《银川晚报》2010 年 2 月 26 日。

用超高频智能管理系统和24小时街区自助图书馆，率先实施了县级数字图书馆推广计划。2013年，贺兰县人口22万，人均到馆1.6次，是创建国家公共文化服务体系示范区验收标准规定的西部平均标准0.2次的8倍①。在上海召开的2013年中国图书馆年会——中国图书馆学会年会·中国图书馆展览会上，贺兰县图书馆被国家文化部评为国家县级一级图书馆②。作为少数民族地区一个小型的县级图书馆，贺兰县图书馆成为民族地区基层图书馆通过服务创新，开展公共文化服务的典范。具体说来，贺兰县图书馆的创新服务主要表现在以下几个方面。

首先，以免费服务的理念引领图书馆服务的公益化。贺兰县图书馆倡导服务的免费、公益、公平。在国家倡导公益设施免费开放后，贺兰县图书馆成为宁夏回族自治区首家免收图书超期滞纳金的县级图书馆。对能够提供相关身份证明信息的读者进行免费办理图书证，对于一般读者免收图书馆智能卡工本费。免费提供期刊资料复印和查询服务，用户可以免费下载、使用图书馆数字资源。此外，贺兰县图书馆还免费举办了书画、摄影、电脑培训班，为个人书画展免费提供场地，也经常为相关单位免费提供培训场地，取得了良好的社会效益③。

其次，以现代信息技术升级图书馆服务。贺兰县图书馆在少数民族地区县级公共图书馆中率先采用超高频智能管理系统和24小时街区自助图书馆，实现了图书24小时自助借还、免费上网、3D动漫体验、智能查询、共享资源展播、免费培训等功能，有效提升了读者服务质量④。

---

① 《共享文化新资源再上服务新台阶——宁夏贺兰县图书馆新馆落成》，载《图书馆理论与实践》2012年第8期，第2页。
② 蔡生福：《对县级图书馆公共文化服务效能的启示与思考——以宁夏贺兰县图书馆为例》，载《图书馆理论与实践》2014年第11期，第71~73页。
③ 蔡生福：《对县级图书馆公共文化服务效能的启示与思考——以宁夏贺兰县图书馆为例》，载《图书馆理论与实践》2014年第11期，第71~73页。
④ 《共享文化新资源再上服务新台阶——宁夏贺兰县图书馆新馆落成》，载《图书馆理论与实践》2012年第8期，第2页。

在当前的移动互联时代下,随着各种移动终端技术的发展,数据变得无处不在,也给图书馆用户更加方便、快捷地获取信息增加了机会。贺兰县图书馆以开放的思维紧跟时代发展的潮流,为了使图书馆用户灵活方便及时地与微信、微博等网络进行互动咨询,图书馆于2015年9月14日自主研发了"微官网"信息平台,从而实现了图书馆品牌展示、读者互动、资源共享等服务功能,提升了图书馆的服务效能①。在文化信息资源建设方面,贺兰县图书馆以信息资源共享"5A"理论为追求,努力实现"任何用户(Any user)在任何时候(Anytime)、任何地点(Anywhere),均可以获得任何图书馆(Any library)拥有的任何信息资源(Any information resource)"②,以更好地保障少数民族地区基层群众公共文化基本权益的实现。

再次,以阅读引领未来,打造"书香贺兰"阅读服务品牌。全民阅读推广活动在全国开展以来,贺兰县图书馆积极响应,通过开展一系列全民阅读推广活动,积极打造"书香贺兰"全民阅读服务品牌,通过开展图书"四送六进"活动、移动阅读进社区、少儿国学讲座、优秀少儿动漫片展映、书法培训进军营、第二届书画培训班学员作品展、全县中小学生师生阅读征文比赛、全县中小学生中华经典诵读等系列活动,吸引了大批读者走进图书馆。截至2015年12月,图书馆已为学校、社区、企业、乡村、驻县部队等免费配送图书2580册③,并通过超星移动图书馆以及微信订阅号推广分享电子资源,实现移动阅读、在线阅读,让更多群众能便捷地利用数字资源获取知识,在贺兰县营造了全民阅读的浓厚氛围。④通过多样化的阅读推广服务方式,进一步提升了少数民族地区民众的阅读意识和阅读能力,促进了少数民族和民族地区各民族群众文化素养水平的提

---

① 任晨:《贺兰县图书馆"微官网"信息平台开通》,载《图书馆理论与实践》2015年第11期,第32页。
② 程焕文、潘燕桃:《信息资源共享》,北京高等教育出版社2004年版。
③ 汪淑梅:《贺兰县图书馆全民阅读活动精彩纷呈》,载《图书馆理论与实践》2015年第12期,第112页。
④ 汪淑梅:《贺兰县图书馆全民阅读活动精彩纷呈》,载《图书馆理论与实践》2015年第12期,第112页。

高。2015年9月,在银川市委宣传部组织开展的银川市"书香银川·银川书香"全民阅读评选活动中,贺兰县图书馆荣获全民阅读优秀项目奖,对基层图书馆开展全民阅读起到了一定的宣传推广作用①。

最后,自主创新,独创文化服务品牌。除了提供图书馆资源与常规性的服务之外,贺兰县图书馆结合地方文化特色以及当地群众的文化喜好,开放思路,独立承办元宵节猜谜活动,打造了独具地方文化特色的公共文化服务品牌。近年来,随着承办文化活动预算经费的增加,贺兰县图书馆不仅突破了活动规模,同时在读者服务方式上不断创新。2010年,贺兰县图书馆专门开发了谜语兑奖软件,2012年,又尝试通过自行设计模板的方式降低谜语制作成本。如今,灯谜竞猜活动已经成为贺兰县春节系列文化活动的一项重要内容和贺兰县不可或缺的一项公共文化服务品牌。②

此外,在图书采购方面,立足于读者需求,利用"新书购买我推荐"的方法,为读者提供具有针对性的服务。同时,为了合理使用图书馆经费,通过在当当网上为读者买书的方法,既节省了经费,又使所购图书更契合读者的需求。

"贺兰模式"为基层图书馆,特别是贫困地区县级图书馆开展公共文化服务提供了借鉴。分析"贺兰模式",其值得借鉴的地方主要有以下几个方面。

第一,以现代图书馆理念为先导,引领图书馆服务。贺兰县图书馆虽然地处偏远贫穷的西部地区,相对于东部经济发达地区,在经费、人员和馆藏建设上都稍显不足。但是,贺兰县图书馆倡导现代图书馆公平、公益、普遍均等的理念,并在这些理念的指导下从被动服务转变为主动服务,从注重文献资源的建设到注重服务质量的提高,不断提升图书馆服务效能,有效地满足了当地各族民众对信息文化的

---

① 汪淑梅:《贺兰县图书馆全民阅读活动精彩纷呈》,载《图书馆理论与实践》2015年第12期,第112页。

② 汪淑梅:《宁夏贺兰县图书馆举办万人灯谜竞猜闹元宵活动》,载《图书馆理论与实践》2015年第4期,第2页。

各种需求,在提升民众文化素养、营造社区阅读氛围方面扮演了极为重要的角色。由此说明,即使在有限的资金、人力、物力等因素的制约下,自由、开放、普遍均等的图书馆理念依然能够有效成为公共图书馆服务效能提升的内引力,激发民族地区公共图书馆千方百计为各族读者做好服务,由此说明现代图书馆服务理念对于图书馆服务的提升至关重要。

第二,争取地方政府的重视。对于经济发展能力较弱的民族地区图书馆来说,图书馆事业经费投入相对不足。公共文化服务的效能很大程度上取决于政府的投入力度。贺兰县近年来落实"两馆"及乡镇、街道文化站的事业经费不低于辖区人均1元和人均0.8元的标准,按年财政总支出1.2%的比例,把主要公共文化产品和服务项目、公益性文化活动纳入县财政支出预算,让更多实实在在的文化服务惠及基层群众①。这为公共文化服务的进一步展开提供了保障,使更多的群众有了获得感。

第三,转变观念,用自主创新激活发展动力。对于大多数基层图书馆来说,经费投入不足一直是制约服务有效展开的主要瓶颈,尤其是对于西部少数民族地区来说,这种情况表现得更为突出。在经费有限的情况下,自主创新成为少数民族地区基层公共图书馆提升服务的一种有效途径。2004年,全国文化信息资源共享工程在该馆设点,在没有专项资金支持的情况下,贺兰县图书馆以一种开拓创新的精神,采用光盘复制的方法,首创了"跨系统+资源深加工+光盘刻录配送"的运行模式②,利用光盘复制和移动硬盘为当地群众提供信息服务,取得了良好的社会效益。

第四,注重与公众的参与和互动。读者从被动接受到主动参与,提高了读者参与公共文化服务的积极性,从而实现了公共文化服务效能的最大化。对于转型期的县级公共图书馆来说,生存与发展的状况

---

① 蔡生福:《对县级图书馆公共文化服务效能的启示与思考——以宁夏贺兰县图书馆为例》,载《图书馆理论与实践》2014年第11期,第73页。

② 蔡生福:《关于共享工程资源利用的实践与思考》,载《图书馆理论与实践》2006年第1期,第124~125页。

取决于满足读者需求的状况。传统图书馆的单一服务模式已经难以适应多元化需求激增的社会,因此,在新时期的数字化时代和读者需求多元化时代,民族地区图书馆应该从满足读者多样化需求出发,在有限的资源基础上,用现代图书馆理念和现代数字技术开拓创新服务,使图书馆得到生存的动力和发展的活力。

四、数字化建设进程

21世纪是一个网络化、数字化时代。纵观图书馆的发展历史,图书馆史上的每一次重大变革和重要发展都离不开信息技术的推动。进入21世纪以来,随着信息技术日新月异的快速发展,尤其是云计算、大数据、移动互联网等新兴数字信息技术如雨后春笋般出现,推动了图书馆走向新的历史征程。

(一)新技术在图书馆中的运用

如果说20世纪80年代到90年代公共图书馆刚开始触到信息技术的信息,带来了图书馆信息资源和服务方式的转变,那么进入21世纪以来,新技术在图书馆发展中扮演的角色则尤为突出。随着计算机、信息和网络技术的发展和数字环境的变化,新技术对图书馆服务和管理的变革影响极为深远,推动了公共图书馆的创新发展,开创了图书馆事业的新局面。随着信息化、网络化的发展,数字图书馆建设一度成为时代发展的主题,在国家层面、地域层面和商业层面的合力之下,掀起了兴建数字图书馆的新高潮,形成了国家级、行业性、区域性和商业性的综合性数字图书馆建设格局。在国家层面,我国政府将数字图书馆建设作为一项重要的文化战略给予高度重视,自2001年以来,通过中央财政投入,陆续建设了国家数字图书馆工程、全国文化信息资源共享工程、全国高等教育数字图书馆、国家科学数字图书馆工程、全国党校系统数字图书馆工程等项目[1],成为我国数字图

---

[1] 孙承鉴、申晓娟、刘刚:《我国数字图书馆发展十年回顾——综述》,载《数字图书馆论坛》2006年第1期,第1~13页。

书馆建设的核心力量，为我国数字图书馆的建设奠定了坚实的基础。在地域层面，许多省市将数字图书馆建设纳入本地区信息化发展战略，进行统筹规划，加大了地方财政的支撑力度，助力数字图书馆建设，广东省、辽宁省、上海市等地走在了国内数字图书馆项目建设的前列①。一些数据商业机构，如北京万方数据股份有限公司、清华同方股份有限公司、重庆维普资讯有限公司、北京时代超星有限公司等，成为信息产业链中极为活跃的组成部分②。

信息技术改变了传统纸质文献资源的内容与形式，以传统资源为代表的传统介质文献开始向数字资源、网络资源转换。而随着网络技术的不断发展，各种新兴技术在数字资源的存储、传输、检索、共享及保存方面得到广泛的研究与应用，不仅革新了数字资源的组织方式，而且革新了图书馆的服务与管理模式。总分馆制、通借通还、虚拟参考咨询系统、一站式检索、元数据检索等新技术延伸了图书馆的服务范围，深化了图书馆的服务内容③。近年来，随着RFID（无线射频识别技术）、移动阅读、数字电视、移动电视等新兴技术以及微服务、混搭拓展、关联数据等新应用的进一步拓展，以及随着大数据、三网（互联网、广电网、电信网）融合技术、移动互联技术的发展，新技术为图书馆的发展带来了新的驱动力，推动了现代图书馆从服务内容到服务方式甚至服务理念的变革，使图书馆事业发展实现了新的飞跃。

随着党的十八大对创新驱动发展战略的提出，新时期更加强调科技创新在推动社会发展中的作用，科技创新已经成为新时期提高社会生产力和综合国力的战略支撑。近年来，信息技术、生物技术、新能源技术、新材料技术等交叉融合正在引发新一轮科技革命和产业变

---

① 孙承鉴、申晓娟、刘刚：《我国数字图书馆发展十年回顾——综述》，载《数字图书馆论坛》2006年第1期，第1~13页。

② 孙承鉴、申晓娟、刘刚：《我国数字图书馆发展十年回顾——综述》，载《数字图书馆论坛》2006年第1期，第1~13页。

③ 朱强、孙卫、赵亮等：《以开放的心态迎接新的信息技术——2009年信息技术在图书馆的应用》，载《中国图书馆学报》2010年第3期，第77~78页。

革，以大数据、云计算、物联网、移动互联网、智慧城市、虚拟技术和智能技术为代表的信息技术的最新发展正呈现出渗透汇聚、多点突破、群体跃进的态势，依托数字化、网络化和智能化技术，互联、高效、便利的智慧图书馆将进一步推动图书馆在日新月异的信息技术发展环境下实现创新驱动和转型①，将对现在和未来的公共图书馆服务形态、服务模式、服务内容起到颠覆性的革新②。在新兴技术的推动下，数字图书馆开始迈入下一个发展进程，信息服务、知识服务和智慧服务成为新时期数字图书馆发展的重点③。

（二）少数民族地区公共图书馆的数字化发展

新世纪以来，我国数字图书馆建设在数字资源、技术与标准规范等方面取得了较为显著的成果，为少数民族地区公共图书馆数字化建设提供了有力的技术支撑。随着文化共享工程的推进，构建数字化公共文化服务体系成为当今提升公共文化服务效能的有效战略措施。2011年11月15日，文化部、财政部在《关于进一步加强公共数字文化建设的指导意见》中指出，"将信息技术、数字技术、网络技术等现代科学技术和传播手段应用于公共文化服务体系建设，进一步加强公共数字文化建设，是适应时代发展的必然要求和战略选择"④；并提出要在"十二五"时期重点推进文化信息资源共享工程、数字图书馆推广工程和公共电子阅览室建设计划等三大公共数字文化惠民工程，提升整体服务效能。少数民族地区公共图书馆的数字化进程稳步推进，信息化、数字化建设水平得到进一步提高。

---

① 王世伟：《论智慧图书馆的三大特点》，载《中国图书馆学报》2012年第6期，第22～28页。
② 王世伟：《公共图书馆"十三五"规划编制的多维度思考》，载《图书馆杂志》2014年第8期，第4～10页。
③ 赵蓉英、魏绪秋：《近十年我国数字图书馆发展态势研究》，载《图书馆学研究》2016年第14期，第23～28页。
④ 财政部：《关于进一步加强公共数字文化建设的指导意见》，见中华人民共和国财政部网（http://www.mof.gov.cn/zhengwuxinxi/zhengcefabu/201112/t20111209_614350.htm）。

据相关调研数据显示,中西部地区,尤其是西部地区公共图书馆计算机设备水平迅速提升,计算机和电子阅览室终端数量的增幅远远高于东部地区,说明主要少数民族地区公共图书馆现代化发展追赶步伐正在加快,东部与西部的发展差距开始缩小。数据还显示,西部地区公共图书馆拥有计算机数量在2008年一跃超过中部地区。这说明得益于文化共享工程和数字农家书屋等数字文化工程建设的推动,西部地区图书馆发展取得了突破性进展,表明国家重大文化战略工程的实施对缓解图书馆事业发展的突出问题起到重要的推动作用[①]。

文化共享工程及数字农家书屋建设的不断深入,极大地推进了少数民族地区农村基层图书馆服务信息化水平的提高。近年来兴起的卫星数字农家书屋工程,进一步扩大了公共文化服务的覆盖范围,使公共图书馆服务得到进一步延伸。卫星数字农家书屋在少数民族地区的布点和覆盖,促进了当地的农业生产和经济发展,丰富了当地少数民族群众的精神文化生活,给偏远乡村的少数民族群众带来了文化福利。

在全国文化信息资源共享工程的积极推进下,2009年,宁夏回族自治区文化信息资源共享工程及数字图书馆率先在西部地区实现了农村文化信息资源共享工程全覆盖村村通。近年来,宁夏回族自治区积极建设卫星数字农家书屋,并将其作为新农村文化建设中"文化惠民"的重点项目,各县级公共图书馆积极参与,使文化信息资源切实为少数民族地区基层民众所用[②]。2013年6月,宁夏图书馆数字化体验区建成并投入使用。该体验区由休闲区、自助服务区、电脑阅读体验区、数码电视阅读体验区、自助办证及自助借还书体验区、可移动终端设备阅读体验区、红外及多媒体视听体验区7个区域组成,读者可以在不同区域根据阅读所需,借助互联网、手机、数字电视、

---

① 公共图书馆研究院:《中国公共图书馆发展蓝皮书(2010)》,海天出版社2010年版,第17~18页。

② 中国图书馆学会:《新疆维吾尔自治区图书馆对特殊群体服务工作》,见国家图书馆《中国图书馆年鉴(2014)》,国家图书馆出版社2015年版,第198页。

智能移动终端、多媒体影音设备等数字媒介实现阅读、休闲等功能①。

新疆维吾尔自治区于2011年9月26日正式启动了数字图书馆推广工程，制订数字图书馆建设方案，启动数字图书馆虚拟专网建设。截至2013年，已完成国家数字图书馆、新疆数字图书馆和3个地（州、市）、65个县（市）数字图书馆三级VPN虚拟专网的无缝链接，同时完成国家数字图书馆统一用户认证平台、立法决策平台和政府公开信息整合联盟平台的安装与联调②。数字图书馆的建设进一步丰富了新疆维吾尔自治区各级公共图书馆的馆藏数字资源，加快了自治区各级公共图书馆的建设，提高了图书馆的文献资源保障能力和服务水平③。

广西壮族自治区图书馆于2009年1月12日开通了中国国家数字图书馆广西分馆，与国家图书馆达成共同建设的合作协议，成为第二个签约中国国家数字图书馆地方分馆项目的省级公共图书馆。同年9月12日，广西壮族自治区图书馆启动了数字图书馆推广工程，国家图书馆与广西壮族自治区文化厅签署了开展数字图书馆推广工程战略框架协议，促进了双方在数字图书馆资源建设、新媒体服务、技术研发、人才培养和图书馆业务等领域的广泛合作，加快了广西壮族自治区数字图书馆建设的步伐④。

除了少数民族自治区级大型公共图书馆数字化进程加快之外，自治州、自治县等地区公共图书馆数字资源建设也在稳步推进。贵州黔南州图书馆于2004年3月启动了自动化建设，并于同年6月在当地政府的支持下，成立了全国文化信息共享工程黔东南基层分中心，有

---

① 中国图书馆学会：《宁夏图书馆数字化体验区建成并投入使用》，见国家图书馆《中国图书馆年鉴（2014）》，国家图书馆出版社2015年版，第195页。
② 中国图书馆学会：《新疆维吾尔自治区图书馆数字图书馆推广工程建设》，见国家图书馆《中国图书馆年鉴（2014）》，国家图书馆出版社2015年版，第198页。
③ 国家图书馆：《中国图书馆事业发展报告：蓝皮书（2012）》，国家图书馆出版社2012年版，第75页。
④ 韦绍芬：《广西数字图书馆推广工程启动仪式》，见中国图书馆学会、国家图书馆《中国图书馆年鉴（2013）》，国家图书馆出版社2013年版，第163页。

效促进了民族自治州的数字化、网络化建设。然而，由于民族地区公共图书馆数字化水平整体较低，各个民族地区之间、城乡之间数字化两极分化较为严重，在一些偏远的农牧区还存在一些数字化建设的盲区，导致了数字鸿沟的出现，从而制约了民族地区各族民众对信息平等、自由获取的能力。因此，民族地区公共图书馆数字化建设仍旧任重而道远。

五、馆员培训与合作交流

（一）少数民族地区馆员教育与培训

新世纪以来，在全国图书馆学教育的普及下，少数民族地区公共图书馆人力资源建设取得了较大的进步，图书馆员人数不断增多，业务素质得到进一步提升，为了适应新形势，各种形式的馆员教育与培训得到有序推进。

1. 少数民族地区公共图书馆从业人员总体状况

表5-13显示了2000—2016年少数民族自治区公共图书馆从业人员的数量情况。从全国范围来看，截至2016年，全国公共图书馆从业人员为57208人，比2000年增加了11.4%。从民族自治区来看，相较于2000年，内蒙古公共图书馆从业人员增加了3.2%，广西增加了3.2%，宁夏增加了3.4%，新疆增加了20.4%，西藏则增加了3.5倍，为新世纪以来从业人员人数增加最多的民族地区。由此说明，新世纪以来，各民族地区公共图书馆人员数量总体上有所增长，为民族地区公共图书馆发展提供了必要的人才队伍支撑。尤其是新疆、西藏两个发展较为落后的民族地区，公共图书馆从业人员增长较快，说明公共图书馆事业的加快发展对人才有了更多的需求。

表5-13　2000—2016年全国及少数民族自治区公共图书馆从业人员

（单位：人）

年份 地区	2000	2005	2010	2011	2012	2013	2014	2015	2016
全国	51342	50423	53564	54475	54997	56320	56071	56422	57208
内蒙古	1883	1776	1804	1907	1937	1998	1964	1942	1944
广西	1540	1459	1509	1467	1467	1519	1508	1509	1589
西藏	42	62	64	60	91	107	113	187	189
宁夏	537	509	543	578	545	557	536	558	555
新疆	907	951	978	981	1070	1065	1061	1083	1092

数据来源：根据《中国图书馆年鉴（2016）》与《2016年全国公共图书馆事业发展基础数据概览》相关统计整理。

2. 图书馆学专业教育

新世纪以来，为适应少数民族地区图书馆事业发展的需要，一些民族地区高校开始设置图书馆学本科专业，如贵州师范大学管理科学系（创办于2002年，并开始招收本科生）[①]。此外，内蒙古包头师范学院2006年开办图书馆学专业，2009年齐齐哈尔医学院新增图书馆学专业。这些开办在民族地区的图书馆学专业，为新世纪少数民族和民族地区图书馆事业的发展培养了一批图书馆专业技术人才。为了满足民族地区图书馆事业发展的需要，少数民族地区图书馆学专业教育层次有所提高，在原有本科教育的基础上，一些少数民族地区高等院校陆续开设了图书馆学专业硕士教育点，例如四川大学、云南大学的公共管理学院，西南大学的计算机与信息科学学院，等等，都曾招收图书馆学专业硕士。

3. 短期教育与培训

短期教育与培训仍然是少数民族地区培养图书馆人才的主要方

---

① 程焕文、潘燕桃、倪莉、邱蔚晴：《1999—2003年中国图书馆学教育进展》，载《大学图书馆学报》2004年第5期，第77~82页。

式。新世纪以来，为了适应全面发展少数民族地区经济文化的需要，国家采用教育对口支援等形式加强对少数民族地区专业人才的培养。为了满足少数民族地区公共图书馆数字化建设的需要，民族自治区公共图书馆加强了对技术人员的培养。内蒙古自治区图书馆系统成功举办了2011年全区文化信息资源共享工程西部盟市、旗县支中心师资技术人员培训班和2011年全区文化信息资源共享工程东部盟市、旗县支中心师资技术人员培训班，为基层人员文化服务水平的提高加强了技术支撑①。新疆维吾尔自治区图书馆在古籍普查保护、文化共享工程和图书资料专业继续教育等培训工作方面取得了良好的成绩，截至2013年，已培训相关图书馆人员2万余人次，并选拔业务骨干到武汉大学信息管理学院进修，开办由北京大学信息资源管理系和自治区图书馆合作举办的2013年图书馆学专业（信息资源管理方向）研究生课程进修班。在古籍保护方面，将古籍保护作为对口援疆工作的重要专项工作，由国家古籍保护中心主办、新疆古籍保护中心承办了第二期珍贵古籍数字化培训班；举办"春雨工程"——新疆文化信息资源共享工程师资骨干培训班，并配合自治区文化厅举办新疆公共图书馆评估培训班；组织新疆各级共享工程县支中心参与公共文化发展中心开展的网络培训活动②。广西桂林图书馆作为广西两个省级中心图书馆之一，文化共享工程桂林分中心负责桂北六市的业务辅导工作。在文化共享工程培训方面，2011年，桂林图书馆集中举办了5期文化共享工程县支中心培训班，培训学员313人次③；配合国家管理中心开展网络培训12次，参加培训人员3936人次；组织桂北各县支中心完成基层服务点培训79期，培训学员16295人次，并举办桂

---

① 国家图书馆：《中国图书馆事业发展报告：蓝皮书（2012）》，国家图书馆出版社2012年版，第208页。
② 中国图书馆学会：《新疆维吾尔自治区图书馆业务指导与培训工作》，见国家图书馆《中国图书馆年鉴（2014）》，国家图书馆出版社2015年版，第198页。
③ 贾莹：《桂林图书馆数字资源建设》，见国家图书馆《中国图书馆年鉴（2012）》，国家图书馆出版社2013年版，第201页。

北地区共享工程知识与技能竞赛①。

近年来,国家进一步加强了对少数民族地区公共文化服务专业人才的培养。为了全面提升西藏自治区的公共文化服务能力,2015年3月23日,文化部全国公共文化发展中心在四川举办了四省藏区基层骨干培训班,对四川、云南、甘肃、青海四省藏区的40名基层文化骨干进行了重点培训,培训内容包括文化共享工程建设情况、资源特色、服务技术以及获取数字文化资源的技术方法等,为提升少数民族地区公共文化服务效能培育了专业人才,为少数民族地区公共文化服务能力的提升提供了助力。②

4. 国家对少数民族地区人才培养的教育帮扶

世纪之交,中共中央、国务院决定开始实施西部大开发战略,并将人才战略作为西部大开发的重点工作。2002年,党中央、国务院特别制定了《西部地区人才开发十年规划》③,其中强调:"加强少数民族干部队伍建设。大力培养选拔坚定地与党中央保持一致、坚决维护民族团结和国家统一、善于领导改革开放和社会主义现代化建设的少数民族干部。加大干部挂职锻炼和党校、行政学院、其他干部培训机构以及普通高等学校培训的力度,提高少数民族干部的素质和能力。"④ 在西部大开发战略的推进下,国家实施的少数民族骨干计划、对口支援计划、少数民族干部挂职锻炼等对民族地区图书馆人才培养提供了良好的机遇。

第一,少数民族高层次骨干人才计划。为了进一步为西部大开发提供高层次的人力资源,加快民族教育的发展,在对少数民族地区少

---

① 贾莹:《桂林图书馆数字资源建设》,见国家图书馆《中国图书馆年鉴(2012)》,国家图书馆出版社2013年版,第201页。
② 《文化部全国公共文化发展中心举办四省藏区基层文化骨干培训班》,2016年9月29日,见国家数字文化网(http://www.ndcnc.gov.cn/gongcheng/dongtai/201503/t20150323_1077318.htm)。
③ 江泓:《促进西部地区人才开发,国家出台十年规划》,载《人力资源》2002年第6期,第4页。
④ 《西部地区人才开发十年规划》,2016年9月29日,见中国网(http://www.china.com.cn/chinese/zhuanti/xbkf5/797861.htm)。

数民族高层次骨干人才基本情况进行充分调研的基础上，2004年7月8日，教育部、国家发展改革委、国家民委、财政部、人事部五部委联合印发了《关于大力培养少数民族高层次骨干人才的意见》①（以下简称《意见》）。《意见》提出："大力培养造就一大批坚定地拥护党的领导和社会主义制度，坚定地维护民族团结和国家统一，为西部大开发和民族地区的发展乐于奉献，具有较高科学人文素质和创新能力的少数民族高层次骨干人才，为我国民族团结进步事业和少数民族地区全面建设小康社会目标的实现提供强有力的人才和智力支撑。"②《意见》要求将少数民族高层次人才培养计划纳入年度中央级高校研究生招生计划，确定了西藏、新疆、内蒙古、宁夏、广西、重庆、四川、贵州、云南、甘肃、青海等西部11个省、自治区、直辖市和新疆生产建设兵团，以及享受西部政策待遇的民族自治地方和需要特别支持的少数民族散杂居地区以及内地西藏班、新疆班为重点对象，按照"定向招生、定向培养、定向就业"的要求，采取"统一考试，适当降分"的特殊优惠招生政策③。2005年，国家专门下发了《关于培养少数民族高层次骨干人才计划的实施方案》④，对少数民族高层次骨干人才培养的具体实施进行了规定。该计划在同等招生条件下对少数民族生源地具有少数民族身份的考生实施适当的优惠政策。例如，对英语分数线和总分数的要求低于其他考生。少数民族高层次骨干人才计划为图书馆学教育不发达的民族地区图书馆高层次专业人才培养提供了更多的机遇，在历届招生中将图书馆专业人才培养也纳入招生计划之内，有效地提升了少数民族地区图书馆人才专业素质水平。

---

① 《关于大力培养少数民族高层次骨干人才的意见》，2016年9月29日，见中国少数民族教育网（http://www.edu.cn/rcpy_ 10734/20100906/t20100906_ 518614.shtml）。
② 《关于大力培养少数民族高层次骨干人才的意见》，2016年9月29日，见中国少数民族教育网（http://www.edu.cn/rcpy_ 10734/20100906/t20100906_ 518614.shtml）。
③ 《教育部 国家发展改革委 国家民委 财政部 人事部关于大力培养少数民族高层次骨干人才的意见》，载《中华人民共和国教育部公报》2004年第9期，第45~48页。
④ 《培养少数民族高层次人才计划的实施方案》，2016年9月29日，见中华人民共和国教育部网（http://www.moe.edu.cn/s78/A09/mzs_ left/moe_ 763/tnull_ 8651.html）。

第二，对口支援人才计划。对口支援是我国解决民族地区发展问题的有效途径，是社会主义民族关系本质的体现。教育对口支援是对口支援工作的一项基本内容。2001年6月，教育部启动对口支援西部地区高等学校计划①（简称"对口支援计划"）。对口支援计划根据西部地区重点建设高校（简称"受援高校"）的学科特点和意愿，北京大学、清华大学等13所高校被指定为支援高校，采用一对一的方式，实施对受援高校的支援和全方位合作。受援的西部地区高校大多属于民族高等院校，如新疆的石河子大学，青海省的青海大学，内蒙古自治区的内蒙古农业大学，宁夏回族自治区的宁夏大学、宁夏理工学院，湖南省的吉首大学，西藏自治区的西藏大学、西藏民族大学，等等②。

对口支援教育的内容特别强调"以人才培养工作为中心，加快学科专业建设和师资队伍建设"③。少数民族地区图书馆人才培养的对口支援形式主要以现场指导、异地交流、挂职锻炼、专家讲学等为主；进行学术交流，联合开展有关图书馆理论与实践的学术研究活动，帮助并提高少数民族地区图书馆科研水平等④。以西藏民族大学和吉首大学为例，在中山大学对口支援下，受援高校派图书馆员到中山大学图书馆进行挂职锻炼与交流学习，并对专业人才培养实施适度的优惠政策。2013年7月，由中山大学图书馆主办、西藏民族大学图书馆承办了图书馆职业道德与资源采购规范研讨会，会议围绕中山大学对西藏、湖南吉首以及新疆等民族地区的对口支援工作展开，总

---

① 《教育部关于实施"对口支援西部地区高等学校计划"的通知》，2016年9月29日，见中华人民共和国教育部网（http://www.moe.edu.cn/jyb_xxgk/gk_gbgg/moe_0/moe_7/moe_16/tnull_145.html）。

② 《教育部关于实施"对口支援西部地区高等学校计划"的通知》，2016年9月29日，见中华人民共和国教育部网（http://www.moe.edu.cn/jyb_xxgk/gk_gbgg/moe_0/moe_7/moe_16/tnull_145.html）。

③ 《教育部关于实施"对口支援西部地区高等学校计划"的通知》，2016年9月29日，见中华人民共和国教育部网（http://www.moe.edu.cn/jyb_xxgk/gk_gbgg/moe_0/moe_7/moe_16/tnull_145.html）。

④ 何国莲、鲜鹏：《关于东西部图书馆开展对口支援工作的政策建议》，载《山东图书馆学刊》2011年第5期，第57~59页。

结了对口支援工作所取得的成效，就今后的对口支援事宜进行了商议，在图书捐赠、业务骨干交流与培训、学术科研合作等具体对口支援事宜方面达成了共识。近年来，各少数民族地区为了加快高层次骨干专业人才的培养，纷纷采取各种各样的措施。如广西图书馆学会与武汉大学信息管理学院联办了图书馆学专科升本科函授班，广西民族大学开办了图书馆学在职研究生班，等等。① 此外，为了适应数字时代对图书馆员的要求，CASHL（中国高校人文社会科学文献中心）管理中心与汤森路透知识产权与科技集团合作，共同设立了"CASHL/Emerald 西部馆员培养与交流合作项目"。该项目以支援西部和援疆为核心，积极探索东西部图书馆交流培养模式，增进了东西部图书馆员之间的交流，为馆员的职业发展、科研活动与交流访问搭建了平台。②

第三，少数民族地区干部挂职锻炼计划。改革开放以后，党中央一直重视少数民族干部的培养，选派少数民族和民族地区干部到中央、国家机关和经济相对发达地区挂职锻炼。西部大开发战略实施以后，党中央为适应新形势的发展，正式启动西部地区和其他少数民族地区干部挂职锻炼计划，要求制定《关于2000—2009年选派西部地区和其他少数民族地区干部挂职锻炼工作规划》③。这为少数民族地区图书馆人才培养带来了新的机遇。在该计划的指导下，西部少数民族图书馆干部得以在东部发展较好的图书馆，通过挂职锻炼，学习先进的图书馆管理理念。

第四，"三区"人才支持计划。"三区"人才支持计划是国家实施的一项文化支援战略项目。"三区"主要指边远贫困地区、边疆民族地区和革命老区。在当前全面建成小康社会的关键时期，"三区"属于需要加快建设的重点区域。除了加大对这些地区的财政支持之

---

① 蓝明生：《谈谈少数民族地区图书馆专业队伍的建设——以壮族地区为例》，载《图书馆界》2008年第4期，第35～38页。
② 韩丽：《CASHL/汤森路透西部馆员培养与交流——北京大学图书馆交流学习有感》，载《贵图学苑》2015年第4期，第66～68页。
③

外，加快发展也要求输入适当的人力资源，激发发展的活力。这为少数民族地区图书馆人才培养带来了新的机遇，为少数民族图书馆事业的可持续发展提供了强有力的人才队伍和智力支撑。2014年9月，在广东省立中山图书馆举办了广西图书馆"三区"人才培训综合素质提高班，著名图书馆学者、中山大学图书馆馆长程焕文教授，广东省立中山图书馆刘洪辉馆长，深圳图书馆吴晞研究馆员，东莞图书馆李东来馆长，这些来自发达地区图书馆的学者和专家，向少数民族地区图书馆管理者及业务骨干传授了先进的图书馆服务理念及图书馆管理经验，并通过对发达地区图书馆进行实地考察交流，进一步学习东部图书馆发展经验[①]。2015年9月，南开大学商学院举办了广西图书馆"三区"人才高级研修班，图书馆学者柯平教授、徐建华教授、于良芝教授、王知津教授等为广西图书馆馆长及业务骨干进行了授课，推进了广西图书馆人才培养工作[②]。通过"三区"人才计划，进一步提高了少数民族地区图书馆员的业务能力与综合素质。

总之，我国在教育领域实施的民族优惠政策为少数民族图书馆学人才培养及发展做出了巨大的贡献。

（二）少数民族地区图书馆学术交流

进入新时期以来，随着国内图书馆事业的全面发展，图书馆之间加强了彼此在学术上的沟通与交流。少数民族地区图书馆学术理论研究和学术探讨能够紧跟中国图书馆学发展的步伐，运用先进理论及时更新民族图书馆发展理念，使民族图书馆学研究在坚持自我特色中始终保持活力。

1. 学术研讨会

自1983年首次召开的全国民族地区图书馆工作座谈会后，少数民族地区图书馆工作者就以提交论文的方式进行学术交流，此后，这

---

① 《两广联合举办广西公共图书馆"三区"人才培训综合素质提高班》，载《图书馆界》2014年第6期，第2页。

② 《广西公共图书馆"三区"人才高级研修班在南开大学举办》，载《图书馆界》2015年第6期，第95页。

种学术传统被传承下来。在中国图书馆学会的指导下，由少数民族图书馆专业委员会联合民族地方图书馆学会等组织民族地区图书馆学术研讨会。截至2015年，少数民族地区图书馆学术研讨会成功举办13次，为加强民族地区图书馆交流与合作，促进民族地区图书馆事业发展和学术研究繁荣做出了重要的贡献。历届民族地区图书馆学术研讨会召开情况见表5-14。

表5-14 历届全国民族地区学术研讨会

届次	时间	地点	参会人数及论文数量	会议主题
一	1983年7月6—12日	北京	来自全国13个省、市、自治区18个民族的150余位代表参加，收到论文30余篇	加强少数民族地区图书馆事业发展，开创民族地区图书馆新局面
二	1985年8月22—26日	新疆乌鲁木齐	来自全国17个省、市、自治区73个单位13个民族的102位代表参加，收到论文20篇	
三	1990年4月17—20日	云南大理	来自全国11个省、市、自治区17个民族的167位代表参加，收到论文80余篇	
四	1994年8月20—24日	内蒙古哲里木盟通辽市	来自全国12个省、市、自治区8个民族100余位代表参加，收到论文30余篇	加快民族地区图书馆事业建设，努力开创新局面
五	1996年6月19—24日	西藏拉萨	来自全国30多个省、市、自治区50余人参加	

续表 5-14

届次	时间	地点	参会人数及论文数量	会议主题
六	1997年8月30—9月3日	吉林省延边朝鲜族自治州延吉市	来自全国11个省、市、自治区15个民族的70多名代表参加，共收到30余篇论文	迈向21世纪的民族地区图书馆发展战略问题
七	2001年9月16—20日	贵州贵阳	来自全国11个省、市、自治区15个民族的97位代表参加，共收到论文85篇①	21世纪民族地区图书馆可持续发展战略
八	2004年9月16—19日	云南省大理白族自治州	来自全国11个省、市、自治区14个民族的110名代表参加，共收到论文101篇	民族图书馆事业发展的回顾与展望
九	2006年	内蒙古自治区呼伦贝尔市海拉尔区	来自全国13个省、市、自治区14个民族的70位代表出席了会议，共收到论文205篇	民族地区图书馆的发展与创新
十	2008年10月18—20日	宁夏银川	来自全国14个省（自治区、直辖市）、16个民族的80余位代表出席了会议	少数民族古籍整理、研究、保护与开发
十一	2010年9月6—10日	新疆乌鲁木齐②	来自全国14个省、市、自治区、直辖市12个民族110余位代表出席会议，共收到论文172篇	

---

① 草节：《第七次全国民族地区图书馆学术研讨会在贵阳市举行》，载《情报资料工作》2001年第6期，第39页。

② 王岗：《第十一次全国民族地区图书馆学术讨论会在新疆乌鲁木齐召开》，载《图书馆理论与实践》2010年第10期，第22页。

续表 5-14

届次	时间	地点	参会人数及论文数量	会议主题
十二	2012年12月5—9日	广西南宁	来自全国32个图书馆的各级领导、专家学者和业务骨干共80多人参加了会议	文化多样性与民族地区图书馆事业的发展
十三	2014年11月18—21日	湖南省湘西土家族苗族自治州吉首市	来自全国14个省、市、自治区64个图书馆16个民族120余位代表参加，共收到论文183篇	民族地方文献保护与研究
十四	2016年10月12—15日	湖北省恩施土家族苗族自治州	来自全国22个省、市、自治区、直辖市的84个图书情报单位20个民族160余代表参加，共收到论文140篇	地方特色数字资源库建设与服务研究

统计资料来源：根据《中国民族报》《民族图书馆学研究》（1~7辑）整理。

少数民族地区图书馆学术研讨会呈现出如下特点。

第一，参会代表众多，地域分布广阔。历届学术研讨会代表人数众多，共有汉族、蒙古族、藏族、满族、朝鲜族、达斡尔族、鄂伦春族、土家族、苗族、畲族、布依族、侗族、水族、仫佬族、纳西族、白族等十余个民族，具有较为广泛的少数民族代表性；会议代表地域囊括北京、内蒙古、广西、宁夏、新疆、吉林、辽宁、湖南、湖北、四川、贵州、云南、青海、甘肃等民族自治区和多民族省份，具有充分的代表性和民族性；从人员结构来看，出席会议的人员有分管图书馆的领导、图书馆各级领导、专家学者、一线业务骨干等，他们大多具有民族图书馆管理和研究的丰富经验，便于从民族地区图书馆事业的开拓前进共谋智慧。

第二，会议周期缩短。从2004年开始，逐渐形成了两年一届的惯例。这说明全国民族地区图书馆之间的学术交流日益频繁，不同理论、观点、思想的碰撞更为激烈，有利于民族图书馆工作思维创新，促进了全国民族地区图书馆事业建设和学术研究的协同发展。

第三，论文数量不断增多。2014年，学术研讨会征文数量已经达到183篇，而1985年会议征文仅为20篇，在数量上有了显著增长。这说明民族图书馆研究队伍在不断壮大，越来越多的图书馆人关心、支持民族图书馆事业的建设与发展，并表现出极大的研究热情和积极性。

第四，研讨会主题反映了时代对少数民族地区图书馆事业建设的要求。少数民族图书馆专业委员会根据图书馆时代变革的需要，紧随国内图书馆学科及事业建设的热点问题和发展趋势，紧密结合民族图书馆事业发展的实际和特点，确定了不同的研讨会主题。新世纪国家西部大开发战略的实施，为民族地区图书馆事业带来了机遇与挑战。2001年，第七次全国民族地区图书馆学术研讨会的主题为"21世纪民族地区图书馆可持续发展战略"，着力探讨民族图书馆紧抓西部大开发、加快民族地区社会经济全面发展的良好机遇，如何走可持续发展的新课题；2004年，结合图书馆学的时代性，第八次会议的主题为"民族图书馆事业的发展与展望"，从学会工作、民族图书馆数字化建设、古籍开发与保护、民族文献信息资源建设与共享、民族图书馆基础理论研究这5个分主题对民族图书馆事业的发展问题进行了剖析①。面对新形势，为研究和探讨新时期民族图书馆事业建设与发展的道路，2006年，第九次学术研讨会的主题为"民族地区图书馆的发展与创新"；2008年1月17日，国家民委和文化部下发了《关于进一步加强少数民族古籍保护工作的实施意见》②（民委发〔2008〕33号）。为了响应中央和国家的号召，第十次全国民族地区图书馆学

---

① 史桂玲：《历届民族地区图书馆会议》，见吴贵飙主编《中国民族图书馆编. 民族图书馆学研究（三）》，辽宁民族出版社2006年版，第560～563页。

② 国家民委、文化部：《关于进一步加强少数民族古籍保护工作的实施意见》，2016年11月3日，见国家民委网（http://www.seac.gov.cn/lsnsjg/wxs/2010-02-02/1265021124994527.htm）。

术研讨会主题为"少数民族古籍整理、研究、保护与开发"①；结合中央提出的社会主义文化大发展大繁荣的要求，第十二次学术研讨会主题为"文化多样性与民族地区图书馆事业的发展"；为了交流民族地方文献工作经验，探讨新时期发展趋势，2014年第十三次学术研讨会主题设为"民族地方文献保护与研究"。不同的主题，明确了不同时期民族图书馆事业的使命和担当。

第五，图书馆发展内容更为全面。随着少数民族地区公共图书馆事业的全面发展，所探讨的主题日益广泛，涉及民族地区图书馆建设和事业发展重大问题以及民族文献资源共建共享、民族地区图书馆数字化、民族地区图书馆事业人才队伍建设、民族地区图书馆读者服务、民族文献资源开发、民族古籍整理保护等问题。研讨会主题多与少数民族地区图书馆事业发展中所存在的现实问题相结合，对少数民族地区图书馆的未来发展进行探讨。例如，第十四次研讨会主题为"地方特色数字资源库建设与服务"，体现了当前民族地区图书馆学术研究对特色资源建设的重视。学术交流不仅拓展了民族地区图书馆研究的学术视野，并且激发了理论研究的新思维、新方法与新视角，这些探讨体现了理论与实践的交互性。学术研讨会基本上从解决民族图书馆事业发展和民族图书馆工作的实际需求出发，研究者大多从事民族图书馆工作数年，积累了丰富的工作经验，更擅长结合自己的心得体会对理论问题进行阐述，更具有切实的指导意义。

第六，体现了学术交流方式的创新。引进访谈式学术交流，特设探讨主题进行讨论，加强学术交流的互动性。例如，2012年在南宁举行的第十二次全国民族地区图书馆学术研讨会首次引进访谈式学术交流，紧扣图书馆基础工作设定选题，突破了以往单一的主旨报告、主题发言的形式，使学术交流达到更好的效果。

在中国图书馆学会、少数民族图书馆专业委员会、中国民族图书馆历届领导的支持下，联合民族地区图书馆学会举办的历届全国民族

---

① 中国民族图书馆：《民族图书馆学研究四第十次全国民族地区图书馆学术研讨会论文集》，辽宁民族出版社2008年版，第1～2页。

地区图书馆学术研讨会,在图书馆学界产生了较为强烈的反响,已经成为少数民族地区图书馆的重要盛会,成为各民族图书馆交流思想、探索争鸣的重要平台。历届民族地区图书馆学术研讨会的召开,不仅加强了全国民族地区图书馆相互之间的学术交流与沟通,在繁荣学术研究、鼓励学术创新方面发挥了积极的作用,并且对于少数民族地区图书馆的实践发展起到了积极的推动作用。

2. 中国图书馆年会民族图书馆分会场学术讨论

年会是近年来中国图书馆学会(以下简称"中图学会")加强学术交流的一种创新形式,一年一度的中国图书馆年会已经成为图书馆界举国同庆的行业盛会,具有高水平、大规模、多元化、开放性等特点,为业界专家、学者和图书馆工作者提供了传播思想、交流经验、共同学习与进步的平台。每逢年会,图书馆发展的新形势、新理念和新技术都随之出现,引发了图书馆学术思想的碰撞,激发了图书馆人投身图书馆事业的热情,也触动了图书馆事业的创新性思维。中图学会从1999年开始举办年会,截至2015年年底,已成功举办17届,以特有的"主题论坛+学术分会场"的组织模式,创新了学术交流形式,通过与社会各界携手,共同促进了图书馆学学科建设与图书馆事业发展。

随着民族地区公共图书馆事业的发展,对于民族图书馆学理论的探讨日益引起图书馆学界的重视,这主要体现在中国图书馆年会也将民族图书馆议题纳入年会热议话题当中。从2007年开始,专门讨论民族地区图书馆事业发展的分会场议题成为年会的一大亮点,为学术年会增添了新元素(见表5-15)。2007年8月5日,中国图书馆学会2007年年会在兰州举行,年会以"图书馆:新环境、新变化、新发展"为主题①。8月6日,在分会场讨论中,由少数民族图书馆专业委员会开设了以"和谐社会和西部地区图书馆的新变化"为主题的分会场。与会的民族图书馆专家学者探讨了和谐社会背景下西部民

---

① 彭飞:《中国图书馆学会2007年年会纪要》,载《新世纪图书馆》2007年第5期,第14页。

族地区图书馆的发展问题，从民族图书馆工作实际出发，探寻西部地区图书馆事业的发展道路①。

表 5-15 中国图书馆年会民族图书馆分会场

年份	地点	主 题	民族图书馆分会主题
2007	甘肃兰州	图书馆：新环境、新变化、新发展	和谐社会和西部地区图书馆的新变化
2008	重庆	图书馆服务：全民共享	
2009	广西南宁	中国图书馆事业：科学·法治·合作	
2010	吉林长春	提升能力与效益促进学习与创造	
2011	贵州贵阳	公益·创新·发展："十二五"时期的图书馆事业	"十二五"期间少数民族图书馆事业的发展
2012	广东东莞	文化强国——图书馆的责任与使命	多元文化保护与民族图书馆的使命
2013	上海	书香中国——阅读引领未来	少数民族图书馆阅读推广与服务创新
2014	北京	馆员的力量：改革·发展·进步	馆员能力提升与少数民族图书馆事业发展
2015	广东广州	图书馆：社会进步的力量	少数民族图书馆的社会责任与可持续发展研究
2016	安徽铜陵	创新中国：技术、社会与图书馆	少数民族图书馆服务创新——回顾"十二五"与展望"十三五"

2011年中国图书馆年会暨中国图书馆学会年会，结合"十二五"

---

① 引自《少数民族图书馆专业委员会工作汇报》，2016年11月3日，见中国图书馆学会网（http://www.lsc.org.cn/c/cn/news/2008-04/28/news_1896.html）。

规划对图书馆事业提出的新要求,中国图书馆学会学术研究委员会少数民族图书馆专业委员会设立了"'十二五'期间少数民族图书馆事业的发展"分会主题,与会代表就"十二五"期间如何加快民族图书馆事业发展畅所欲言,提出了有关民族地区公共图书馆发展的新思维和新意识①。

根据党的十七届六中全会发布的《中共中央关于深化文化体制改革推动社会主义文化大发展大繁荣若干问题的决定》所提出的"共同维护文化多样性"的要求,2012年11月23日,图书馆年会以"文化强国——图书馆的责任与使命"为主题,少数民族图书馆专业委员会设立22个分会场,以"多元文化保护与民族图书馆的使命"为分会主题,结合民族图书馆多元文化保护的实际情况,从民族文化文献建设、民族语言文字保护的角度出发,探讨了民族图书馆多元文化保护的方法与策略②。

随着全民阅读推广的开展与普及,上海举办的2013年中国图书馆年会以"书香中国——阅读引领未来"为主题,少数民族图书馆专业委员会在2013年11月8日分会场讨论中特设了以"少数民族图书馆阅读推广与服务创新"为主题的第24分会场。民族地区图书馆从本民族的实际情况出发,以专题报告的形式交流了在民族地区开展阅读推广的经验,分析了存在的问题,探讨了民族图书馆阅读推广的方法与策略。所做的专题报告主要有:西藏自治区图书馆馆长努木的"西藏图书馆开展全民阅读之路",广西壮族自治区桂林图书馆馆长、研究馆员钟琼的"少数民族图书馆读者阅读推广——以广西为例",大连民族学院图书馆副研究馆员陈新颜的"书香校园:以多元化的活动凝聚读者——提升文化内涵引领服务创新的探索与实践",中国图书馆学会阅读推广委员会经典阅读推广专业委员会委员、贵州省凯里学院信息网络中心主任、研究馆员杨昌斌的"少数民族地区基层

---

① 大漠:《年会代表热议:"十二五"期间少数民族地区图书馆事业的大发展》,载《图书馆理论与实践》2011年第11期,第102页。
② 《多元文化保护与民族图书馆的使命》,2016年11月6日,见中国图书馆学会网(http://www.lsc.org.cn/c/cn/news/2013-07/05/news_6450.html)。

公共图书馆阅读宣传推广与策略思考——以贵州省少数民族地区基层公共图书馆为例",吉林省延边朝鲜族自治州图书馆馆长、副研究馆员金勇的"延边朝鲜族自治州图书馆阅读推广探索与实践",等等①。

2014年正值中国现代图书馆运动皇后——韦棣华女士来华115周年,为纪念这位伟大女性为中国图书馆事业的发展和中美图书馆交流所做出的卓越贡献,并结合深化改革、事业发展和社会进步对图书馆员的新要求,2014年10月10日至12日,在北京举办的图书馆年会以"馆员的力量——改革发展进步"为主题。为响应大会主题的号召,少数民族图书馆专业委员会设定的"馆员能力提升与少数民族图书馆事业发展"主题报告会在北京国际会议中心召开,会议对新时期对馆员的新要求、民族图书馆馆员能力提升的问题与策略等进行了探讨②。

2015年12月16日至17日,在广州举行的2015中国图书馆年会学术会议上,中国图书馆学会学术研究委员会少数民族图书馆专业委员会紧扣"图书馆——社会进步的力量"的年会主题,在第16分会场设立了"少数民族图书馆的社会责任与可持续发展研究"的分会主题。少数民族图书馆作为公共文化服务体系的重要基点,就如何阐释在新的社会环境下少数民族图书馆的社会责任、如何建立少数民族图书馆可持续发展保障机制等问题,与会代表进行了专题讨论。如内蒙古自治区图书馆馆长、研究馆员李晓秋的"在互联网思想的引领下推进少数民族地区图书馆事业的大发展",新疆维吾尔自治区图书馆党委书记、副研究馆员艾尔肯·买买提的"新疆维吾尔自治区图书馆的社会责任与可持续发展",西藏自治区图书馆馆长努木的"西藏自治区图书馆的社会责任与可持续发展",广西壮族自治区桂林图

---

① 2013中国图书馆学会年会第二十四分会场:《少数民族图书馆阅读推广与服务创新》,2016年11月6日,见中国图书馆学会网(http://www.lsc.org.cn/c/cn/news/2013-11/15/news_6718.html)。

② 2014中国图书馆学会年会第5分会场:《馆员能力提升与少数民族图书馆事业发展》,2016年11月6日,见中国图书馆学会网(http://www.lsc.org.cn/c/cn/news/2014-10/20/news_7530.html)。

书馆馆长、研究馆员的"民族地方特色视频资源的建设与利用"以及吉首大学图书馆馆长、研究馆员的"少数民族图书馆的社会责任与阅读推广"① 等,以上民族地区图书馆管理者和专家从不同角度对少数民族图书馆发展问题进行了思考。

2016年10月27日下午,中国图书馆年会在安徽省铜陵市体育中心举行,第20分会场专门设立了"少数民族图书馆服务创新——回顾'十二五'与展望'十三五'"的分会主题,在"十三五"开局之年,与会代表共同研讨交流少数民族图书馆未来5年的规划与发展。会上,新疆维吾尔自治区图书馆馆长历力、贵州民族大学图书馆馆长卢云辉、广西壮族自治区图书馆馆长韦江、西藏自治区图书馆副馆长旦增卓玛、海南省图书馆馆长李彤等5位专家围绕民族地区图书馆服务创新做了专题报告,并在总结"十二五"时期图书馆发展经验的基础上,对民族地区图书馆发展未来进行了展望。中国图书馆学会学术研究委员会少数民族图书馆专业委员会委员、新疆维吾尔自治区图书馆馆长历力研究馆员在总结新疆维吾尔自治区图书馆"十二五"期间公共文化服务体系建设创新实践经验的基础上,提出"共享、共建、共赢"的发展之路。中国图书馆学会阅读推广委员会阅读史研究专业委员会主任、贵州民族大学图书馆馆长卢云辉教授以贵州民族大学图书馆"服务立馆,人才强馆,特色兴馆,开放活馆"的具体实践经验,结合国内其他图书馆的经验,再对比国外图书馆的发展路径,为少数民族图书馆"十三五"发展提出了"开放、共享、协同、创新"的方向。广西壮族自治区图书馆馆长韦江研究馆员作了"广西壮族自治区图书馆服务创新及展望"专题报告,在"十三五"服务创新方面,他提出"理念更新、制度创新、做法改变和技术支撑"四大图书馆服务创新理念。西藏自治区图书馆副馆长旦增卓玛副研究馆员作了"西藏自治区图书馆服务创新"专题报告,提出西藏自治区图书馆在"十三五"期间将实现敞开式的借阅藏一体

---

① 《少数民族图书馆的社会责任与可持续发展研究》,2016年11月6日,见中国图书馆学会网(http://www.lsc.org.cn/c/cn/news/2015 - 11/17/news_ 8521.html)。

化,强化对特殊人群的服务,通过世界阅读日、图书宣传周、知识讲座等多种形式培养全民读书习惯,创建学习型社会,探索总分馆制度和图书网点流动图书馆服务模式,逐步使西藏图书馆成为全国乃至世界最大的藏文文献交流与提供中心。中国图书馆学会学术研究委员会少数民族图书馆专业委员会委员、海南省图书馆馆长李彤副研究馆员作了"海南省图书馆服务创新——椰树下的小书屋"专题报告,详细讲解了海南省在实现农家书屋覆盖全岛所有行政村的公共文化工程中,海南省图书馆创建"椰树下的小书屋"服务模式的缘起及建设过程,并总结了经验。海南省图书馆的"椰树下的小书屋"服务模式通过以少儿文化资源作为媒介平台,整合组织社会公益力量将文化资源引进到基层偏远地区,为偏远地区的少年儿童提供他们所缺的文化食粮,使优质的公共文化资源传输到基层,丰富了基层公共文化服务内容,提高了公共文化资源共享水平。内蒙古自治区通辽市图书馆馆长王蒙以"植根民族文化,开展创新服务"为题,介绍了内蒙古通辽市图书馆"十二五"期间的公共文化服务情况。"十三五"期间的通辽市图书馆将是一座开放式、多功能、社会化、现代化、数字化的,集文化休闲、古籍保护、民族文化传承为一体的现代化图书馆,将成为通辽市文化地标性建筑,更要将其打造成通辽市可持续发展不可分割的组成部分。云南省红河哈尼族彝族自治州图书馆馆长赵正良以"少数民族图书馆的服务与创新——红河州图书馆创新服务的思考与实践"为题,通过剖析红河州图书馆发展的案例,指出边疆少数民族欠发达地区落后的图书馆现状,思考如何破局,指出发展的道路是穷则思变,乘势而上,弯道超车[①]。

总之,进入新世纪以来,少数民族地区公共图书馆事业取得了更为全面的发展。少数民族地区公共图书馆基础设施建设在公共文化服务体系建设中得到进一步完善和加强;文献信息资源建设在共建共享

---

① 2016年中国图书馆年会第20分会场:《少数民族图书馆服务创新——回顾"十二五"与展望"十三五"》,2016年11月9日,见中国图书馆学会网(http://www.lsc.org.cn/contents/1174/315.html)。

实践中得到进一步丰富；图书馆服务更加强调以人为本，更加注重对少数民族和民族地区各族群众基本文化权益的保障。在国家"三馆"免费服务政策实施下实现了免费开放，在公共文化服务体系建设、农家书屋工程建设中使得服务重心进一步下移，基层图书馆建设得到进一步加强；数字图书馆在数字图书馆推广工程、电子阅览室推广工程的推进中进一步加快；图书馆学教育得到发展，学术交流与合作进一步加强。总体来讲，进入新世纪，少数民族地区公共图书馆从快速发展转向全面发展，从数量的提升转向质量内涵的提升，服务效能进一步提升。

第六章 结论

党的十一届三中全会召开以来,特别是党的十八大以来,在以习近平同志为核心的党中央坚强领导下,少数民族和民族地区综合实力大幅提升,经济社会全面协调发展。基础设施建设取得突破性进展,群众生产生活条件明显改善。特色优势产业快速发展,自我发展能力日益增强。扶贫攻坚成效明显,农牧民收入持续增加。社会事业取得长足进步,基本公共服务水平稳步提高。在党中央和各级地方政府的大力支持下,经过各族民众的共同努力,少数民族地区公共图书馆事业的发展取得了较为显著的成就,积累了很多值得借鉴的发展经验,但同时也遗留下一些长久以来在发展中亟待解决的问题。在当前全面构建公共文化服务体系的背景下,回顾改革开放40年少数民族地区公共图书馆事业发展所取得的成绩,总结经验,分析不足,并针对发展中的问题提出具有针对性的措施与建议,为进一步加快少数民族地区公共图书馆的发展提供可供参考的意见与建议。

第一节 改革开放以来少数民族地区公共图书馆事业所取得的发展成就

改革开放以来,党中央和各级地方政府对少数民族地区公共图书馆建设进一步加大了支持力度,在各项倾斜和优惠政策的合力之下,少数民族地区公共图书馆事业取得了前所未有的发展成就,在图书馆基础设施建设、文献信息资源建设、图书馆服务、馆员队伍建设、数字化网络化发展、图书馆学教育以及图书馆合作与交流等方面都取得了较大的成就。具体来讲，总的成就主要表现在如下几个方面。

一、机构数量不断增加

1978年党的十一届三中全会召开以来，随着国民经济的增长，国家对少数民族地区经济社会建设的投入力度不断增强，特别是各项经费倾斜政策的支持力度不断加大，为少数民族地区公共图书馆建设提供了较为坚实的物质基础，少数民族地区公共图书馆机构数量不断增加（见表6-1）。

表6-1 1978—2015年全国少数民族地区公共图书馆机构数量（单位：个）

年份	数量	年份	数量	年份	数量	年份	数量
1978	-	1988	549	1998	661	2008	604
1979	-	1989	551	1999	670	2009	619
1980	-	1990	556	2000	563	2010	636
1981	331	1991	561	2001	563	2011	653
1982	332	1992	573	2002	567	2012	749
1983	407	1993	573	2003	566	2013	-
1984	469	1994	577	2004	575	2014	-
1985	494	1995	584	2005	591	2015	758
1986	533	1996	573	2006	602		
1987	547	1997	596	2007	605		

表6-1反映了1978年至2015年全国少数民族地区公共图书馆机构数量情况。改革开放40年来，少数民族地区公共图书馆机构数量已经有了较为显著的增长。从有统计数据记录的1981年开始，少数民族地区公共图书馆机构数量为331个。截至2015年年底，机构数量已达到758个，增长了1.29倍。与同期全国公共图书馆发展速度相比，少数民族地区公共图书馆机构的增长速度正在赶超全国公共

图书馆机构数量的平均增长速度。这表明,党的十一届三中全会以来,随着改革开放进程的不断加快,少数民族地区公共图书馆事业取得了长足的发展。图书馆机构数量的增长反映了国家和当地政府对图书馆的重视程度和投入力度,表明了改革开放以来党中央对少数民族地区图书馆事业发展的高度重视,针对少数民族地区自身发展能力的不足,不断加大扶持和帮扶力度。同时,少数民族各级地方政府对图书馆事业重要性的认识不断增强,建设和发展图书馆事业的意识不断提高,在资金投入上不断增大比例。从少数民族地区民众的角度看,则反映了随着少数民族地区经济的发展,当地民众对信息、知识和文化的需求日益强烈,这也在客观上激发了图书馆数量的增加。

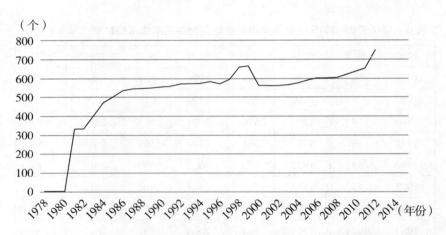

图6-1　1978—2015年全国民族地区公共图书馆机构数量增长曲线

图6-1反映了1978—2015年少数民族地区公共图书馆机构数量总的增长趋势。曲线图的走向并不是一路向上,其间有明显的起落和波折。1978—1982年增长基本持平,从1983年开始有了较大的增长,这与1983年全国少数民族地区图书馆座谈会的召开及党中央和社会各界对少数民族地区公共图书馆事业的重视有关。另一个增长转折点出现在2000年,在前后的几年里少数民族地区公共图书馆数量得到大幅增长,这与党中央对民族工作的极大重视以及西部大开发战略的实施有着密切的联系。2000年以后,增长速度有所回落,少数

民族地区公共图书馆机构数量从1999年的670个减少到2000年的563个，短短一年间减少了107个。这种数量骤减的情况不太符合客观实际，与统计上的偏差有着很大的关系。当然，也不能不考虑其他如书价等上涨因素的影响。进入新世纪以来，少数民族地区公共图书馆机构数量呈现出较为平稳的增长态势，尤其在2009年以后的最近几年来，增长速度明显加快，这与2009年我国在文化事业发展中开始着手构建全国公共文化服务体系、重点加强少数民族地区的公共文化服务建设的政策导向有很大关系，少数民族地区公共图书馆事业发展迎来了跨越式发展的新机遇。从曲线图的走势来看，可以预测少数地区公共图书馆机构数量将进一步增长。在当前国家对加快现代公共文化服务体系建设、加快欠发达地区经济社会发展以及全面建设社会主义小康社会的背景下，对文化权利平等的追求将为少数民族地区公共图书馆事业的发展带来更多的发展机遇。

二、办馆水平不断提高

数量的增长虽然在一定程度上可以反映出公共图书馆的发展速度，但难以对公共图书馆事业的发展效能进行客观的评价，仅仅是数量上的增加难以说明公共图书馆事业内涵上的发展，衡量公共图书馆发展水平还涉及其他相关指标。当前，公共图书馆评估可以作为我们衡量少数民族地区公共图书馆发展效能的重要考量，因为评估指标具有综合性和合理性，对其进行综合分析和评价可以较为客观地反映图书馆的办馆水平。自1994年以来，我国对县级以上公共图书馆共进行了六次评估，参与学者李丹与申晓娟撰写的《从评估定级看我国公共图书馆事业发展20年》一文对近20年来全国各省市公共图书馆的评估定级状况，并结合2018年5月15日文化和旅游部（原文化部）办公厅发布的《关于公示第六次全国县级以上公共图书馆评估定级结果的公告》，其中少数民族地区公共图书馆情况见表6-2。自文化部开始部署实施公共图书馆评估定级工作以来，在公共图书馆开展的6次评估中，在评估定级标准不断提高的条件下，少数民族地区参评图书馆上等级的比例不断增加。截至目前，内蒙古评估定级上等级馆为89个，较第一次评估增长了1.70倍，广西为90个，增长了0.88倍，宁夏为25个，增长了0.79倍；新疆为91个，增长了8.1倍。西藏自治区自2009年开始参加评估工作，在最新一次评估中，西藏图书馆被评为二级馆，昌都市图书馆、林芝市图书馆分别被定级为三级馆。这表明我国少数民族地区公共图书馆在办馆条件、基础业务建设与管理、用户服务以及协作协调方面均取得了显著进步，少数民族地区公共图书馆的科学化、标准化与现代化发展，使少数民族地区公共图书馆总体办馆水平得到不断提升[1]。

表6-2 少数民族地区公共图书馆评估定级上等级馆数量[2]

地区	第一次评估				第二次评估				第三次评估				第四次评估				第五次评估				第六次评估			
	一级	二级	三级	合计	一级	二级	三级	合计	一级	二级	三级	合计	一级	二级	三级	合计	一级	二级	三级	合计	一级	二级	三级	合计
内蒙古	0	3	30	33	2	15	41	58	3	11	33	47	7	9	42	58	14	18	48	80	21	21	47	89
广西	2	18	28	48	2	15	43	60	4	11	52	67	7	5	57	69	16	34	44	94	10	16	64	90
宁夏	1	6	7	14	2	8	5	15	2	9	3	14	3	4	10	17	7	3	11	21	8	14	3	25
新疆	0	2	8	10	2	15	5	22	2	5	33	40	3	13	51	67	8	20	41	69	18	18	55	91
西藏	-	-	-	-	-	-	-	-	-	-	-	-	0	0	1	1	0	1	4	5	0	1	2	3

注：西藏自治区公共图书馆未参加第一、第二、第三次评估定级。

（数据来源：中华人民共和国文化和旅游部网站）

三、文献资源日益丰富

党的十一届三中全会以后，经过各民族孜孜不倦的努力，少数民族地区公共图书馆文献资源建设取得了令人瞩目的成就。文献资源总量日益丰富，人均馆藏占有量逐年提高，资源结构日趋合理，民族古

---

[1] 李丹、申晓娟：《从评估定级看我国公共图书馆事业发展20年》，载《图书馆杂志》2014年第7期，第4～12页。
[2] 中华人民共和国文化和旅游部网站、文化部和旅游部办公厅关于公布第六次全国县级以上公共图书馆评估定级的公告［EB/OL］［2018-04-16］. http://www.mct.gor.cn/whzx/ggtz/201805/t20180522-832892.htm。

籍保护成效显著，公共图书馆的民族特色和地方特色日益鲜明。

（1）文献资源总量显著提高，人均馆藏量逐年增加。改革开放以来，少数民族地区公共图书馆通过多种途径不断加强文献资源建设，使文献资源总量有了大幅提升。以5个少数民族自治区为例，1979年，5个少数民族自治区公共图书馆总藏量合计为1245万册（其中，广西581万册，内蒙古401万册，宁夏156万册，新疆107万册，西藏尚未统计)①，截至2016年，5个自治区公共图书馆总藏量已经达到6706万册（其中，内蒙古1704万册，广西2720万册，新疆1418万册，宁夏687万册，西藏177万册)②，较1979年增长4.39倍，可见增长速度之快。除了资源总量的增长之外，人均拥有公共图书馆总藏量也在逐年增加。截至2016年年末，宁夏回族自治区人均馆藏量为1.02册，内蒙古为0.68册，与全国人均拥有公共图书馆总藏量0.65册的标准来看，宁夏与内蒙古自治区已经超过全国平均水平③。这说明我国主要少数民族地区人均拥有馆藏量在不断增加，少数民族地区公共图书馆在保障少数民族和民族地区民众的基本文化权利方面的作用得到不断加强。

表6-3 2000—2016年少数民族自治区人均拥有公共图书馆总藏量

（单位：册/件）

地区	2000	2005	2009	2010	2011	2012	2013	2014	2015	2016
全国	0.32	0.37	0.44	0.46	0.47	0.51	0.55	0.58	0.61	0.65
内蒙古	0.29	0.31	0.36	0.38	0.43	0.46	0.53	0.58	0.60	0.68
广西	0.29	0.32	0.36	0.41	0.40	0.41	0.45	0.52	0.54	0.56
西藏	0.23	0.15	0.17	0.18	0.18	0.22	0.32	0.39	0.50	0.53

---

① 国家统计局国民经济综合统计司：《中国民族统计年鉴》，中国统计出版社2014年版。

② 国家统计局国民经济综合统计司：《中国民族统计年鉴》，中国统计出版社2014年版。

③ 中华人民共和国国家统计局：《中国统计年鉴（2015）》，中国统计出版社2015年版。

续表 6-3

地区	2000	2005	2009	2010	2011	2012	2013	2014	2015	2016
宁夏	0.68	0.63	0.70	0.73	0.78	0.78	0.91	1.04	1.06	1.02
新疆	0.30	0.41	0.43	0.51	0.45	0.49	0.55	0.56	0.55	0.59

数据统计来源：《中国统计年鉴（2017）》《中国图书馆年鉴》（2016）相关数据统计。

（2）民族特色鲜明。少数民族地区公共图书馆在少数民族文化传承与保护中发挥着主体性作用，少数民族地区公共图书馆从一开始就被赋予了不同于一般意义上的公共图书馆的历史使命。作为图书馆，必将担负保存人类文化遗产的使命；因其地处少数民族地区，必将担负传承与保护少数民族文化遗产的特殊使命，而这种使命的自觉意识较之一般公共图书馆更为强烈。改革开放初期，少数民族地区公共图书馆加大了对少数民族语言文字的重点收藏，注重对少数民族文献的搜集与整理。如内蒙古自治区图书馆对蒙文文献的收藏，新疆维吾尔自治区公共图书馆对维吾尔文、哈萨克文等文献以及宁夏回族自治区图书馆对回族、伊斯兰教文献的收集，均取得了一定的成果。20世纪80年代，少数民族地区公共图书馆通过采购、征集、交换、受赠等多种方式不断充实特色馆藏，加强了对少数民族馆藏文献的收藏与整理。特别是1984年政府出台的《关于改善少数民族地区图书馆工作的意见》明确了少数民族地区图书馆收集少数民族语言文字文献和民族古籍文献的中心任务，成为少数民族地区公共图书馆重点藏书建设的依据。20世纪90年代，随着计算机、自动化技术在图书馆领域的逐渐应用，少数民族地区公共图书馆开始对传统纸质馆藏民族文献进行自动化处理，研发编制少数民族文献信息处理系统和数据库。如内蒙古图书馆率先研发的微机蒙文图书目录管理系统、现代蒙古语文数据库、蒙文信息处理系统等。21世纪以来，随着数字化、网络化技术日新月异的飞速发展，少数民族文献开发与利用实现了新的突破。不同时代不同地区的少数民族公共图书馆始终以一种文化自觉性积极投入到对搜集与保存少数民族文化遗产的行动当中。无论是

20世纪80年代以来对少数民族古籍的搜救与整理，还是20世纪90年代以来对少数民族文献的数字化整理，亦或是进入21世纪以来以多种途径对少数民族非物质文化遗产的抢救与保护，以及对少数民族古籍文献保护力度的加大，均是少数民族地区公共图书馆对少数民族文化传承与保护的价值彰显。

（3）文献资源结构日趋合理。在信息技术的不断革新下，网络化、数字化时代的到来，也引起了图书馆领域在文献资源组织和利用上的转变。传统的纸质资源已经难以满足数字时代民众对信息资源类型的多样化需求，迫切需要图书馆构建适应用户需求多元化的资源保障体系。图书馆赖以提供服务的资源基础发生了变化，形成以实体馆藏与虚拟馆藏相结合的新型资源结构体系[1]。读者需求从传统的馆藏文献借阅开始转向对网络信息资源的检索利用，以及对个性化信息服务需求的满足。虽然少数民族地区公共图书馆进入自动化、信息化和网络化的发展相对滞后，但是这并不妨碍少数民族地区公共图书馆对现代化发展的追求。在馆藏文献资源建设上，除了通过传统的购买、交换和接受捐赠等方式添置纸质资源外，一些发展基础较好的少数民族地区公共图书馆纷纷购置了一定数量的电子资源和数字资源作为传统馆藏的补充。目前，少数民族地区公共图书馆馆藏文献资源结构日趋合理，已经形成了以文本、音频、视频等多种类型互为补充的资源体系。

同时，少数民族地区公共图书馆充分发挥特色馆藏的优势，自建了一些极富有民族特色和地方特色的数据库，成为少数民族文献资源保障体系建设进程中的一大亮点。如宁夏图书馆的"红色记忆多媒体资源库"、回族暨伊斯兰教文献；西藏图书馆的"国家级非遗传承人系列专题片"、"十八军进藏口述史"、"藏族手工艺大全专题资源库"、"格萨尔艺人独家说唱资源库"等。经过20世纪70年代末80年代初对"文革"时期藏书建设工作的恢复与调整，20世纪80年代

---

[1] 肖希明：《网络环境下的信息资源建设与服务文化建设》，载《图书情报论坛》2006年第4期，第3～5页。

对藏书建设工作的加强,20世纪90年代藏书建设工作向着协作化、现代化的文献信息资源建设方向发展,以及21世纪以来的数字化、网络化发展,随着全国文献信息资源共享工程和公共文化服务体系构建的推进,少数民族地区公共图书馆文献信息资源建设不断迈上新的台阶。

四、服务水平不断提升

图书馆的服务与社会发展状况息息相关,作为社会文化子系统中的图书馆,其服务理念既是社会文明发展程度的反映,反过来也会影响到社会文明的进程。少数民族地区公共图书馆的服务理念受到其所处的社会主流意识形态的影响,影响因素不仅来自国家不同时期民族工作重心与主题的转变,也来自我国图书馆界整体语境下的对公共图书馆价值与理念认识的转变。1978年党的十一届三中全会召开以后,我国少数民族地区图书馆的服务理念发生了转变。图书馆不再是阶级斗争的工具,而成为百废待兴时期为生产、科研和经济建设服务的重心。在此指导精神的指引下,少数民族地区公共图书馆积极为少数民族地区生产建设提供图书资料,甚至有选择性地确定了服务重点对象,开展区别服务。20世纪80年代,国家把科技进步和智力开发作为重要发展战略,从而将少数民族地区公共图书馆服务主题确定为"两个文明建设"服务。为满足少数民族地区经济发展的需要,少数民族地区公共图书馆编制了大量与当地生产与科研有关的专题资料。在全国图书馆事业的影响下,少数民族地区公共图书馆进一步明确了图书馆与读者之间的关系,将"读者第一,服务至上"作为服务宗旨。少数民族地区公共图书馆服务逐渐从封闭转向开放,从被动转向主动。20世纪90年代,现代信息技术的发展革新了少数民族地区公共图书馆服务的方式和手段,进一步深化了服务内容,扩大了服务的受众范围。信息咨询、参考咨询、个性化服务悄然兴起,进一步拓展了图书馆的服务领域。然而,不得不提的是,在20世纪90年代市场经济的利益驱使之下,随着有偿服务在图书馆行业的盛行,全国图书馆行业服务陷入整体非理性,少数民族地区公共图书馆服务理念在不同程度上出现了偏差。21世纪是权利的时代，为少数民族地区公共图书馆服务转型提供了新的机遇。首先，我国图书馆事业发展正式进入权利时代，以追求公平、平等、免费的现代公共图书馆服务理念成为图书馆行业革新服务的重要准绳。其次，随着人权事业的发展，国家在发展过程中更加突出强调对民众权利的保障，尤其是在文化事业领域，启动了以突出保障民众基本文化权益的公共文化服务体系构建的设想，为提升少数民族地区公共图书馆服务效能带来了新的机遇。随着社会民主进程的加快，新世纪以来，党中央和政府将少数民族文化权利保障作为建设社会主义民主社会的重要内容，在各项社会事业建设中都突出强调对少数民族地区的政策倾斜和扶持。权利时代为少数民族地区公共图书馆服务效能的提升提供了前所未有的机遇，少数民族地区公共图书馆以少数民族和民族地区各族群众的基本文化权利保障为出发点和落脚点，在公共文化服务体系构建中加大对基层图书馆的建设，服务重心下移至底层民众，在全国公共图书馆免费开放政策的指导下，免费服务深入人心。在全国阅读推广的盛行之下，形式多样的阅读推广活动使更多的少数民族民众公平地享受到基本的阅读权利，甚至一些少数民族地区以创新的思维率先升级服务，相继涌现出了内蒙古的"你阅读，我买单"的"彩云服务""数字文化进蒙古包"等享誉国内的创新服务，从而使少数民族地区公共图书馆的价值与使命在新时代得到进一步彰显。

纵观改革开放40年少数民族地区公共图书馆服务理念的转变，无不深深印着少数民族地区社会经济文化发展的时代烙印，也体现了少数民族地区公共图书馆作为我国公共图书馆事业的重要组成部分，其所受到的公共图书馆总体发展环境对其所造成的深远影响。

五、数字化进程逐步加快

党的十一届三中全会召开以来，我国少数民族地区公共图书馆在数字化浪潮中开始不断加快发展步伐，取得了可喜的发展成就。20世纪80年代，在新技术革命浪潮的冲击之下，以MARC（机器可读目录）为代表的新技术掀起了图书馆界的一场颠覆性革命，图书业务管理自动化成为图书馆发展的主流趋势。在国内图书馆界纷纷开发自动化系统、引入自动化设备对传统管理方式进行革新的同时，少数民族地区公共图书馆也开始触到时代的最新气息，积极进行自动化的探索与实践。1985 年，内蒙古自治区图书馆与内蒙古电子计算中心合作，成功研发了微机蒙文图书目录管理系统，填补了国内少数民族语言文字自动化编目的空白①。但是，此时大部分民族地区由于经济欠缺发达，对新技术缺乏必要的敏感性，相较于内地和东部沿海发达地区，少数民族地区公共图书馆整体自动化发展较为滞后。20 世纪 90 年代，随着信息技术的迅猛发展，以及我国科教兴国战略的提出，国际图书馆事业信息化建设的突发猛进，掀起了我国建设数字图书馆的热潮。图书馆自动化系统由研发逐渐转向广泛应用，我国大部分发达地区已经实现了图书馆业务自动化，开始引进图书馆自动化管理系统，建立了一批电子阅览室和多媒体阅览室。少数民族地区公共图书馆自动化发展紧随其后，但总体自动化建设水平依然较为落后。直到进入 21 世纪，在国家文化共享工程、数字农家书屋工程以及公共电子阅览室工程的推广和带动之下，少数民族地区公共图书馆数字化进程得到明显加快。据公共图书馆研究院发布的《中国公共图书馆发展蓝皮书（2010）》调查数据显示，近年来，中西部地区，尤其是少数民族居多的西部地区的公共图书馆计算机设备增长迅速，计算机和电子阅览室终端数量的增长速度远远超过了东部发达地区，特别是 2008 年西部地区公共图书馆计算机拥有量一跃超过中部地区②。这有力地说明了新世纪以来，国家针对少数民族地区实施的发展规划和重要文化战略带动了少数民族地区公共图书馆的发展，特别是东部发达地区和内地对少数民族地区的对口支援和帮扶，使少数民族地区公共图书馆的数字化建设步伐不断加快，逐步缩小了与东部经济发达地区之间的差距。

---

① 田怀烈：《微机蒙文图书目录管理系统》，载《图书馆学通讯》1987 年第 2 期，第 12 页。

② 公共图书馆研究院：《中国公共图书馆发展蓝皮书（2010）》，海天出版社 2010 年版，第 17—18 页。

六、馆员能力不断提升

少数民族地区图书馆馆员能力的提升受到全国图书馆学教育发展与党对少数民族人才培训政策的双重影响。党的十一届三中全会召开以后，由于图书馆事业发展的需要，我国图书馆学专业教育得以恢复。然而，在少数民族地区，图书馆学专业教育几乎仍为空白。党中央重视对少数民族干部的培养，要求全国培养各级少数民族专业人才，以适应少数民族地区经济文化发展的需要。20世纪80年代，少数民族地区通过开展短期培训班、辅导班，并编译少数民族语言文字的图书馆业务学习资料，培养了一批图书馆专业人才。此外，经济发达地区和图书馆学专业发展较好的地区开展了对少数民族地区图书馆人才的培养及对口支援。1981年，由中国图书馆学会组成的讲师团专门到内蒙古、宁夏等少数民族地区进行讲学。1985年4月，北京举办了首届全国民族地区图书馆馆长进修班；同年9月，文化部图书馆事业管理局、民族文化司拨专款委托北京师范大学图书馆学系举办了少数民族地区图书馆干部专修班[1]。此外，北京大学另在宁夏回族自治区设立了图书馆学专修科函授辅导站，为少数民族地区培养图书馆学专业人才[2]。在各族图书馆工作者的共同努力下，一支由多民族构成的图书馆馆员队伍已初步形成。20世纪90年代，随着国家对少数民族干部培养的重视和加强，以及国内图书馆学教育的蓬勃发展，少数民族地区图书馆工作队伍不断发展壮大。进入21世纪以来，随着少数民族地区公共图书馆事业发展速度的加快，对图书馆人才的需求量不断增加，一些少数民族地方院校开始增设图书馆学专业，如贵州师范大学、内蒙古包头师范学院、四川大学、云南大学等。国家对少数民族人才培养力度不断增强，实施了少数民族骨干计划、教育对口支援计划、少数民族干部挂职锻炼计划以及"三区人才"计划等，

---

[1] 李久琦：《学会是连接各民族同仁的纽带——祝贺中国图书馆学会民族图书馆委员会成立》，载《中国图书馆学报》1996年第5期，第30页。

[2] 杜克：《当代中国的图书馆事业》，当代中国出版社1995年版，第162页。

这些措施对加快少数民族地区图书馆专业人才培养起到了一定的推动作用。经过30余年的共同努力，少数民族地区现已初步形成了一支专业能力较强、结构较为合理的馆员队伍，成为建设发展少数民族地区公共图书馆事业的主力军。

七、学术交流与合作日益频繁

20世纪70年代，少数民族地区之间由于相距较远，公共图书馆之间的交流与合作十分稀少。1983年全国少数民族地区图书馆座谈会，首次将全国民族地区图书馆工作者聚集起来，相互之间才产生了交集。在中国图书馆学会的积极组织下，少数民族地区相继成立了图书馆学会。为少数民族地区图书馆搭建起了交流与合作的统一平台，1984年2月，在中国图书馆学会学术委员会下面成立了少数民族地区图书馆研究组，成员主要由各少数民族地区学会负责人构成。为适应新时期少数民族地区图书馆事业发展的需要，1996年1月，民族图书馆委员会由中国图书馆学会正式批准成立；1998年4月，在上海举办的中国图书馆学会第5届学术研究会成立大会上设立了少数民族图书馆专业委员会[①]。少数民族地区专业组织的成立，为少数民族地区图书馆之间的学术合作与交流搭建了相互沟通的桥梁。在中国图书馆学会、少数民族地区图书馆专业组织以及少数民族地方中国图书馆学会的共同策划下，持续性地召开了全国性的少数民族地区图书馆学术研讨会。截至2016年，少数民族地区图书馆学术研讨会在各少数民族地区已经成功举办了14次。根据图书馆时代变革的需要，紧随国内图书馆研究的热点问题和发展趋势，并结合少数民族地区图书馆发展的实际情况确定不同的研究主题，反映了少数民族地区图书馆事业发展的时代变迁。研讨会参会人数逐年增多，研究成果质量逐年提高，有效地促进了少数民族地区图书馆的学术交流，繁荣了少数民族地区图书馆的学术成果。

---

① 李久琦：《我国民族图书馆事业发展20年》，载《图书馆学研究》1999年第2期，第93页。

综上所述，纵观改革开放 40 年少数民族地区公共图书馆事业发展的曲折历程，作为我国图书馆事业的重要组成部分，少数民族地区公共图书馆事业发展历程，折射出我国公共图书馆事业发展的进程，成为我国图书馆事业发展的一个重要的历史缩影。作为我国少数民族事业的重要组成部分，它留下了各民族共同致力于开拓、建设与发展少数民族地区公共图书馆事业的历史记忆，是我国对民族文化事业发展问题以及少数民族民生问题孜孜不倦的探索，也是我国民族工作事业的一个重要的历史缩影。少数民族地区公共图书馆事业的发展受到社会不同发展时期民族工作主题的指导，离不开党中央和国家对民族工作的高度重视，同时也离不开在各民族共同团结，共同繁荣发展准则指导下各地对少数民族地区的支援和帮扶，更离不开不断进步和与时俱进的现代公共图书馆理念的熏陶。因此，少数民族地区公共图书馆发展史，实质上是各民族共同投身于图书馆事业建设的一部奋斗史。

第二节　改革开放以来少数民族地区公共图书馆事业发展的特点

少数民族地区公共图书馆事业发展具有鲜明的时代性，其发展状况不仅取决于不同时期党中央的民族工作重心和主题，也取决于我国公共图书馆事业总体发展语境的嬗变。

一、发展的非均衡性

公共图书馆事业的发展状况由经济发展水平所制约，地域经济发展的不均衡直接导致了公共图书馆事业发展的不均衡。瑞典经济学家缪尔达尔在其所著的《经济理论和不发达地区》一书中，提出了地理上的二元经济（geographical dual economy）结构理论，认为经济发展不可能在各区域内保持同步和均衡，总是有一些发展条件好的地区超前发展，一些地区滞后发展，最终经济增长区和滞后区域之间发生空间相互作用，扩大或缩小发展差距①。我国属于典型的经济发展不均衡国家，尤其是处于西部和边疆的少数民族地区经济发展水平相对滞后，成为当前我国加快发展的重点区域。在图书馆事业发展中，经济因素始终是制约图书馆发展的根本性因素，图书馆发展水平是经济发展水平的重要体现，经济发展的不均衡直接导致了公共图书馆事业发展的不均衡。

改革开放以来，虽然我国民族地区公共图书馆事业发展取得了长足的进步，但是其发展呈现出较为典型的不均衡特点，具体表现如下。

首先，少数民族地区与非少数民族地区公共图书馆事业发展的不均衡。公共图书馆事业发展基础较为薄弱，少数民族地区由于经济发展水平较低，导致民族地区公共图书馆事业自身发展能力不足，公共图书馆事业整体水平不仅低于全国平均水平，更是低于东部经济发达地区公共图书馆事业发展水平。

其次，少数民族地区之间公共图书馆事业发展不均衡。以我国5个少数民族地区自治区为例，位于华北地区的内蒙古自治区以及位于华南地区的广西壮族自治区公共图书馆事业综合水平较高，而位于西北地区的宁夏回族自治区以及新疆维吾尔自治区公共图书馆事业水平较低，尤其是位于西南青藏高原地区的西藏自治区最为落后，公共图书馆事业发展水平明显低于其他民族地区。

最后，同一少数民族地区内部不同地域之间发展的不均衡。主要体现在城乡发展的不均衡上，位于城区的少数民族自治区级公共图书馆事业发展较快，而广大少数民族地区的农村、牧区以及边远山区公共图书馆事业发展极为落后。经济发展水平是公共图书馆事业发展的根本制约因素，除此之外，观念的落后、人才的稀缺以及当地政府对公共图书馆事业建设的重视程度也是导致不平衡的不可忽视因素。

---

① 王章留、习谏等：《区域经济协调发展论》，河南人民出版社2006年版，第16页。

二、政府财政支持的不断强化

不断强化财政支持，是少数民族地区公共图书馆事业发展的根本保证。国民经济的稳步增长为少数民族地区公共图书馆发展提供了坚实的经济基础。改革开放以前，少数民族地区在较为封闭的社会体制下，经济发展水平较为被动和落后，公共图书馆事业发展能力十分薄弱。党的十一届三中全会召开以后，基于少数民族地区经济发展水平总体落后的现实，考虑到少数民族地区自身发展能力的不足，政府实施了差别化的财政政策对民族地区进行强有力的扶持和帮助，以促进区域发展平衡。为了实现各民族共同团结奋斗、共同繁荣发展的目标，中央政府通过一般性财政转移支付、专项财政转移支付、民族优惠政策财政转移，以提高投资比重和政策性银行贷款比重等财政政策来调节财政资金的分配，以提升民族地区的公共财政供给能力，促进基本公共服务的均等化[①]。

20世纪70年代以来，政府设立了支援不发达地区发展资金、边疆建设专项补助、边境建设专项补助投资、边疆建设事业补助费、边境事业补助费等专项补助基金，用以资助民族地区各项事业的发展。从1980年起，中央财政对西藏、新疆、内蒙古、广西、宁夏等5个自治区以及云南、贵州、青海3个多民族省份实行财政递增10%的定额补助制度[②]。1994年，国家实施分税制财政管理体制改革，政府通过一般性财政转移支付、专项财政转移支付、民族优惠政策财政转移支付等方式，进一步加大对民族地区的财政转移支付力度，以支持民族地区经济、教育、卫生、社会保障等领域的发展。1995年，政府在开始实施的过渡期转移支付办法中特增设了民族地区政策性转移

---

① 郭喜、黄恒学：《基本公共服务均等化的民族地区公共产品供给》，载《山西大学学报（哲学社会科学版）》2011年第1期，第115～120页。
② 郭喜、黄恒学：《基本公共服务均等化的民族地区公共产品供给》，载《山西大学学报（哲学社会科学版）》2011年第1期，第117页。

内容，其额度随国家财力的增加而不断增加①。从 1994 年到 2006 年，中央对地方转移支付的规模从 461 亿元增加到 9144 亿元，扩大了 18.8 倍，其中大部分投向西部和中部地区。2006 年，中央对地方财政转移支付占地方财政支出总额的比例，在西部地区达到 52.5%。② 世纪之交，在对民族问题进行正确认识和科学分析的基础上，为进一步加快少数民族地区经济社会发展，缩小东西部地区发展差距，实现东西部共同富裕，党中央审时度势地做出了西部大开发战略。21 世纪以来，随着西部大开发和国家产业结构调整的推进，少数民族地区的经济发展水平得到较大提升。民族地区 GDP 的平均增长速度快于全国平均速度，也快于东部地区平均发展速度。2005—2011 年，民族地区生产总值的年均增速为 13.6%，比全国平均增速提高 0.9 个百分点，比东部地区高 1 个百分点，人均 GDP 增长了 1.94 倍，地方财政收入增长了 3.01 倍，全社会固定资产投资增长了 2.95 倍。③

进入全面建设社会主义小康社会的新时期以来，在促进中华民族文化大发展大繁荣的背景下，国家将少数民族地区发展纳入国家发展总体规划当中，在制定的各项重要法规、文件以及工作计划中都强调了对少数民族地区的财政支持。《少数民族事业"十一五"规划》要求："中央和地方财政要加大对少数民族事业的支持，要按照基本公共服务均等化的原则，逐步加大对民族自治地方财政转移支付力度。"④ 2014 年，文化体制改革在统筹构建现代公共文化服务体系中，要求"积极开展流动服务、数字文化服务，通过增加专项资金、转移支付等手段，增加对中西部地区、少数民族地区、边疆地区文化设施建设和文化惠民工程的专项补助，促进公共文化资源在区域和城乡

---

① 郭喜、黄恒学：《基本公共服务均等化的民族地区公共产品供给》，载《山西大学学报（哲学社会科学版）》2011 年第 1 期，第 117 页。
② 《以科学发展观为指导，推动少数民族文化加快发展》，见金星华，张晓明，兰智奇《中国少数民族文化发展报告（2008）》，北京民族出版社 2009 年版。
③ 牛志南：《又快又好，看民族地区经济跨越式发展——访国家民委经济发展司司长乐长虹》，载《中国民族》2012 年第 10 期。
④ 《少数民族事业"十一五"规划》，人民出版社 2007 年版，第 21 页。

之间的合理配置"[①]。经济实力是图书馆存在和发展的物质基础[②]，中央对少数民族经济社会发展的财政支持不断强化，增强了少数民族地区的发展能力，少数民族地区经济发展水平的提高，为公共图书馆事业的发展提供了坚实的物质保证。

三、社会职能不断完善和深化

社会需求是公共图书馆产生的根本原因，也是不断重塑公共图书馆社会职能的主导因素。改革开放以来，随着少数民族地区经济社会的发展，少数民族地区民众对信息的需求在不断发生变化，在不断探索如何满足日益增长的读者需求中，少数民族地区公共图书馆的社会职能得到不断完善和深化。

20 世纪 80 年代，为更好地适应现代化建设的需要，更好满足开发边疆民族地区的需要，少数民族地区公共图书馆被视为开发智力的重要方面，少数民族地区公共图书馆以"为少数民族地区经济建设和科研服务""为两个文明建设服务"为主题，主要体现在开发智力资源的基本职能上。20 世纪 90 年代，为适应社会主义市场经济建设的需要，为满足少数民族地区经济社会发展的需要，少数民族地区公共图书馆以经济建设为中心，在商品经济的冲击以及政府政策的诱导下，产生了对公共图书馆核心价值认知的偏差，导致功利主义思想的有偿服务的发生。这一时期，少数民族地区公共图书馆的社会职能尚未得到充分体现。21 世纪以来，随着少数民族民众信息需求的日益多元化，少数民族地区公共图书馆社会职能得到不断完善和深化，主要体现在如下几个方面：①在当今构建公共文化服务体系的背景下，少数民族地区公共图书馆以满足广大少数民族和民族地区民众的基本文化需求、保障少数民族基本文化权益为出发点和落脚点，成为少数民族文化权利保障的一项制度安排；②在新时期推动社会主义大发展

---

① 文化部文化体制改革领导小组：《〈2014 年文化系统体制改革工作要点〉及其〈分工实施方案〉》，见政府信息公开网（http://zwgk.mcprc.gov.cn/auto255/201404/t20140409_30282.html）。

② 吴慰慈、董焱：《图书馆学概论》，北京图书馆出版社 2002 年版，第 67 页。

大繁荣的背景下，保存人类文化的社会基本职能更为凸显，保存与传承少数民族文化遗产成为当今少数民族地区公共图书馆的主题；③在当今加快贫困地区发展的社会背景下，少数民族地区公共图书馆承担着实现"文化脱贫"的重要职责，对于少数民族和民族地区群众的社会教育职能日益突出。总之，21世纪，传统图书馆的功能由藏用并蓄向信息传递、知识传递方向发展，现代公共图书馆功能更加多元化，兼具知识中心、教育中心和文化中心的功能。① 少数民族地区公共图书馆社会职能也逐渐转向集知识获取、自我教育、文化体验、休闲娱乐为一体。

四、权利意识不断觉醒

少数民族地区公共图书馆界对于权利的理解和认识是一个意识不断觉醒的过程。20世纪80年代，对于刚刚步入改革开放的少数民族地区公共图书馆来说，在长期的阶级统治压制以及传统思想的束缚下，"权利"是个几近陌生的词汇。少数民族地区公共图书馆更为追求的是为少数民族地区经济建设所做出的外在贡献，服务方式以以书为本，难以从人本角度出发审视人所拥有的权利。20世纪90年代，社会主义市场经济体制下的少数民族地区公共图书馆出现了追求经济效益的倾向，受经济利益的驱使，公共图书馆精神一度处于迷失状态。这时，"以人为本"的人文关怀难以冲破"以经济为本"的非理性思维，图书馆权利游离在有偿服务之外。

进入21世纪，随着民主进程的加快，少数民族地区公共图书馆权利意识不断觉醒。这种觉醒意识主要体现在两个方面：一是图书馆权利意识的觉醒。新世纪以来，我国图书馆界在对公共图书馆精神的不断审视和追求上，通过对20世纪90年代整体非理性的反思，从人本思想出发，认为人人享有自由平等利用信息自由的权利，从而确立了图书馆权利思想。图书馆权利以平等、自由、免费利用图书馆为主

---

① 冯云、杨玉麟：《近十年来中国公共图书馆事业发展的特征及存在问题》，载《图书与情报》2010年第2期，第41~44页。

要内容,强调对弱势群体的人文关怀。在此基础上,新世纪公共图书馆服务以保障公民文化权利为根本,更加强调全民共享。正如2008年10月28日由中国图书馆学会通过的《图书馆服务宣言》开篇所提到的:"现代图书馆秉承对全社会开放的理念,承担实现和保障公民文化权利、缩小社会信息鸿沟的使命。中国图书馆人经过不懈的追求与努力,逐步确立了对社会普遍开放、平等服务、以人为本的基本原则。"① 二是少数民族文化权利的觉醒。对于少数民族文化权利的关注起因于新世纪以来我国人权事业的崛起。在国际国内社会形势不断发展变化的形势下,少数民族权利事关民族团结和社会稳定,对于少数民族权利的保护不仅成为民主国家的主要衡量标准,而且成为当前我国全面建设社会主义小康社会的重要保证。少数民族文化权利不仅与少数民族自身发展息息相关,并且也是参与当前社会民主进程的重要途径。当前,少数民族文化权利已经成为我国人权事业的基本内容,在国家经济建设不断取得快速发展的同时,少数民族地区发展所凸显出来的各种问题成为关注的焦点,对于少数民族文化权利的保障是解决当前民族问题的关键。因此,在全国公共图书馆权利运动的触发下,在当前对少数民族文化权利的不断重视下,少数民族地区公共图书馆权利意识不断觉醒。

第三节 少数民族地区公共图书馆事业发展的基本经验

回顾少数民族地区公共图书馆事业发展的历史进程,我们不难看到,党的十一届三中全会召开以来,少数民族地区公共图书馆事业经历了从"文革"时期造成的破坏恢复到缓慢发展,由社会主义市场经济确立时期进入快速发展阶段,再到新世纪以来的全面发展,其发

---

① 《图书馆服务宣言》,载《中国图书馆学报》2008年第6期,第5页。

展不仅受到社会政治、经济、文化、科技发展的影响,与全国图书馆事业的整体推进也密不可分。总结改革开放以来少数民族地区公共图书馆事业发展的历史经验,对于正确认识当前少数民族地区公共图书馆发展所存在的问题,制定未来发展战略与规划有着重要的理论和现实意义。通过对少数民族地区公共图书馆事业发展成就的总结以及对失败教训的综合分析,笔者认为,其发展的基本历史经验主要有以下几点。

一、"平等"发展要求下国家倾斜与扶持政策是发展的重要保证

作为社会教育、文化系统中的一个子系统,图书馆事业的发展不可避免地受到社会意识形态和国家政治体系结构的影响。中国是个多民族的统一国家,因此,民族问题始终是摆在社会发展面前的重要课题。党的十一届三中全会召开以来,随着新型民族关系的确立,党中央始终坚守"各民族共同团结奋斗、共同繁荣发展"的基本立场,准确分析民族工作的发展形势与问题,有针对性地及时制定并实施了适应不同发展阶段的民族政策,使少数民族和民族地区的经济、文化、教育与科技等各项社会事业取得了举世瞩目的伟大成就。随着经济的加速发展和国家综合实力的增强,党中央和政府始终将少数民族文化事业作为民族工作的重要内容,特别是对图书馆事业的发展给予了极大的重视与支持。从1983年全国民族地区图书馆工作座谈会的召开,到1984年文化部、国家民委《关于加强和改善少数民族地区图书馆工作的意见》的颁布,再到1992年,"边疆文化长廊"的实施以及文化设施、人才培养、对外交流项目的"三优先"政策的出台,以及进入新世纪以来,少数民族事业"十一五""十二五"规划的制定,2000年国家出台的《关于进一步加强少数民族文化工作的意见》与2009年的《关于进一步繁荣发展少数民族文化事业的若干意见》;从世纪之交西部大开发战略的实施与兴边富民行动的开展,再到2011年"春雨工程"的开展,2017年《"十三五"促进民族地区和人口较少民族发展规划的通知》《兴边富民行动"十三五"规划

的通知》等文件的相继印发，这些旨在加快少数民族和民族地区社会发展的政策，尤其是旨在加强少数民族文化事业发展的政策，均不同程度地涉及对少数民族地区图书馆建设与发展的内容，这些宏观和中观的政策都对少数民族地区公共图书馆事业的建设与发展进行了指导，产生了积极的影响。不管是国家制定的各项社会发展规划和大政方针，还是实施的各项重大文化战略工程，都注重向少数民族地区倾斜，强调对少数民族地区的扶持与帮助。1999年财政部、文化部出台的《全国文化设施维修专项补助经费和全国万里边疆文化长廊专项补助经费管理办法》规定万里边疆文化长廊专项经费限用于补助包括广西、云南、西藏、新疆、甘肃、内蒙古等在内的18个地区①。少数民族事业"十二五"规划明确规定："全国地市级公共文化设施建设规划、全国文化信息资源共享工程、公共电子阅览室建设计划、数字图书馆推广工程、公共图书馆文化馆免费开放计划、农家书屋建设工程等，向民族地区倾斜。"② 这为少数民族地区公共图书馆事业发展提供了政策保障。因此，历史经验证明，符合历史发展规律的民族政策将对少数民族地区公共图书馆事业建设产生积极的影响。"各民族共同团结奋斗，共同繁荣发展"体现了社会主义的本质，不仅是现阶段民族工作的主题，也将是少数民族地区公共图书馆事业发展的主题。

二、少数民族文化传承与保护的价值追求

保存人类文化遗产是公共图书馆最基本的社会使命。从文化的角度来看，图书馆最重要的价值不仅体现于它所珍藏的文化典籍，更在于这些文化典籍所呈现出来的人类发展史，以及从古至今文化发展的

---

① 《全国文化设施维修专项补助经费和全国万里边疆文化长廊专项补助经费管理办法》，见法律快车网（http://law.lawtime.cn/d456922462016.html）。

② 中国社会科学院人口与劳动经济研究所：《中国人口年鉴（2013）》，中国社会科学出版社2014年版，第38页。

历史脉络①。相较于普通意义上的公共图书馆,少数民族地区公共图书馆的社会使命具有一定的特殊性,这种特殊性由少数民族地区公共图书馆的"民族"性质所决定,承担着少数民族文化传承与保护的社会使命。虽然收集与保存人类一切的文明成果是所有公共图书馆的职责所在,其他公共图书馆也会收集与保存少数民族文化遗产,但是这种职责在少数民族地区公共图书馆中表现得尤为突出。少数民族地区公共图书馆服务的对象主要为少数民族和民族地区民众,由于民族意识、宗教信仰和生活习惯等方面的原因,他们对少数民族文化的需求更为强烈。少数民族地区公共图书馆的价值正是体现在对少数民族文化记忆的收集与保存,体现在对少数民族文化的延续与传承。因此,为了更好地满足少数民族和民族地区民众的文化信息需求,就需要提供与少数民族地区民众需求相契合的具有民族特色的文化服务与产品,而收集、保存与整理少数民族文化遗产资源,正是实现满足用户需求的基础。从某种意义上说,收集与保存少数民族文化遗产是少数民族地区公共图书馆的本职所在,也是少数民族地区公共图书馆区别于其他类型公共图书馆的重要标志之一。因此,对少数民族文化的传承与保护,是少数民族地区公共图书馆的价值彰显,也是少数民族地区公共图书馆的立命之本。

基于以上,少数民族地区公共图书馆事业发展史也是一部少数民族文化保护与传承的发展史。"文革"时期,在阶级斗争背景下,少数民族地区公共图书馆被认为是"搞民族分裂的工具",大量的少数民族古籍被没收或销毁,少数民族地区公共图书馆对少数民族文化保存变得有心无力,保存与保护少数民族文化遗产的社会职能被抑制,社会价值难以彰显。1978年,党的十一届三中全会召开以后,随着改革开放政策的实施,社会政治环境较为宽松,特别是新型民族关系的确立,国家加强了对少数民族文献收集与保护工作的重视,在全国范围内全面展开了对少数民族古籍的抢救与保护工作。20世纪80年

---

① 冯云、孔繁秀、杨玉麟等:《西藏高校图书馆参与藏族非物质文化遗产的保护与传承探析》,载《新世纪图书馆》2013年第8期,第25~28页。

代，少数民族地区公共图书馆加强了对民族文献的收集、整理、保护工作，不仅编制了少数民族古籍目录，并且对一些珍贵古籍进行修复，采用缩微、影印等技术对民族古籍进行抢救性保护。20世纪90年代，随着信息技术的发展，少数民族地区公共图书馆开始注重运用现代化技术对少数民族文化进行传承与保护，开始对民族古籍进行数字化编目，深化了少数民族文化传承与保护的职能。进入新世纪以来，随着数字化技术、网络技术的发展，少数民族地区公共图书馆开始向数字化方向转型，利用数字化手段对少数民族文化遗产进行了有效保护。各少数民族地区公共图书馆依据馆藏文献资源的民族特色，自建了具有浓郁少数民族文化特色的数据库，开发了少数民族文化共享与管理的平台。这一时期不仅注重对少数民族文化的保存，更加注重对少数民族文化的共享与传播。新世纪以来，面临文化遗产保护工作的新形势，非物质文化遗产保护正式被提升到国家文化发展的战略高度，强调要对少数民族特色文化进行保护。少数民族地区公共图书馆以一种文化自觉积极投入到少数民族非物质文化遗产的保护当中，除了对传统静态纸质的民族文献、实物进行积极抢救之外，还通过录音、录像、摄影等方式开始对活态的非物质文化遗产进行抢救性保护。纵观改革开放以来少数民族地区公共图书馆事业发展的历程，从注重收藏到注重利用，从注重保护到宣传推广与传承，少数民族文化的传承与保护功能随着社会实践的发展不断得到扩展和深化，延续与发展人类文明的社会价值得到进一步彰显。历史证明，只有以一种文化担当，自觉投入到少数民族文化的传承与保护当中，才能彰显少数民族地区公共图书馆的价值，才能激发少数民族地区公共图书馆事业发展的活力。

三、理念是引领发展的关键

作为社会文化子系统之一的图书馆，其服务理念既是社会文明发展程度的反映，反过来也会影响社会文明的进程。少数民族地区公共图书馆的服务理念受到其所处的社会主流意识形态的影响，这种影响因素既来自于国家不同时期民族工作重心与主题的转变，更来自于图书馆事业整体发展语境下的公共图书馆理念，这些理念始终对少数民族地区公共图书馆事业的发展起着导向作用。公共图书馆的社会价值集中体现于自由与平等①，具体表现为公开、公共与免费。对公共图书馆价值的不同认识会导致不同的理念，符合公共图书馆价值的正确理念能促进公共图书馆事业的发展，而与公共图书馆价值相悖的理念则会阻碍公共图书馆事业的发展。20世纪50—60年代以及"文化大革命"时期，由于受到苏联图书馆学的影响，公共图书馆成为阶级斗争的工具，不再是民众学习、终身学习的教育机构，偏离了公共图书馆的本质②。1978年党的十一届三中全会召开以后，图书馆不再是阶级斗争的工具，而成为百废待兴时期为生产、科研和经济建设服务的机构。这一时期提出"两个服务"口号，一是为人民大众服务，二是为生产科研服务。但值得注意的是，这一时期的服务理念和公共图书馆价值有一定区别。一是"文革"结束后所指的"人民"带有阶级性，是相对于阶级敌人的对立面而提出来的，并不包括所有的民众；二是为生产科研服务，图书馆在服务过程中有意识地确定了服务重心和重点服务对象，对科研人员开展区别服务，而弱化了对其他读者的服务，这其实与公共图书馆所追求的公平、平等价值存在着一定程度的差距。然而不得不提的是，在20世纪80年代至90年代，由于经济过热，书价上涨，特别是在市场经济利益驱使之下，有偿服务开始在图书馆行业盛行，少数民族地区公共图书馆事业随同全国图书馆事业整体陷入非理性，偏离了对公共图书馆价值追求的轨道。21世纪是图书馆权利的时代，为少数民族地区公共图书馆服务转型提供了新的机遇。随着我国图书馆事业发展正式进入权利时代，对图书馆权利、图书馆精神、图书馆价值的探讨，使得以追求公共、公开、共享、免费、以人为本的现代公共图书馆服务理念重新得到回归。进入新世纪以来，民主权利深入人心，我国整体文化治理语境更加注重对

---

① 程焕文：《图书馆的价值与使命》，载《图书馆杂志》2013年第3期，第4～8页。

② 刘锦山、程焕文：《用理念引领发展》，载《高校图书馆工作》2012年第6期，第7～11页。

公民权利的保障，实施了覆盖全社会的公共文化服务体系战略工程，以"普遍均等、惠及全民"为原则，旨在保障公民基本文化权益。随着全国文化信息资源共享工程的不断推进，使"共享"观念深入人心，有效地带动了少数民族地区公共图书馆文献信息资源的建设，使广大少数民族和民族地区民众共享更多的文化资源与服务。全国美术馆、公共图书馆、文化馆（站）"三馆"免费开放政策的实施，使公共图书馆的免费本质上升为国家意志，标志着少数民族地区公共图书馆事业免费开放时代的到来。总体来讲，新世纪以来，少数民族地区公共图书馆在公平、公开、免费、共享等公共图书馆理念的引导下，在基础设施布局、资源、服务以及数字化建设等方面均取得了一定的成效，在少数民族和民族地区民众基本文化权益方面发挥了基础性的保障作用。纵观改革开放40年来少数民族地区公共图书馆事业发展的历史进程，公共图书馆理念是引导少数民族地区公共图书馆事业发展的关键因素，少数民族地区公共图书馆作为我国图书馆系统中的特殊类型，公共图书馆总体发展语境对其发展产生了从理念到实践的影响。

四、技术是发展的推动力

纵观图书馆的发展历史，从机读目录（MARC）到图书馆集成管理系统，从只读光盘（CD-ROM）到资源数字化，从条码到射频识别（RFID），从自动化图书馆到数字图书馆，从移动图书馆到智能图书馆，图书馆的每一次重大进步，都离不开信息技术的驱动[①]。因此，从某种意义上说，技术史是窥探图书馆发展规律的一面镜子。技术不仅对信息资源类型与组织方式进行着改变，而且也在一定程度上影响着业界对图书馆服务理念的理解，以及管理体制的重组与变革。少数民族地区公共图书馆事业的发展既离不开公共图书馆理念的先导，也离不开现代信息技术的推动。20世纪70年代，少数民族地区

---

① 李广建：《技术史是窥见图书馆发展规律的一面镜子》，载《图书馆论坛》2016年第5期，第1页。

公共图书馆大部分处于手工操作阶段，文献整理以卡片式目录为主要方式。20世纪80年代，随着自动化技术在我国图书馆领域的广泛应用，一些发展基础较好的少数民族地区公共图书馆也积极投入到自动化实践当中，对少数民族文献自动化管理系统进行研制与开发。20世纪90年代，在数字化图书馆建设浪潮的席卷之下，少数民族地区公共图书馆也开始了数字化的尝试，积极引进电子计算机设备，并尝试加入互联网。进入21世纪以来，信息技术日新月异的发展，Web2.0、云计算、电子阅读器、（RFID）无线射频标签、移动网络、数字电视之类新媒体技术及微服务、混搭拓展、关联数据的信息技术新名词层出不穷[1]，这些技术在图书馆领域中得到应用和尝试，使图书馆服务得到不断的升级。面对现代信息技术带来的挑战与机遇，少数民族地区公共图书馆对新技术进行了积极的尝试，依托现代信息技术，提升自主创新的能力，探索出许多成功的创新服务方式，如内蒙古自治区图书馆利用云技术打造了"彩云服务"和"数字文化进蒙古包"工程等，在少数民族民众基本文化权益保障中发挥了更大的作用。改革开放以来，少数民族地区公共图书馆事业发展的历程证明，技术是推动图书馆事业发展的重要因素。因此，要加快少数民族地区公共图书馆事业的发展，技术是不可忽视的关键因素。

五、外部援助与自力更生相结合是发展的根本途径

由于自然、地理、历史、观念意识等多种因素的制约，人力、物力、财力等社会资源相对较为紧缺，导致我国少数民族地区先天发展能力的孱弱。我国民族问题虽然复杂多样，但从根本上表现为少数民族和民族地区迫切要求加快经济文化发展与自我发展能力不足的矛盾[2]，这是我国民族问题的本质。从这一本质出发，"各民族共同团结奋斗、共同繁荣发展"成为我国民族工作的主题。少数民族地区

---

[1] 朱强、孙卫、赵亮等：《以开放的心态迎接新的信息技术——2009年信息技术在图书馆的应用》，载《中国图书馆学报》2010年第3期，第77～78页。

[2] 郝时远、王希恩：《中国民族发展报告（2001—2006）》，社会科学文献出版社2006年版，第4页。

公共图书馆事业作为少数民族文化事业的重要组成部分，也是民族工作的重要内容，因此，"各民族共同团结奋斗、共同繁荣发展"也是少数民族地区公共图书馆事业发展的主题，在少数民族地区公共图书馆事业发展中具体表现为外部援助与自力更生相结合。

外部援助是少数民族地区公共图书馆事业发展的助推力，通常表现为经济发达省市地区对经济不发达的少数民族地区图书馆事业建设的援助。对口支援是外部援助的主要形式，通过经济发达地区对少数民族地区施以人力、物力、财力各方面的支援，为少数民族地区公共图书馆事业提供了发展的助力。改革开放最初几年，为了尽快消除历史上遗留下来的事实不平等，党中央做出了由经济发达省、市对口支援少数民族地区的指示，经济发达地区对少数民族地区公共图书馆的援助内容主要以公共图书馆基础设施的援建以及藏书的捐赠为主，这部分捐赠图书成为藏书严重不足的少数民族地区公共图书馆藏书发展的主要来源。20 世纪 80 年代，国家对少数民族地区图书馆事业建设给予充分重视，要求实行对口支援、智力支边，以此改变少数民族地区图书馆事业落后的局面，并明确指示北京、天津、上海、南京、西安 5 市与西藏、内蒙古、新疆、广西、宁夏地区尚无图书馆的 263 个县（旗）建立对口支援关系，向这些民族地区捐赠图书，并成立了中央捐赠图书领导小组和对应的地方领导小组[①]。20 世纪 90 年代，外部援助以技术支持为主。随着现代信息技术在图书馆的应用，加快少数民族地区信息化、网络化发展成为紧迫的问题，但由于少数民族地区技术设备落后，人才奇缺，经济发达地区不仅向少数民族地区捐赠现代计算机设备，并且给予技术及人才上的支持，进行计算机业务指导和协作，从而推动了少数民族地区公共图书馆的信息化、自动化建设。进入 21 世纪，外部援助以现代公共图书馆的理念输入为主。西部大开发战略实施以来，国家进一步要求动员社会各方面力量，加强经济发达地区对少数民族地区特别是贫困少数民族地区的支援力

---

① 李久琦：《民族图书馆事业的现状、特色与展望》，见辛希孟主编《中国图书情报工作文库（第 5 卷）》，中央编译出版社 1996 年版，第 5876 页。

度，带动少数民族地区经济文化社会快速发展，对口支援的内容更加丰富，形式日趋多样，少数民族地区在资金、人才、技术上得到了更多的援助，在图书馆员培训和教育上得到了更多的支持。此外，进入新世纪以来，党中央对民族地区发展给予了更多的支持，通过培育非营利文化组织，注重依靠发挥全体人民的智慧帮扶少数民族地区发展。新世纪以来的"春雨工程""三区"人才计划、图书馆志愿者行动激发了社会力量参与民族地区图书馆事业建设的积极性与能动性，成为少数民族地区公共图书馆事业发展的重要补充力量。志愿文化帮扶不仅给少数民族地区打开了瞭望现代图书馆事业发展的窗口，更为重要的是使现代公共图书馆理念在少数民族地区得以传播。

除了外部援助之外，少数民族地区公共图书馆事业的发展也离不开少数民族地区的自力更生。改革开放以来，随着少数民族地区经济社会的发展，少数民族和民族地区民众对文化信息的需求不断增长，少数民族地区发展公共图书馆事业的愿望和诉求日益强烈，由此激发了自身发展的动力。首先，在国家的扶持和帮助下，少数民族地区地方政府对图书馆事业建设的重视程度有所提升。改革开放以后，各级公共图书馆得到新建或扩建，公共图书馆基础设施得到加强。其次，在文献信息资源建设方面，以收集民族文献和地方文献为己任，并自建和开发了具有民族文化特色的数据库，重视对少数民族古籍文献的搜集与保护，加强对少数民族地区非物质文化遗产的保护，自觉承担起保存与传承少数民族传统文化的职能。再次，在图书馆业务管理方面，主动探索适合本民族特点的业务管理方式，不仅编制了少数民族文献编目和分类的方法，并且开发了少数民族语言环境下的图书馆自动化管理系统。最后，在学术研究和交流方面，成立了民族图书馆专业委员会，成立少数民族地区图书馆学会组织，编译具有民族特色和地方特色的图书馆学期刊，并加强对少数民族图书馆学的研究，积极促进对外合作与交流。以上均显示了少数民族地区公共图书馆事业发展自力更生的精神。历史经验证明，只有坚持外部援助与自力更生相结合，才能不断加快少数民族地区公共图书馆事业的发展。

第四节　少数民族地区公共图书馆事业发展所存在的问题

在党中央和各级地方政府对民族地区图书馆事业发展的重视之下，经过少数民族和各族图书馆人的共同努力，改革开放40年使我国少数民族地区公共图书馆事业取得了前所未有的发展成就。随着全国范围内公共服务均等化，实施新一轮西部大开发、兴边富民行动以及扶持人口较少民族发展等旨在加快民族地区实现跨越式发展政策的实施，必将加快少数民族地区公共图书馆事业的建设与发展。而现代公共图书馆理念的传播，则进一步提升了少数民族地区公共图书馆服务水平以及保障少数民族及少数民族地区民众公共文化权益的效能，使少数民族和少数民族地区民众进一步享受到社会发展所带来的文化福祉，使少数民族地区公共图书馆价值在新的社会语境下有了新的内涵。尽管改革开放40年我国少数民族地区公共图书馆事业发展取得了长足的进步，但与全国公共图书馆事业发展总体水平相比，与东部沿海经济发达地区公共图书馆事业发展水平相比，还存在着较大的差距。少数民族地区公共图书馆事业取得了显著的进步，但同时还遗留一些需要解决的问题，主要体现在以下几个方面。

一、整体发展水平有待提高

改革开放以来，少数民族和各民族一起艰苦奋斗，共同开拓了少数民族地区公共图书馆事业发展的新局面，少数民族地区公共图书馆事业有了很大的进步，但是从其整体发展水平来看，仍然落后于经济发达地区图书馆的事业发展水平。由于民族地区公共图书馆事业起点低、基础差，各少数民族地区之间资源、文化禀赋的差异也导致了不同民族地区之间图书馆发展水平参差不齐。发展基础较好的少数民族自治区公共图书馆，如内蒙古图书馆、广西图书馆等大型公共图书馆公共文化服务水平已经有了显著提升，但是对于基层公共图书馆来说，特别是位于西部和边疆的贫困少数民族地区，公共图书馆事业极为落后。究其原因，除了自然条件、历史等客观条件制约之外，其中很大一部分原因来自思想意识的落后。长期以来对图书馆发展的意识淡薄，对图书馆事业建设的重视度不够，尚未充分认识到图书馆在保障民众文化权益中的重要性，图书馆权利意识较为淡薄。以西藏自治区为例，长期以来盛行佛教寺庙文化，主要以寺庙藏书（经）为主，知识权力大多掌握在统治政权的贵族阶级手上，广大平民多处于文盲或半文盲状态。随着西藏的和平解放，直到1951年才有了第一所图书室，即中国人民解放军第18军进藏干部藏文培训班资料室，后改为西藏工委宣传部图书馆，西藏才有了第一所以"图书馆"命名的藏书机构①。直到2007年，全藏区也只有3所图书馆，西藏自治区图书馆、西藏大学图书馆和西藏藏医学院图书馆，具有公共图书馆性质的只有1996年在拉萨市建立的西藏自治区图书馆②，这一时期尚无县级图书馆。由于受到传统意识和宗教信仰的影响，许多当地藏民对图书馆十分陌生，相当一部分牧民不知道图书馆究竟为何物，更谈不上对图书馆的合理利用。这从侧面反映出了存在的问题：一是民族地区文化主管部门对图书馆建设不够重视，尚未深刻意识到图书馆在提升民众科学文化素质中的重要性，以及图书馆在文化脱贫中所发挥的重要作用；二是少数民族特别是贫困地区民众由于缺乏正确的引导和认识，对图书馆的意识淡薄，造成了这些民族地区图书馆事业的落后，难以发挥保障少数民族和民族地区民众基本文化权益的作用。

二、法制保障有待健全

近年来，我国文化领域和公共图书馆发展取得了重大的立法突破。2016年11月，《中华人民共和国公共文化服务保障法》正式颁

---

① 中国民族图书馆：《中国少数民族图书馆概况》，北京民族出版社1989年版，第200页。

② 崔光弼：《中国民族地区图书馆调查》，辽宁民族出版社2007年版，第503～507页。

布,这是文化领域一部具有"四梁八柱"性质的重要法律,首次以法律的形式明确了各级人民政府是承担公共文化服务工作的责任主体,规定了政府在公共文化设施建设和公共文化服务组织、管理、提供、保障中的职责。2017年11月,公共图书馆法草案提交全国人大常委会第一次审议,并于2018年1月1日起施行。这是继党的十九大之后出台的第一部文化方面的法律,也是继公共文化服务保障法之后文化领域出台的又一部重要的法律。该部法律对接公共文化服务保障法的要求,确定了公共图书馆的基本原则和目标方向,构筑了公共图书馆的制度体系,充实完善了文化法律制度的内容,弥补了我国文化立法的短板,为促进图书馆事业发展、建设社会主义文化强国提供了强有力的法律支撑。在已有国家出台的公共图书馆政策文件中,虽然偶尔涉及对少数民族地区公共图书馆发展的扶持,然而在各种类型的立法当中,只是体现出对少数民族地区公共图书馆发展的救助与扶持,并没有对少数民族地区公共图书馆事业发展的专门立法。这说明目前少数民族地区公共图书馆事业发展尚未从法制化角度予以重视,从而阻碍了少数民族地区公共图书馆事业的整体性推进。虽然我国部分少数民族自治区和多民族省份已相继出台了一些公共图书馆管理条例和办法,如《广西壮族自治区公共图书馆管理办法》(2000年)、《内蒙古自治区公共图书馆管理条例》(2000年)、《乌鲁木齐市公共图书馆管理办法》(2008年)、《四川省公共图书馆条例》(2013年)等。2011年5月,新疆维吾尔自治区文化厅开始启动了《新疆维吾尔自治区公共图书馆管理条例》立法相关工作[①]。以上公共图书馆条例和办法就公共图书馆的界定、经费投入与保障、馆舍条件、文献信息资源建设、图书馆服务与读者权利等内容进行了明确和规范,为少

---

① 国家图书馆:《中国图书馆事业发展报告:蓝皮书》(2012卷),国家图书馆出版社2012年版,第67页。

数民族地区公共图书馆事业发展起到了良好的作用①②。但是，对于广大的民族地区来说，所出台的地方性法规数量有限，只是在公共图书馆事业比较发达的民族地区图书馆法治建设的自觉性较高，而在西藏等其他贫困民族地区公共图书馆法制建设还较为落后，说明目前在我国民族地区图书馆建设中法制化建设意识并没有普遍形成。此外，上述条例、管理和办法的法律渊源多来自地方性规章，其法律效力和权威性还存在一定的局限性，只能在特定民族地方区域范围内发挥作用，尚未上升到国家层面，难以对整个少数民族地区公共图书馆事业发展进行规范。而从民族地区公共图书馆事业建设总体来看，目前国内尚未有一部对少数民族地区公共图书馆事业进行总体战略规划的专门性法律法规出现，关于少数民族地区公共图书馆事业法律制度还处于缺失状态。总之，目前少数民族地区公共图书馆法制建设落后的现状极大地制约了少数民族地区公共图书馆事业的可持续发展。

三、经费投入相对不足

经费是制约图书馆事业发展的根本原因。公共图书馆藏书量的扩充、信息技术设备的引进以及服务平台的搭建等，都需要一定的经费作为支撑。公共图书馆发展状况取决于投入经费的多少。一般情况下，经费充足的公共图书馆在资源建设、管理以及服务方取得的成就更多，发展空间更大；而经费匮乏的公共图书馆存在着人力、物力资源的限制，有些基础业务都难以正常开展，更谈不上服务提升的空间。虽然改革开放以来，国家对少数民族地区文化事业的建设不断强化财政支持力度，通过差别化财政支持以及各项优惠政策加快少数民族地区文化事业的发展，但是从全国范围来看，少数民族地区公共图书馆经费投入还处于落后水平，并且存在财政投入与产出不协调的情况。这主要表现在以下几方面。

---

① 周勇娟：《中美公共图书馆的差距比较》，载《图书馆建设》2010年第12期，第21～25页。
② 付立宏：《我国图书馆立法成就述评》，载《图书馆》2005年第3期，第48～53页。

(一) 民族地区公共图书馆经费投入在全国处于落后水平

以 2014 年全国 31 个省区公共图书馆总支出为例,其中西藏自治区仅为 2175.1 万元,是全国公共图书馆总支出最少的地区;青海为 6876.6 万元,仅次于西藏;宁夏回族自治区为 12571.3 万元,位于全国倒数第四;贵州地区 15178.1 万元,位于全国倒数第五;新疆维吾尔自治区为 22791.8 万元,位于全国倒数第六位。而同期全国公共图书馆总支出最多的省份为广东省 118424.2 万元、上海市 92027.0 万元、浙江省 83152.4 万元、江苏省为 72936.8 万元①。以公共图书馆总支出最少的西藏自治区和最多的广东省相比较,西藏地区公共图书馆总支出仅占广东省的 1.8%。由此可见,我国西部民族地区或多民族地区与东部沿海经济发达地区存在着极为显著的差距。

(二) 投入与产出不协调

国家对少数民族地区公共文化服务体系建设的财政投入逐步增加,使得公共图书馆建设经费有所增长,但仍然存在少数民族地区公共文化服务体系投入与产出不协调的问题。其主要原因在于现行的近似于韦伯式的"官僚制度"的政府文化机构设置导致政府在文化服务过程中不得不陷入机构主义所带来的一系列体制困难,职能化的机构职能边际内寻找与公共文化服务体系中的功能叠合,也必然导致在缝隙性政府结构中形成对公共文化服务体系的某些功能的排斥或功能减值②。在显而易见的政绩追求当中,公益性的公共图书馆建设往往难以受到重视。虽然少数民族地区公共服务经费投入总量增加,但具体到公共图书馆的经费投入上则表现出紧缺和有限。与此同时,公共图书馆建设资金大部分投入到外部建筑上,缺乏足够的运行保障资

---

① 中宣部文化体制改革和发展办公室:《中国文化及相关产业统计年鉴(2015)》,中国统计出版社 2015 年版,第 179~182 页。

② 郭喜、黄恒学:《基本公共服务均等化的民族地区公共产品供给》,载《山西大学学报(哲学社会科学版)》2011 年第 1 期,第 115~120 页。

金,少数民族地区政府亦无法负担后续保障资金,由此导致公共图书馆对于馆藏的更新和服务的提升能力不足,很多基层公共图书馆设施成为摆设。

四、民族文献资源保障体系有待加强

尽管少数民族地区公共图书馆在文献信息资源建设方面取得了较为显著的成绩,如文献信息资源购置经费有不同程度的增多,文献资源总藏量逐年增加,人均拥有公共图书馆总藏量也在不断增加,文献信息资源共建共享得到加强,少数民族古籍保护工作受到重视并稳步推进。但还存在着一些缺陷,其主要的不足表现在少数民族文献信息资源保障体系构建的缺失方面。在少数民族信息资源整理与开发上,多局限于对某一少数民族语言文字或是某一学科的整理与开发,这种局限性导致少数民族地区之间的文献资源壁垒依然存在,全国范围内跨系统、跨地区的少数民族文献信息资源共建共享工作尚未全面展开,阻碍了少数民族文献信息资源整体效能的发挥。究其原因,主要是少数民族地区公共图书馆之间以及与其他少数民族文献收藏机构缺乏跨系统的合作意识。因此,当前少数民族地区公共图书馆应该转变传统观念,在加强民族文献和地方文献等特色资源建设的同时,以合作共享的思想引领少数民族文献资源建设的发展,通过文献信息资源共建共享,整合全国范围内的少数民族文献信息资源,构建少数民族文献信息资源保障体系,发挥少数民族文献信息资源的整体社会效应。

五、服务效能急需提高

少数民族由于特殊的语言习惯、宗教信仰和民族文化传统,有着特殊的阅读需求。目前,虽然随着公共文化服务体系在我国民族地区的逐步推进,少数民族地区公共图书馆有了明显的改善,但公共文化服务效能并不是很高。以人均到馆人次为例,2016年,全国平均人均到馆次为0.478次。其中,浙江省人均年到馆次为1.751次,排名全国第一,第二位至第五位依次为上海(1.724次)、江苏(0.811

次)、广东(0.758次)、福建(0.672次)。而主要民族地区,西藏仅为0.077次,为全国年到馆次数最少的地区,贵州(0.170次)位居全国倒数第二,青海(0.187次)位居全国倒数第三,新疆(0.221次)位居全国倒数第五[①]。总体上看,民族地区公共图书馆人均到馆次数普遍少于东部经济发达地区。根据全国各地区2016年对公共图书馆总流通人次的统计,我国东部地区小计为39596万次,中部小计为14718万人次,西部小计为11326万人次,西部地区明显低于东部和中部地区。西藏自治区总流通人次仅为25万人次,为全国流通人数最少的地区。其他民族地区,如内蒙古(743万人次)、新疆(529万人次)、宁夏(319万人次)也均处于全国较为落后的水平。这主要归因于大多数公共图书馆所提供的服务难以契合当地少数民族地区民众所需。由于受到宗教文化传统的影响,少数民族地区民众的宗教文化需求稳定而强烈。在西藏,很多藏族民众更愿意到藏传佛教寺院区看书而不是去公共图书馆;在新疆很多地方,由于伊斯兰教与乡村生活有着密切联系,当地民众更习惯于到清真寺去参与公共文化活动而不是去公共图书馆。如此,使民族地区已经建成的公共图书馆大多形同虚设,难以切实发挥在保障少数民族基本文化权益方面的作用。究其原因,主要是现有公共图书馆所提供的图书资料不具有民族地域特色,难以满足少数民族民众的特殊文化所需,更不能满足少数民族民众对于本民族文化传承的体验感和满足感。而根本原因在于,目前我国公共文化服务注重体系的规范化和标准化,在全国范围内所提供的是毫无差别的普遍性的公共文化产品和服务,分配到少数民族地区的公共文化资源难以契合文化异质性的少数民族群体。此外,科层制的管理体制使公共文化服务人员依靠脱离实际的经验和理性的方式来完成上级制定的考核任务,很多公共图书馆基础设施较为完备,但是后续管理不善,导致公共图书馆的服务效能较为低下。

---

① 国家图书馆研究院:《2016年全国公共图书馆基础数据概览》(内部资料),2017年版,第15页。

六、数字化进程相对缓慢

随着全国信息资源共享工程、公共电子阅览室建设计划、数字图书馆推广工程的逐步推进，少数民族地区公共图书馆数字化建设有所改善，但是，目前的数字化进程相对缓慢。根据相关统计数据，以2016年我国31个省区公共图书馆拥有计算机情况来看，西藏自治区公共图书馆共拥有1416台，属于我国计算机拥有量最少的地区；宁夏回族自治区2251台，位于倒数第4位[1]，西藏维吾尔自治区和宁夏回族自治区公共图书馆数字化仍较为落后。除此之外，少数民族地区公共图书馆自动化、网络化整体水平较低。据笔者调查，在西藏自治区，公共图书馆事业不仅起步十分缓慢，而且大多数公共图书馆都尚未实现全面的自动化、网络化管理。除了受到重庆市对口援助的昌都地区图书馆完成了数字图书馆建设之外，西藏自治区其余公共图书馆整体数字化建设较为缓慢。西藏自治区图书馆初步实现了网络化，但是在实现网络环境下的信息资源建设和业务管理方面还存在着一些不足。正在建设中的山南地区图书馆尚未完全投入使用，虽然图书馆基础设施建设已经初步完成，但是馆藏资源和信息化建设方面还处于起步阶段。那曲地区图书馆始建于2012年10月，于2014年8月竣工，预计到2016年9月正式对外开放，目前工作人员仅有1人，业务工作难以正常开展[2]。

即使是基层农家书屋也尚未完全实现数字化阅读推广。笔者走访了位于拉萨市城关区的纳金乡塔玛村，为了丰富村民的文化生活，该村支部不仅在村委会设立了农家书屋，而且在村各组便民服务站设置了小型的书屋，有效地培养了村民的阅读习惯，进一步提高了村民文化素养和法律意识。虽然农家书屋的纸质资源配备已经较为完善，但是电子资源阅读方面仍然极为欠缺。可见，目前我国民族地区特别是

---

[1] 中华人民共和国统计局：《中国统计年鉴（2017）》，中国统计出版社2017年版，第763～764页。

[2] 数据来源于2016年8月笔者对西藏地区图书馆事业发展的调研。

贫困民族地区公共图书馆，不仅计算机网络环境极为欠缺，并且缺乏网络环境下的现代图书馆自动化系统，有的图书馆业务水平甚至还停留在手工操作阶段。究其原因，一方面，由于少数民族地区地广人稀，受到地理因素的影响，使得公共图书馆在信息化、网络化的建设和实现上存在着诸多困难，网络覆盖面难以很快普及；另一方面，少数民族地区信息技术人才极为紧缺，使公共图书馆网络化、信息化的建设举步维艰。

七、队伍建设急需加强

从业人员的基本素质是提升公共图书馆服务水平、推进图书馆现代化建设的关键因素，目前，图书馆人才紧缺成为制约我国少数民族地区公共图书馆事业发展的重要瓶颈。通过国家的大力扶持以及经济发达地区对少数民族地区公共图书馆的积极援建，少数民族地区公共图书馆基础设施建设取得了良好的成效，有些少数民族地区公共图书馆基础设施极为完备，甚至超过了许多内地的图书馆，但是突出的问题则是人才的紧缺。

首先，从总体上看，少数民族地区公共图书馆从业人员总体数量相对较少。从全国范围来看，据统计，2016年东部地区811所公共图书馆从业人员总数为22722人，中部地区1139所公共图书馆从业人员总数为17343人，而西部地区1202所公共图书馆从业人员仅为15610人，西部地区从业人员总体少于东部与中部地区。从各民族地区来看，西藏自治区公共图书馆为81所，从业人员仅为189人，万人均拥有图书馆员约为0.572人；宁夏回族自治区公共图书馆为26所，万人均拥有图书馆员约为0.822人；新疆维吾尔自治区公共图书馆为107所，从业人员为1092人，万人均拥有图书馆员约为0.455人；广西壮族自治区公共图书馆为114所，从业人员为1589人，万人均拥有图书馆员约为0.328人；内蒙古自治区公共图书馆为117

所，从业人员为 1944 人，万人均拥有图书馆员约为 0.771 人①。而同期广东省公共图书馆为 142 所，从业人员高达 4360 人；江苏省公共图书馆 114 所，从业人员 3616 人②。这表明，我国少数民族地区公共图书馆从业人员数量相对不足，尤其是与东部经济发达地区相比，人员数量极其不足，人力资本投入的匮乏导致了图书馆事业发展的后劲不足。

其次，缺乏图书馆学专业人才。目前，少数民族地区公共图书馆馆员普遍学历层次较低，大多缺乏系统的图书情报学基础理论知识和专业技术，图书馆工作方面的专业性不强，导致图书馆服务缺乏深度和创新性。以西藏自治区山南图书馆为例，在湖北省的大力援建下，西藏山南图书馆已于 2016 年 4 月 23 日正式对外开放，总建筑面积达到 4700 余平方米，设有数字办刊阅览区、少儿阅览室、儿童游乐区、盲人阅览室、影像自助阅览室、公共电子阅览室、藏（汉）图书借阅室和古籍特藏室，并配备有 50 台电子计算机、2 台数字报刊阅读器以及 3 台图书目录检索机。公共电子阅览室的 50 台电脑均已链接至国家数字文化网数字资源共享中心，数字报刊阅读器可为读者提供 2000 余种数字报刊的在线阅读与免费查阅，图书目录检索机可免费查阅馆内纸质图书目录检索、图书信息、馆藏信息，以满足用户对数字化便捷阅读的需求。③ 虽然该馆在 2015 年 10 月由上级文化部分配了 4 名本科毕业生（两男两女），但是由于 1 人被派遣驻村，目前实际在岗职工仅为 3 人。为了缓解人员紧缺的局面，该馆于 2016 年 4 月招收了 4 名公益性岗位人员，但由于他们缺乏必要的图书馆学专业知识，难以满足图书馆正常业务开展所需。同样的问题也存在于西藏林芝县图书馆。林芝县图书馆属于福建省第三批援建项目之一，投资

---

① 中宣部文化体制改革和发展办公室：《中国文化及相关产业统计年鉴（2015）》，中国统计出版社 2015 年版，第 179～182 页。
② 国家图书馆研究院：《中国公共图书馆事业发展基础数据概览》，北京国家图书馆研究院 2017 年版，第 11～15 页。
③ 《西藏山南图书馆将于 4 月初开馆》，2016 年 12 月 12 日，见人民网（http://xz.people.com.cn/n2/2016/0326/c138901-28018745.html）。

700万元，建筑面积3104.4平方米，已于2005年7月1日正式向读者开放，于2015年4月23日建成电子阅览室向读者开放，并建立了西藏自治区全区第一个24小时自助图书馆。但是，目前工作人员仅有6名，其中馆长1名，书记1名，采编人员2名，数字图书馆和文化共享中心人员1名，图书馆网站维护及数字资源管理1名。由于人员紧缺，职工身兼数职，严重影响了图书馆专业服务的开展。

再次，信息技术人才极为紧缺。大部分图书馆工作人员的计算机水平较低，一般只能开展一些较为基础性的服务，对于计算机自动化系统的应用与开发，计算机设备与网络的升级与维护方面存在严重的不足；对于网络信息资源的深层次加工以及提供网络环境下的参考咨询、阅读推广等更是难以开展。

最后，人才流失严重。公共图书馆由于属于公益性服务部门，不能直接产生经济效益，因此社会大众对公共图书馆的认同度较低，公共图书馆在社会中的地位也尚未引起充分的重视，一些到图书馆的人才极易受到其他部门的诱惑，从而离开图书馆岗位，导致图书馆行业较为严重的人才流失。从全国范围来看，虽然图书馆专业人才有所增多，但由于大部分民族地区公共图书馆工资待遇和社会地位都比较低，大多数毕业生更愿意留在一线城市就业或是转行求职，回到民族地区公共图书馆就职的微乎其微。

少数民族地区公共图书馆人才紧缺，究其原因，除了受到传统观念和社会舆论等影响外，最重要的原因在于少数民族地区图书馆学专业教育的匮乏。图书馆学专业教育是图书馆人力资本的重要支撑，从全国范围来看，凡是公共图书馆事业发达的地区，图书馆学教育也较为发达；而公共图书馆事业较为落后的地区，往往公共图书馆不受重视，图书馆学也成为可有可无的专业。当前，加强民族地区图书馆学教育仍然是一件十分紧迫的任务，其必要性主要体现在以下几个方面。

第一，从中国整个图书馆学教育的地理分布来看，在数量上存在着地理分布不均衡的情况，相较于东部沿海和内地发达地区，边远民族地区图书馆学专业设置数量严重不足，民族地区图书馆学教育亟待加强。根据程焕文教授、潘燕桃教授对全国图书馆学专业设置的地理划分，主要划分为8个地理区域：北京、华北地区（天津、河北、山西、内蒙古）、东北地区（吉林、黑龙江、辽宁）、西北地区（陕西、甘肃、宁夏、青海、新疆、西藏）、华东地区（山东、江苏、浙江、福建、上海、安徽）、中南地区（河南、湖北、湖南）、华南地区（广东、广西、海南）、西南地区（重庆、四川、贵州、云南）①。从地理分布来看，目前位于中国西部和边远地带民族地区图书馆学教育相对于内地发达和东部沿海地区来说存在着较大的差距，呈现出严重不均衡的状态，华北和东北地区，特别是东部沿海地区占有绝对优势，而位于西部、东北的民族地区图书馆学教育则较为薄弱②。究其原因，主要是民族地区公共图书馆事业发展起步较晚，尤其是西部民族地区，图书馆学教育更是较为滞后，基本上是1978年初全国恢复高考后才开始创立并发展起来的。四川大学是西部民族地区成立图书馆学本科专业最早的高等院校，现已发展成为集图书馆学、档案学、信息系统与技术专业为一体的多层次、多专业的教育机构③。民族地区图书馆事业发展人才相对稀缺，以致民族地区图书馆本科专业相对滞后，更谈不上硕士、博士等高层次人才培养。我国图书馆学专业教育的地理分布，作为一个至关重要的教育发展问题，长期以来却受到严重忽视。从某种意义上说，图书馆学专业设置是衡量图书馆学专业教育体系的科学性和可持续性发展性的重要指标之一。因此，在当前的图书馆学教育规划中，应着重考虑从沿海和内地发达地区向西部以及边疆民族地区的辐射与延伸发展，使图书馆学教育资源在地理布局上得到进一步合理优化配置。

第二，少数民族地区图书馆学教育领域仍滞后于民族地区公共图

---

① 程焕文、潘燕桃、倪莉、邱蔚晴：《1999—2003年中国图书馆学教育进展》，载《大学图书馆学报》2004年第5期，第80页。
② 陈菊：《中国图书馆学教育之地区差异》，载《图书馆学研究》2005年第7期，第2页。
③ 陈菊：《中国图书馆学教育之地区差异》，载《图书馆学研究》2005年第7期，第4页。

书馆事业发展的需要,存在着专业技术人才匮乏,难以满足现实所需,难以形成民族图书馆事业发展合力的局面。目前,虽然我国民族图书馆事业发展有了很大的进步,但是民族地区图书馆学教育状况却不容乐观。相对于内地和沿海发达地区,民族地区图书馆学教育还较为落后,大多数民族地区图书馆工作者都是非图书馆学专业出身,这在一定程度上制约了民族图书馆事业的稳步推进。以西藏地区为例,在西藏所属的高等院校、图书馆与科研院所当中,尚未设立有专门的图书馆学专业本科教学。从整个民族地区来看,也仅仅只有广西民族大学、四川大学、云南大学等为数不多的几所开设或曾经有了图书馆学研究生课程。图书馆学专门教育的缺乏,不利于在民族地区形成图书馆职业精神,也制约了民族地区公共图书馆各项服务的开展。究其原因,首先,开展图书馆学专业教育的意识淡薄,图书馆学教育尚未引起足够的重视。受传统观念的影响,图书馆学被认为是"不起眼"的专业,在学科体系中极不受重视。民族地区图书馆事业本身起步就晚,而很多民族地区由于自身的封闭性,固有的传统观念较为保守,经过很长一段时间才开始接受图书馆这一"新事物",但很多民族地区更为强调经济的发展和一些可以立显成效的专业,而对文化守护工程师的图书馆员经常嗤之以鼻,导致在思想意识上的认识不足。其次,民族地区大多处于经济不发达的西部偏远和边疆地区,受地理位置和经济条件等限制,不仅人才流失严重,而且难以吸引到图书馆人才。以西藏和内蒙古地区为例,受国家政策的扶持,有的图书馆员工资水平高于内地同行,但是仍然难以吸引到足够的图书馆人才。最后,图书馆学教育发展规划缺乏科学性和前瞻性,尚未意识到对民族地区和经济欠发达地区的教育扶持与倾斜。因此,当前着力需要解决的是民族地区图书馆教育的人才供给和人才需求结构的契合问题。图书馆学教育改革应立足于现实需求,因地制宜地进行规划和布局。

八、建设主体较为单一

图书馆建设主体指保障公共图书馆建设和运行所需经费的政府、

社会团体或个人①。从传统意义上来讲，图书馆作为公益性的社会机构，其建设和正常运转主要依靠国家财政支撑。政府是图书馆的建设主体，负责图书馆机构设置、人员、文献与设备购置以及正常运营等经费的基本来源。但是，实际情况并非这样。政府由于财力有限，往往难以满足图书馆事业建设所需，因此通过吸引各种形式的社会力量作为重要的补充。②"国家办馆和社会办馆相结合"也历来成为我国图书馆事业建设的基本原则之一。目前对于民族地区来讲，公共图书馆事业建设一直被视为当地政府的职责，政府承担着对少数民族地区公共图书馆的建设与经费保障的重任，而缺乏通过多种社会力量参与公共图书馆事业建设的意识。少数民族地区落后的经济性往往使政府难以对公共图书馆事业建设提供充足的经费保障，由于受到传统观念的影响，公共图书馆事业建设本身就备受忽视，更谈不上增加经费投入。虽然吸引多种社会力量参与图书馆事业建设在近年来得到国家的充分认可与鼓励，并成为我国公共图书馆事业建设的有效补充力量，但这种形式的办馆方式在内地以及经济发达地区体现得更为明显，在少数民族地区这种办馆意识较为缺乏。从图书馆的发展历史来看，无论是西方还是中国，社会力量是近现代图书馆事业的发动机。最早的公共图书馆大多是由社会精英、社会贤达以及慈善家捐助建成，如19世纪末美国著名钢铁大王卡内基在英语世界捐建的公共图书馆多达2519座，在中国晚清时期面向公众开放的新式图书馆，如安徽安庆藏书楼（1901）、浙江绍兴古越藏书楼（1903）、湖南图书馆兼教育博物馆（1904）等，都是社会有识之士所捐建③。多元主体参与少数民族地区公共图书馆建设，一方面可以弥补少数民族地区公共图书馆事业建设经费的不足，另一方面也有利于形成建设少数民族地区公

---

① 于良芝、陆秀萍、刘亚：《公共图书馆总分馆建设的法律保障：法定建设主体及相关问题》，载《图书情报工作》2008年第7期，第6～11页。
② 冯云：《论社会援助与图书馆建设》，载《图书与情报》2011年第4期，第31～35页。
③ 王子舟：《伟大的力量来自于哪里——解读社会力量办馆助馆》，载《中国图书馆学报》2010年第3期，第26～33页。

共图书馆事业的合力,整合智力资源,改变少数民族地区公共图书馆固步自封的状况,激发事业发展与创新的活力。当前,以社会力量为代表的多元主体参与民族地区公共图书馆事业建设,对于解决少数民族地区知识贫困群体的集中以及知识文化资源供给的不足,兼具有极其重要的现实意义。

第五节 未来发展的对策与建议

随着我国民主建设进程的加快,少数民族和民族地区民众的权利是否得到切实保障,将直接影响到社会主义民主社会建设的成效。"十三五"时期是我国"全面建成小康社会的决胜阶段"[1],也是加快少数民族和民族地区经济社会发展、实现各民族共同繁荣发展的重要战略期。党的十八大报告指出:"加大对革命老区、民族地区、边疆地区、贫困地区的扶持力度。"[2] 少数民族地区属于经济文化欠发达地区,在全面建成小康社会的要求下,新时期党中央将进一步加大对民族地区的扶持力度,这将为少数民族地区公共图书馆事业发展提供新的机遇。进入新时期,我国图书馆事业向着标准化、均等化、法治化、社会化和智慧化发展不断迈进[3],对少数民族地区公共图书馆发展也提出了新的要求。随着"十三五"时期的到来,在有利的政策支持和社会环境下,少数民族地区公共图书馆事业应把握机遇,实现图书馆事业全面跨越式发展与转型。

---

[1] 中国共产党第十八届中央委员会:《第五次全体会议公报》,2016 年 12 月 12 日,见新华网(http://news.xinhuanet.com/politics/2015-10/29/c_1116983078.htm)。

[2] 胡锦涛:《坚定不移沿着中国特色社会主义道路前进为全面建成小康社会而奋斗》,2016 年 12 月 12 日,见新华网(http://www.xj.xinhuanet.com/2012-11/19/c_113722546.htm)。

[3] 王世伟:《公共图书馆"十三五"规划编制的多维度思考》,载《图书馆杂志》2014 年第 8 期,第 4~10 页。

一、因地制宜，分类指导

目前，我国少数民族地区公共图书馆事业发展缺乏可以从宏观上进行指导、协调的管理机制，使得少数民族地区公共图书馆事业建设表现出极大的随意性。虽然中国图书馆学会下设了少数民族图书馆专业委员会，但在性质上仅属于学术性组织，不能发挥任何行政效力，缺乏一个能够有效协调管理的组织机构，使少数民族图书馆事业发展陷入无序状态。因此，当前急需建立一个跨地区、跨系统的全国性指导机构或指导中心，对各级各类民族图书馆进行统一管理，协调各级各类少数民族地区公共图书馆的文化信息资源，明确各级各类少数民族地区公共图书馆信息交换、共建共享的权利和义务，为合理配置和共建共享民族地区公共图书馆文献信息资源提供制度保障①。同时，国家相关部门要根据少数民族地区公共图书馆事业发展的共性，进行统筹规划。一方面，要从协调可持续健康发展的内在要求出发，加大对民族地区图书馆事业发展的投入，并充分发挥东部地区对中西部民族地区的带动作用，进一步统筹少数民族地区城乡之间的协调发展。另一方面，也要结合不同民族地区的实际情况及民族区域自治的政治制度，建立分类指导的实施机制，以确定不同级别、不同类型、不同系统、不同规模公共图书馆的发展方向、主要任务和服务对象，以利于各级政府的宏观管理和指导②。特别是要根据不同少数民族地区的实际情况，突出民族和地域特色，协调各民族地区的特色资源建设，实现对民族地域性资源的传承与利用，加强全国民族文献资源的共建共享，构建具有民族特色的文化信息资源保障体系。

二、建立健全法制保障

党的十八大报告指出，要"更加注重发挥法治在国家治理和社

---

① 何丽、史桂玲：《民族图书馆事业现状及发展对策研究》，载《情报资料工作》2005年第2期，第65～67页。
② 杨丽芸、马学林：《论建立民族地区图书馆事业发展的实施机制》，载《图书馆理论与实践》2008年第1期，第73～74页。

会管理中的重要作用,维护国家法制统一、尊严、权威,保证人民依法享有广泛权利和自由"①。在依法治国的今天,只有将少数民族地区公共图书馆事业发展纳入法制化轨道,才能从根本上保障民族地区公共图书馆事业实现全面协调、可持续发展。正如列宁所说的:"保障少数民族权利的问题,只有在不背离平等原则的彻底的民主国家中,通过颁布全国性的法律才能解决。"② 对于少数民族地区公共图书馆事业发展也是如此。长期以来,我国在解决少数民族地区图书馆事业发展问题时采用的主要方式是政策调节,在当前依法治国背景下,将有关政策转变为法律,上升为国家强制性的意志,将会有力促进少数民族地区公共图书馆事业的发展。法律代表了全体人民的利益,具有最高的权威和最强的约束力,是调节社会关系最重要的手段,而完善的制度是图书馆事业发展的重要保障。少数民族地区公共图书馆法的诉求实质上就是对少数民族地区公共图书馆事业存在依据和发展条件的诉求。当前应围绕全球化语境下少数民族文化发展的新趋势和市场化条件下少数民族群众文化权益表达与维护的新需求,大力推动少数民族文化领域的立法工作,为少数民族文化发展提供新的政策动力。加强少数民族地区公共图书馆事业法制建设,形成民族地区公共图书馆事业发展的法律保障体系,有利于营造民族地区公共图书馆事业发展的法治环境,确立少数民族地区公共图书馆存在的合法性。

首先,少数民族地区公共图书馆立法的价值定位。价值是指"人们所利用的并表现了对人的需要的关系的物的属性"③。少数民族地区公共图书馆立法的价值定位,是指少数民族公共图书馆制度构建所力图实现的体现社会需求的目标或者需要达到的某种状态,用以解

---

① 《坚定不移沿着中国特色社会主义道路前进为全面建成小康社会而奋斗——在中国共产党第十八次全国代表大会上的报告》,载《人民日报》2012 年 11 月 18 日。
② 中共中央马克思恩格斯列宁斯大林著作编译局:《列宁选集(第 2 卷)》,人民出版社 1995 年版,第 357 页。
③ 马克思、恩格斯:《马克思恩格斯全集(第 26 卷)》,人民出版社 1974 年版,第 327 页。

决不同价值取向之间的冲突问题①。少数民族地区公共图书馆立法的价值出于对少数民族图书馆权利正义的声张,即自由与平等。正如卢梭所言:"如果我们探讨,应该成为一切立法体系最终目的的全体最大的幸福究竟是什么,我们便会发现它可以归结为两大主要的目标:自由与平等。自由,是因为一切人的依附都要削弱国家共同体中同样大的一部分力量;平等,是因为没有它,自由便不能存在。"② 因此,归根到底,少数民族地区公共图书馆立法的核心价值追求体现在对图书馆自由与平等正义的声张。自由体现在少数民族宗教信仰的自由、使用少数民族语言文字的自由或保持或改变自己风俗习惯的自由,平等体现在少数民族利用公共图书馆的地位平等、机会平等和权责平等。因此,所有对少数民族地区公共图书馆的制度设计,都应以保障少数民族与民族地区民众的基本文化权益为根本出发点和落脚点。

其次,少数民族地区公共图书馆立法的基础。任何法律的制定都有其法律渊源,少数民族地区公共图书馆立法也不例外。1992年12月,联合国通过的《宗教和语言上属于少数群体的人的权利宣言》(以下简称《宣言》)提出了对少数群体的立法保护。《宣言》第1条规定:"①各国应在各自领土内保护少数群体的存在及其民族或种族、文化、宗教和语言上的特征并鼓励促进该特征的条件;②各国应采取适当的立法和其他措施以实现这些目的。"③ 此基础主要有以下三个层面。一是国家的民族政策。贯彻落实党的民族政策是少数民族公共图书馆立法总的原则,即民族平等、民族团结、民族共同繁荣。此外,也应贯彻落实民族区域自治制度。民族区域自治法是中国少数民族文化权法律保护制定的最重要的法律基础,也是少数民族文化权法律保护的最主要渊源④。在少数民族地区公共图书馆立法中,要始

---

① 周丽莎:《少数民族文化权保护立法研究》(博士学位论文),中央民族大学2013年。
② [法]卢梭:《社会契约论》,何兆武译,商务印书馆2003年第3版,第66页。
③ 谢波华:《在民族或种族、宗教和语言上属于少数群体的人的权利宣言》,载《世界民族》1995年第1期,第74~75页。
④ 周丽莎:《少数民族文化权保护立法研究》(博士学位论文),中央民族大学2013年。

终贯穿落实民族区域自治制度,将民族自治地方的文化自觉与国家的帮助扶持结合起来,规范各方主体的权利与义务,调动少数民族地区发展图书馆的积极性,共同促进和加快少数民族地区图书馆事业的发展。二是全国性图书馆法规。从目前中国图书馆事业的现状来看,加强图书馆事业立法工作已经在稳步进行中。公共图书馆立法工作正在紧锣密鼓中推进,公共图书馆法于2008年底启动,2009年11月形成初稿,2010年3月形成征求意见稿。2011年12月,文化部会议原则上通过了公共图书馆法(草案送审稿)①。2015年12月9日,公共图书馆法(征求意见稿)已经由国务院法制办公室公开发布,并向社会公开广泛征求意见②。2017年11月4日,《中华人民共和国公共图书馆法》经第十二届全国人民代表大会常务委员会第三十次会议表决通过,从而为公共图书馆事业的发展提供了坚实的法律保障。此外,《公共图书馆建设用地指标》《公共图书馆建设标准》《公共图书馆服务规范》等标准规范性文件已经出台。《中华人民共和国公共文化服务保障法》从2014年启动后快速推进,2015年5月完成向社会公开征求意见的程序,2016年12月25日由第十二届全国人民代表大会常务委员会第二十五次会议通过,并于2017年3月1日起正式施行。《全民阅读促进条例》也被列入了国务院法制办立法规划③。这些立法工作为民族地区公共图书馆事业的发展提供了强有力的法制保障。三是民族地区地方性图书馆法规与条例。民族地区地方性图书馆法规与条例大多从民族地区实际情况出发,对少数民族地区公共图书馆的基础设施、经费来源、藏书重点、人员等作了较为明确的规定,如《广西壮族自治区公共图书馆管理办法》(2000)、《内蒙古自治区公共图书馆管理条例》(2000)、《乌鲁木齐市公共图书馆管理办

---

① 王世伟:《公共图书馆"十三五"规划编制的多维度思考》,载《图书馆杂志》2014年第8期,第4~10页。
② 李国新:《关于〈公共图书馆法(征求意见稿)〉修改完善的思考》,载《图书馆建设》2016年第1期,第16~18页。
③ 李国新:《现代公共文化服务体系建设与公共图书馆发展——〈关于加快构建现代公共文化服务体系的意见〉解析》,载《中国图书馆学报》2015年第3期,第11页。

法》(2008)、《四川省公共图书馆条例》(2013)等，为少数民族地区公共图书馆立法奠定了良好的基础，具有直接的指导作用。

最后，少数民族地区公共图书馆立法的原则。一是科学性原则。在少数民族地区公共图书馆立法中，要以保障少数民族基本文化权益为根本出发点，结合现代图书馆理念，立足少数民族地区的实际情况，制定并完善符合中国国情以及适应少数民族自身文化发展要求的行之有效的法律规范。不同少数民族地区、不同民族、不同文化、不同群体对文化需求的差异性较大，少数民族地区公共图书馆基础设施建设、文献资源、服务内容及方式等，都应该根据少数民族地区各民族对文化信息需求的实际情况，注重效益。二是突出权利价值。应符合少数民族和少数民族地区各族群众的基本利益，突出权利价值。立法的目的在于保障少数民族地区各民族群众的基本文化权益，提高全民族的文明素质，继承与发扬少数民族优秀传统文化。因此，少数民族地区公共图书馆立法，应从少数民族民众切实的信息需求为出发点，要通过多种形式，广泛调研少数民族地区民众的信息需求，充分听取群众意见，充分反映少数民族地区群众对文化的需求和期盼。三是突出多元化价值。我国宪法规定："各民族都有使用和发展自己的语言文字的自由。"由于少数民族地区是民族聚集的地方，对于文化信息的需求体现出多元化的特性，因此少数民族地区公共图书馆立法应体现多元化价值。如在语言上，许多少数民族地区民众既使用汉语，同时也使用本民族的语言，这种语言特点决定了民族地区图书馆立法的特殊性，应体现多元化的价值。例如，民族文字图书的收藏及其比例、民族图书馆馆长的任职资格、少数民族馆员的配置及其比例等①。

基于对少数民族阅读权利的考虑，应该加强少数民族地区公共图书馆事业发展的立法工作。少数民族地区公共图书馆立法有利于营造健全的法制环境，使少数民族地区公共图书馆在保障和实现少数民族

---

① 韩淑举：《少数民族地区图书馆立法的基础和原则》，载《山东图书馆学刊》2002年第2期，第17～23页。

民众基本文化权益、满足少数民族民众基本文化需求方面得到相关的法律约束，进一步提高少数民族地区公共图书馆的权利意识，提高公众对少数民族地区公共图书馆的认知度与认可度。例如，可制定少数民族地区公共图书馆法，确定少数民族地区公共图书馆的社会地位和功能，明确规定少数民族地区公共图书馆在保存少数民族文化遗产、保障少数民族和民族地区民众基本文化权利方面的职能，以及国家和地方政府对少数民族地区公共图书馆建设的责任，在法律条款中规定中央和地方政府下拨用于少数民族地区公共图书馆的经费，对少数民族地区各级公共图书馆的建设指标，如馆舍面积、人员编制、藏书标准与范围、服务规范、自动化管理等标准和基本原则有明确的法律规定，也要明确少数民族地区图书馆的馆际协作、网络建设、资源共享的统一原则和规范，并逐步提高少数民族地区图书馆工作人员的福利待遇①。此外，从少数民族文化权利保障的角度出发，也可考虑制定少数民族公共图书馆权利保障法，将少数民族民众图书馆权利保障纳入法制化轨道，以此提升少数民族图书馆权利意识，提高少数民族和少数民族地区对图书馆的认知程度、利用程度和参与程度，从而保障少数民族民众享有公平利用公共图书馆服务的权利。

三、加大财政支持力度

针对当前少数民族地区公共图书馆发展经费相对短缺的现状，当前亟待建立健全少数民族地区公共文化服务的财政保障机制。

一方面，政府应提高对公共图书馆重要性的认识，加大对少数民族地区公共文化服务的定向性财政投入，明确公共图书馆发展经费配额和比例。目前在公共文化服务体系构建的大背景下，国家及各地方政府对公共文化服务的财政投入比例大幅增加，但是资金更多地投向博物馆和文化馆等建设领域，以及各项立竿见影的品牌文化活动方面，而对于具有长期文化效益的公共图书馆建设较为忽视，导致公共

---

① 李继光：《中国图书馆事业发展取决于图书馆立法》，载《图书馆》2003年第1期，第67～68页。

图书馆建设资金投入比例在同等公共文化服务体系中所占的份额较小。因此，应提高对公共图书馆长期文化效益的认识。例如，在佛罗里达州，公共财政在公共图书馆的投入与产出比例为1∶12.66美元。在南卡罗莱纳州，政府每在公共图书馆上投入1美元，直接和间接的总投资回报为4.48美元，回报率高达350%。[1]

另一方面，强化对口支援，建立长效帮扶机制。从改革开放以来我国少数民族地区公共图书馆事业发展经验来看，对口援助和帮扶政策机制是促进自身能力不足的少数民族地区公共图书馆发展的重要力量，也是促进我国公共图书馆事业全面均衡发展的有效措施。以西藏自治区为例，现有的数所公共图书馆均是通过对口支援建成的。1991年，国家投资1843万元修建了西藏图书馆，藏书来源主要为社会捐赠；2001年，重庆市贯彻中央第四次西藏工作座谈会精神，投资1000万元援建了昌都地区图书馆；2005年7月，福建省投资500万元援建了林芝地区图书馆；广东省立中山图书馆自2005—2007年援助林芝各级图书馆，图书设备总投入超过160万元；山南地区图书馆则来自湖北省的援建。[2] 经济发达地区向少数民族地区的对口支援和无偿援助，缓解了国家的财政压力，弥补了少数民族地方财政能力的不足，使少数民族地区公共图书馆建设与发展获得了较为充足的资金保障，为民族地区公共图书馆开展服务提供了必备的基础条件。

四、加强对民族文献信息资源的整合

当前，加强少数民族文献信息资源整合力度，提高共建共享意识，构建少数民族文献信息资源保障体系迫在眉睫。少数民族文献信息资源保障体系的建设是一项系统性的工程，是我国文献信息资源保障体系中特色信息资源的重要组成部分，应从全局性、战略性、前瞻性的高度对其进行整体规划和科学布局，打破各种地域和民族局限，

---

[1] 柯平：《21世纪前半叶我国图书馆事业发展中的重大问题》，载《图书馆工作与研究》2006年第3期，第2～7页。
[2] 段书蓉：《西藏图书馆事业的发展历程及经验》，载《人民论坛》2011年第8期，第158页。

形成多层次、多中心的文献资源保障体系,打造一体化、网络化、国际化的文献资源共享平台,促进联合共建、资源共享的实现①。具体措施可以从以下几个方面展开。

1. 建立统一协调管理中心

统筹协调和管理是构建少数民族文献信息资源保障体系的关键。由于少数民族文献信息资源拥有者和管理者的分散性,再加上地域之间跨度比较大,信息不对称造成沟通交流不畅,导致各系统之间难以协调,因此就需要设立一个专门机构来进行协调和管理。根据我国少数民族文献信息资源保障体系建设的需要,可在国家文化部门设立中国少数民族文献资源保障中心,发挥统一规划和协调管理作用,以解决已有体制上分散的弊端。首先,根据社会发展的需要,结合我国信息资源共建共享的实际情况,制定少数民族文献信息资源建设的宏观规划,使少数民族文献信息资源的建设在国家宏观调控下有序进行,避免信息资源的重复建设与浪费。其次,协调各地区、各系统、各部门之间的关系,明确各类型少数民族文献收藏机构的职能、权利和义务,协调和监督基础性的少数民族文献信息资源的建设,如以法律法规的形式对少数民族地区公共图书馆的民族文献收藏进行明文规定,为更广范围的共建共享提供保障。最后,制定统一标准与规范。标准化是少数民族文献信息资源实现共享的前提,而构建少数民族文献信息资源保障体系的目的就是为了实现共享②。应根据民族地区文化特点,科学论证,在注重文献信息内容的多样性、文化的多元性、语言表述的多语种性的基础上,制定少数民族文献和地方文献数据库共建共享的管理规范和著录标准,将特色数据库建设纳入全国文献信息资源建设的总体规划中③。同时,做好馆际互借、文献传递、协调采

---

① 李继晓:《论少数民族文献资源保障体系建设》,载《图书馆学刊》2012 年第 4 期,第 29~31 页。

② 肖希明:《公共图书馆文献资源建设法律保障研究》,国家图书馆出版社 2011 年版,第 7 页。

③ 王天丽:《新疆多元文化背景下的公共图书馆文献信息资源建设》,载《图书馆理论与实践》2013 年第 10 期,第 61~63 页。

购、联机合作编目的协调和管理工作,促进少数民族文献信息资源共建共享的可持续发展。大力加强区域合作,加强区域性数字图书馆网络信息服务体系的开发与建设,实现全国范围内少数民族文献信息资源的共建共享。

2. 提高共建共享意识,构建少数民族文献信息资源保障体系

共建共享已经成为当前我国信息资源建设和文化建设的重要共识。2015年,由中共中央办公厅、国务院办公室发布的《关于加快构建现代公共文化服务体系的意见》将共建共享作为我国构建现代公共文化服务体系的基本原则之一。不同于以往共建共享对降低成本的简单追求,当前信息资源的共建共享有着更为深刻的内涵:"从根本上说是要实现资源、服务的物尽其用、人尽其才,从而促进人和社会的全面发展,促进公共文化服务效能全面提升。"[1]

我国少数民族文献信息资源呈现出鲜明的民族性、地方性的特点,每个民族都有独具特色的民族文化资源,收藏机构主体较为复杂,而由于我国民族地区较广,少数民族文献信息资源分布呈现出不均衡的状态。考虑到我国少数民族文献信息资源分布的实际情况,从全局性、战略性、前瞻性的高度出发,打破地域限制和资源壁垒,既要有国内视野,又要在"一带一路"建设引领下树立国际视野,对少数民族文献信息资源进行合理规划和科学布局,形成层次化、多中心有机联系的文献资源保障体系。可以考虑建立中国少数民族文献信息资源四级网络保障体系,从低到高依次为:一级地域网,主要以各省、市、自治区少数民族文献收藏机构为主,通过对当地少数民族文献资源的全面收集与整理,建立地区民族文献特色信息资源库,通过联网打造少数民族文献信息资源局部地域网;二级专业系统局域网,对所有民族院校、专业图书馆、情报部门等机构所收藏的少数民族文献进行跨系统的资源整合,形成专业系统局域网;三级国家网,建立

---

[1] 李国新:《现代公共文化服务体系建设与公共图书馆发展——〈关于加快构建现代公共文化服务体系的意见〉解析》,载《中国图书馆学报》2015年第3期,第4~12页。

国家少数民族资源保障中心，协调、规划和管理全国各局域网和国家图书馆、国家级情报收藏单位的少数民族文献资源，促进少数民族文献信息资源的共知、共建与共享，并保障少数民族文献信息资源平等、公开地为用户所利用；四级国际网，实现少数民族文献信息资源的国际联网和联机检索，与国际文献信息资源收藏系统进行交流与合作，补充我国少数民族文献信息资源的不足。[①] 通过加强少数民族文献信息资源的共建共享，打造一体化、网络化、数字化的少数民族文献信息资源共享平台，从而实现对少数民族文献信息资源的开发、利用与共享，实现其资源价值与整体社会效益，同时也可促进少数民族文化的数字化保存、展示与传播。

3. 建立少数民族文献信息资源数字化管理与服务共享机制

通过共建共享实现少数民族文献信息资源的整合，在此基础上构建少数民族文献信息资源保障体系，这是一个系统性的工程，不仅涉及资金、人员、技术，特别是对于构成其核心部分的少数民族文献信息资源和用户，要处理好两者之间的关系。因为少数民族文献信息资源共建共享，其目的就是为了最大限度地满足用户的需求，利用现代数字技术对信息资源进行科学有序的管理，并建立共享服务平台，将有利于切实挖掘少数民族文献信息资源的潜力，更好地为用户提供多样化的服务。少数民族文献信息资源数字化管理包括对纸质文献、图片、音频、视频等不同格式的少数民族文献信息资源进行数字化加工，尽可能全面地对其进行整合，构建少数民族文献信息资源总库。利用现代数字化技术和网络技术，如关联数据模式等，对少数民族文献信息资源进行网络发布，在网络环境下不断更新资源内容和服务，从而实现跨平台、跨系统的少数民族文献数据的交换与共享。

4. 构建少数民族文献联合书目数据库

少数民族文献信息资源保障体系构建的目的在于促进少数民族文献信息资源的共建共享，为用户提供服务。对少数民族文献进行整

---

① 李继晓：《论少数民族文献资源保障体系建设》，载《图书馆学刊》2012年第4期，第30～31页。

理、编目是提供服务的基础，杂乱无章的信息资源通常会让用户无从下手。目前，对于少数民族文献的收藏体现出一定的地域性，各民族地区根据本民族所需和民族特点有选择性地入藏少数民族文献。在民族较为集中的地区，少数民族用户群体可以较为方便地借阅到所需的民族语言文字文献。但是，随着现代化进程的加快，近年来有相当数量的少数民族到内地发展，少数民族不断向东部沿海发达地区流动，公共图书馆对于这些流动性的少数民族的阅读需求难以满足。构建少数民族文献联合数据库，可以将各地少数民族文献收藏机构的信息资源进行整合，方便各地少数民族用户群体使用民族文献资料，并且能够将我国少数民族文献资源收藏情况反映出来，从而为系统地整理开发少数民族文献资源奠定必要基础。

五、提高自主创新能力，提升服务效能

改革开放以来，我国少数民族地区公共图书馆在数量上得到了较快的增长，随着公共文化服务体系建设在全国范围内的全面展开，特别是国家和政府对少数民族地区在财力、人力等上都给予了相应的倾斜和帮扶政策，使少数民族地区公共图书馆基础设施建设状况有了明显的改善。但是，在图书馆硬件建设水平提高的基础上，摆在当前的重要问题是如何进一步促进公共文化的共享，如何进一步提升少数民族地区公共图书馆的服务效能。公共图书馆的服务效能，是指"公共图书馆集合馆舍设施、文献资源、专业人员、技术手段、投入资金等各种硬件和软件条件，通过科学布局，优化政策，组织资源，专业策划，为用户提供符合需求、均等化、专业化服务的程度，简而言之，就是公共图书馆履行使命的程度。"[①] 在科学技术高速发展的今天，公共图书馆效能的提高离不开与科技的深度融合。近年来，公共图书馆事业发展更加注重与"智慧城市""宽带中国"等国家战略计划的结合，利用互联网技术对图书馆服务流程进行改造，并将现代科

---

① 邱冠华：《公共图书馆提升服务效能的途径》，载《中国图书馆学报》2015年第4期，第14～24页。

技和高新技术应用于对图书馆设施的空间改造上，创建了一批具有交互式体验特点的实体空间，如公共图书馆数字体验空间、创客空间等，一定程度上转变了公众的参与方式和体验方式。虽然目前在一些图书馆事业建设比较好的少数民族地区出现了以创新性思路、创造性方法、强有力措施提升服务效能的较为成功的探索实践，如前所述的内蒙古图书馆实施的"彩云服务"和"数字文化进蒙古包"，以及宁夏回族自治区的贺兰县图书馆基础公共文化服务创新的"贺兰模式"，这些成功探索开启了我国公共图书馆在新阶段服务效能实现跨越式发展的进程。但同时也应看到，从总体上看，当前少数民族地区公共图书馆总体服务效能仍处于国内落后水平。在西藏、新疆少数民族地区基层图书馆，由于民众对图书馆的认可以及地方政府落实文化责任不到位等问题，这些贫困少数民族地区还未完全形成现代公共图书馆服务理念，因此导致广大民族地区图书馆总体服务效能不高。

创新是引领发展的第一动力。当前的数字时代面临信息资源类型复杂化、读者需求多样化的新形势，传统的图书馆服务模式已经难以适应日新月异的科技发展以及人们日益多变的信息需求。因此，创新服务成为新时代公共图书馆应对各种挑战的主要途径。对于民族地区公共图书馆来讲，实现图书馆服务创新尤为重要。一是由于少数民族地区多元化文化的存在以及读者多样化的信息需求，在客观上需要少数民族图书馆提供各种创新型服务；二是由于少数民族地区公共图书馆一直以来较为固步自封，民众对图书馆认可度低，缺乏发展的活力。少数民族图书馆服务创新的目的在于满足少数民族和民族地区各族群众多元化的文化信息需求，通过提高服务效益来增强图书馆的吸引力，提高公众对图书馆的参与度，加强少数民族公众与图书馆的互动。

少数民族地区公共图书馆服务效能的提升在于将公共图书馆设施、资源、服务与少数民族地区民众信息需求有效对接，使少数民族地区公众利用公共图书馆范围、程度、效益实现最大化。具体来讲，少数民族地区公共图书馆服务效能的提升可从以下几个方面来开展。

1. 以现代公共图书馆理念引领服务效能提升

理念是一种理想的、永恒的、精神性的普遍范型，属于意识观念范畴。理念是行动的先导,而先进理念则会使人们行动朝着符合客观规律的正确方向发展。现代图书馆服务理念倡导免费、普遍、均等、公平、自由,体现了当今图书馆的人文关怀,并且使图书馆在当今时代有了更多的话语权。当前,一些边远少数民族地区公共图书馆养成了"等、靠、要"的思维定式,有些公共图书馆还停留在"以书为本"的传统服务方式阶段,缺乏必要的"以人为本"的服务意识,导致图书馆服务的被动以及服务效能的低下。公共、公开、平等、免费、共享的现代公共图书馆基本理念为民族地区公共图书馆事业的发展提供了风向标,少数民族地区公共图书馆的发展应从少数民族和少数民族地区的实际情况出发,倡导人文关怀,不断创新服务内容和形式,使公共图书馆在保障少数民族基本文化权益的作用得到切实发挥。鉴于少数民族地区在语言文字、传统文化和宗教信仰方面的特殊性,特殊的自然和人文环境导致少数民族地区民众对公共文化需求的个性化和多元化,这要求在具体的服务中以尊重少数民族的特殊文化需求为出发点,提供与之相契合的信息服务,具体有以下几点措施:①从少数民族地区民众的实际阅读需求出发,重视对少数民族文献的收藏与整理,在馆藏资源建设中注重配备少数民族语言文字文献,以满足少数民族用户对本民族文字文献阅读的需求;②在图书馆人员队伍中适当配备熟知当地少数民族语言的馆员,方便与当地少数民族用户的交流,并加强馆员对少数民族语言信息咨询的能力;③从少数民族群体需求的多样性和复杂性出发,积极开展具有针对性的多元化和个性化服务,切实保障少数民族和民族地区民众的基本文化权益;④对少数民族地区的特殊群体和弱势群体,如老人、残疾人和儿童提供具有人文关怀的针对性的服务。

2. 注重用现代科技来提升服务效能,推动图书馆服务与科技融合发展

历史上从未否定过科技革命的重要性:"重大的科技进步,会引领整个社会的变革,把人类的文明推向一个新的阶段。科学技术是通过对社会生产力的促进作用来实现它在社会中的作用的。"① 科技创新具有自下而上、跨界合作的特点，可为图书馆提供可持续发展的动力。我们现在所处的时代是一个被各式各样信息技术发展所充斥的时代，大数据、云计算、移动互联、物联网、智慧城市等新技术、新理念来势凶猛，令人应接不暇，而这些信息技术正在悄然改变着传统的经济发展和社会生活模式。科技创新已经成为国家发展战略之一，在现代公共文化服务体系建设当中，推动公共文化服务与现代科技深度融合发展，已成为现代公共文化服务体系的特点之一，同时也给图书馆发展带来了强大的技术支撑。目前，许多公共图书馆服务创新成功案例的主要特点便是运用现代科技手段进行图书馆服务创新，无论是"彩云服务"，还是"数字文化进蒙古包"，都难以否定现代互联网技术、云技术以及数字化技术在服务创新中所起的关键性作用。在当前构建现代公共文化服务体系背景下，国家对数字公共文化服务体系的建设力度将进一步加强，在国家对民族地区的倾斜性政策环境下，少数民族地区公共图书馆应该把握机遇，努力探索图书馆服务与现代科技的融合发展，促进图书馆服务创新，提升公共文化服务效能，创造服务与科技融合发展的新模式和新经验，实现数字资源和服务在少数民族地区的共建共享，满足民众多方面、多层次、多样化的文化需求，进一步保障广大少数民族民众基本文化权益的实现。

3. 加快体制和机制的创新

体制机制的创新是加快少数民族地区公共图书馆提升服务效能的关键。针对当前构建覆盖全社会的普遍均等公共文化服务体系的建设要求，少数民族地区公共图书馆的建设应注重公共文化服务半径的扩大。鉴于少数民族地区地广人稀的特殊地理特征，当前在少数民族地区公共图书馆的体制机制上应注重创新，可以参考目前较为成熟的总－分馆模式建立流动服务网络、流动分馆以开展流动服务，优化信息资源的合理布局，提高少数民族地区公共图书馆服务的覆盖范围，进

---

① 国家民族事务委员会：《中国共产党关于民族问题的基本观点和政策（干部读本）》，北京民族出版社2002年版，第178页。

一步深化和拓展公共图书馆服务。国内公共图书馆总－分馆已经积累了较为成功的经验，为少数民族地区公共图书馆公共文化服务网络体系的建设提供了良好的借鉴。例如，深圳市将图书馆总－分馆制纳入了"图书馆之城"的建设规划中，建成了500多个社区图书馆；天津市成功运用市图书馆、区县图书馆和街道社区图书馆三方合作的方式，有效地促进了公共图书馆服务的延伸①；江苏省试点将农家书屋纳入县域总－分馆体系，便利了图书馆的通借通还，解决了以往农村书籍数量有限、更替不及时等弊病②；浙江嘉兴市运用立农家书屋资源和服务管理系统，并与公共图书馆总－分馆系统互联互通、共享共用③。这些总－分馆建设成功经验为民族地区公共图书馆服务体系的构建提供了良好的借鉴。

六、加快推进数字化进程

随着数字化技术、网络信息技术的日新月异，少数民族地区公共图书馆面临着数字化转型的挑战。数字信息技术是促进传统图书馆向现代图书馆转型的有效手段，也是图书馆作为一个不断生长的有机体在信息时代的重要体现。现代公共文化服务体系的构建，要求公共文化服务与科技融合发展，这对少数民族地区公共图书馆的数字服务也提出了新的要求。因此，当前应加快整体推进少数民族地区公共图书馆的数字化进程，提高数字资源的供给能力和远程服务能力，依靠数字化打通"最后一公里"，解决少数民族地区公共图书馆服务的"全覆盖"。首先，加大对少数民族地区公共图书馆数字化建设的专项投入。目前，少数民族地区公共图书馆数字化建设与发展出现严重的不平衡状况，一些发展基础较好的图书馆率先步入数字化建设的前列，

---

① 刘喜球：《西部民族地区图书馆公共信息服务体系构建初探——以湘西自治州为例》，载《图书馆学研究》2011年第12期，第63～65页。

② 姚雪清：《江苏试点农家书屋纳入县级图书馆》，载《人民日报》2015年4月2日第12版。

③ 《嘉兴：农家书屋与公共图书馆服务体系实现资源整合》，2017年1月7日，见中国嘉兴网（http://www.jiaxing.gov.cn/jgjt/gzdt_7865/qtywxx_7869/201505/t20150508_490082.html）。

从20世纪80年代开始内蒙古自治区图书馆便自主开发蒙文编目系统,在自动化建设方面取得了良好的成绩,但是还应看到,在一些较为贫困的少数民族地区公共图书馆,数字化进程极为缓慢。在西藏自治区,大量的公共图书馆还停留在手工操作阶段,仅有的几所公共图书馆步入数字化建设也是最近几年的事情。在笔者调研的西藏自治区城关区纳金乡塔玛村、山南地区琼结县下水乡唐布齐村以及乃东县昌珠镇克松村农家书屋,计算机设备配备极为不足,更谈不上自动化、网络化发展。其次,借助国家数字文化惠民工程推进少数民族地区公共图书馆数字化建设。进入21世纪以来,为了加快数字文化服务进程,我国陆续开展实施了全国文化信息资源共享工程、数字图书馆推广工程和公共电子阅览室建设计划等数字文化惠民工程,从而为少数民族地区公共图书馆的数字化建设营造了良好的现代化发展氛围。少数民族地区公共图书馆可以借助数字文化惠民工程的力量,探索统筹公共图书馆数字资源建设与数字文化服务的路径,创新服务机制,实现数字资源和服务基层的共建共享。最后,加强图书馆信息技术人才队伍建设。目前,信息技术人才的匮乏仍是制约少数民族地区公共图书馆数字化进程的重要瓶颈。由于缺乏必备的专门信息技术人员,公共图书馆的自动化、网络化以及数字化建设缺乏必要的智力资源,许多公共图书馆的数字化建设成为空白。因此,当前应重点引进信息技术人才,加强教育与培训,使馆员掌握必备的计算机基础知识和操作技能,并较为充分地掌握网络技术、多媒体技术、通信技术、图书馆信息管理自动化技术的基本原理和相关知识①。

七、加快图书馆专业人才培养

人力资源建设是决定图书馆事业进一步发展的决定性因素。美国图书馆学家迈克尔·戈曼将"拥有一支由训练有素和知识渊博的图书馆员和其他图书馆工作者组成的队伍"作为与馆藏、书目控制系

---

① 金明生:《影响中国图书馆事业未来发展的三个决定性因素》,载《中国图书馆学报》2003年第4期,第43~45页。

统并列的图书馆的三大资源之一①。有关学者认为,图书馆服务所发挥的作用,75%来自图书馆员的素质②。《公共图书馆服务发展指南》认为:图书馆员是图书馆用户与馆藏资源之间的能动中介,图书馆员的专业培训和继续教育对保证服务质量至关重要③。从某种程度上说,馆员的专业能力决定着图书馆服务的广度和深度。少数民族地区图书馆事业的发展离不开人才,人才的重要性显而易见,他们是事业的践行者,其素质的高低以及是否拥有事业发展的创新思维,始终决定着民族地区图书馆事业的质量与效用。针对目前我国少数民族地区公共图书馆发展存在的人才紧缺以及图书馆学专业教育滞后的问题,亟待加强少数民族地区图书馆学专业教育的设置,以加快少数民族地区图书馆人才培养。

针对目前我国图书馆学专业设置在少数民族地区分布稀缺的状况,通过在少数民族地区增设图书馆学专业,以此提升少数民族地区对图书馆学专业人才培养的自主性。需要注意的是,少数民族地区图书馆学专业的设置应注意人才需求与专业培养的契合度,针对少数民族地区公共图书馆的特殊需求,特别是少数民族地区公共图书馆在保存民族文献、开展多元文化服务方面的特殊性,开办具有民族特色的图书馆学专业。作为面向各少数民族的文化机构,更应注重对掌握少数民族语言馆员的培养。民族图书馆学教育具有自身的特色,它将传统图书馆学教育与具有民族特色的图书馆学教育进行了有机的融合,在"保守中"寻求自由。如兰州大学开设的图书馆学专业方向选修课中的西北地方文献课融入西北地方史志、地方特色文献等内容,学生加深了对西部图书馆事业馆藏特色的认识,增强了他们投身于献身

---

① 孙继林:《图书馆改革要重视人力资源管理》,载《图书馆论坛》2002年第5期,第133～135页。

② 陈传夫、冯昌扬、陈一:《面向全面小康的图书馆常态化转型发展模式探索》,载《中国图书馆学报》2016年第1期,第4～20页。

③ 菲利普吉尔领导的工作小组代表公共专业委员会:《公共图书馆服务发展指南》,林祖藻译,上海科学技术文献出版社2002年版,第68～69页。

西部图书馆事业的信心①。

首先,在全国范围内,尤其是内地图书馆学专业基础较好的高校适度增加对少数民族地区生源的招收比例,针对少数民族地区公共图书馆人才特殊的情况,适当采取相应的教育优惠政策。其次,依托国家实施的少数民族高层次人才骨干计划、对口教育支援计划、少数民族地区干部挂职锻炼等政策,大力培养图书馆高层次骨干人才,为少数民族地区图书馆事业向深度和广度发展提供强有力的人才和智力支撑。最后,促进民族地区和经济发达地区图书馆人员之间的交流。为了进一步更新民族地区图书馆发展观念,使民族地区跟上全国的发展步伐,有关部门应组织相关的交流活动,鼓励少数民族地区图书馆专业人员参加各种业务研讨与学术研讨会,通过经验交流,使图书馆专业队伍从服务理念到管理方式、方法等得到提高。②

八、鼓励社会力量参与图书馆建设

社会力量参与图书馆建设,是指在政府出资兴建和运行的图书馆之外,除政府机关和下属文化事业单位以外的个人、企业和非营利组织等社会力量,运用自有资金直接创办图书馆,或为政府举办的图书馆提供资金和劳务,或参与政府举办的图书馆的管理③。社会力量作为有效补充参与公共图书馆事业建设,是国内外政府为提升经营效率和缓解经费紧张的普遍做法。日本从20世纪80年代便意识到社会力量参与图书馆建设的重要性,将图书馆管理权移交给民间团体,实现了对社会力量办馆的部分委托到全面委托,推动了图书馆"第三方管理"的实践④。英国在"小政府、大社会"理念的指引下,于

---

① 陈菊:《中国图书馆学教育之地区差异》,载《图书馆学研究》2005年第7期,第4页。

② 蓝明生:《谈谈少数民族地区图书馆专业队伍的建设——以壮族地区为例》,载《图书馆界》2008年第4期,第38页。

③ 邓银花:《社会力量参与图书馆建设的缘由、模式和激励》,载《图书馆杂志》2014年第2期,第14~19页。

④ 吴建中:《日本图书馆界关于委托管理的一场争论》,载《图书馆杂志》1987年第3期,第58~59页。

1968 发布《公共图书馆与博物馆法》，以法律形式将公共图书馆的决策权转交给地方政府或是社区团体运营①。2010 年，美国在对《图书馆与博物馆服务法》（Museum and Library Services Act of 2010）的修订中新增了社会参与条款，要求图书馆、博物馆重视发展合作关系，规定它们应与卫生、教育、文化保护等众多领域的机构和个人建立合作伙伴关系，以增强图书馆、博物馆在促进早期学习、发展劳动力和教育改革方面的作用；2012 年，美国图书馆与博物馆协会将提高公民参与的机会，将公民充分参与到当地社区图书馆、博物馆的服务活动纳入 2012—2016 年战略规划当中，积极推动了社会参与图书馆的建设②。

坚持国家办馆和社会办馆相结合是我国图书馆事业建设的一贯主张。社会力量作为社会主义国家政府治理公共事务的重要补充，在当前的公共文化服务体系建设和图书馆事业建设中备受重视。2006 年《国家"十一五"时期文化发展规划纲要》就明确提出："支持民办公益性文化机构的发展，鼓励民间开办博物馆、图书馆等，积极引导社会力量提供公共文化服务。鼓励社会力量捐助和兴办公益性文化事业，引导和鼓励社会力量捐助和兴办图书馆、博物馆、文化馆等，在用地、税收等方面给予政策优惠。"③党的十七届六中全会提出，"引导和鼓励社会力量通过兴办实体、资助项目、赞助活动、提供设施等形式参与公共文化服务"④。2013 年 1 月 30 日，文化部发布的《全国公共图书馆事业发展"十二五"规划》明确提出"倡导和鼓励社会

---

① 官凤婷：《英国图书馆法发展历程与现状》，载《图书馆学研究》2009 年第 2 期，第 93～98 页。
② 肖希明、完颜邓邓：《国外公共数字文化服务中的社会参与模式及其启示》，载《图书馆》2016 年第 7 期，第 26～30 页。
③ 新华社：《国家"十一五"时期文化发展规划纲要》，2017 年 4 月 5 日，见中国政府网（http://www.gov.cn/jrzg/2006-09/13/content_388046_5.htm）。
④ 中国共产党第十七届中央委员会：《中共中央关于深化文化体制改革推动社会主义文化大发展大繁荣若干重大问题的决定》，载《光明日报》2011 年 10 月 26 日第 1 版。

力量以多种方式参与公共图书馆建设"①;2013年3月《"十二五"时期公共文化服务体系建设实施纲要》指出,"公共文化服务体系是以公共财政为支撑,以公益性文化单位为骨干,以全体人民为服务对象,现阶段以保障人民群众看电视、听广播、读书看报、进行公共文化鉴赏、参与公共文化活动等基本文化权益为主要内容,向社会提供的公共文化设施、产品、服务及制度体系的总称"。2013年7月31日,李克强总理主持国务院常务会议,"研究推进政府向社会力量购买公共服务";2013年11月,十八届三中全会通过的《中共中央关于全面深化改革若干重大问题的决定》更加明确地指出,"鼓励社会力量、社会资本参与公共文化服务体系建设"②;2015年1月,中共中央办公厅、国务院办公厅出台《关于加快构建现代公共文化服务体现的意见》,强调"坚持社会参与"的原则,要求公共文化服务要求"简政放权,减少行政审批项目,引入市场机制,激发各类社会主体参与公共文化服务的积极性,提供多样化的产品和服务"③。2015年5月11日,国务院办公厅转发了文化部、财政部、新闻出版广电总局、体育总局《关于做好政府向社会力量购买公共文化服务工作的意见》④,对建立健全政府向社会力量购买公共文化服务机制,完善公共文化服务供给体系,提高公共文化服务效能做出重要部署,明确提出了目标:到2020年,在全国基本建立比较完善的政府向社会力量购买公共文化服务的体系,并在所附《政府向社会力量购买公共文化服务指导性目录》中将公共图书馆的运营和管理明确纳入

---

① 文化部:《文化部关于印发〈全国公共图书馆事业发展"十二五"规划〉的通知》,2017年4月5日,见法律图书馆网(http://www.law-lib.com/law/law_view.asp?id=410290)。
② 《中共中央关于全面深化改革若干重大问题的决定(2013年11月12日中国共产党第十八届中央委员会第三次全体会议通过)》,2017年4月5日,见新华网(http://news.xinhuanet.com/2013-11/15/c_118164235.htm)。
③ 《关于加快构建现代公共文化服务体系的意见》,2017年4月11日,见新华网(http://news.xinhuanet.com/politics/2015-01/14/c_1113996899.htm)。
④ 国务院办公厅:《国务院办公厅转发〈关于做好政府向社会力量购买公共文化服务工作的意见〉》,2017年4月11日,见中国政府网(http://www.gov.cn/zhengce/content/2015-05/11/content_9723.htm)。

政府向社会力量购买的范围之内。公共图书馆作为公共文化服务的主体，这些指示性的文件强调了社会力量参与建设公共图书馆的重要性，并提供了有益的指导。少数民族地区公共图书馆作为中国图书馆事业的重要组成部分，更需要社会力量的援助和支持。鼓励、引导社会力量参与民族地区图书馆事业建设，是少数民族地区公共图书馆事业发展的必然要求。

鼓励、引导社会力量参与少数民族地区公共图书馆建设有着极其重要的现实意义。

第一，有助于保障弱势群体文化权利，消弭信息鸿沟。少数民族地区大多属于贫困地区，少数民族群体在信息获取机会上属于相对弱势群体。通过调动社会力量参与少数民族图书馆公共图书馆建设，可以形成自下而上的知识援助活力，弥补传统少数民族图书馆事业行政主权主导的自上而下的科层体制的弊端，促进公共文化资源均衡分配，有效提高资源服务的供给能力。公民在参与中使信息与知识交流更加充分和自由，促进少数民族群体获得更多的信息机会，缩短民族地区和发达地区图书馆事业发展的差距，起到消弭信息鸿沟的作用。

第二，有利于增进各民族之间的交流，加强民族团结，实现各族人民共同繁荣发展。我国是一个统一的多民族国家，各民族共同繁荣进步是国家发展的宗旨。各种非政府组织、基金会、爱心人士等社会力量，以天下为公的文化自觉，纷纷向少数民族地区图书馆事业建设施以援助之手，这不仅是公益意识的苏醒，也是公民社会的进步。通过民众参与民族图书馆事业建设的方式，增强各民族之间的文化交流，有利于加强民族友好团结，这是各民族共同繁荣发展的要求。

第三，有利于提高少数民族地区公共文化服务的效能。鼓励不同形式的社会力量参与图书馆的建设、服务和管理，使得公共文化建设的主体更加多元化，多种优势的组合有利于公共服务价值实现最大化。社会力量既是图书馆服务的参与者，又是图书馆服务的接受者，可以加强图书馆与读者之间的互动，创造图书馆自下而上的内生方式，变"送文化"为"种文化"，从而使图书馆提供多层次、多元化的服务。这将有利于充分挖掘民间力量和社群力量的活力与创造力，促进服务效能的提升。

第四，有利于提升社会文明程度，激发全民的文化创造力。社会力量参与图书馆事业建设可以提高社会公德意识，弘扬慈善、普世、博爱等精神，也是传递社会正能量的过程，体现了公民的高尚追求，构建了和谐社会的氛围，这将有利于社会文明程度的进一步提高，并激发全社会的文化创造力，在全社会形成积极向上的精神追求和健康文明的生活方式。总之，社会力量参与少数民族地区公共图书馆建设，是激发图书馆发展动力、提升管理运营图书馆效率以及更新少数民族地区图书馆发展观念的必然选择。

就目前来看，社会力量参与少数民族地区公共图书馆事业建设主要有以下几种模式：社会力量办馆的独立模式（公益型和经营型）、募捐模式（捐赠书刊、捐赠钱物和捐建馆舍）、合作模式（民办公助、公办民助和民办民助）和志愿模式（一般志愿服务和专业志愿服务）[1]。政府在总体上对少数民族事业发展进行统筹规划，分类指导，针对不同民族地区社会经济文化发展现状，制定适合不同民族地区图书馆事业发展的相关政策，同时还要培育少数民族图书馆社会支持组织，推进有利于社会力量参与图书馆活动的制度建设，培育有利于社会公众参与图书馆建设的激励机制，鼓励、引导社会力量参与少数民族图书馆事业建设。只有不断增强少数民族地区图书馆与社会民众的互动，提高社会民众参与少数民族图书馆事业建设的积极性，才能不断激发少数民族地区图书馆事业发展的活力，提升少数民族地区公共图书馆的社会效益。

综上，少数民族地区公共图书馆事业的建设与发展具有长期性、特殊性、复杂性，少数民族地区公共图书馆不仅事关少数民族地区经济文化的发展，并且事关少数民族文化权利是否得到切实保障。少数民族地区公共图书馆事业是各族人民共同的文化事业，在新时期，应凝聚各族人民的智慧，团结一致，齐心协力，为共同开创少数民族地

---

[1] 马艳霞：《社会力量参助图书馆建设的基本模式》，载《图书情报工作》2011年第11期，第27～30页。

区公共图书馆事业的新局面而努力奋斗！

第六节 本研究的创新点及不足

一、本研究的创新点

（1）本研究首次较为全面地梳理了改革开放政策实施 40 年来少数民族地区公共图书馆事业发展的历程。我国是统一的多民族国家，汉族和 55 个少数民族一起共同缔造了光辉灿烂的中华文明。少数民族地区公共图书馆事业是我国公共图书馆事业的重要组成部分，在保障少数民族民众基本文化权益与阅读权利方面发挥着基础性的作用。然而长期以来，少数民族地区公共图书馆发展史在我国图书馆学研究中属于一个比较被忽视的研究领域，不仅研究力量较为薄弱，而且已有研究较为零散，特别是对于改革开放 40 年来的少数民族地区公共图书馆事业发展这一特殊现象缺乏系统性的研究。本研究在横向上按照国家重大政策变化以及少数民族地区图书馆事业发展的标志性事件，首次将改革开放以来少数民族地区公共图书馆事业发展划分为四个历史阶段：少数民族地区公共图书馆的恢复期（1978—1982）、缓慢发展期（1983—1991）、快速发展期（1992—1999）、全面发展期（2000—2018）。在纵向上，从社会政治、经济、文化、技术发展的变迁入手，考察少数民族地区公共图书馆发展的不同历史语境；并以图书馆基础设施建设、文献资源建设、服务、自动化、网络化与数字化进程、图书馆学教育、馆员培训与交流为主要变量因素，通过对相关数据统计分析，较为客观地呈现不同阶段少数民族地区公共图书馆发展的基本状况。通过以上方法，本研究首次较为全面系统地梳理了自 1978 年党的十一届三中全会召开以来少数民族地区公共图书馆事业的发展历程，从历史阶段的划分到发展历程的总结，皆体现出理论研究的创新性。

（2）在研究理论视角上，本研究从少数民族地区公共图书馆这一客观事实出发，将其视为图书馆现象和民族工作现象的统一有机体，突破了以往将少数民族地区公共图书馆事业作为单纯图书馆现象的局限性，以较为开放的学术思维，注重民族政策的理论角度出发，对民族地区公共图书馆事业发展进行综合分析，较为全面地剖析了少数民族地区公共图书馆发展的深层次原因与规律。

（3）在研究方法上，运用定量研究方法，通过对相关统计数据的分析，更为客观地呈现少数民族地区公共图书馆的发展状况，弥补了以往描述性研究的不足。

二、本研究的不足

少数民族地区公共图书馆发展具有长期性、复杂性，对其进行研究需要建立在广博的知识基础上，并需要对数量众多的少数民族地区公共图书馆的基本状况有一定的了解与认识。因此，该选题本身具有很大的挑战性。虽然笔者根据自身工作实际选择了该选题，但是在研究中还存在一些不足之处。首先，由于本人学术视野和理论水平有限，研究内容还存在欠缺和不足之处。例如，对于少数民族地区公共图书馆信息化和数字化方面的探讨，对于少数民族地区公共图书馆对外交流等方面的研究还需要进一步加强。其次，再加上少数民族地区公共图书馆分布较广，调研难度比较大。再加上时间和精力有限，笔者对西藏自治区公共图书馆发展情况调研较为充分，但对其他民族地区调研还比较欠缺，因此数据收集还有不足之处。最后，由于一些资料本身存在信度和效度的问题，特别是所涉及的相关统计数据有多个来源，也存在相互不一致的情况，因此只能多方求证与互证，以使研究达到一定的有效性。此外，本研究在对少数民族地区公共图书馆研究对象样本的选取上主要以少数民族自治区级公共图书馆为主，也涉及部分自治州、自治县公共图书馆。由于自治县级图书馆缺乏相关的较为精确的统计数据，获取原始资料的难度较大，因此本研究涉及较少。总之，少数民族地区公共图书馆发展所涉及的内容较为广泛，需要解决的难题也较多，由于笔者学术能力和精力有限，难免存在挂一漏万的情况。这是本书的研究局限性所在。即便如此，本研究既是一个研究的过程，也是一个持续学习的过程。今后笔者将不断加强对相关学科专业知识的学习，以弥补研究中的不足。

三、本研究的未来展望

少数民族地区公共图书馆事业发展具有长期性与复杂性，涉及诸多因素，并随着社会的发展变化而产生新的问题。由于笔者的时间精力有限，一些具有价值的研究问题尚未涉及，亟待进一步探讨与研究。今后的研究将致力于解决如下问题。

1. 城市化进程中少数民族图书馆权利保障问题

改革开放以来，随着中国经济社会的快速发展，我国的城市化水平不断提高。20世纪80年代之后，随着城市化进程的加快，我国城市人口分布呈现出新的特点，即少数民族人口日益增加。尤其是《国家新型城镇化规划（2014—2020年）》① 提出：到2020年中国常住人口城镇化率将达到60%，这意味着中国的新型城镇化将进入一个快速发展阶段，也意味着少数民族人口的城市化流动将不断增强。近年来，大量的少数民族群众涌入内地和东部沿海经济发达城市，共同参与城市建设。据2010年第六次人口普查资料显示，北京、上海、重庆的少数民族人口均有所增加，其中上海市全市少数民族人口总数比2000年第五次人口普查时增加了17.2万人，增长了165.9%，大大高于全市人口增长速度②。当前，少数民族成为城市的"新群体"，城市化进程对既有的民族关系进行了新的解构与重构，使当前民族关系呈现出新的特点。一方面，在城市化进程中，多民族化进程随之加快，少数民族与汉族的关系问题越来越突出；另一方面，在城市化进程中，民族之间的沟通与互动日益频繁，少数民族群众的民族意识逐渐增强，表现在更加注重本民族与汉族等其他民族的对比，更加关注

---

① 《国家新型城镇化规划（2014—2020年）》，2017年4月11日，见中国政府网（http://www.gov.cn/zhengce/2014-03/16/content_2640075.htm）。

② 赵丽江、尼加提·艾买提、陈海林：《少数民族在城市化进程中面临的挑战及其应对》，载《新疆社会科学》（汉文版）2015年第4期，第68~72页。

经济发展的差距，并对少数民族文化产生更多的诉求。上述特点是新时期我国社会经济转型发展民族关系呈现的新特点，这对和谐的民族关系提出了新的挑战。少数民族往往有着本民族的语言习惯、宗教习惯以及传统民俗习惯，进入城市的少数民族脱离了原本生存的文化语境，对少数民族文化的认同需求更为强烈。此外，对于城市化进程中新型民族关系的调节也依赖于文化治理。而现有的城市公共图书馆对于少数民族文化需求供给在某种程度上尚属欠缺，必然会导致城市少数民族文化需求在一定程度上得不到满足。当前，如何保障城市化进程中各族民众的图书馆权利与基本文化权益，以及如何在城市化进程中推动少数民族文化的传承与保护，都是未来值得深入研究的问题。

2. 少数民族图书馆用户满意度评价问题

少数民族地区公共图书馆的发展归根到底取决于满足少数民族与民族地区民众信息需求的程度，因此，少数民族图书馆用户的满意度是衡量公共图书馆事业水平的重要指标。目前，本研究中侧重于对少数民族地区公共图书馆事业发展数据和事实的研究，从用户的角度对少数民族地区公共图书馆发展进行测评的研究较为欠缺。在今后的持续研究中将注重从用户满意度出发，评价分析少数民族用户对民族地区公共图书馆的满意度与真实需求，以期为少数民族地区公共图书馆发展战略的制定与调整提出切实可行的建议与意见。

参考文献

一、著作

[1] 金炳镐. 民族理论通论［M］. 北京：中央民族大学出版社，1994：61.

[2] 廖盖隆，等. 马克思主义百科要览［M］. 北京：人民日报出版社，1993：2355.

[3] ［美］安德森（Anderson，B.）. 想象的共同体：民族主义的起源与散布［M］. 吴睿人，译. 上海：上海人民出版社，2005：6.

[4] ［英］史密斯. 民族主义：理论、意识形态、历史［M］. 上海：上海人民出版社，2011：13.

[5] ［东汉］许慎. 说文解字段注［M］. 成都：［清］段玉裁，注. 成都古籍书店，1990：330-331.

[6] ［梁］萧子显. 南齐书［M］. 北京：中华书局，1972：934.

[7] ［唐］李筌. 神机制敌太白阴经［M］. 北京：中华书局，1985：3.

[8] 中国大百科全书总编辑委员会《民族》编辑委员会. 中国大百科全书·民族卷［M］. 北京：中国大百科全书出版社，1986：302.

[9] 梁启超. 梁任公近著：第1辑［M］. 北京：商务印书馆，1926：43.

[10] 孙文. 三民主义［M］. 上海：商务印书馆，1947：5-7.

[11] 陈永龄. 民族词典 [M]. 上海：上海辞书出版社，1987：136.

[12] 徐万邦，王齐国. 民族知识辞典 [M]. 济南：济南出版社，1995：417.

[13] 金炳镐. 民族理论通论 [M]. 北京：中央民族大学出版社，2007：48.

[14] 朱宁远. 我国民族问题基本知识 [M]. 上海：上海人民出版社，1980：15.

[15] 铁木尔·达瓦买提. 中国少数民族文化大辞典：综合卷 [M]. 北京：民族出版社，1999：193.

[16] 温军. 民族与发展：新的现代化追赶战略 [M]. 北京：清华大学出版社，2004：14.

[17] 张庆安. 中国民族地区经济发展与差距问题研究 [M]. 北京：中国经济出版社，2013：11.

[18] 杨威理. 西方图书馆史 [M]. 北京：商务印书馆，1988：193，198.

[19] 吴晞. 图书馆阅读推广基础理论 [M]. 北京：朝华出版社，2015：6.

[20] 菲利普·吉尔（Philip Gill）主持的工作小组代表公共图书馆专业委员会. 公共图书馆服务发展指南：中文版 [M]. 林祖藻，译. 上海：上海科学技术文献出版社，2002：1.

[21] 吴雪珍. 图书馆学词典 [M]. 深圳：海天出版社，1989：4.

[22] 中华人民共和国国家质量监督检验检疫总局，中国国家标准化管理委员会. 中华人民共和国国家标准：公共图书馆服务规范（GB\T28220－2011）[M]. 北京：中国标准出版社，2012.

[23] 忒莫勒，内蒙古大学中共内蒙古地区党史，内蒙古近现代史研究所. 内蒙古近代史论丛：第4辑 [M]. 呼和浩特：内蒙古大学出版社，1991：131－142.

[24] 文化部图书馆事业管理局科教处，北京图书馆图书馆学研

究部. 全国公共图书馆概况［M］. 北京：图书馆服务社，1982：113-118.

［25］郑长德. 中国少数民族地区经济发展报告（2013）［M］. 北京：中国经济出版社，2013：18.

［26］司马俊莲. 少数民族文化权利的法理研究［M］. 北京：中国社会科学出版社，2014：13-14.

［27］［美］布沙，［美］哈特. 图书馆学研究方法：技术与阐述［M］. 吴彭鹏，译. 北京：书目文献出版社，1987：123.

［28］［美］阿巴斯·塔沙克里，［美］查尔斯·特德莱. 混合方法论：定性方法和定量方法的结合［M］. 唐海华，译. 重庆：重庆大学出版社，2010：2.

［29］邓小平. 邓小平文选（1975—1982）［M］. 北京：人民出版社，1993：172.

［30］李久琦，等. 中国少数民族图书馆概况［M］. 北京：民族出版社，1989.

［31］崔光弼. 中国民族地区图书馆调查［M］. 沈阳：辽宁民族出版社，2007.

［32］文化部图书馆事业管理局科教处，北京图书馆图书馆学研究部. 全国公共图书馆概况［M］. 北京：图书馆服务社（内部发行），1982：1.

［33］文化部图书馆事业管理局《中国公共图书馆概况》编辑组. 中国公共图书馆概况［M］. 北京：学术期刊出版社，1989：18.

［34］河北大学图书馆学系. 图书馆法规文件汇编［M］. 保定：河北大学图书馆学系，1985.

［35］国家图书馆研究院. 我国图书馆事业发展政策文件选编（1949—2012）［M］. 北京：国家图书馆出版社，2014：1-3.

［36］国家民委政策研究室. 国家民委民族政策文件选编（1979—1984）［M］. 北京：中央民族学院出版社，1988.

［37］国家民委办公厅，等. 中华人民共和国民族政策法规选编［M］. 北京：中国民航出版社，1997.

[38] 金炳镐. 民族纲领政策文献选编 [M]. 北京：中央民族大学出版社，2006.

[39] 乌林西拉. 内蒙古图书馆事业史 [M]. 呼和浩特：内蒙古大学出版社，2009：96.

[40] 张欣毅. 宁夏图书馆志 [M]. 北京：北京图书馆出版社，2009：301.

[41] 张欣毅. 公共信息资源共建共享模式研究：基于宁夏区域发展战略的实证分析 [M]. 银川：阳光出版社，2011.

[42] 香翠真. 回眸与前瞻：西域图书馆论坛文萃 [M]. 乌鲁木齐：新疆人民出版，2002.

[43] 王雪光. 广西壮族自治区公共图书馆概况 [M]. 南宁：广西民族出版社，1992.

[44] 张金根. 春华秋实——广西壮族自治区图书馆七十五年 [M]. 南宁：广西人民出版社，2006.

[45] 邓冰. 书中自有黄金屋：广西公共图书馆服务探索 [M]. 南宁：广西人民出版社，2006.

[46] 程结晶，刘雪峰. 西南地区图书馆服务体系理论研究 [M]. 北京：海洋出版社，2014：1-3.

[47] 毕东. 边疆少数民族地区农家书屋建设研究 [M]. 北京：光明日报出版社，2015.

[48] 孙建军，成颖，等. 定量分析方法 [M]. 南京：南京大学出版社，2002：2.

[49] 梁启超. 中国历史研究法 [M]. 北京：中国华侨出版社，2013：2.

[50] 潘其旭，覃乃昌. 壮族百科辞典 [M]. 南宁：广西人民出版社．1993：557-558.

[51] 中共中央文献研究室. 十二大以来重要文献选（上）[M]. 北京：中央文献出版社．2011：150，153-154.

[52] 全国人大财政经济委员会办公室，国家发展和改革委员会发展规划司. 建国以来国民经济和社会发展五年计划重要文件汇

[M]．北京：中国民主法制出版社，2008：430．

[53] 国家民族事务委员会，中共中央文献研究室．新时期民族工作文献选［M］．北京：中央文献出版社．1990：15．

[54] 杨候弟．中华人民共和国民族法规选［M］．北京：中国政法大学出版社，1990．

[55] 杨静仁．社会主义新时期民族工作的任务（一九七九年五月二十二日）［M］//国家民委政策研究室，国家民委民族政策文件选．北京：中央民族学院出版社，1988：10．

[56] 杜克．当代中国的图书馆事业［M］．北京：当代中国出版社，1995．

[57] 国务院批转国家文物事业管理局关于图书开放问题的请示报告［M］//张白影，荀昌荣，等．中国图书馆事业十年（1978—1987）．长沙：湖南大学出版社，1989：3-4．

[58] 省、市、自治区图书馆工作条例（试行草案）［M］//张白影，荀昌荣，等．中国图书馆事业十年（1978—1987）．长沙：湖南大学出版社，1989：6-8．

[59] 图书馆工作汇报纲领［M］//张白影，荀昌荣等．中国图书馆事业十年（1978—1987）．长沙：湖南大学出版社，1989：6-8．

[60] 河北图书馆学系．图书馆法规文件汇［M］．河北大学图书馆学系，1985．

[61] 文化部图书馆事业管理局科教处，北京图书馆图书馆学研究部．全国公共图书馆概况［M］．北京：图书馆服务社，1982．

[62] 程焕文．晚清图书馆学术思想史［M］．北京：北京图书馆出版社，2004：216．

[63] 李希泌，张树华．中国古代藏书与近代图书馆史料——春秋至五四前后．北京：中华书局，1982：165．

[64] 高树榆，宁夏回族自治区文史研究馆．宁夏文史：第5辑［M］．出版社不祥，1989：62．

[65] 文化部图书馆事业管理局科教处，北京图书馆图书馆学研究部．全国公共图书馆概况［M］．北京：图书馆服务社，1982：

116.

[66] 包和平. 优势论与民族图书馆事业发展 [M] //包和平，李晓秋. 中国少数民族图书馆研究. 长春：吉林省图书馆学会，1992.

[67] 燕鹏远. 党务工作文件选 [M]. 沈阳：辽宁人民出版社，1990.

[68] 吴晞. 文献资源建设与图书馆藏书工作手册 [M]. 北京：书目文献出版社，1993.

[69] 李忠昊，王嘉陵. 四川省公共图书馆现状分析与发展战略 [M]. 北京：北京图书馆出版社，2007：115.

[70] 国家质量监督检验检疫总局，国家标准化管理委员会. 公共图书馆服务规范 [M]. 北京：中国标准出版社，2012.

[71] 袁永松. 邓小平评历史 [M]. 北京：中国言实出版社，1998.

[72] 张树华，等. 图书馆读者工作教程 [M]. 北京：北京大学出版社，1986.

[73] 中国科学技术协会. 中国图书馆学学科史 [M]. 北京：中国科学技术出版社，2014.

[74] 西北高校图书馆年鉴辑委员会. 西北高校图书馆年鉴（1949—1988）[M]. 西安：西北工业大学出版社，1991.

[75] 中华人民共和国民族区域自治法 [M]. 北京：法律出版社，1984.

[76] 第八届全国人民代表大会第一次会议秘书处. 中华人民共和国宪法 [M]. 北京：中国民主法制出版社，1993.

[77] 包和平，李晓秋. 中国少数民族图书馆研究 [M]. 长春：吉林省图书馆学会，1992.

[78] 李资源. 中国共产党与少数民族传统文化保护和发展研究 [M]. 北京：人民出版社，2014：630.

[79] 包和平. 坚守与超越——关于图书馆学的新思考 [M]. 北京：民族出版社，2011.

[80] [法] 弗朗索瓦·佩鲁（Perroux, F.）. 新发展观 [M]. 张宁, 丰子义, 译. 北京: 华夏出版社, 1987: 19.

[81] 陈庆德. 中国少数民族经济开发概论 [M]. 北京: 民族出版社, 1994: 47.

[82] 中国图书馆学会秘书处. 全国少数民族地区图书馆工作座谈会: 专辑 [M]. 北京: 中国图书馆学会, 1983: 12, 43.

[83] 国家民族事务委员会, 中共中央文献研究室. 新时期民族工作文献选 [M]. 北京: 中央文献出版社, 1990: 85, 181–188.

[84] 辛希孟. 中国图书情报工作文库: 第5卷 [M]. 北京: 中央编译出版社, 1996: 5876.

[85] 孟建华. 中国现代货币流通理论与实践 [M]. 北京: 中国金融出版社. 2010.

[86] 杨候弟, 黄凤祥, 谭伟. 新时期民族工作概览 [M]. 北京: 华文出版社, 1993.

[87] 袁明伦. 现代图书馆服务 [M]. 成都: 四川大学出版社, 2013.

[88] 包和平, 许斌. 中国民族图书馆理论与实践 [M]. 北京: 中国华侨出版社, 1996: 11.

[89] 吴慰慈, 董焱. 图书馆学概论 [M]. 北京: 北京图书馆出版社, 2002: 67.

[90] 中共中央文献研究室. 十四大以来重要文献选 [M]. 北京: 中央文献出版社, 2011: 452.

[91] 中共中央统一战线工作部, 中共中央文献研究室. 新时期统一战线文献选（续）[M]. 北京: 中共中央党校出版社, 1997: 386.

[92] 金炳镐. 新中国民族理论60年 [M]. 北京: 中央民族大学出版社, 2010.

[93] 国务院法制局. 中华人民共和国现行法律行政法规汇编（1949—1994）（下）[M]. 北京: 中国法制出版社, 1995: 2131–2132.

[94] 全国人民代表大会常务委员会办公厅. 中华人民共和国第八届全国人民代表大会第三次会议文件汇编[M]. 北京：人民出版社，1995：22.

[95]《新预算会计制度》委会. 中国行政与事业单位新会计制度全书：下卷[M]. 北京：中国书籍出版社，1998：692-693.

[96] 国家民族事务委员会，中共中央文献研究室. 民族工作文献选（1990—2002年）[M]. 北京：中央文献出版社，2003：257.

[97] 荀昌荣. 中国图书馆事业（1988—1995）[M]. 成都：四川科学技术出版社，1997：2-22.

[98] 中国图书馆学会，国家图书馆. 中国图书馆年鉴（2014）[M]. 北京：国家图书馆出版社，2015：447.

[99] 刘志坚，等. 中国当代图书馆通览（第1部）[M] 香港：. 香港未来中国出版社，1992.

[100] 新疆百科全书编纂委员会. 新疆百科全书[M]. 北京：中国大百科全书出版社，2002：530.

[101] 张旭. 中国图书馆发展概览（上）[M]. 北京：北京燕山出版社，2007：88-89.

[102] 沈继武，肖希明. 文献资源建设[M]. 武汉：武汉大学出版社，1991：48.

[103] 肖希明，等. 数字信息资源建设与服务研究[M]. 武汉：武汉大学出版社，2008：335-336.

[104] 黄建明，邵古. 中国少数民族古籍保护与发展报告（1982—2012）[M]. 北京：民族出版社，2013：9.

[105] 中国蒙古文古籍总目委会. 中国蒙古文古籍总目[M]. 北京：北京图书馆出版社，1999.

[106] 中共中央宣传部. 十一届三中全会以来党的宣传工作文献选[M]. 北京：中共中央党校出版社，1989：319.

[107] 文化事业单位开展有偿服务和经营活动的暂行办法//国家体改委经济管理司. 中华人民共和国公司法规汇编[M]. 北京：法律出版社，1991：1227.

[108] 中央中宣部、文化部、国家教育委员会、中国科学院关于改进和加强图书馆工作的报告//张白影，荀昌荣. 中国图书馆事业十年（1978—1987）[M]. 长沙：湖南大学出版社，1989：141.

[109] 中共中央、国务院关于加快发展第三产业的决定//中共中央文献研究室. 十三大以来重要文献选（下）[M]. 北京：中央文献出版社，2011：560-561.

[110] 刘喜申，徐苇，王旭东. 中国公共图书馆事业发展概况//荀昌荣等. 中国图书馆事业（1996—2000）[M]. 长沙：湖南科学技术出版社，2002：53-77.

[111] 张树华，张久珍. 20世纪以来中国的图书馆事业[M]. 北京：北京大学出版社，2008：175.

[112] 中共中央组织部、中共中央统战部、国家民委关于进一步做好培养选拔少数民族干部工作的意见//国家民委办公厅等. 中华人民共和国民族政策法规选[M]. 北京：中国民航出版社，1997：698.

[113] 中华人民共和国教育部高等教育司. 普通高等学校本科专业目录和专业介绍[M]. 北京：高等教育出版社，1998：9.

[114] 文化部、国家民委关于进一步加强少数民族文化工作的意见（2000年2月13日）//国家民族事务委员会，中共中央文献研究室. 民族工作文献选（1990—2002年）[M]. 北京：中央文献出版社，2003：254.

[115] 少数民族事业"十一五"规划[M]. 北京：人民出版社，2007.

[116] 中国社会科学院人口与劳动经济研究所．[M]. 北京：中国社会科学出版社，2014.

[117] 郝时远、王希恩. 中国民族发展报告（2001—2006）[M]. 北京：社会科学文献出版社，2006：46.

[118] 马明. 毛泽东思想邓小平理论与"三个代表"重要思想概论专题探讨[M]. 长春：吉林大学出版社，2014：153.

[119] 国家民族事务委员会，中共中央文献研究室. 民族工作

文献选（1990—2002年）[M]. 中央文献出版社，2003：213.

[120] 朱镕基. 加快少数民族和民族地区发展，把民族团结进步事业推向新世纪（1999年10月3日）//国家民族事务委员会，中共中央文献研究室. 民族工作文献选（1990—2002年）[M]. 北京：中央文献出版社，2003：268.

[121] 杨清震. 西部大开发与民族地区经济发展[M]. 北京：民族出版社，2004：2.

[122] 黄维民. 完善我国西部农村少数民族社会保障的战略考量[M]. 北京：中国社会科学出版社，2014：139.

[123] 国务院关于实施西部大开发若干政策措施的通知（2000年10月26日）//国家民族事务委员会，中共中央文献研究室. 民族工作文献选（1990—2002年）[M]. 北京：中央文献出版社，2003：282.

[124] 江泽民. 关于西部大开发问题（2000年6月20日）//国家民族事务委员会，中共中央文献研究室. 民族工作文献选（1990—2002年）[M]. 北京：中央文献出版社，2003：254.

[125] 国家民委关于进一步推动"兴边富民行动"的意见（1999年12月29日）//国家民族事务委员会，中共中央文献研究室. 民族工作文献选（1990—2002年）[C]. 北京：中央文献出版社，2003：232.

[126] 李资源，詹全友，刘连银等. 中国共产党少数民族文化建设研究[M]. 北京：人民出版社，2011：425.

[127] 唐颖侠. 公共文化服务体系建设与公民文化权保障//李君如. 中国人权事业发展报告（2011）[M]. 北京：社会科学文献出版社，2011：220.

[128] 中华人民共和国国家统计局. 科学发展谱新篇：从十六大到十八大[M]. 北京：中国统计出版社，2012：200.

[129] 国家民族事务委员会文化宣传司，中国社会科学院文化研究中心. 中国少数民族文化发展报告（2012）[M]. 北京：社会科学文献出版社，2013：4.

[130] 郝时远，王延中，王希恩. 中国民族发展报告（2015）[M]. 北京：社会科学文献出版社，2015：135.

[131] 关红雯，刘亚东. "春雨工程"工作概述//于群，李国新. 中国公共文化服务发展报告（2012）[M]. 北京：社会科学文献出版社，2012：245.

[132] 于群，李国新. 中国公共文化服务发展报告（2012）[M]. 北京：社会科学文献出版社，2012：255.

[133] 中央民族大学少数民族古籍研究所. 中国民族古籍研究60年[M]. 北京：中央民族大学出版社，2010：420.

[134] 爱尔乌德. 文化进化论[M]. 钟兆麟，译. 北京：世界书局，1932.

[135] 肖希明. 公共图书馆文献资源建设法律保障研究[M]. 北京：国家图书馆出版社，2011.

[136] 刘楠来. 国际法苑耕耘录[M]. 北京：中国社会科学出版社，2014：248.

[137] 金武刚，李国新. 公共文化政策法规解读[M]. 北京：北京师范大学出版社，2014：55.

[138] 中国图书馆学会. 中国图书馆事业百年[M]. 北京：北京图书馆出版社，2004.

[139] 程焕文，潘燕桃. 信息资源共享[M]. 北京：高等教育出版社，2004：28-32.

[140] 程焕文，张靖. 图书馆权力与道德（上）[M]. 桂林：广西师范大学出版社，2007：2.

[141] 中国人权发展基金会. 中国签署批准的国际人权公约[M]. 北京：新世界出版社，2003：16.

[142] 周勇. 少数人权利的法理：民族、宗教和语言上的少数人群体及其成员权利的国际司法保护[M]. 北京：社会科学文献出版社，2002：39.

[143] 中华人民共和国宪法[M]. 长春：吉林人民出版社，2006：6.

[144] 徐中起. 中国少数民族文化权益保障研究 [M]. 北京：中央民族大学，2009：43.

[145] 程焕文，潘燕桃，张靖. 图书馆权利研究 [M]. 北京：学习出版社，2011：411.

[146] [英] C. W. 沃特森. 多元文化主义 [M]. 叶兴艺，译. 长春：吉林人民出版社，2005.

[147] 范俊军，译. 联合国教科文组织关于保护语言与文化多样性文件汇编 [M]. 北京：民族出版社，2006：99-100.

[148] 吴建中. 转型与超越：无所不在的图书馆 [M]. 上海：上海大学出版社，2012：148.

[149] 公共图书馆研究院. 中国公共图书馆发展蓝皮书（2010）[M]. 深圳：海天出版社，2010：17-18.

[150] 何东昌. 中华人民共和国重要教育文献（1998—2002）[M]. 海口：海南出版社，2003：1122.

[151] 教育部法制办公室. 中华人民共和国教育法律法规规章汇编（下）[M]. 上海：华东师范大学出版社，2010：1298.

[152] 吴贵飙；中国民族图书馆. 民族图书馆学研究（三）[M]. 沈阳：辽宁民族出版社，2006：560-563.

[153] 中国民族图书馆. 民族图书馆学研究四第十次全国民族地区图书馆学术研讨会论文集 [M]. 沈阳：辽宁民族出版社，2008：1-2.

[154] 王章留，习谏，等. 区域经济协调发展论 [M]. 郑州：河南人民出版社，2006：16.

[155] [德] 马克思，恩格斯. 马克思恩格斯全集：第26卷 [M]. 北京：人民出版社，1974：327.

[156] [法] 卢梭. 社会契约论：3版 [M]. 何兆武，译. 北京：商务印书馆，2003：66.

[157] 菲利普吉尔领导的工作小组代表公共专业委员会. 公共图书馆服务发展指南 [M]. 林祖藻，译. 上海：上海科学技术文献出版社，2002：68-69.

［158］辛希孟. 中国图书情报工作文库：第5卷［M］. 北京：中央译出版社，1996.

［159］国家民族事务委员会. 中国共产党关于民族问题的基本观点和政策（干部读本）［M］. 北京：民族出版社，2002：178.

二、期刊论文

［1］李久琦. 我国的少数民族图书馆事业［J］. 图书馆学通讯，1989（3）：49-51.

［2］麦群忠. 改革开放二十年：广西公共图书馆事业回顾与展望［J］. 图书馆界，1998（4）：53.

［3］李久琦. 学会是连接各民族同仁的纽带——祝贺中国图书馆学会民族图书馆委员会成立［J］. 中国图书馆学报，1996（5）：29.

［4］胡京波. 当前我国民族地区图书馆面临的机遇与挑战［J］. 图书馆论坛，2002（5）：50-53.

［5］段书蓉. 西藏图书馆事业的发展历程及经验［J］. 人民论坛，2011（8）：156-158.

［6］胡京波. 西藏图书馆简介［J］. 图书馆论坛，1996（1）：65.

［7］才旦卓嘎，卢晓华，包和平，何丽，杨长虹. 当代中国民族图书馆事业的发展［J］. 图书馆学研究，1996（2）：30-32.

［8］徐苇. 第三次全国少数民族地区图书馆研讨会概述［J］. 图书馆学通讯，1990（2）：4.

［9］周毛. 中国藏学研究中心图书馆的建设与发展［J］. 中国藏学，2006（2）：51-53.

［10］孙蓓欣，申晓亭.《中国蒙古文古籍总目》——中国第一部大型少数民族古籍全国联合目录［J］. 中国图书馆学报，2000（6）：66-68.

［11］索南多杰. 中国民族图书馆藏文古籍文献的开发和研究［J］. 西藏民族学院学报（哲学社会科学版），2013（2）：103-107.

[12] 阿华. 论藏文文献的开发和利用 [J]. 中国藏学, 2000 (4): 106-122.

[13] 郑怀远, 陈鹰. 图书馆有偿服务面面观 [J]. 现代情报, 2004 (4): 138.

[14] 蒋永福. 公共图书馆: 请放弃有偿服务 [J]. 图书馆, 2005 (1): 28-29.

[15] 王素芳. 省级公共图书馆有偿服务活动的调查分析 [J]. 图书馆杂志, 2002 (6): 16-20.

[16] 宝音. 市场经济条件下如何发展民族地区图书馆事业 [J]. 图书馆学研究, 1998 (6): 89-90.

[17] 杨锐明, 李世泽. 振奋精神, 办好民族地区图书馆 [J]. 图书馆建设, 1993 (5): 9.

[18] 杨锐明, 李世泽. 民族地区图书馆深化改革发展原则探讨 [J]. 图书情报工作, 1994 (4): 15-17.

[19] 吉平. 西藏图书馆自动化建设中的回溯建库工作 [J]. 四川图书馆学报, 2008 (6): 35-37.

[20] 李久琦. 我国民族图书馆事业发展20年 [J]. 图书馆学研究, 1999 (2): 93-94.

[21] 王鉴. 西部民族地区教育均衡发展的新战略 [J]. 民族研究, 2002 (6): 9-17.

[22] 罗贤春, 姚明. 西部大开发中的民族图书馆事业研究进展 [J]. 图书馆理论与实践, 2013 (7): 58-62.

[23] 杨锐明. 西部大开发与民族地区图书馆文献资源开发 [J]. 图书情报工作, 2002 (1): 97-98.

[24] 张纶. 西部大开发中图书馆的使命与机遇 [J]. 中国图书馆学报, 2000 (5): 61.

[25] 李国新. 现代公共文化服务体系建设的主攻方向: 标准化、均等化 [J]. 公共图书馆, 2014 (4): 2.

[26] 靳红, 程宏. 图书馆知识服务研究综述 [J]. 情报杂志, 2004 (8): 8-10.

[27] 姚文遐. 新疆基层文化建设现状与发展对策 [J]. 兵团教育学院学报, 2012 (4): 11-16, 42.

[28] 辛亦. "春雨工程"文化志愿者边疆行公益文化讲座在宁夏图书馆举办 [J]. 图书馆理论与实践, 2011 (7): 5.

[29] 覃凤兰. 公共图书馆特色数据库建设调查分析及对策研究 [J]. 图书情报工作, 2009 (15): 83-87.

[30] 江振柏. 西部地区省级公共图书馆特色数据库建设现状分析及发展对策 [J]. 图书馆研究, 2013 (4): 38-41.

[31] 胡海燕, 李肖. 特色数据库建设与资源共享 [J]. 图书馆理论与实践, 2005 (2): 77-79.

[32] 陈庆苏, 程结晶. 西南地区公共图书馆特色数据库建设的现状调查与分析 [J]. 新世纪图书馆, 2010 (6): 78-81.

[33] 中国大学图书馆馆长论坛: 图书馆合作与信息资源共享武汉宣言 [J]. 大学图书馆学报, 2005 (6): 2-3.

[34] 高波. 文献信息资源共建共享模式新论 [J]. 中国图书馆学报, 2002 (6): 24.

[35] 新疆省级分中心建设情况分析 [J]. 图书馆建设, 2008 (2): 35-37.

[36] 张君超. 探索全国文化信息资源共享工程地方特色省级分中心建设模式——全国文化信息资源共享工程新疆省级分中心建设情况分析 [J]. 图书馆设, 2008 (2): 35-37.

[37] 史桂玲. 藏文古籍的保护与开发利用——以中国民族图书馆为例 [J]. 图书馆理论与实践, 2012 (10): 96-98.

[38] 李春. 民族图书馆集成系统平台的选择与特色数据库建设——以中国民族图书馆为例 [J]. 内蒙古民族大学学报(社会科学版), 2014 (4): 115-118.

[39] 程焕文. 权利的觉醒与庶民的胜利——图书馆权利思潮十年回顾与展望 [J]. 图书馆建设, 2015 (1): 26-38.

[40] 栗献忠. 跨境民族问题与边疆安全刍议 [J]. 学术论坛, 2009 (3): 57-60.

[41] 马自坤, 王晋. 基于语义网技术构建少数民族文献信息资源体系 [J]. 档案学通讯, 2008 (1): 62-65.

[42] 李继晓. 论少数民族文献资源保障体系建设 [J]. 图书馆学刊, 2012 (4): 29-31.

[43] 王天丽. 新疆多元文化背景下的公共图书馆文献信息资源建设 [J]. 图书馆理论与实践, 2013, (10): 61-63.

[44] 翟东堂. 略论我国少数民族文化权利的保护 [J]. 华北水利水电学院学报 (社科版), 2005 (4): 100-103.

[45] 周少青. 多元文化主义视阈下的少数民族权利问题 [J]. 民族研究, 2012 (1): 1-3.

[46] 司马俊莲. 中国少数民族文化权利法律保护的特点、问题及完善对策探讨 [J]. 中南民族大学学报 (人文社会科学版), 2013 (1): 130.

[47] 程焕文. 普遍均等惠及全民——关于公共服务普遍均等原则的阐释 [J]. 图书与情报, 2007 (5): 4-7.

[48] 于良芝, 邱冠华, 许晓霞. 走进普遍均等服务时代: 近年来我国公共图书馆服务体系构建研究 [J]. 中国图书馆学报, 2008 (3): 32.

[49] 公共图书馆宣言 [J]. 图书馆学刊, 1996 (6): 41.

[50] 图书馆服务宣言 [J]. 中国图书馆学报, 2008 (6): 5.

[51] 邱仁富. 少数民族地区多样性文化共生发展的传统模式 [J]. 前沿, 2010 (1): 77.

[52] 张序. 民族地区特殊公共文化服务的作用 [J]. 中华文化论坛, 2015 (5): 117-122.

[53] 屈冠军, 陈永平, 李高峰, 王岚霞. 少数民族地区图书馆多元文化服务探析 [J]. 图书馆建设, 2010 (2): 68-71.

[54] 李高峰, 陈永平, 王岚霞. 国外图书馆多元文化服务: 理念、实践与模式 [J]. 图书馆建设, 2009 (11): 69-72.

[55] 井耀子, 鲍延明. 图书馆多元文化服务的目标和策略——从《澳大利亚规则》到 IFLA《多元文化社会: 图书馆服务指导方

针》（1998年版）［J］. 图书馆杂志，2000（4）：13-15.

［56］陈永平，李高峰，王岚霞，屈冠军. 构建少数民族地区图书馆多元文化服务体系的思路与模式［J］. 图书馆理论与实践，2010（9）：66-69.

［57］The public library：Democracy's resource——A statement of principles［J］. Public Libraries，1982，21（3）：92.

［58］陈烨，宝音. 民族及民族地区图书馆是开展多元文化服务的重要角色［J］. 内蒙古民族大学学报（社会科学版），2011（5）：119-122.

［59］朱美华，王月娥. 国外图书馆针对少数族群的多元文化服务——以美国和加拿大图书馆为例［J］. 图书与情报，2012（4）：115-119.

［60］吴建中. 多元文化与城市发展——以上海图书馆为例［J］. 江西图书馆学刊，2004（4）：3-4.

［61］潘拥军. 图书馆多元文化服务探析［J］. 图书馆工作与研究，2014（11）：17-20.

［62］Kim，Mijin. Introducing Multicultural Resources and Services at Library and Archives Canada［J］. Feliciter，2004，50（1）：19.

［63］朱美华，王月娥. 文化自觉视角下的少数民族地区图书馆多元文化服务［J］. 图书与情报，2011（4）：20-23.

［64］尹光华，李海燕. 文化多样性与民族地区图书馆的多元文化服务——以宁夏回族自治区图书馆为例［J］. 图书馆理论与实践，2012（10）：73.

［65］王余光. 图书馆阅读推广研究的新进展［J］. 高校图书馆工作，2015（2）：3-6.

［66］关于在全国组织实施"知识工程"的通知［J］. 当代图书馆，1997（2）：60-62.

［67］朱丹. 全民阅读现状分析与引导途径研究［J］. 图书馆学研究，2011（1）：48-51.

［68］汤更生，朱莺. 全民阅读活动的背景、特色与推动［J］.

国家图书馆学刊,2013(3):60-64.

[69] 吴晞. 十年种木长风烟——纪念中国图书馆学会阅读推广委员会成立十周年[J]. 高校图书馆工作,2016(1):5-6.

[70] 李书梅. 从台湾阅读推广活动之现况谈公共图书馆之阅读指导服务[J]. 图书馆建设,2006(5):78-81.

[71] 王玉霞. 对边疆少数民族地区公共文化服务体系下图书馆全民阅读推广工作常态化机制构建的几点思考[J]. 西域图书馆论坛,2013(3):18-22.

[72] 王月娥. 基于阅读特征的西部阅读文化建设探析[J]. 图书情报工作,2013(5):21-25.

[73] 王月娥. 西部民族地区大众阅读现状调查与分析——以湘西土家族苗族自治州为例[J]. 图书情报工作,2011(19):92-96.

[74] 范并思. 阅读推广与图书馆学：基础理论问题分析[J]. 中国图书馆学报,2014(5):4-13.

[75] 韩冰,李晓秋. 内蒙古图书馆"彩云服务"探究[J]. 图书馆论坛,2016(3):1-5.

[76] 齐迎春. 创新型数字文化服务模式探析——以"数字文化走进蒙古包"[J]. 图书馆工作与研究,2015(4):38-39.

[77] 共享文化新资源再上服务新台阶——宁夏贺兰县图书馆新馆落成[J]. 图书馆理论与实践,2012(8):2.

[78] 蔡生福. 对县级图书馆公共文化服务效能的启示与思考——以宁夏贺兰县图书馆为例[J]. 图书馆理论与实践,2014(11):71-73.

[79] 汪淑梅. 贺兰县图书馆全民阅读活动精彩纷呈[J]. 图书馆理论与实践,2015(12):112.

[80] 任晨. 贺兰县图书馆"微官网"信息平台开通[J]. 图书馆理论与实践,2015(11):32.

[81] 汪淑梅. 宁夏贺兰县图书馆举办万人灯谜竞猜闹元宵活动[J]. 图书馆理论与实践,2015(4):2.

[82] 蔡生福. 关于共享工程资源利用的实践与思考 [J]. 图书馆理论与实践, 2006 (1): 124-125.

[83] 程焕文, 潘燕桃, 倪莉, 邱蔚晴. 1999—2003 年中国图书馆学教育进展 [J]. 大学图书馆学报, 2004 (5): 77-82.

[84] 蓝明生. 谈谈少数民族地区图书馆专业队伍的建设——以壮族地区为例 [J]. 图书馆界, 2008 (4): 38.

[85] 两广联合举办广西公共图书馆"三区"人才培训综台素质提高班 [J]. 图书馆界, 2014 (6): 2.

[86] 广西公共图书馆"三区"人才高级研修班在南开大学举办 [J]. 图书馆界, 2015 (6): 95.

[87] 草节. 第七次全国民族地区图书馆学术研讨会在贵阳市举行 [J]. 情报资料工作, 2001 (6): 39.

[88] 王岗. 第十一次全国民族地区图书馆学术讨论会在新疆乌鲁木齐召开 [J]. 图书馆理论与实践, 2010 (10): 22.

[89] 彭飞. 中国图书馆学会 2007 年年会纪要 [J]. 新世纪图书馆, 2007, 05: 14.

[90] 大漠. 年会代表热议:"十二五"期间少数民族地区图书馆事业的大发展 [J]. 图书馆理论与实践, 2011 (11): 102.

[91] 郭喜, 黄恒学. 基本公共服务均等化的民族地区公共产品供给 [J]. 山西大学学报 (哲学社会科学版), 2011 (1): 115-120.

[92] 牛志男. 又好又快, 看民族地区经济跨越式发展——访国家民委经济发展司司长乐长虹 [J]. 中国民族, 2012 (10): 44-46.

[93] 冯云, 杨玉麟. 近十年来中国公共图书馆事业发展的特征及存在问题 [J]. 图书与情报, 2010 (2): 41-44.

[94] 陈菊. 中国图书馆学教育之地区差异 [J]. 图书馆学研究, 2005 (7): 2.

[95] 何丽, 史桂玲. 民族图书馆事业现状及发展对策研究 [J]. 情报资料工作, 2005 (2): 65-67.

[96] 杨丽芸,马学林. 论建立民族地区图书馆事业发展的实施机制[J]. 图书馆理论与实践,2008(1):73-74.

[97] 柯平. 21世纪前半叶我国图书馆事业发展中的重大问题[J]. 图书馆工作与研究,2006(3):2-7.

[98] 段书蓉. 西藏图书馆事业的发展历程及经验[J]. 人民论坛,2011(8):158.

[99] 冯云. 论社会援助与图书馆建设[J]. 图书与情报,2011(4):31-35.

[100] 王子舟. 社会力量是近现代图书馆事业发展的原动力[J]. 图书馆论坛,2009(6):42-46.

[101] 吴建中. 日本图书馆界关于委托管理的一场争论[J]. 图书馆杂志,1987(3):58-59.

[102] 官凤婷. 英国图书馆法发展历程与现状[J]. 图书馆学研究,2009(2):93-98.

[103] 吴建中. 社会力量办公共文化是大趋势[J]. 图书馆论坛,2016(8):1-2.

[104] 肖希明,完颜邓邓. 国外公共数字文化服务中的社会参与模式及其启示[J]. 图书馆,2016(7):26-30,29.

[105] 李继晓. 论少数民族文献资源保障体系建设[J]. 图书馆学刊,2012(4):29-31.

[106] 李炳穆,太贤淑,段明莲. 韩国图书馆法[J]. 图书情报工作,2008(6):6-21.

[107] 冯云. 现代公共图书馆使命的再认识——以社群信息学理论为视角[J]. 图书馆建设,2014(12):1-4.

[108] 李国新. 现代公共文化服务体系建设与公共图书馆发展——《关于加快构建现代公共文化服务体系的意见》解析[J]. 中国图书馆学报,2015(3):4-12.

[109] 刘雅琼. 论图书馆多元文化服务[J]. 图书情报工作,2009(8):92-95.

[110] 刘喜球. 西部民族地区图书馆公共信息服务体系构建初

探——以湘西自治州为例［J］．图书馆学研究，2011（12）：63 - 65．

［111］金明生．影响中国图书馆事业未来发展的三个决定性因素［J］．中国图书馆学报，2003（4）：43 - 45．

［112］孙继林．图书馆改革要重视人力资源管理［J］．图书馆论坛，2002（5）：133 - 135．

［113］陈传夫，冯昌扬，陈一．面向全面小康的图书馆常态化转型发展模式探索［J］．中国图书馆学报，2016（1）：4 - 20．

［114］何国莲，鲜鹏．关于东西部图书馆开展对口支援工作的政策建议［J］．山东图书馆学刊，2011（5）：57 - 59．

［115］韩家炳．多元文化、文化多元主义、多元文化主义辨析——以美国为例［J］．史林，2006（5）．

［116］赵丽江，尼加提·艾买提，陈海林．少数民族在城市化进程中面临的挑战及其应对［J］．新疆社会科学（汉文版），2015（4）：68 - 72．

三、学位论文

［1］曹莉．改革开放以来中国共产党培养少数民族干部政策研究［D］．桂林：广西师范大学，2010．

［2］史睿．国家"兴边富民行动"研究［D］．北京：中央民族大学，2010．

［3］苏超．"文化共享工程"可持续发展研究［D］．南京：南开大学，2014．

［4］刘涛．藏文数字图书馆的研究与实践［D］．长沙：湖南大学，2005．

［5］周丽莎．少数民族文化权保护立法研究［D］．北京：中央民族大学，2013．

［6］田艳．中国少数民族文化权利法律保障研究［D］．北京：中央民族大学，2007．

四、报纸文章

[1] 中华人民共和国国务院新闻办公室. 中国的民族政策与各民族共同繁荣发展[N]. 人民日报,2009-09-28.

[2] 杜洁芳. 推动贫困地区公共文化建设实现跨越式发展[N]. 中国文化报,2015-12-10.

[3] 赵紫阳. 关于第六个五年计划的报告(一九八二年十一月三十日)[N]. 人民日报,1982-02-14.

[4] 少数民族古籍,涵载千古散射睿智光芒[N]. 中国民族报,2008-01-25.

[5] 中国文化报记者,本报记者. 十年筑就边疆万里文化长廊[N]. 人民日报,2002-09-26.

[6] "边疆文理数字文化长廊"建设稳步推进[N]. 中国文化报,2013-09-06.

[7] 胡锦涛. 在中央民族工作会议暨国务院第四次全国民族团结进步表彰大会上的讲话[N]. 人民日报,2005-05-27.

[8] 王正伟. 将兴边富民行动一任接着一任干下去[N]. 中国民族报,2014-09-28.

[9] 费孝通. 致"兴边富民行动"领导小组的一封信[N]. 人民日报(海外版),2000-03-10(8).

[10] 兴边富民行动为边境地区同步小康添动力——专访国家民委副主任罗黎明[N]. 中国民族报,2015-12-17.

[11] 少数民族事业"十一五"规划[N]. 人民日报,2007-03-29.

[12] 全国少数民族和民族地区公共文化服务体系建设座谈会召开[N]. 中国民族报,2012-07-30(001).

[13] 袁晞. 八部委发布《农家书屋工程实施意见》[N]. 人民日报,2007-03-16(009).

[14] 我区将开展首次大规模古籍普查工作[N]. 西藏日报,2008-09-17.

[15] 高平. 数字文化走进蒙古包 [N]. 光明日报, 2015-10-07 (001).

[16] 韩均. 贺兰县率先实施县级数字图书馆推广计划 [N]. 银川晚报, 2010-02-26 (003).

[17] 姚雪清. 江苏试点农家书屋纳入县级图书馆 [N]. 人民日报, 2015-04-02 (12).

[18] 中国文化报记者, 本报记者. 十年筑就边疆万里文化长廊 [N]. 人民日报, 2002-09-26.

[19] 边巴次仁, 德吉. 西藏藏文古籍保护将步入"数字化"时代 [N]. 西藏日报, 2008-11-01.

[20] 咏梅. 内蒙古图书馆与蒙古国国家图书馆签订合作协议 [N]. 内蒙古日报（汉）, 2006-06-20.

[21] 樊敏. 抢救"水书"古籍促进民族文化多元发展 [N]. 贵州民族报, 2015-06-03.

[22] 全国文化信息资源共享工程新疆维吾尔自治区分中心. 在共享工程网上看新疆 [N]. 中国文化报, 2010-07-06.

[23]《坚定不移沿着中国特色社会主义道路前进为全面建成小康社会而奋斗——在中国共产党第十八次全国代表大会上的报告》[N]. 人民日报, 2012-11-18.

五、电子文献

[1] 中华人民共和国国家统计局. 第六次人口普查 [EB/OL]. 2015-12-22. http://www.stats.gov.cn/tjsj/pcsj/rkpc/6rp/indexch.htm.

[2] 文化部等七部委印发《"十三五"时期贫困地区公共文化服务体系建设规划纲要》[EB/OL]. 2016-8-12. http://www.mcprc.gov.cn/whzx/whyw/201512/t20151210_459665.html.

[3] 文化部关于印发《全国公共图书馆事业发展"十二 [EB/OL]. 2016-03-12. http://zwgk.mcprc.gov.cn/auto255/201302/t20130205_29554.html.

[4] 国务院关于进一步繁荣发展少数民族文化事业的若干意见［国发〔2009〕29 号］．［EB/OL］．2015-09-15．http://www.gov.cn/gongbao/content/2009/content_1383261.htm．

[5] 文化部关于印发《文化部"十二五"时期公共文化服务体系建设实施纲要》的通知［EB/OL］．2016-03-05．http://zwgk.mcprc.gov.cn/auto255/201301/t20130121_29512.html．

[6] 中共中央办公厅、国务院办公厅印发《关于加快构建现代公共文化服务体系的意见》［EB/OL］．2016-05-15．http://www.gov.cn/xinwen/2015-01/14/content_2804250.htm．

[7] 国家人权行动计划（2012—2015 年）［EB/OL］．2016-07-19．http://news.xinhuanet.com/2012-06/11/c_112186461_4.htm．

[8] 《国务院办公厅关于印发少数民族事业"十二五"规划的通知》国办发［2012］38 号［EB/OL］．2015-09-15．http://www.gov.cn/zwgk/2012-07/20/content_2187830.htm．

[9] 胡锦涛在中国共产党第十八次全国代表大会上的报告（2012 年 11 月 8 日）［EB/OL］．2016-05-21．http://cpc.people.com.cn/n/2012/1118/c64094-19612151-11.html．

[10] 中国共产党第十六届中央委员会第五次全体会议．中共中央关于制定国民经济和社会发展第十一个五年规划的建议［EB/OL］．2015-11-28．http://www.gmw.cn/01gmrb/2005-10/19/content_319036.htm．

[11] 以科学发展观为指导，推动少数民族文化加快发展［EB/OL］．2016-01-09．http://www.seac.gov.cn/gjmw/zt/2009-06-02/1243138871166203.htm．

[12] 全国边疆万里数字文化长廊［EB/OL］．2016-01-10．http://news.ifeng.com/a/20140520/40372971_0.shtml．

[13] 中国政府网．《国务院关于进一步繁荣发展少数民族文化事业的若干意见》［EB/OL］．2015-12-24．http://www.seac.gov.cn/gjmw/zt/2009-07-23/1248163907320859.htm．

［15］内蒙古锡林郭勒盟民族局. 内蒙古锡林郭勒盟338个草原书屋惠及广大农牧民［EB/OL］. 2016 – 01 – 09. http：//www. seac. gov. cn/gjmw/zt/2010 – 12 – 09/1291363220784950. htm.

［16］关于推进全国美术馆公共图书馆文化馆（站）免费开放工作的意见（文财务发〔2011〕5号）［EB/OL］. 2016 – 01 – 09. http：//www. gov. cn/zwgk/2011 – 02/14/content_ 1803021. htm.

［17］兴边富民行动"十一五"规划［EB/OL］. 2016 – 02 – 15. http：//www. seac. gov. cn/art/2011/1/19/art_ 149_ 108605. html.

［18］兴边富民行动为边境地区同步小康添动力——专访国家民委副主任罗黎明［N/OL］. 中国民族报，2015 – 12 – 17. http：//www. seac. gov. cn/art/2015/12/17/art_ 31_ 244511. html.

［19］中共中央关于构建社会主义和谐社会若干重大问题的决定（2006年10月18日）［EB/OL］. 2016 – 02 – 15. http://cpc. people. com. cn/GB/64093/64094/4932449. html.

［20］国家"十一五"时期文化发展规划纲要（全文）（2006年09月13日）［EB/OL］. 2016 – 02 – 15. http：//www. gov. cn/jrzg/2006 – 09/13/content_ 388046_ 5. htm.

［21］中共中央关于深化文化体制改革推动社会主义文化大发展大繁荣若干重大问题的决定［EB/OL］. 2016 – 02 – 15. http：//news. xinhuanet. com/politics/2011 – 10/25/c_ 122197737_ 5. htm.

［22］文化部、财政部关于公布第一批创建国家公共文化服务体系示范区（项目）名单的通知［EB/OL］. 2016 – 02 – 15. http：//www. gov. cn/zwgk/2011 – 06/02/content_ 1875676. htm.

［23］西藏所有公共文化设施免费开放公共文化服务惠及农牧民［EB/OL］. 2016 – 02 – 19. http：//www. tibet. cn/news/china/1455506752972. shtml.

［24］广西公共文化设施建设加强打造不夜书房［EB/OL］. 2016 – 02 – 19. http：//www. ndcnc. gov. cn/shifanqu/zixun/201601/t20160125_ 1183824. htm.

［25］全国文化信息资源共享工程介绍［EB/OL］. 2016 – 02 –

19. http://www.ndcnc.gov.cn/gongcheng/jieshao/201212/t20121212_495375.htm.

［26］文化部关于印发《文化部"十二五"时期公共文化服务体系建设实施纲要》的通知［EB/OL］. 2016-02-19. http://zwgk.mcprc.gov.cn/auto255/201301/t20130121_29512.html.

［27］2012年文化共享工程发展概况［EB/OL］. 2016-02-19. http://www.ndcnc.gov.cn/gongcheng/jishi/201309/t20130924_765112.htm.

［28］"春雨工程"助力新疆图书馆事业［EB/OL］. 2016-03-09. http://www.xjkunlun.cn/xinwen/szyw/jiangneixw/2012/2503810.htm.

［29］文化部关于印发《全国文化信息资源共享工程"十二五"规划纲要》的通知. 中华人民共和国文化部［EB/OL］. 2016-04-25. http://zwgk.mcprc.gov.cn/auto255/201302/t20130205_29553.html.

［30］全国文化信息资源共享工程，地方特色精品资源库［EB/OL］. 2016-08-08. http://www.ndcnc.gov.cn/dftsjpzyk/index-1.swf.

［31］云南高校图书馆联盟启动仪式在云南师范大学举行［EB/OL］. 2016-05-12. http://politics.people.com.cn/n/2012/1212/c70731-19871713.html.

［32］国务院办公厅关于进一步加强古籍保护工作的意见（国办发［2007］6号）［EB/OL］. 2016-05-16. http://web.wwpc.net.cn/gjwwjgzw/zcwj01pkg/201411/092fed9accd049c0b6a6df8c1fcbe5a9.shtml.

［33］中国少数民族图书馆简介［EB/OL］. 2016-04-29. http://www.celib.cn/gywm.html.

［34］内蒙古图书馆古籍保护工作概况［EB/OL］. 2016-4-29. http://www.nmglib.com/fsjg/gjbhzx/xwdt/201409/t20140902_45030.html.

［35］内蒙古图书馆．［EB/OL］．2016－06－05．http：//www.nmglib.com/．

［36］新疆图书馆［EB/OL］．2016－06－05．http：//www.xjlib.org．

［37］经济、社会、文化权利国际公约［EB/OL］．2016－05－18．http：//www.un.org/chinese/hr/issue/esc.htm．

［38］中国图书馆学会．中国图书馆学会2005年年会征文通知［EB/OL］．2016－03－18．http：//www.csls.org.cn/acad．

［39］中共中央办公厅、国务院办公厅印发《关于加快构建现代公共文化服务体系的意见》［EB/OL］．2016－05－15．http：//www.gov.cn/xinwen/2015－01/14/content_ 2804250.htm．

［40］世界人权宣言［EB/OL］．2016－05－15．http：//www.un.org/zh/universal－declaration－human－rights/index.html．

［41］公民及政治权利国际公约［EB/OL］．2016－05－15．http：//www.un.org/chinese/hr/issue/ccpr.htm．

［42］中央政府门户网站．关于推进全国美术馆、公共图书馆、文化馆（站）免费开放工作的通知［EB/OL］．2016－5－15．http：//www.gov.cn/zwgk/2011－02/14/content_ 1803021.htm．

［43］文化部文化体制改革领导小组：《2014年文化系统体制改革工作要点》及其《分工实施方案》［EB/OL］．2016－5－15．http：//zwgk.mcprc.gov.cn/auto255/201404/t20140409_ 30282.html．

［44］Statement on Libraries and Sustainable Development［EB/OL］．2016－5－15．http：//portal.unesco.org/ci/en/ev.php－URL_ ID＝3787&URL_ DO＝DO_ TOPIC&URL_ SECTION＝201.html．

［45］Audunson R，Brunelli M，Goulding A. The Library in the MultiCultural Information Society［EB/OL］．2016－07－18．http：//netfiles.uiuc.edu/weech/Multi－Culturalism－Ch8EuclidRpt.htm..

［46］多元文化社区：图书馆服务指南［EB/OL］．2016－05－18．http：//www.nlc.gov.cn/newtsgj/iflaygt/gjtlzwyyzx/tlzlby/201011/P020101130491211528489.pdf．

[47] Diversity in Collection Development [EB/OL]. 2016 – 05 – 18. http://www.ala.org/advocacy/intfreedom/librarybill/interpretations/diversitycollection.

[48] 调查：国民阅读率上升 专家：纸质书永远不会消亡 [EB/OL]. 2016 – 8 – 11. http://news.k618.cn/edus/201606/t20160619_7779093_2.html.

[49] 彩云服务 [EB/OL]. 2016 – 05 – 19. http://www.nmglib.com/ntzt/cyfwjh/qdcx/.

[50] 让文化服务与公众零距离——前进中的内蒙古自治区图书馆 [EB/OL]. 2016 – 05 – 19. http://www.ccdy.cn/xinwen/gongong/xinwen/201601/t20160125_1184134.htm.

[51] 教育部办公厅关于下达2015年少数民族高层次骨干人才研究生招生计划的通知（教民厅）[EB/OL]. 2016 – 05 – 08 http://www.moe.edu.cn/publicfiles/business/htmlfiles/moe/moe_763/201409/175651.html.

[52] 关于印发《边远贫困地区、边疆民族地区和革命老区人才支持计划实施方案》的通知 [EB/OL]. 2016 – 05 – 09. http://cpc.people.com.cn/GB/244800/244856/18246324.html.

[53] 少数民族图书馆专业委员会工作汇报 [EB/OL]. 2016 – 05 – 09. http://www.lsc.org.cn/c/cn/news/2008 – 04/28/news_1896.html.

[54] 2012年会第22分会场：多元文化保护与民族图书馆的使命. http://www.lsc.org.cn/c/cn/news/2013 – 07/05/news_6450.html.

[55] 2013中国图书馆学会年会第二十四分会场：少数民族图书馆阅读推广与服务创新. http://www.lsc.org.cn/c/cn/news/2013 – 11/15/news_6718.html.

[56] 2014中国图书馆学会年会第5分会场：馆员能力提升与少数民族图书馆事业发展 [EB/OL]. 2016 – 06 – 15 http://www.lsc.org.cn/c/cn/news/2014 – 10/20/news_7530.html.

[57] 少数民族图书馆的社会责任与可持续发展研究 [EB/OL]. 2016 – 06 – 15. http://www.lsc.org.cn/c/cn/news/2015 – 11/17/news_8521.html.

[58] 文化部文化体制改革领导小组：《2014 年文化系统体制改革工作要点》及其《分工实施方案》 [EB/OL]. 2016 – 05 – 19. http://zwgk.mcprc.gov.cn/auto255/201404/t20140409_30282.html.

[59] 西藏山南图书馆将于 4 月初开馆 [EB/OL]. (2016 – 03 – 26) 2016 – 08 – 31. http://xz.people.com.cn/n2/2016/0326/c138901 – 28018745.html.

[60] 胡锦涛. 坚定不移沿着中国特色社会主义道路前进为全面建成小康社会而奋斗（2012 – 11 – 18） [EB/OL]. 2016 – 05 – 19. http://www.xj.xinhuanet.com/2012 – 11/19/c_113722546.htm.

[61] 中国共产党第十八届中央委员会. 第五次全体会议公报 [A/OL]. (2015 – 10 – 29) 2016 – 8 – 30. http://news.xinhuanet.com/politics/2015 – 10/29/c_1116983078.htm..

[62] 国家新型城镇化规划（2014—2020 年）[EB/OL]. 2016 – 11 – 25. http://www.gov.cn/zhengce/2014 – 03/16/content_2640075.htm.

六、年鉴及其他

[1] 国家民族事务委员会经济发展司，国家统计局国民经济综合统计司. 中国民族统计年鉴（2013）[Z]. 北京：中国统计出版社. 2014.

[2] 国家民委政策研究室. 国家民委民族政策文件选（1979—1984）[Z]. 北京：中央民族出版社，1988：242.

[3] 《中国民族年鉴》编辑委员会. 中国民族年鉴（1995）[Z]. 沈阳：辽宁民族出版社，1996：274.

[4] 肖东发. 中国图书馆年鉴（1999）[Z]. 北京：北京图书馆出版社. 1999.

[5] 中共中央、国务院关于加速科学技术进步的决定 [Z] //何

东君. 中华人民共和国改革开放 30 年年鉴. 北京：新华出版社，2008.

［6］蒙文文献计算机管理研制工作进展顺利［Z］//《中国图书馆年鉴》委会. 中国图书馆年鉴（1996）. 北京：北京图书馆出版社，1997：78.

［7］加快少数民族和民族地区发展，把少数民族团结进步事业推向新世纪［Z］//国家民族事务委员会经济发展司，国家统计局国民经济综合统计司. 中国民族统计年鉴（2000）. 北京：民族出版社，2000.

［8］中国图书馆学会，国家图书馆. 中国图书馆年鉴（2014）［Z］. 北京：国家图书馆出版社，2015：180.

［9］中华人民共和国文化部，中国文化年鉴（2014）. 北京：新华出版社，2014.

［10］中国图书馆学会. 中国图书馆年鉴（2003）［Z］. 北京：科学技术文献出版社，2004.

［11］国家信息中心，中国信息协会. 中国信息年鉴（2012）［Z］. 中国信息年鉴期刊社，2012.

［12］国家民族事务委员会，国家文化宫. 中国民族年鉴（2009）［Z］. 北京：中国民族年鉴社出版，2009.

［13］董文良. 中国民族年鉴（2008）［Z］. 北京：中国民族年鉴社，2008.

［14］中国图书馆学会. 中国图书馆年鉴（2006）［Z］. 北京：现代出版社，2008.

［15］中国图书馆学会，国家图书馆. 中国图书馆年鉴（2011）［Z］. 北京：国家图书馆出版社，2011.

［16］中国民族年鉴社. 中国民族年鉴（2009）［Z］：北京：中国民族年鉴社，2009.

［17］中国民族年鉴社. 中国民族年鉴（2005）［Z］. 北京：中国民族年鉴社，2005.

［18］《中国民族年鉴》编辑部. 中国民族年鉴（2001）［Z］.

北京：《中国民族年鉴》编辑部出版，2001.

[19] 统计局. 中国统计年鉴（2015）[Z]. 北京：中国统计出版社. 2015.

[20] 金星华，张晓明，兰智奇. 中国少数民族文化发展报告（2008）[R]. 北京：民族出版社，2009.

[21] 国家信息中心，中国信息协会. 中国信息年鉴（2012）[Z]. 中国信息年鉴期刊社，2012：206.

[22] 中国图书馆学会，国家图书馆. 中国图书馆年鉴（2011）[Z]. 北京：国家图书馆出版社，2011.

[23] 国家民族事务委员会经济发展司，国家统计局国民经济综合统计司. 中国民族统计年鉴（2000）[Z]. 北京：民族出版社，2000.

[24] 《中国图书馆年鉴》编委会. 中国图书馆年鉴（1996）[Z]. 北京：北京图书馆出版社，1997：78.

[25] 何东君. 中华人民共和国改革开放30年年鉴[Z]. 北京：新华出版社，2008：1046.

[26] 《中国民族年鉴》编辑委员会. 中国民族年鉴（1995）[Z]. 沈阳：辽宁民族出版社，1996.

[27] 国家民委政策研究室. 国家民委民族政策文件选编（1979—1984）[Z]. 北京：中央民族出版社，1988.

[28] 王黎. 谈民族地区图书馆使用民族文字语言开展阅读推广工作[C]//中国西部公共图书馆联合会. 中国西部公共图书馆联合会第二届（2015）年会暨学术讨论会会议论文集（一）. 中国西部公共图书馆联合会，2015：8.

[29] 农家书屋与公共图书馆资源的融合共建[G]//嘉兴市城乡一体化公共文化服务创新案例集成. 嘉兴市文化广电新闻出版局，2015.

后 记

　　时光荏苒，转眼间从中山大学博士毕业已有两年。虽然已重返四季分明的北国，但在南国的求学时光此刻仍不断冲刷记忆。格致园前紫荆树的落英缤纷，雨后校园里的蝉鸣蛙叫，湖畔餐厅外的波光旖旎，图书馆窗前的四季流转，……那是一段无比充实又充满挑战的日子。

　　五年前，在西藏民族大学图书馆工作的我机缘巧合地做了攻读博士学位的决定，只因"读博"是未尽的人生目标之一。导师程焕文教授一直都是我在业界非常敬仰的"大咖级"人物，而中山大学正好是对我们西藏民族大学建立对口支援关系的高校之一。我毅然报考了中山大学图书馆学博士学位，参加考试并录取，有幸成为"程门"弟子。

　　重返校园，能够心无旁骛地潜心学术，这段时光显得尤为弥足珍贵。虽然本科、硕士研究生阶段所学的都是图书馆学，但直到攻读博士研究生学位，我才有一种正式踏入学术大门的感觉。"读博"的第一年，我将大量精力放在对专业书籍的广泛阅读与涉猎上，校园里最喜欢去的地方就是图书馆。我准备了一个笔记本，一边阅读一边做笔记，重新夯实自己的专业基础知识。待到论文开题，考虑到工作实际和所处的整个学术环境，在导师的建议下，我选择了民族地区公共图书馆这个极其具有挑战性的研究课题。作为图书馆史研究，我搜集了大量有关各民族地区公共图书馆发展的史料、年鉴统计数据，以及影响民族地区图书馆事业发展的民族政策、图书馆政策文献等，但要将研究做深做扎实，还需要大量的实地调研。然而，我国民族地区分布较广，且大部分处于边疆地区，交通不便，全面做调研难度非常之大。2016年暑假，为完成博士学位论文，我选择西藏地区作为调研点，毅然奔赴西藏，克服高原反应带来的各种不适，走访了拉萨、山南、林芝等地，对西藏自治区图书馆事业做了较为全面的了解。青藏高原的天空特别明净特别美，那里是很多人向往的神圣之地。然而这次调研，让我更多地认识到，民族地区图书馆建设的落后，农牧区一双双渴望知识的眼神在我脑海中留下深刻的印记。因此，我更加坚定了对民族地区图书馆发展的研究，也希望通过自己的研究能够促进民族地区图书馆的建设与发展。

这部书稿是在我的博士学位论文《改革开放以来少数民族地区公共图书馆发展研究（1978—2014）》的基础上反复补充、修改完成的。中山大学出版社副总编嵇春霞女士看了所提交的书稿后，建议我将研究时间跨度延展到2018年，对改革开放40年民族地区公共图书馆发展可以做一个更为全面的总结。我欣然接受了她的英明建议，在内容上做了充实与补充，并最终促成了现在呈现在读者眼前的这部作品。

在书稿即将付梓之际，激动之余，心中只有无限的感激。首先，谨以最诚挚的敬意感谢我的博士研究生导师程焕文教授。加入"程门"并成为大家庭的一员，是我这辈子引以自豪的事情之一。感谢程老师一直以来对学生的关心和谆谆教导，以及在百忙之中不厌其烦地耐心辅导。虽然程老师事务繁忙，但对学生所提出的问题、遇到的困难从不马虎。不管是在开会间隙，还是在休息之余，程老师总是想办法抽出时间耐心地为学生授业解惑和指点迷津。更为重要的是，程老师严谨的态度、宽广的思维以及高尚的人格深深影响着我，使我受益终生。

此外，还要特别感谢我的硕士研究生导师"西北老汉"杨玉麟教授。感谢杨老师一直以来对我学术研究的指导以及书稿完成的督促与鼓励，杨老师对西部地区图书馆事业发展的关心以及所做出的贡献令我十分敬仰。承蒙杨老师在本科、硕士研究生阶段对我的教导，让我对所学专业有了更为深刻的认识，在科研道路上能够走得更为坚定。

特别感谢中山大学资讯管理学院龙乐思院长、潘燕桃教授、陈永生教授、张靖教授、周旖副教授等老师的指导，各位老师对学术严谨的态度以及博学多识深刻影响了我。十分感谢美国圣何塞州立大学图书馆与信息科学学院教授、北卡罗来纳大学教堂山分校图书馆信息科学罗丽丽博士对我学术研究上的启发与指导。同时，感谢同门苏日娜、彭嗣禹、高雅、陈润好、何韵、王蕾、张琦、周余姣等各位师兄弟姐妹给予我生活与学业上的关心与支持；特别是与师弟肖鹏博士的交流切磋，使我在学术研究上启发良多。感谢才思敏捷的室友杨茜茜博士，两年来我们相互鼓励与支持，相处十分愉快；感谢中大好友李娜娜、姜少平，陪伴我度过了在南国最为难忘的求学时光。

感谢所在单位西藏民族大学图书馆的徐明书记、孔繁秀馆长、岳凤芝副馆长以及各位领导对我完成学业的大力支持，感谢各位同事对我平时的关照和帮助！

最后，我要特别感谢我的家人。感谢胡先生对我始终如一的理解与支持；感谢公公婆婆对我完成学业以及书稿撰写的无私付出，感谢他们帮忙照顾孩子，帮我解除了很多后顾之忧。家人的安慰与鼓励永远是我最为强大的精神支柱！

民族地区公共图书馆是一个较为宏大的研究课题，在书稿完成之际仍觉得有很多欠缺和遗憾。由于学识水平和精力有限，我深知书中还存在一些谬误和不足，还希望能够得到更多专家学者的呼应、探讨与指正。这只是一个初步的尝试，如果能起到些许抛砖引玉的作用，能引起更多的研究者投身于研究民族地区图书馆事业，也算是初衷达成。

最后，需要特别感谢的是中山大学出版社对本书出版的支持与帮助！

冯云　谨记
2018 年 8 月 24 日
于古都咸阳